▲ 广东省教育研究院院长汤贞敏致辞

▲ 广东省教育厅高等教育处副处长王魏锋
讲话

▲ 广东省教育研究院副院长劳汉生致辞

▲ 广东省教育研究院副院长李海东讲话

▲ 广东建设职业技术学院赵鹏飞院长做现
代学徒制标准研制讲座

▲ 广东省教育研究院职业教育研究室杜怡
萍副主任对第一阶段工作进行说明

运动训练专业

▲ 项目组到乒乓球俱乐部开展岗位调研　　▲ 项目组对调研问卷进行数据分析

高分子材料加工技术专业

▲ 项目组赴明珠高尔夫制品（东莞）有限　　▲ 项目组与毕业生进行交流
　公司开展调研

应用化工技术（涂料技术）专业

▲ 项目组在佛山市科德化工实业有限公司　　▲ 项目组在佛山市顺德区阿迪斯装饰科技
　访谈　　　　　　　　　　　　　　　　　　有限公司访谈

制冷与空调技术专业

▲ 项目组对高职毕业生及相关企业进行调研访谈

▲ 项目组对企业管理人员进行访谈

精细化学品生产技术（化学工程与工艺）专业

▲ 精细化学品生产技术专业建设与学科发展研讨

▲ 项目组到广州环亚化妆品科技有限公司调研

药品生物技术专业

▲ 项目组到广东省食品医药行业协会访谈调研

▲ 项目组到广州安必平（LBP）医药科技股份有限公司调研

计算机应用技术（嵌入式技术与应用）专业

▲ 项目组到广州番禺职业技术学院调研

▲ 项目组到广州粤嵌通信科技股份有限公司调研

电子信息工程技术专业

▲ 项目组到华艺灯饰集团调研

▲ 项目组到深圳华为技术有限公司调研

国际商务类专业

▲ 项目组到深圳锐特威航空科技有限公司调研

▲ 项目组与企业工作人员座谈

广东中高本衔接
专业教学标准研制：调查与分析（三）

GUANGDONG ZHONGGAOBEN XIANJIE
ZHUANYE JIAOXUE BIAOZHUN YANZHI：
DIAOCHA YU FENXI（SAN）

广东省教育厅
广东省教育研究院　编

丛书编委会

主　　任：魏中林

副　主　任：汤贞敏　邵子铀　郑　文

编委会成员（排名不分先后）：

吴念香	王魏锋	吴艳玲	李海东	杜怡萍
邓文辉	吴　晶	黄文伟	万　达	徐承建
赖勇泉	史　博	孔　萍	周　强	刘展眉
余华明	陈　姝	卢清华	揭雪飞	冯光炷
胡智华	陈庆生	刘自力	何　敏	邓毛程
曾松荣	明飞平	李　力	邵　平	闫胜利
陈洪财	彭志聪	王世安	刘红燕	Claire Finch
王乃颜	丘德利			

执行主编：邓文辉　杜怡萍

广东高等教育出版社
Guangdong Higher Education Press

·广州·

图书在版编目（CIP）数据

广东中高本衔接专业教学标准研制．调查与分析·三，运动训练专业、高分子材料加工技术专业、应用化工技术（涂料技术）专业、制冷与空调技术专业、精细化学品生产技术（化学工程与工艺）专业、药品生物技术专业、计算机应用技术（嵌入式技术与应用）专业、电子信息工程技术专业、国际商务类专业/广东省教育厅，广东省教育研究院编．—广州：广东高等教育出版社，2017.6

（现代职业教育标准体系建设系列丛书）

ISBN 978 - 7 - 5361 - 5783 - 5

Ⅰ．①广…　Ⅱ．①广…　②广…　Ⅲ．①职业教育 - 课程标准 - 调查研究 - 广东　Ⅳ．①G719.2

中国版本图书馆 CIP 数据核字（2017）第 283690 号

广东中高本衔接专业教学标准研制：调查与分析（三）
GUANGDONG ZHONGGAOBEN XIANJIE ZHUANYE JIAOXUE BIAOZHUN
YANZHI：DIAOCHA YU FENXI（SAN）
运动训练专业、高分子材料加工技术专业、应用化工技术（涂料技术）专业、制冷与空调技术专业、精细化学品生产技术（化学工程与工艺）专业、药品生物技术专业、计算机应用技术（嵌入式技术与应用）专业、电子信息工程技术专业、国际商务类专业

出版发行	广东高等教育出版社
	地址：广州市天河区林和西横路
	邮政编码：510500　电话：（020）87554152　87551163
	http://www.gdgjs.com.cn
印　　刷	佛山市浩文彩色印刷有限公司
开　　本	787 毫米 ×1 092 毫米　1/16
印　　张	20
插　　页	2
字　　数	493 千
版　　次	2017 年 6 月第 1 版
印　　次	2017 年 6 月第 1 次印刷
定　　价	42.00 元

序

　　当今世界，科技发展日新月异，技术创新层出不穷，标准化的作用越来越明显，已成为衡量各国、各地区核心竞争力的重要因素。标准对国民经济与社会发展具有重要推动作用，一个企业，乃至一个国家，要在激烈的国际竞争中立于不败之地，必须深刻认识标准的重要意义。在职业教育领域，建立科学而完善的标准体系越来越成为内涵发展的驱动力，并最终决定职业教育的人才培养方向和规格。世界职业教育先进国家如英国、德国、澳大利亚等，就是通过开发国家职业资格框架体系，从"知识""技能""能力"三个维度对学习成果进行等级评定，进而实现职业教育与劳动力市场、终身教育体系的有机衔接，并为不同国家、不同院校之间的资格等级比较提供了可能。与西方发达国家相比，我国职业教育标准体系尚不健全，标准研制工作相对滞后，在建设现代职业教育体系的背景下，如何科学地制定具有中国特色、达到国际水准的现代职业教育标准体系显得尤为重要。2014年6月，《教育部等六部门关于印发〈现代职业教育体系建设规划（2014—2020年）〉的通知》，明确要求"建立健全职业教育标准体系"；2015年8月，教育部印发《关于深化职业教育教学改革　全面提高人才培养质量的若干意见》，明确提出"完善教学标准体系，积极开发与国际先进标准对接的专业教学标准和课程标准"。可见，在未来的中国职业教育中，标准将会成为一个重复率很高的关键词。

　　广东是中国改革开放的先行地，建立科学而完善的职业教育标准体系，是创建现代职业教育综合改革试点省的必然要求和重要举措，是建设广东特色、国家需要、世界先进的现代职业教育体系的重要内容，对于广东加快发展现代职业教育和全面实施创新驱动发展战略具有极其重要的作用。从2013年启动中高职衔接专业教学标准和课程标准研制工作至今，广东已启动3批共74个专业的专业教学标准和课程标准研制工作，投入经费超过1 000万元，在实践中形成了一套成熟、有效的标准研制思路、方法与路径。

受广东省教育厅高等教育处、高中与中职教育处委托，广东省教育研究院负责标准研制的组织、协调和指导工作。在"能力核心、系统培养"理念的指导下，按照设计框架、构建标准、分级培养、衔接贯通的思路，通过供需调研、职业能力分析、课程体系构建、标准编制4个阶段有条不紊地开展工作。其中，第一批9个中高职衔接专业教学标准研制工作已顺利通过验收并付诸实施，围绕专业教学标准与课程标准进行的课程内容开发、教材编写及课程教学实施也已陆续完成；第二批33个中高职衔接、高职本科衔接标准研制项目已基本完成并陆续进入检查验收阶段；第三批项目研制工作正紧锣密鼓地进行。这里给大家展示的是第三批标准研制项目的供需调研成果，它既有针对中高职衔接的标准研制项目，又有从中职到高职再到应用型本科衔接贯通的专业标准研制项目，还有现代学徒制专业教学标准研制项目，以及国际化及IHK（德国工商业联合会）职业资格证书本土化等专业教学标准项目。项目组依托"四年制应用型本科人才培养""三二分段专升本应用型人才培养""现代学徒制试点"等项目，通过项目组内部的高职院校、本科院校、行业企业、教学指导委员会等单位或组织的共同参与、协同创新、联合研制，边研究、边实践、边完善，形成了各具特色的研究成果。供需调研是标准研制工作的起点，通过供需调研，可以找出经济社会发展特别是行业企业对技术技能型人才的需求以及中高职院校学生的学习需求，进而通过供给与需求对比，寻求解决供求矛盾的对策。

现代职业教育标准体系建设任重而道远，只要我们明确目标、理清思路、完善方案、系统推进，充分学习并借鉴国内外职业教育的先进理念、科学成果、正确方法，从广东乃至国家现代产业体系建设需要和职业教育改革发展及技术技能人才培养要求出发，发挥各方优势、凝聚各方力量，扎实推进、稳步前行，就一定能研制出具有广东特色、符合国家需求、达到国际水准的现代职业教育专业教学标准。

有感而发，是为序。

广东省教育研究院

党委书记、院长

2016年9月

前　言

　　建立广东特色、世界水平的现代职业教育体系，必须标准先行。根据《广东省人民政府关于创建现代职业教育综合改革试点省的意见》（粤府〔2015〕12号）中"建立职业院校标准体系、建立适应产业发展的专业课程标准体系"的要求，广东正在分批次开展专业教学标准和课程标准研制工作。标准研制是一项系统工程，必须秉承"能力核心、系统培养"的思想，将行业企业对技术技能人才的要求转化到课程和教学之中，实现中职—高职—应用型本科一体化培养，构建衔接贯通的职业教育课程体系。从由需求到供给、由能力到课程的角度审视职业教育标准体系建设问题，可以将专业教学标准和课程标准研制过程分为供需调研、职业能力分析、课程体系建构、标准编制4个阶段，通过专家指导、实地调研、研讨交流、阶段总结等方式扎实开展标准研制工作，切实取得系列成果。实践证明，实现专业设置与职业岗位对接、课程内容与职业标准对接、教学过程与生产过程对接、毕业证书与学历证书对接以及职业教育与终身教育对接，并不是一件不可能完成的事情。

　　没有调查就没有发言权，不了解需求，职业教育就无法培养出合格的高素质劳动者和技术技能人才。供需调研是标准研制工作的第一阶段，是整个标准研制的基础性工作。通过广泛、深入调研，可以挖掘需求，发现问题，进而找到解决问题的思路和对策。调研所获取的信息尤其是所确定的职业生涯发展路径和要求，是确立职业教育人才培养目标定位、开展专业建设的重要依据。调研工作包括确定调研目标和对象、制定调研方案、运用调研方法、编制调研工具、组织实施调研、统计分析调查资料、撰写调研报告等。在广东省教育研究院的精心组织和指导下，标准研制各项目组克服时间紧、任务重等困难，充分利用各种社会资源，以认真的态度、严谨的作风、科学的方法对行业、企业、学校、学生进行深入调研，获得了大量第一手资料，并对资料进行认真筛选和深入分析，了解了行业企业发展态势和人才供求情况，掌握了中职、高职、应用型本科学生的学习需求，厘清了各专业技术技能人才职业生涯的发展路径，分析了各层级职业院校的人才培养目标、课程体系及教学管理模式，为职业能力分析、课程体系建构等后续工作奠定了坚实基础。

本书汇编了第三批标准研制项目中的运动训练、高分子材料加工技术、应用化工技术（涂料技术）、制冷与空调技术、精细化学品生产技术（化学工程与工艺）、药品生物技术、计算机应用技术（嵌入式技术与应用）、电子信息工程技术、国际商务类等9个专业标准研制项目组的供需调研成果。这些成果的取得，得到了广东省教育厅高等教育处以及社会各界同仁的大力支持，凝聚了各项目组的辛勤劳动。在此，对关心和支持标准研制工作的领导和专家表示衷心的感谢，对积极参与标准研制工作的全体人员致以崇高的敬意！

由于编者水平有限，书中难免出现错漏，敬请读者不吝指正，以便我们更扎实、更有效地开展各项相关工作。

广东省中高本衔接专业教学标准和
课程标准项目研制组
2016 年 9 月于广州

目　　录

第一章
高职本科一体化运动训练专业建设调研报告

在广东省教育厅的统一指导下，由广东体育职业技术学院、广州体育学院、深圳市喜德盛自行车有限公司、广州王子网球培训中心等41所院校和企业组成的广东省运动训练专业教学标准和课程标准研制项目组，于2015年9月至2015年12月对广东省体育行业、企业、院校进行了深入、广泛、细致的调研，将获得的调研资料进行汇总、分析，形成本调研报告。

一、前言

（一）调研背景分析

构建现代职业教育体系是我国职业教育发展的重要任务，其高职与本科衔接是现代职业教育体系纵向衔接的重要内容。《国家中长期教育改革和发展规划纲要（2010—2020年)》明确提出，到2020年，要形成适应经济发展方式转变和产业结构调整要求、体现终身教育理念、中高、高本职衔接的职业教育协调发展的现代职业教育体系。

《国务院办公厅关于加快发展体育产业的指导意见》提出，进一步促进体育产业的大发展。国家体育总局、教育部《关于进一步推动体育职业教育改革与发展的意见》以及广东省政府《关于加快转变我省体育发展方式的意见》《珠江三角洲地区改革发展规划纲要（2008—2020)》等政策要求，大力发展体育产业为区域经济发展服务。根据广东省体育局体育产业调研结果，广东体育产业需要的人才类型有：体育赛事策划与服务、体育经纪、体育咨询、竞赛表演、健身俱乐部经营、体育营销等大量体育服务与管理人才。运动训练专业恰恰适应了区域经济和社会发展的需求。目前广东开设运动训练专业的高职院校有2所、本科院校有4所，从行业角度看，运动训练专业职业教育为体育行业的发展培养了大量的高技能应用型人才。但是从具体情况看，高职本科在培养技术人才的过程中，存在很多不协调的问题，例如人才培养目标不明确、岗位与技能层次不清晰、教学目标重叠、教学内容重复、教学衔接不紧密等。

（二）调研目的意义

通过对运动训练专业相关行业、企业的调研，了解行业、企业的产业结构现状及未来发展趋势，明确岗位知识、技能需求，了解企业对高职、本科毕业人才的需求及职业能力要求，分析就业岗位群和职业生涯路径；通过对高职本科院校的调研，了解毕业生在校学习及就业情况，对比各高职本科院校培养目标、培养方案、课程结构等内容，分析高本课程衔接存在的问题。通过调研，为科学编制《广东省高本衔接运动训练专业教学标准和课程标准》提供可靠依据。

二、调研基本情况

（一）调研组织方法

1. 访谈、座谈法

为了使本次调研更具科学性和权威性，项目组先后走访了广东省体育主管部门、体育协会等行业单位 16 家，广东省内体育高职院校 2 所和周边省份 1 所，广东省内本科体育院校 4 所，广东省及周边区域体育企业单位 60 家。项目组先后组织了 5 场人才培养方案座谈会及调研活动，分别就人才培养目标、职业生涯等问题进行了深入地沟通与交流。通过座谈，收集了各方相关信息，为本课题的完成创造了条件。

2. 问卷调查法

为了扩大调研的范围及准确度，制作了 8 套针对行业、企业、在校生、毕业生等不同调研对象的调查问卷，发出问卷 1 416 份，回收有效问卷 1 324 份。

3. 文献研究法

根据本调研的需要，查阅了大量的中高本衔接有关的文献著作及相关文章，阅读了有关国家相关政策、高职和本科运动训练专业建设等方面的文献。通过文献研究分析发现，目前我国运动训练专业高本衔接人才培养模式尚属空白，广东运动训练专业高本"3＋2"人才培养试点走在国内前列，开拓了运动训练专业高本衔接育人的先河。另外，通过中国知网也查阅到了相关的资料并对文献进行了综合分析，使文献为本研究所用。

4. 逻辑分析法

通过运用逻辑分析法，对回收的访谈记录、问卷数据进行综合分析，得出最终研究结论，并撰写调研报告。

整个调研时间起于 2015 年 9 月，止于 2015 年 12 月，为期 3 个月，直接参与调研工作的有 30 人，其中高职 15 人、本科 10 人、企业 5 人。调研采取的方法是统筹兼顾、分工负责、各司其职，总体分为高职和本科两大组，每组下设文献资料分析小组、院校调研小组、行业调研小组、学生（包括在校生和毕业生）调研小组、资料总结分析小组和报告撰写小组。

（二）调研样本分布

调研样本分布如表 1－1。

1. 体育行业访谈样本

体育行业管理部门主要对各部门领导如体育产业处长、群体处长等进行调研，体育协会主要对各个体育运动协会秘书长等进行调研，调研主要采取访谈法加问卷法，发出问卷 16 份，回收有效问卷 16 份，并对访谈记录进行归纳分析。

2. 体育企业访谈、调研样本

体育企业调研主要通过各个专业团队负责人带领专业团队教师一起对不同项目对应的体育企业进行调研，调研对象包括珠江三角洲地区、粤东、粤北、粤西的体育行业管理部门及协会等 16 个，体育企业 60 家。体育部门管理人员占 10%，体育企业董事长、经理占 20%，体育俱乐部经理占 30%，体育俱乐部教练员占 30%，体育企业销售主管占 10%。共走访企业 60 家，回收访谈记录和问卷 60 份。

3. 高本院校访谈和人才培养方案分析样本

调研团队分别走访了 2 所广东省内高职体育院校、1 所周边省份高职院校和 4 所广东省内本科体育院校，就广东省体育高职院校和体育本科院校的运动训练专业的开展情况、人才培养模式、人才培养方案和目标学生就业等，对专业学科带头人、系部主任及教务处人员进行了访谈和问卷调查。

4. 在校生调研组样本

关于在校生的调研，高职部分针对运动训练专业高职在校生发放问卷 320 份，回收有效问卷 312 份；本科部分针对运动训练专业本科在校生发放问卷 320 份，回收有效问卷 318 份。

5. 毕业生调研组样本

通过高职、本科院校运动训练专业辅导员针对往届 3 年该专业毕业生借助电话、QQ、微信等联系方式，以电子邮箱的方式发放电子调查问卷，并在规定时间内回收问卷。高职发放问卷 350 份，回收有效问卷 305 份；本科发放问卷 350 份，回收有效问卷 313 份。见表 1 - 1。

表 1 - 1 调研样本分布一览表

学段	体育行业		体育企业		在校生		毕业生	
	发放	回收	发放	回收	发放	回收	发放	回收
高职学段/份	16	16	30	30	320	312	350	305
本科学段/份			30	30	320	318	350	313
总计/份	16	16	60	60	640	630	700	618

三、调研资料分析

（一）行业现状和人才需求情况

1. 行业现状及发展趋势

2014 年 10 月 20 日，国务院发布《关于加快发展体育产业促进体育消费的若干意见》，将全民健身上升为国家战略，旨在进一步加快发展体育产业，促进体育消费。据统计，体育企业、行业在自上而下政策的强力推动下，预计未来 10 年我国体育产业的年均复合增长率将达到22%，整个行业将处于持续的高速发展阶段，到2025年体育产业总规模超过5万亿元，体育产业成为推动经济社会持续发展重要力量的整体规划，并提出了三大发展目标：（1）产业体系更加完善；（2）产业环境明显优化；（3）产业基础更加坚实。

2．人才需求情况

为适应珠江三角洲地区体育人才的需求状况，根据国家和广东省的相关政策，认真贯彻落实《珠江三角洲地区改革发展规划纲要（2008—2020）》，国家体育总局、教育部《关于进一步推动体育职业教育改革与发展的意见》和广东省体育事业发展"十三五"规划给我们的人才培养工作指明了方向。"十三五"期间，广东将着力加快全民健身网络建设，提升公共体育服务水平，确保全省人均使用体育场地面积达到2平方米，省主要体育场馆建成多功能的体育中心。"十三五"期间，广东省将大力推动公园体育、广场体育、社区体育、校园体育、家庭体育等休闲体育活动的开展，不断推出适合不同人群、地域、季节的体育健身新内容和新方法。力争到2020年，90%以上的街道、乡镇建有体育组织，80%以上行政村、社区普遍建有体育健身站（点），有条件的自然村建有体育健身站（点）。建立健全社会体育指导员培训基地，逐步完善社会体育指导员培训体系，进一步加大社会体育指导员的培训力度，力争到2020年，建立起一支拥有20万人以上的社会体育指导员队伍，达到每万人有20名以上社会体育指导员的规模。

"十三五"期间，广东将发挥广州、深圳中心城市的作用，做大做强城市体育经济，形成全省体育产业发展龙头。大力发展珠江三角洲其他地区普及面广、多层次的健身服务业和各类体育制造及体育商贸业，成为全省体育产业发展基地。大力发展健身服务业、竞赛表演业和体育彩票业等支柱产业，加快发展体育用品、体育培训、体育咨询、体育中介等产业，打造具有广东特色和国际影响力的体育产业品牌，逐步形成符合现代体育运动发展规律，门类齐全、结构合理的现代体育产业体系。2015年，体育产业增加值占国民经济的比例达到1.5%，本体产业占整个体育产业总量的比例达到35%。未来5年，体育产业类相关就业岗位将需求大量人才，特别是运动技术服务业、健身服务业、竞赛表演业、赛事策划与实施等领域的人才。经过调查，发现广东体育产业的大发展，导致珠江三角洲地区体育高技能人才需求急剧增加，未来5年，广东省体育人才需求缺口15万人以上，其中社会体育指导员缺口4万多人，体育俱乐部教练员、体育教师、体育产品销售、赛事策划与实施人员缺口5万人以上。严重的体育高技能人才需求缺口，为竞技体育专业发展明确了任务，创造了发展契机。因此，体育职业教育为运动员提供新的学习、就业平台。运动训练专业可以更好地发挥运动员的运动技术优势，为运动员退役后再就业创造更有利的条件，具有广阔的发展前景。

（二）体育企业人才需求及供给情况

1．人才需求规模分析

体育系统数据显示，"十二五"期间，我国运动训练人才缺口达50万人。通过调研可知，未来5年，运动训练人才将会面临全面紧缺，其中包括公益社会体育指导员、职业资格体育社会指导员、体育俱乐部教练员、体育企业管理及体育器材销售等服务人

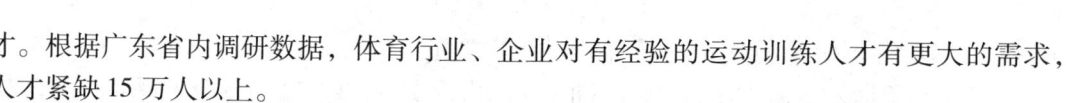

才。根据广东省内调研数据，体育行业、企业对有经验的运动训练人才有更大的需求，人才紧缺15万人以上。

2．企业人才需求规格分析

运动训练项目调研组对广东地区体育行业、企业进行了走访和问卷调研，获得如下信息。

（1）岗位人员持有等级证书情况见表1-2。

表1-2　岗位人员持有等级证书情况一览表

岗位类型	岗位等级	学历要求	职业资格证书	等级
企业管理部门	总经理	本科或以上	社会体育指导员职业资格	中级以上或高级
	俱乐部主管	专科或本科	社会体育指导员职业资格	中级以上
	活动策划与推广员	专科或本科以上	社会体育指导员职业资格	中级以上
	项目经理	专科以上	社会体育指导员职业资格	初级以上
教练员	高级教练员	专科或本科以上	社会体育指导员职业资格	中级以上
	中级教练员	专科或本科	社会体育指导员职业资格	初级以上
	初级教练员	专科以上	社会体育指导员职业资格	初级
	助理教练员	专科以上	社会体育指导员职业资格	初级以下
体育产品销售	区域经理	本科或以上	社会体育指导员职业资格	中级以上
	销售主管	专科或本科	社会体育指导员职业资格	初级以上
	销售店长	专科以上	社会体育指导员职业资格	初级以上
	销售员	专科或以下	社会体育指导员职业资格	初级以上

（2）体育企业、行业岗位人员学历情况。

如图1-1所示，体育企业、行业工作人员中的学历情况为：比例最大的是高职高专，占37%；其次是本科，占30%；再次是中专，占25%。按照教育的发展趋势，高职与本科衔接办学势在必行，并且，在岗位中有研究生文凭的人员将继续增长。

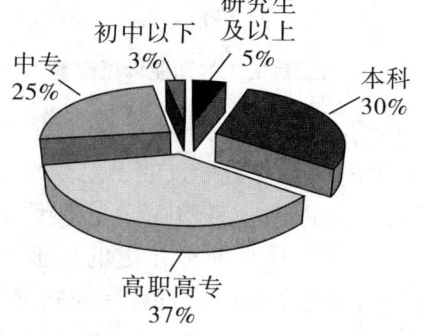

图1-1　体育企业、行业岗位人员学历情况

（3）体育企业、行业招聘时最看重的员工素质。

如图 1-2 所示，体育企业最看重的员工素质排名中，除了专业水平（占 15%）外，团队协作能力（占 10%）、沟通能力（占 9%）、吃苦耐劳（占 8%）、组织能力（占 8%）、责任心（占 8%）以及安全意识（占 7%）也都非常重要。因此，在培养体育学生时，除了培养学生的专业水平之外，还应着重发展学生的综合素质。

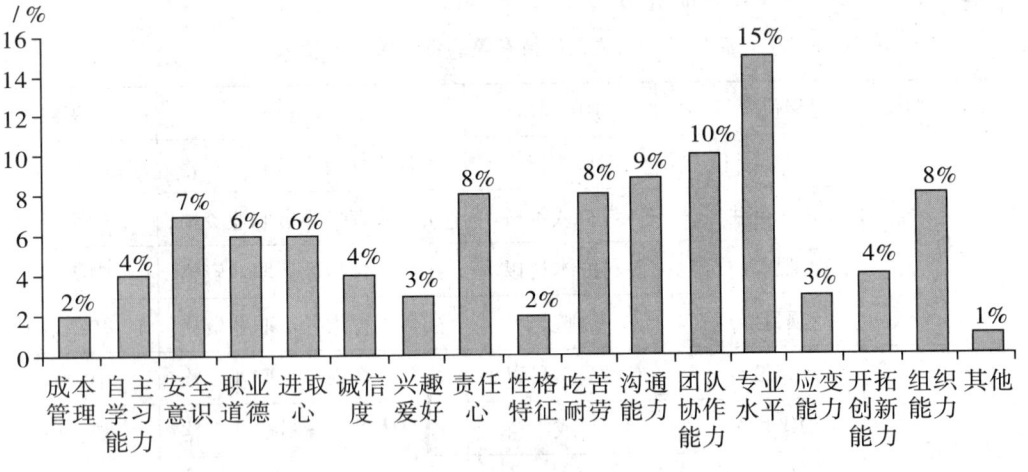

图 1-2　体育企业、行业招聘时最看重的员工素质

（4）岗位对员工的职业素质与能力要求。

如图 1-3 所示，对员工的岗位职业素质与能力要求中，排第一位的是职业技能，占 30%；其次是专业知识，占 22%；再次是职业道德与行为态度，占 18%。由此我们知道，具备职业技能与专业知识是从事岗位具体任务的基础，但是，还需具备良好的职业道德与行为态度。

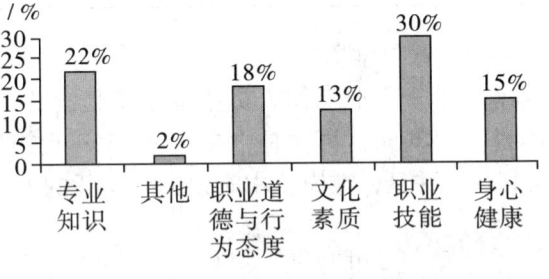

图 1-3　岗位对员工的职业素质与能力要求

（5）体育企业、行业在招聘时认为高校毕业生存在的不足之处。

如图 1-4 所示，企业认为高职毕业生最大的不足是专业知识不扎实，占 25%；其次是缺乏团队合作精神和不能吃苦耐劳，各占 15%；然后，眼高手低、流失率高和不懂人际关系以及动手操作能力不足也是高职毕业生的短板，各占 10%。这些数据表明年轻一代的高职学生思想上稍有叛逆心理，在加强专业技能的基础上还需进行思想辅导以保证毕业生的培养质量。

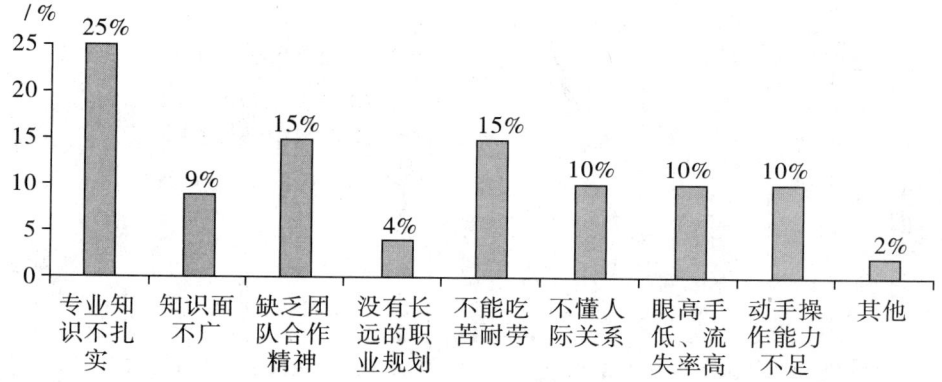

图 1-4 企业对毕业生不足的评价

（6）体育企业、行业在考虑员工晋升时，员工需达到的能力要求。

如图 1-5 所示，在企业考虑到员工的晋升问题时，最看重的是员工的管理能力，占 30%；其次是良好的沟通能力占 25%；然后是吃苦耐劳的精神占 20%；而专业能力只占 8%。可以看出，专业能力只是工作的基础，如果想晋升，最需要的是员工的管理能力以及良好的沟通能力，还要有不怕吃苦的进取精神。

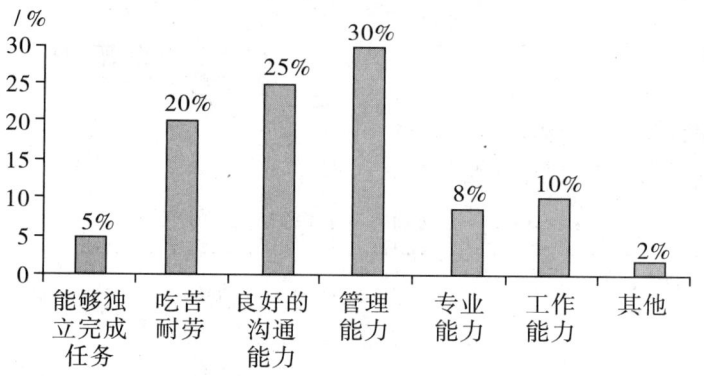

图 1-5 晋升时的能力要求

（7）体育行业、企业对运动训练专业各项课程的重视程度。

企业认为，基础课程与专业课程缺一不可。但有可能是专业特色的缘故，企业对运动训练专业所开设的专业课程比基础课程的重视程度要高，它们所占比例如图 1-6 所示。

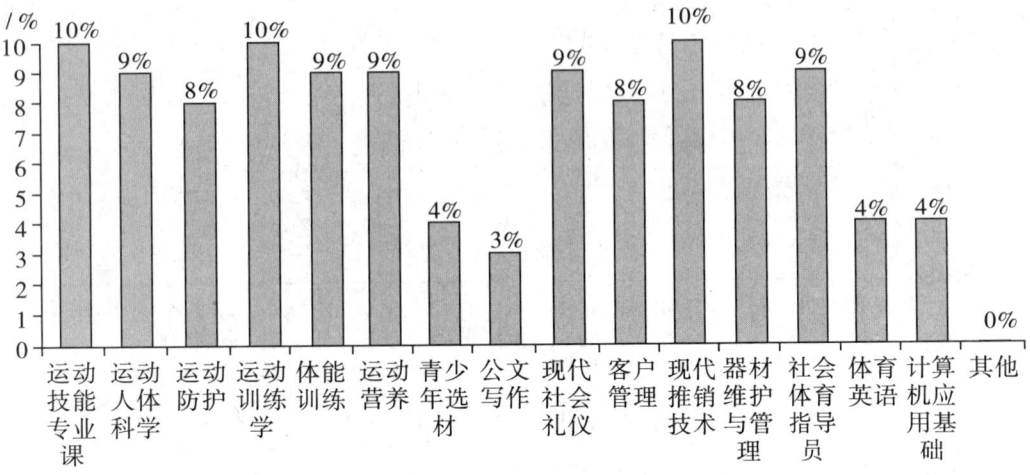

图 1-6　体育行业、企业对各项课程的重视程度

（三）运动训练专业职业岗位群分布情况

1. 运动训练专业岗位群

根据项目组的调研分析，运动训练专业的毕业生在体育行业、企业主要从事的岗位有体育行业协会、体育发展公司、学校、体育俱乐部、体育用品销售等领域的体育相关岗位。

2. 运动训练专业工作岗位升迁路径

运动训练专业相关岗位升迁路径见表 1-3。

表 1-3　运动训练专业相关岗位升迁路径

发展层级	俱乐部、运动队教练员	俱乐部管理岗位	体育产品销售	体育教师	企业运动队代表
Ⅶ	行业专家、企业高管				
Ⅵ	课程总监/副总经理	经理	总经理助理	教研室主任	总经理助理
Ⅴ	教练主管	项目经理	销售总监、区域经理	高级教师	队伍管理者/经理
Ⅳ	高级教练员	项目主管	销售经理、店长	中级教师	运动队领队
Ⅲ	中级教练员	活动、赛事策划主管	资深销售、销售主管	初级教师	运动队队长
Ⅱ	初级教练员	活动、赛事策划干事	销售员	助理教师	主力运动员
Ⅰ	助理教练员	俱乐部员工	销售助理	实习教师	兼职运动员

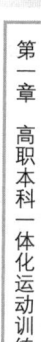

3. 岗位能力和职业素养的要求

（1）俱乐部、运动队教练员类岗位。

俱乐部、运动队教练员类岗位及能力要求见表1-4。

表1-4　俱乐部、运动队教练员类岗位及能力要求

岗位级别	岗位名称	能力要求
高级人才	课程总监/副总经理	1. 熟悉和掌握公司所有课程的体系、内容、标准等； 2. 具备优秀的组织管理能力； 3. 具备优秀的市场调研、谈判技能； 4. 了解公司相关的法律法规； 5. 具备良好的英语交流技巧； 6. 具备计算机及办公软件的操作能力
	教练主管	1. 具备较高的运动技能水平； 2. 具备课程内容开发与教学设计能力； 3. 具备优秀的组织管理能力； 4. 具备良好的语言表达交流能力； 5. 具备计算机及办公软件的操作能力； 6. 具有针对各年龄阶段人群授课的组织管理能力
中级人才	高级教练员	1. 具备较高的运动技能水平； 2. 具备课程内容开发与教学设计能力； 3. 具备较好的沟通与管理能力； 4. 具备良好的语言表达交流能力； 5. 具备计算机及办公软件的操作能力； 6. 具有针对各年龄段人群授课的组织管理能力
	中级教练员	1. 具备较好的运动技能水平； 2. 具有针对各年龄段人群授课的组织管理能力； 3. 具有独立撰写教案及教学手段创新的能力； 4. 具有良好的沟通与管理能力； 5. 具有良好的团队精神； 6. 具备计算机及办公软件的操作能力
初级人才	初级教练员	1. 具备较好的运动技能水平； 2. 具有基本的幼儿、青少年阶段的授课、管理能力； 3. 具有独立撰写教案的能力； 4. 具有良好的沟通与管理能力； 5. 具有良好的团队精神； 6. 具有计算机及办公软件的基本操作能力

续上表

岗位级别	岗位名称	能力要求
初级人才	助理教练员	1. 具备良好的运动技能基础； 2. 具有基本的幼儿、青少年阶段的授课、管理能力； 3. 具有独立撰写教案的能力； 4. 具有良好的沟通与管理能力； 5. 具有良好的团队精神； 6. 具有计算机及办公软件的基本操作能力

（2）俱乐部管理类岗位。

俱乐部管理类岗位及能力要求见表1-5。

表1-5 俱乐部管理类岗位及能力要求

岗位级别	岗位名称	能力要求
高级人才	经理	1. 熟悉和掌握公司所有业务部门的职能、人员、业务等； 2. 具备优秀的组织管理、市场开拓能力； 3. 具备优秀的商业谈判技能； 4. 了解商业的法律法规并具备良好的写作能力； 5. 具备良好的沟通、协调和基本的英语交流技巧； 6. 具有较好的体育运动能力和团队合作精神； 7. 具备计算机及办公室软件操作技能
	项目经理	1. 熟悉和掌握公司所有的业务及项目运行； 2. 具备优良的组织管理、市场拓展、推广能力； 3. 具有较好的体育运动能力和团队合作精神； 4. 具备优秀的现场指挥与管控能力； 5. 具备良好的沟通、协调和基本的英语交流技巧； 6. 具备计算机及办公室软件操作技能
中级人才	项目主管	1. 熟悉和了解公司业务及项目运行； 2. 具备良好的组织管理、市场推广能力； 3. 具有较好的体育运动能力和团队合作、吃苦耐劳精神，良好的服务意识； 4. 具备良好的现场指挥与管控能力； 5. 具备良好的沟通、协调和应急处理能力； 6. 具备计算机及办公室软件操作技能
	活动、赛事策划主管	1. 熟悉和了解公司业务及项目计划； 2. 具备良好的市场拓展、创新、学习能力； 3. 具备优秀的文案撰写、PPT制作等演讲网络推广能力； 4. 具有良好的组织实施能力； 5. 具有较好的体育运动能力和团队合作、吃苦耐劳精神，良好的服务意识； 6. 具备良好的沟通、协调和应急处理能力

续上表

岗位级别	岗位名称	能力要求
初级人才	活动、赛事策划干事	1. 熟悉和了解公司业务及项目计划; 2. 具有较好的体育运动能力和团队合作、吃苦耐劳精神,良好的服务意识; 3. 具备良好的沟通、协调和人际关系能力; 4. 具有一定的组织能力; 5. 具备计算机及办公室软件操作、网络推广技能
	俱乐部员工	1. 熟悉和了解公司文化、项目及计划; 2. 具有较好的体育运动能力和团队合作、吃苦耐劳精神,良好的服务意识; 3. 具备良好的沟通、协调和人际关系能力; 4. 具备计算机及办公室软件操作技能

（3）体育产品销售类岗位。

体育产品销售类岗位及能力要求见表1-6。

表1-6 体育产品销售类岗位及能力要求

岗位级别	岗位名称	能力要求
高级人才	总经理助理	1. 熟悉和掌握体育用品公司所有商品的名称、型号、规格、用途、单价及产地; 2. 具备优秀的组织管理能力; 3. 具备优秀的商品采购谈判技能; 4. 了解商业的法律法规并具备良好的写作能力; 5. 具备良好的英语交流技巧; 6. 具备计算机及办公室软件操作技能
	销售总监、区域经理	1. 熟悉和掌握体育用品公司各种商品的名称、型号、规格、用途、单价及产地; 2. 具备优秀的区域组织管理能力、货物仓储管理能力; 3. 具备优秀的商品采购谈判技能; 4. 具备良好的写作能力; 5. 具备良好的英语交流技巧; 6. 具备计算机及办公室软件操作技能
中级人才	销售经理、店长	1. 具有一定的领导管理能力、货物仓储管理能力和展柜陈列能力; 2. 具有良好的组织能力、计划能力、应急能力; 3. 具有较强的沟通能力,具备员工培训管理能力; 4. 具有良好的服务意识; 5. 具备品牌策划工作的能力; 6. 具备活动策划开展实施能力

续上表

岗位级别	岗位名称	能力要求
中级人才	资深销售、销售主管	1. 具有较好的管理能力； 2. 具有较好的组织能力、计划能力、应急能力； 3. 具有较好的沟通能力； 4. 具有较好的服务意识； 5. 具有品牌策划工作的基础能力； 6. 具备活动策划开展实施能力
初级人才	销售员	1. 具有市场开拓及销售能力； 2. 具备对体育产品的型号功能等信息的掌握能力； 3. 具有较强的语言表达能力、应对能力及市场分析能力； 4. 具有较强的服务意识； 5. 具备消费者心理的初步基础知识
	销售助理	1. 熟悉店面销售知识及产品型号价格； 2. 具有较强的语言表达能力及理解能力； 3. 具有较强的服务意识； 4. 具备消费者心理的初步基础知识

（4）体育教师类岗位。

体育教师类岗位及能力要求见表1-7。

表1-7 体育教师类岗位及能力要求

岗位级别	岗位名称	能力要求
高级人才	教研室主任	1. 具有优秀的教学和教学研究能力； 2. 具有较高的体育运动技能和授课指导能力； 3. 具有优秀的管理能力； 4. 具备良好的写作能力； 5. 具备良好的沟通、协调、交际能力； 6. 具备优秀的职业道德和服务意识
	高级教师	1. 具备优秀的教学和教学研究能力； 2. 具有较高的体育运动技能和授课指导能力； 3. 具备优秀的职业道德和服务意识； 4. 具备良好的沟通、协调、应急处理能力； 5. 具备良好的写作能力； 6. 具有吃苦耐劳的精神
中级人才	中级教师	1. 具有较好的体育运动技能和授课指导能力； 2. 具备独立撰写教案和组织实施的能力； 3. 具备良好的教学研究和学习创新能力； 4. 具有良好的语言表达能力； 5. 具有团队合作、吃苦耐劳的精神； 6. 具备良好的职业道德和服务意识

续上表

岗位级别	岗位名称	能力要求
中级人才	初级教师	1. 具有较好的体育运动技能和授课指导能力； 2. 具备独立撰写教案和组织实施的能力； 3. 具备一般的教学研究和学习创新能力； 4. 具有良好的语言表达能力； 5. 具有团队合作、吃苦耐劳的精神； 6. 具备较好的职业道德和服务意识
初级人才	实习教师、助理教师	1. 具有较好的体育运动技能和基本的授课指导能力； 2. 具备撰写教案和组织课堂的能力； 3. 具有良好的语言表达能力； 4. 具有团队合作、吃苦耐劳的精神

（5）企业运动队代表类岗位。

企业运动队代表类岗位及能力要求见表1-8。

表1-8 企业运动队代表类岗位及能力要求

岗位级别	岗位名称	能力要求
高级人才	总经理助理	1. 熟悉掌握公司文化、市场动态； 2. 具备优秀的管理和市场拓展的能力； 3. 具有良好的财务管理能力； 4. 具备良好的职业道德和服务意识； 5. 具备优秀的沟通、谈判技巧； 6. 具有较好的体育运动水平经历
高级人才	队伍管理者/经理	1. 具有优秀的体育运动水平经历； 2. 具备优秀的团队管理能力； 3. 具备优秀的沟通、协调能力； 4. 具备计划、撰写及学习能力和计算机应用能力； 5. 具备良好的职业道德和服务意识
中级人才	运动队领队	1. 具备较高的体育运动水平经历和队伍训练计划组织实施能力； 2. 具备良好的职业道德和服务意识； 3. 具有较好的沟通、协调、交际能力； 4. 具备较好的团队管理能力； 5. 具备计算机及办公室软件操作技能
中级人才	运动队队长	1. 具备优秀的体育运动水平和队伍训练组织能力； 2. 具备优秀的号召和团队管理能力； 3. 具备良好的职业道德和服务意识； 4. 具有较好的沟通、协调、交际能力； 5. 具备计算机及办公室软件操作技能

续上表

岗位级别	岗位名称	能力要求
初级人才	主力运动员	1. 具有高水平的体育运动能力； 2. 具有组织观念纪律性； 3. 具有良好的沟通、交际能力； 4. 具有一定的吃苦耐劳、团队合作精神
	兼职运动员	1. 具有较高水平的体育运动能力； 2. 具有组织观念纪律性； 3. 具有良好的沟通、交际能力； 4. 具有一定的吃苦耐劳、团队合作精神

（四）职业资格和行业规范要求情况

由于运动训练专业的工作岗位是专业性很强的技术工作，对技术的指导必须要进行系统的知识理论与科学的训练方法，特别是从事一些例如游泳、救生员等的高危型工作，必须要持有国家体育、劳动部门认可的职业资格证书方可上岗。但由于各行业、企业对证书的要求有所不同，因此在从事不同的岗位级别时有相应的基本要求。具体情况见表1-9。

表1-9　高职、本科运动训练专业学生对应的职业资格证书

证书名称	等级	发证单位	企业重视度	阶段要求
国家体育裁判员证	一级	国家体育总局	高	本科
国家体育裁判员证	二级	国家体育总局	一般	高职
国家体育裁判员证	三级	国家体育总局	一般	高职
社会体育指导员证书（各项目）	中级	人力资源和社会保障部	高	本科
社会体育指导员证书（各项目）	初级	人力资源和社会保障部	高	高职
游泳救生员证书	初级	人力资源和社会保障部	高	高职
游泳社会体育指导员证	初级	人力资源和社会保障部	高	高职
游泳裁判员	二级	国家体育总局	高	高职/本科
潜水社会体育指导员证	中级	人力资源和社会保障部	高	本科
潜水社会体育指导员证	初级	人力资源和社会保障部	高	高职
体育场地工证书	初级	人力资源和社会保障部	一般	高职
自行车技师证	初级	协会认证	高	高职

（五）职业院校课程设置情况

1. 高职、本科专业人才培养目标对比

目前广东省的高职体育院校和本科体育院校均有开设运动训练专业，但其人才培养目标定位有所不同。从表1-10所示，可知两者既有联系又有区别，但"边界"和"接口"模糊，不利于有效衔接。

表1-10 目前高职、本科院校运动训练专业人才培养目标

高职运动训练专业人才培养目标 （以广东体育职业技术学院为例）	本科运动训练专业人才培养目标 （以广州体育学院为例）
本专业培养要求：具有良好的体育精神、服务意识、职业素质、创新精神；掌握一定的运动训练、运动竞赛裁判、赛事活动组织执行的基本知识；具有较高的运动技术水平和较强的运动指导、体育服务、体育文化推广的能力；懂得体育赛事策划及运作，能组织相关项目经营活动的高端技能型人才	本专业培养要求：德、智、体、美全面发展，知识宽厚，一专多能，具有良好的科学文化素养、现代体育理念以及创新精神与实践能力，具备在基层运动队和各级学校组织实施运动训练、体育教学、休闲运动项目指导、管理和从事其他相关体育工作的基本技能，具有广泛社会适应能力的高素质、复合型体育专门人才

2. 高职、本科运动训练专业课程结构对比

项目组收集了省内外3所高职体育院校的人才培养方案，并对广东省内2所体育高职院校和3所本科体育院校的5名运动训练专业负责人或教学负责人进行了访谈调研。以广东体育职业技术学院和广州体育学院为例，2所学院该专业课程体系如表1-11所示，可见该课程体系总体分为公共课程、专业基础课程、主干课程和职业能力拓展课程4类，专业课程以模块化的方式教学，集中若干周完成。

表1-11 高职、本科院校运动训练专业课程结构比较

高职		本科	
类别	课程名称	类别	课程名称
基本素质课程	思想道德修养与法律基础（含廉洁修身）	公共课	思想道德修养与法律基础
	毛泽东思想和中国特色社会主义理论体系概论（简称毛概）		中国近代史纲要
	大学语文		马克思主义基本原理
	大学英语		毛泽东思想、邓小平理论和"三个代表"重要思想概论（简称毛概理论）
	计算机应用基础		形势与政策教育
	形势与政策		外国语

续上表

高职		本科	
类别	课程名称	类别	课程名称
基本素质课程	心理健康教育	公共课	计算机应用基础
	职业生涯规划与就业指导		语文与写作
	军事理论		军事理论
	军训		创业教育与就业指导
职业基础能力课	运动训练	专业基础课	运动解剖学
	田径Ⅰ（田径基础）		运动生理学
	运动人体科学基础		体育保健学
	基本体操		教育学
	运动防护Ⅰ		体育概论
	教育管理		运动心理学
核心课程	体能训练	主干课程	运动训练学
	专项训练Ⅰ（运动基础）		体能训练理论与方法
	专项训练Ⅱ（运动赛事、裁判实施）		主修项目理论与实践（篮球、足球、排球、网球、乒乓球、羽毛球、游泳、跆拳道、垒球）
	专项训练Ⅲ（运动进阶）		运动选材学
	专项训练Ⅳ（运动指导）		毕业论文
职业能力拓展课程	院级公共选修课	职业能力拓展课程	院级公共选修课
综合实践	顶岗实习	社会实践	教育实习
	毕业实习		毕业实习

从开设课程的科目上分析，高职课程的素质教育课程在本科阶段基本出现，数量基本相当。通过走访、座谈，从课程内容的分析来看，高职和本科课程内容的知识点重合率较高。特别是"运动训练学""体能训练""专项训练"等课程，内容重合度接近80%。从课时安排来看，同一门课程的教学时数高职多于本科。

（六）学生学习状况

1. 入学前班级的综合成绩

入学前班级的综合成绩情况如图1-7所示，本科生成绩优于高职生，高本衔接，可为有升学意愿的高职学生提供更好的学习平台。

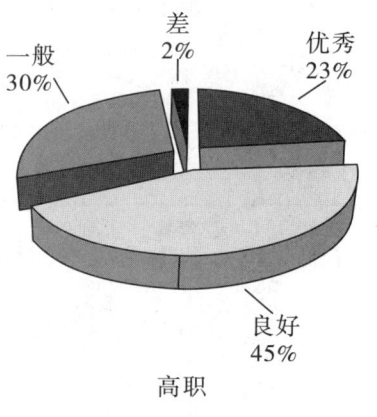
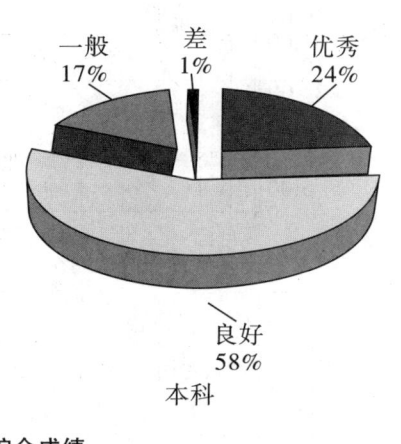

图1-7 入学前班级的综合成绩

2. 选择就读院校的主要原因

如图1-8所示，无论是高职还是本科的学生，选择院校的主要原因都是自己喜欢和能够学到一技之长，其中高职学生这两个原因各占30%和29%，而本科学生这两个原因各占57%和20%。高职和本科学生选择就读院校的主要原因具有较高的相关性，这彰显了高本衔接的必要性。

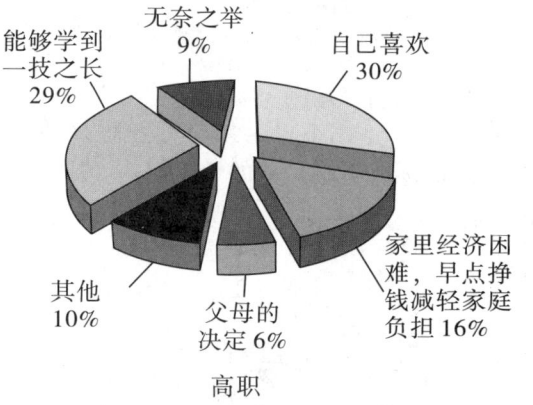
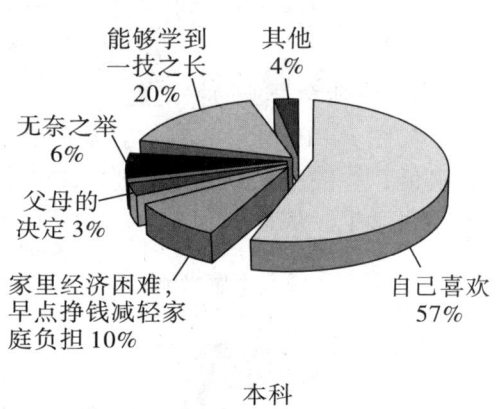

图1-8 选择就读院校的主要原因

3. 影响选择所学专业的决定因素

如图1-9所示，无论是高职还是本科学生，在选择现在所学专业时，都会将自己喜欢作为首要考虑的因素，其次是父母决定、可以成为专业人员、容易找工作等。高职和本科学生选择所学专业决定因素的较高相关性显示高本衔接的必要性。

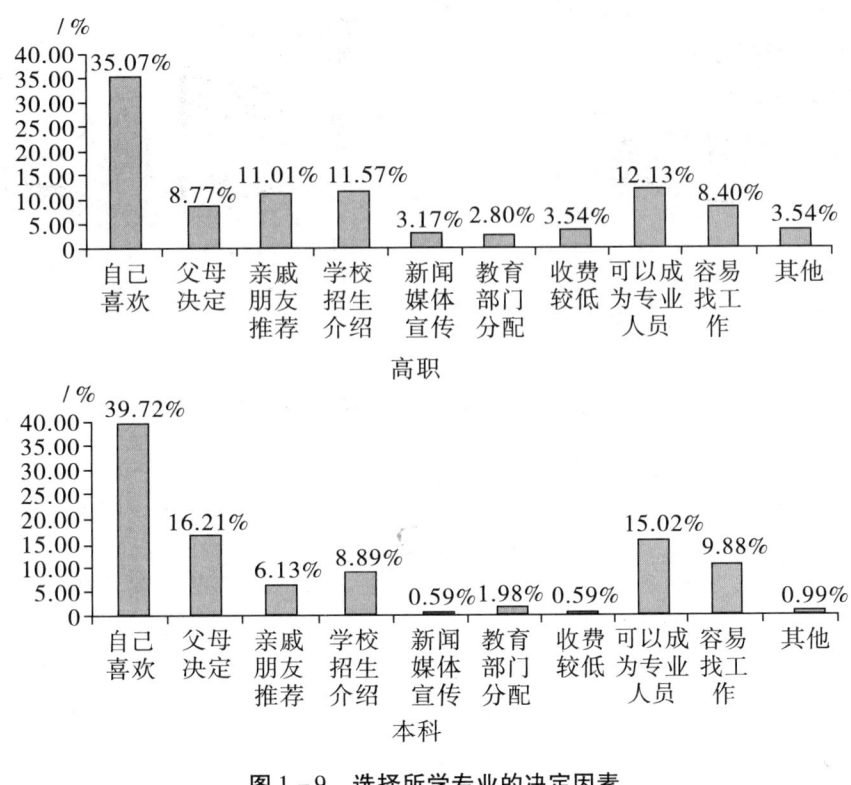

图 1-9　选择所学专业的决定因素

4. 对所学专业的兴趣度

如图 1-10 所示，高职学生对专业感兴趣的占 51%，比本科学生对专业感兴趣的比例低；一般感兴趣的比例则要高于本科学生，占 44%；不感兴趣的学生只占 5%，低于本科学生。从整体上看，高职学生对专业的兴趣度高于本科生，有高本衔接的必要。

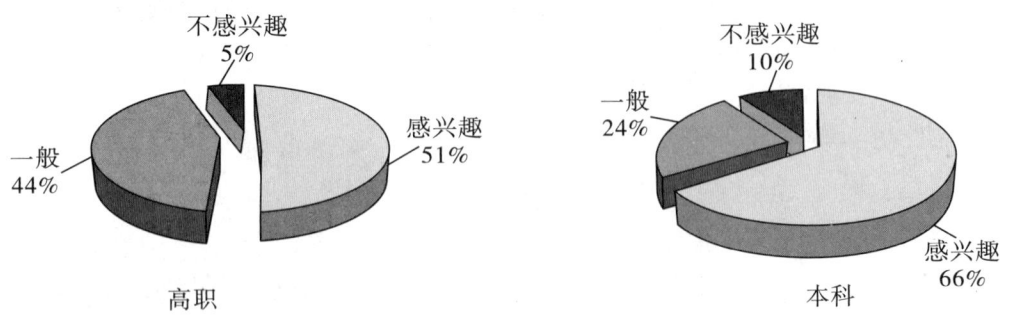

图 1-10　对所学专业的兴趣度

5. 在院校的学习目的

如图 1-11 所示，高职与本科学生在学校的学习目的有所不同，但是有 58% 左右的学生选择学习。也有 19% 左右的学生会选择创业，表明当今的学生思想开放，具有勇于挑战的精神。18% 的高职学生有意愿继续升学，显示了高本衔接的必要性。

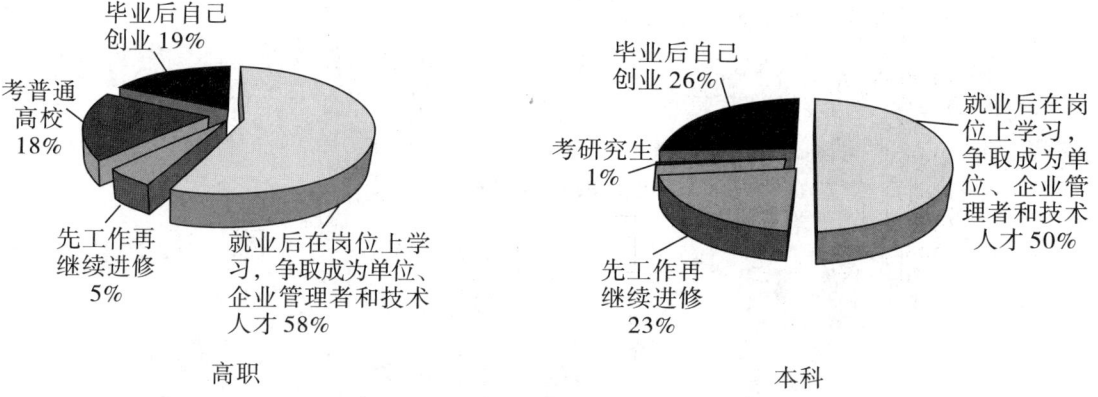

图 1-11　在院校学习的目的

6. 学生认为基础课程的重要程度

高职与本科学生对基础课程的重视程度如图 1-12 所示。我们发现：两种院校的学生都认为计算机应用与公文写作比较重要，其中计算机占 35%（高职）和 28%（本科），公文写作占 17%（高职）和 20%（本科）；其他课程各有互补的现象，具有很大的相关性，有高本衔接的必要性。

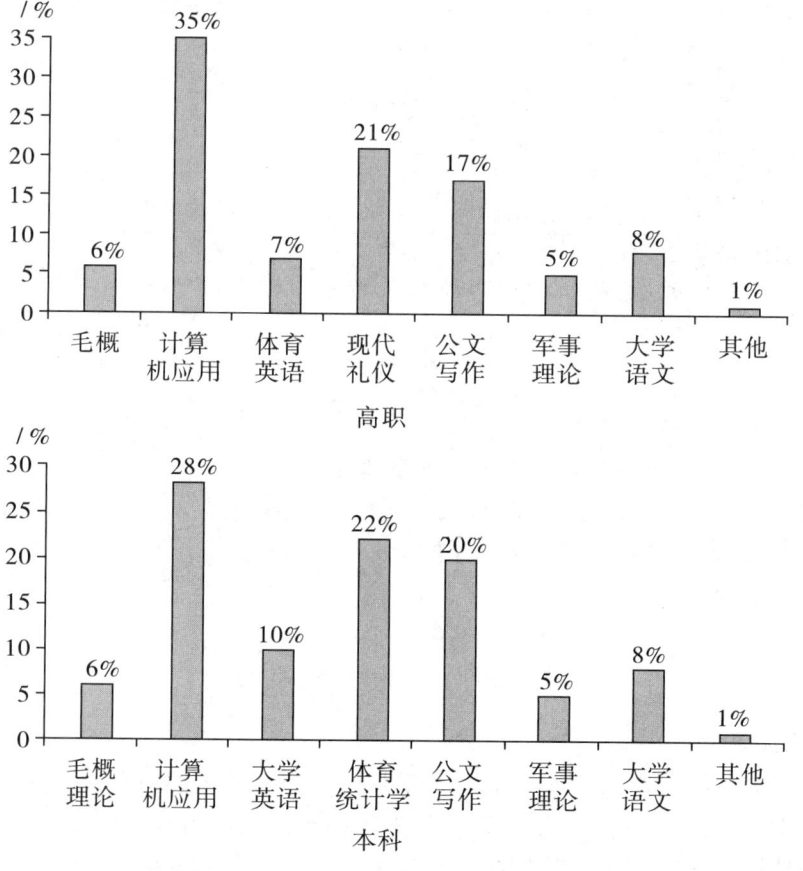

图 1-12　学生认为基础课程的重要程度

7. 学生认为专业课程的重要程度

如图 1－13 所示，高职运动训练专业与本科运动训练专业开设的专业课程有一定的不同，但是学生对各专业课程都保持相当的认同。所占比重如下，高职：体育专项技术课程（19%）、运动训练学（18%）、体能训练（16%）；本科：体育专项技术课程（22%）、运动训练学（20%）、运动心理学（15%），等等。

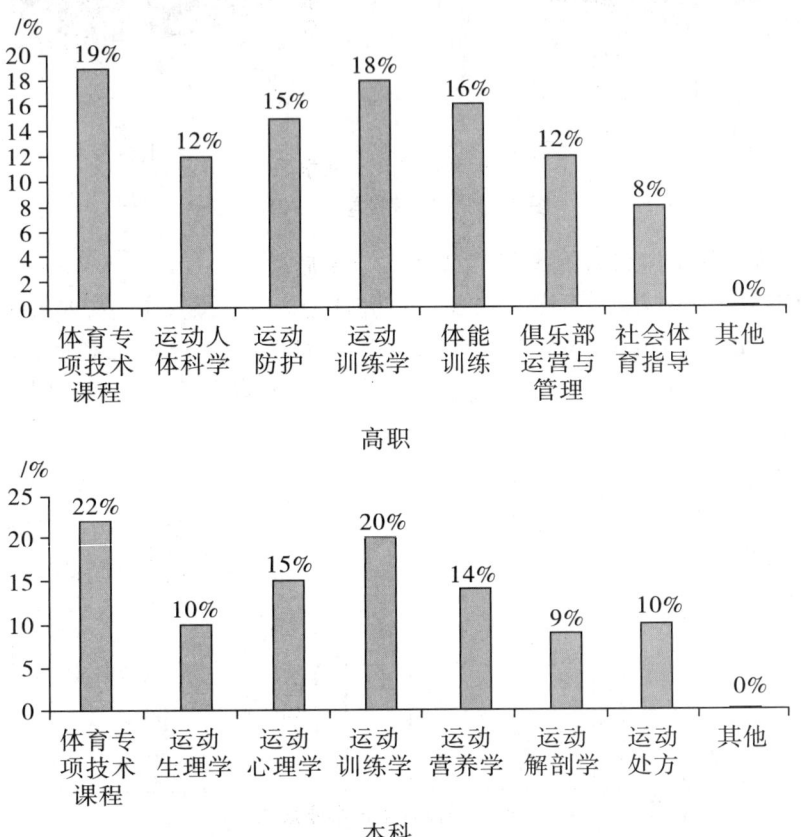

高职

本科

图 1－13　学生认为专业课程的重要程度

8. 学校理论教学与实践教学联系的教育效果

在校学生对学校理论教学与实践教学相联系的效果评价如图 1－14 所示。从图可知学校在教学和实践课程设置上还需要加强，使教学和实践与用人标准更进一步结合，提升教书育人的效果。

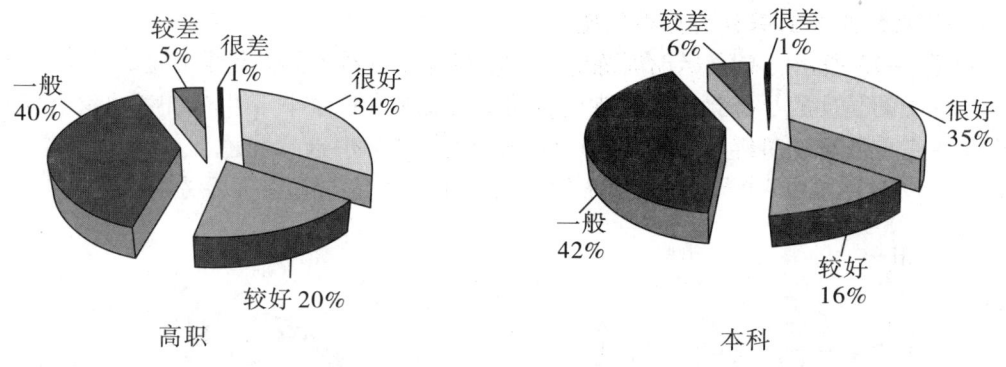

图 1 - 14　学校理论教学与实践教学联系的教育效果

9. 学校在提高学生综合素质方面的评价

如图 1 - 15 所示，关于学校在提高学生综合素质方面的评价，高职学生认为较好的占 32%，一般的占 34%，而很好的只占 27%，这说明学生对自己有严格的要求，但是学校在培养人才方面做得还不够。然而，本科学生对学校的评价相对于高职学生的评价要较好一些，这显示着高本衔接的必要性。

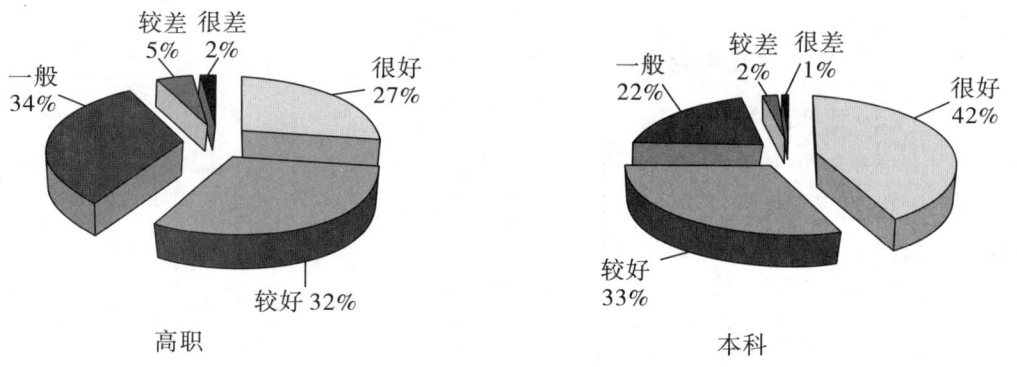

图 1 - 15　学校在提高学生综合素质方面的评价

10. 对自己从学校所获得的职业技能评价

如图 1 - 16 所示，高职、本科在校生对自己从学校所获得的职业技能评价结果显示：较好以上的各占 30%、25%，一般的各占 39%、50%，一般以下的各占 4%，说明在校生对自己从学校获得的职业技能还是有些不满意，还有继续巩固与提高的必要。

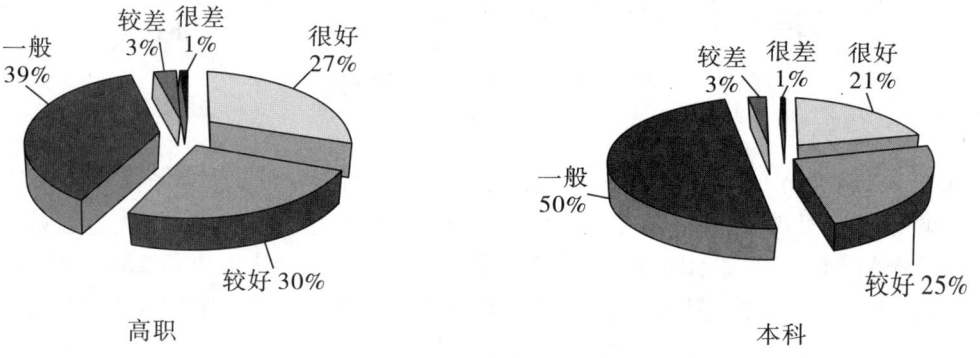

图 1 - 16　对自己从学校所获得的职业技能评价

11．升学意愿

如图 1-17 所示，高职与本科各有 8%、29% 的学生没有升学意愿，但是也各有 27%、22% 的学生表示选择其他的途径提升自己的价值。本科学生或许考虑到当今的就业现状，考取脱产研究生的比例只有 15%，更多的学生选择先就业再升学，占 34%。而高职院校中有 56% 的学生有专插本的意向，显示着高本衔接的必要性。

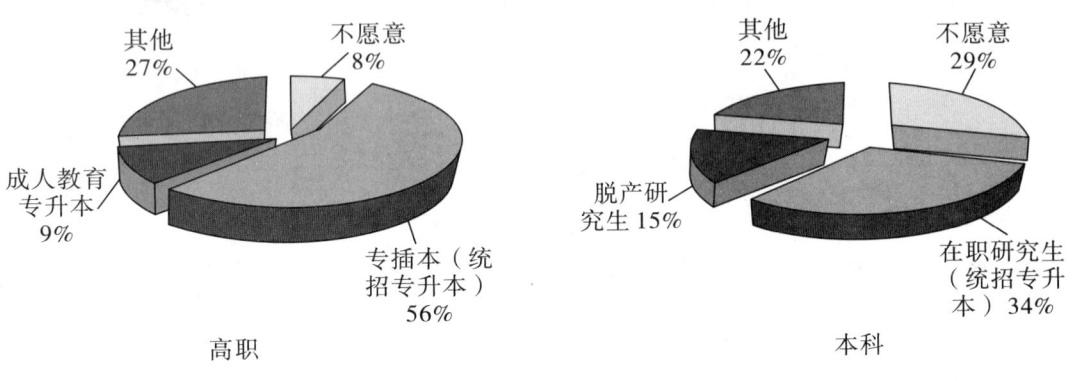

图 1-17　升学意愿

（七）运动训练专业毕业生就业情况

1．毕业生工作单位属性

如图 1-18 所示，高职与本科运动训练专业毕业生的工作单位属性分为行政机关单位、体育管理部门、体育企业、体育俱乐部、其他。据毕业生岗位情况统计，本科学生的就业率总体要高于高职学生。

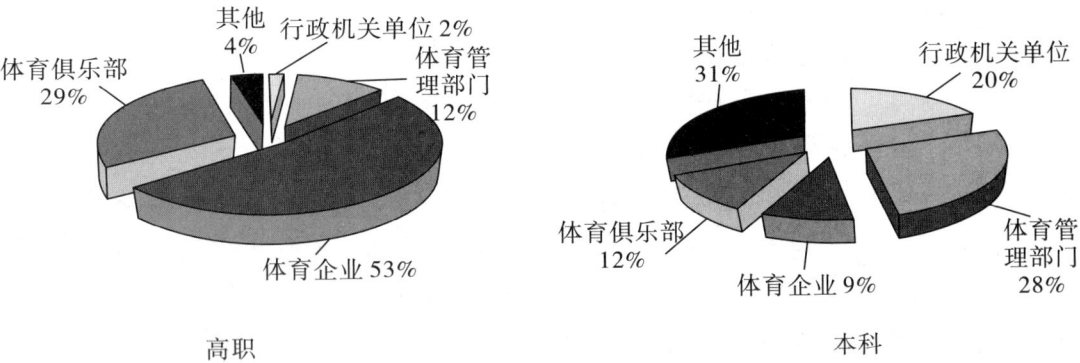

图 1-18　毕业生工作单位属性

2．毕业生工作岗位分析

如图 1-19 所示，通过对往届毕业生的工作岗位调研分析，高职毕业生主要从事工作岗位的分布情况：单位行政人员 18%，企业运动队代表队员 5%，体育教师 13%，体育俱乐部管理员 3%，体育俱乐部教练员 29%，体育产品销售员 25%，自主创业 2%，其他 5%。本科毕业生主要从事工作岗位的分布情况如下：单位行政人员占 20%，运动队教练员 8%，体育教师 27%，体育产品销售主管 8%，体育俱乐部主管 5%，体育俱乐部教练员 22%，自主创业 3%，其他 7%。

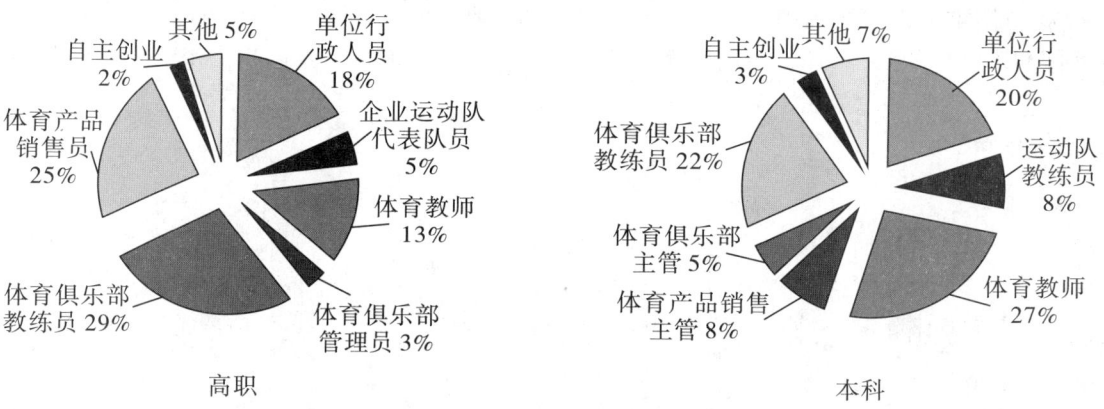

图 1-19 毕业生就业岗位情况

3. 工资水平

毕业生的工资调查结果如图 1-20 所示，总体上看高职毕业生有 20% 岗位薪酬在 3 000 元以下，3 000～5 000 元之间的占 49%，而本科毕业生的这两个指标分别是 17%、74%，明显优于高职毕业生的薪酬，说明高本衔接有其必要性。

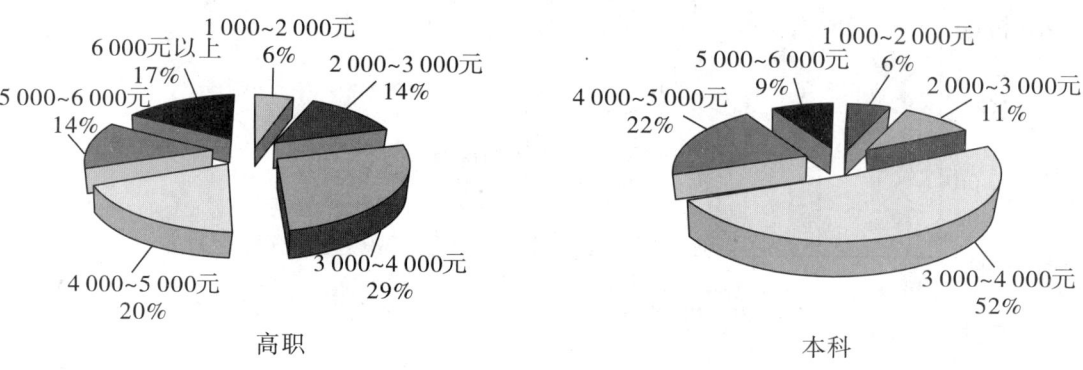

图 1-20 毕业生工资水平

4. 毕业生的职业稳定度

毕业生职业稳定度的调查结果如图 1-21 所示，数据显示，在高职毕业生当中一直没有换过工作的占 49%，而本科毕业生的这个指标为 66%。这说明本科毕业生选择工作比较慎重，稳定性高于高职学生，较高的职业稳定度为高本衔接创造了有利条件。

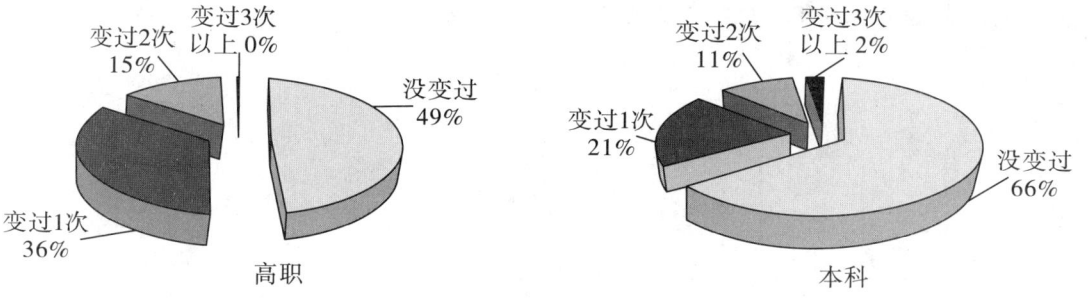

图 1-21 毕业生的职业稳定度

5．选择单位的原因

毕业生在选择工作时考虑因素的调查结果如图1－22所示。高职与本科毕业学生都会相对侧重考虑薪酬福利待遇和个人发展空间，高职学生侧重考虑这两个因素的比重分别为12.08%、15.94%，本科学生则为19.31%、8.72%。

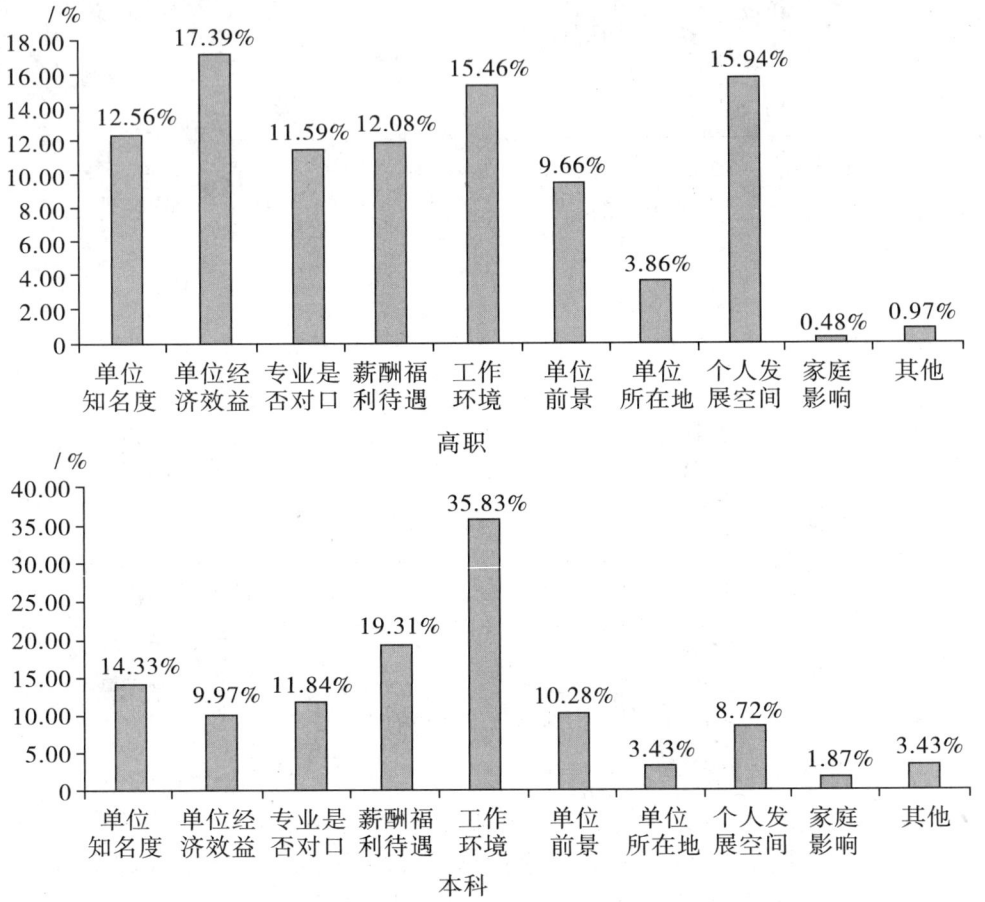

图1－22　毕业生选择单位的原因

6．刚参加工作时认为个人存在的不足

针对毕业生刚参加工作时，会感觉哪些方面存在不足，调查结果如图1－23所示。无论是高职毕业生还是本科毕业生，在适应环境能力、人际交往能力、专业技术与技能、独立工作能力、敬业精神和责任心等方面都会感觉到不足。这说明以后在课程标准制定上，应更注重多方面的综合发展。

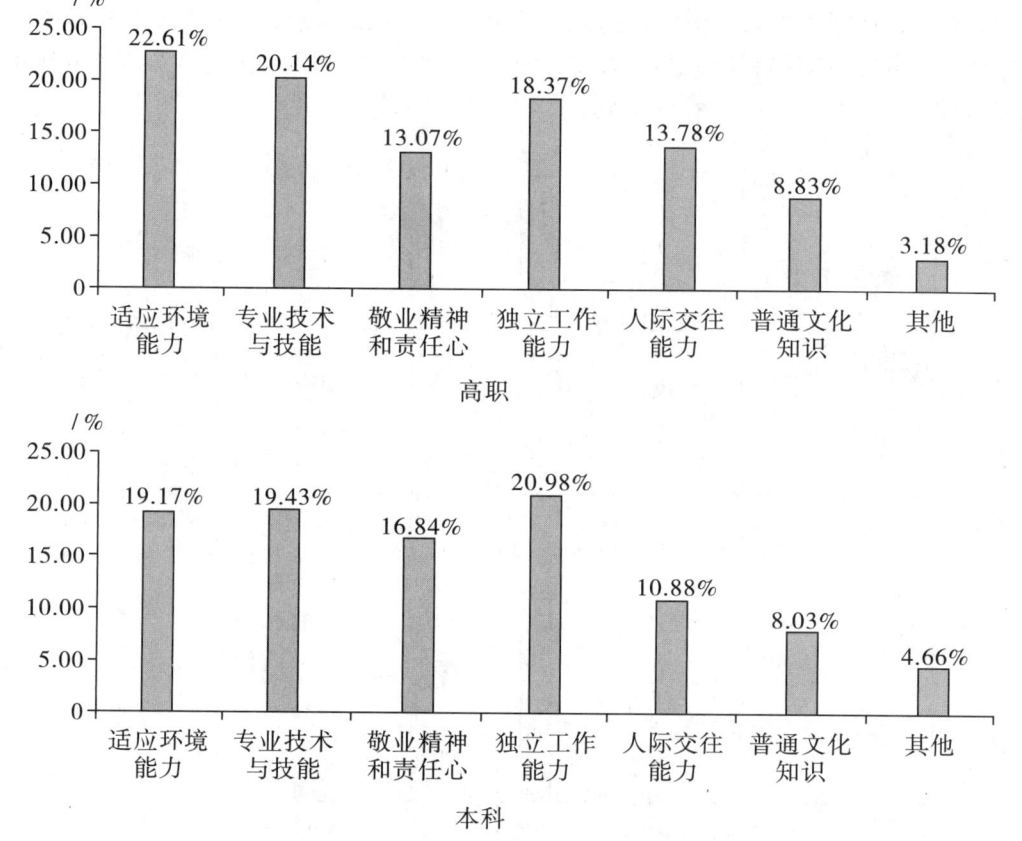

图 1-23 毕业生刚参加工作时的个人不足情况

7. 毕业生认为基础课程的重要程度

如图 1-24 所示，毕业生对学校开设基础课程的评价，与在校生对基础课程的评价基本吻合，高职毕业生评价较高的课程有计算机（34%）、现代礼仪（18%）、公文写作（17%）；本科毕业生评价较高的课程有计算机应用（35%）、体育统计学（21%）、大学英语（13%）。这说明学校会根据自身的特点，安排相应的基础课程，使学生具备一定的适应工作岗位的能力。

8. 毕业生认为专业课程的重要程度

如图 1-25 所示，毕业生对学校开设专业课程的评价，与在校生对专业课程的评价基本相同。调查显示，高职学院与本科学院的专业课程设置基本是合理的，但是没有突出各自学校的特色课程，以后应该在学校的专业课程体系中加以凸显。

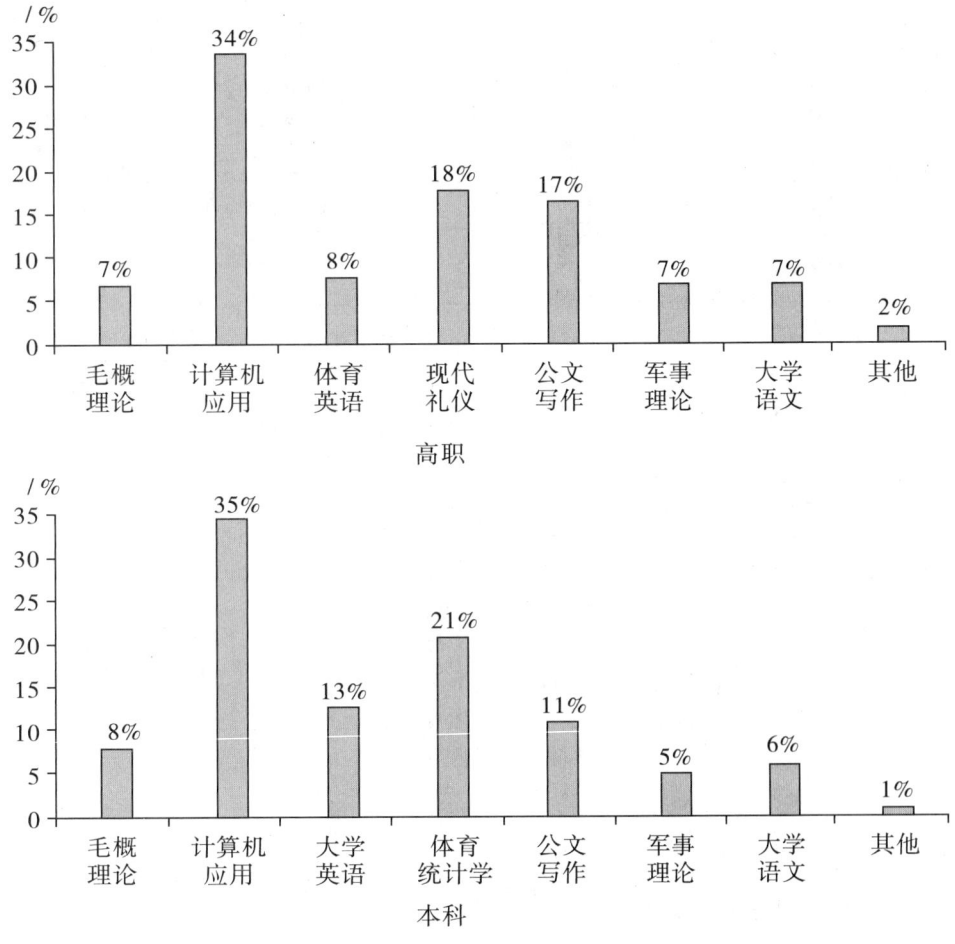

图 1-24　毕业生认为基础课程的重要程度

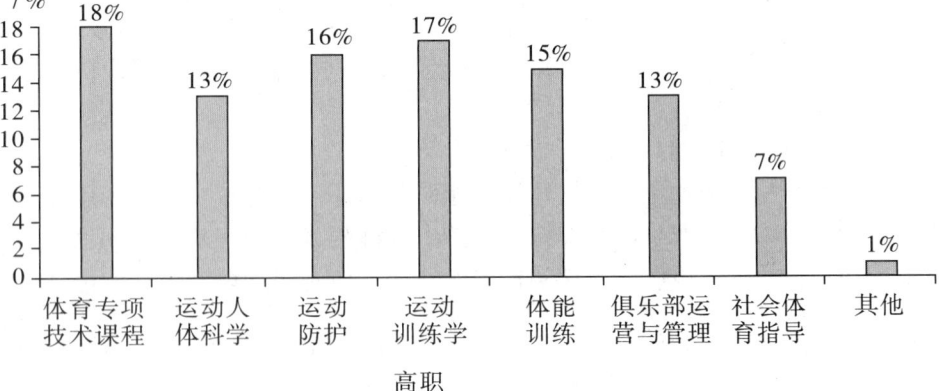

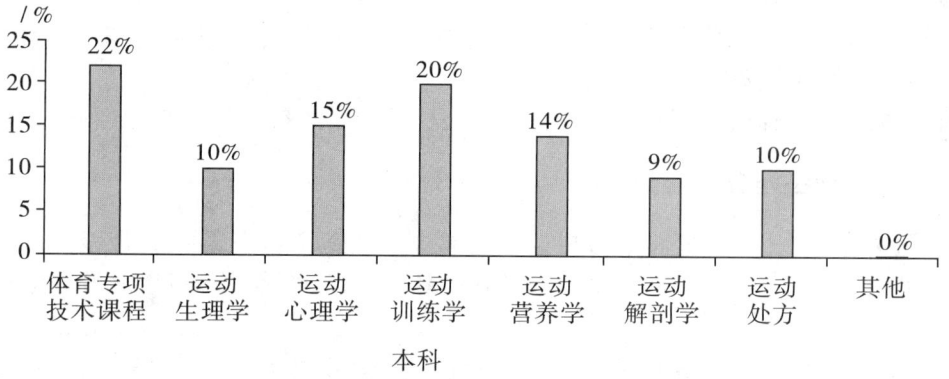

图 1-25　毕业生认为专业课程的重要程度

9. 毕业生对专业课程的评价

毕业生对学校开设的专业课程的评价如图 1-26 所示。高职院校毕业生认为"与实际联系紧密，能用得上，能够满足"占 21%；"有些工作中用得到，基本满足"占 57%；"学了很多，用得很少，与实际工作适应性差，不满足"占 16%；"内容陈旧，与实践脱节，学了也白学，非常不满足"占 6%。本科院校毕业生以上各指标分别占 38%、33%、20%、9%。这些情况应该引起学院的高度重视，加强专业课程的改革力度。

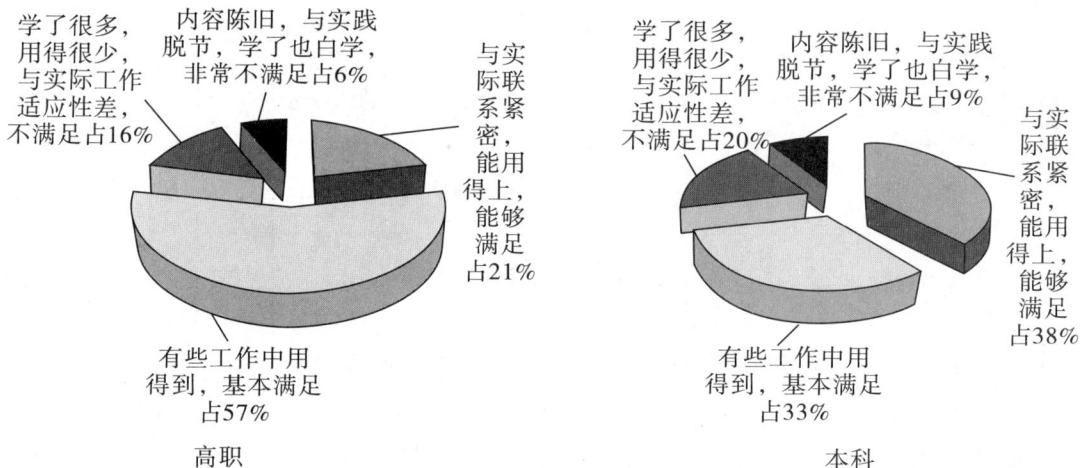

图 1-26　毕业生对专业课程的评价

四、调研结论

（一）行业需求方面

运动训练专业人才社会缺口巨大，需求量非常大。随着国家政策的倾斜，在体育行业与体育产业中人才稀缺问题逐渐凸显。

通过对大量的体育行业、企业进行走访调研，最终大多数用人单位对运动训练专业人才的具体要求注重在体育运动能力（专业技术）、责任心、职业道德和服务意识、团队合作精神、具备良好的沟通和人际关系能力这几大综合素质方面上。随着社会对体育市场的逐渐规范，体育高职和本科院校需加强这些方面的教学和培养。

（二）职业生涯发展路径

根据体育行业、企业运动训练专业相关岗位升迁路径（表1-3）以及运动训练专业毕业生就业岗位调查（图1-19），我们梳理出运动训练专业职业生涯发展路径（表1-12）。

表1-12 运动训练专业职业生涯发展路径

发展阶段	就业岗位					学历层次	一般发展年限/年	
	俱乐部、运动队教练员	俱乐部管理岗位	体育产品销售	体育教师	企业运动队代表		高职	本科
VII	行业专家、企业高管						13以上	11以上
VI	课程总监/副总经理	经理	总经理助理	教研室主任	总经理助理	本科	11~13	8~11
V	教练主管	项目经理	销售总监/区域经理	高级教师	队伍管理者/经理	本科	8~11	5~8
IV	高级教练员	项目主管	销售经理/店长	中级教师	运动队领队	高职/本科	5~8	3~5
III	中级教练员	活动、赛事策划主管	资深销售/销售主管	初级教师	运动队队长	高职	3~5	1~3
II	初级教练员	活动、赛事策划干事	销售员	助理教师	主力运动员	中职	1~3	0.5~1
I	助理教练员	俱乐部员工	销售助理	实习教师	兼职运动员	中职	0~1	0~0.5

高职院校运动训练专业人才培养目标主要针对第III、第IV级的岗位，包括：中高级教练员、活动和赛事策划主管及项目主管、销售主管及店长、初中级教师、运动队队长及领队。本科院校运动训练专业人才培养目标主要针对第IV、第V级的岗位，包括：高级教练员及教练主管、项目主管及项目经理、销售店长及区域经理（销售总监）、中高级教师、运动队领队及经理。

（三）高职、本科在校生方面

1. 高职在校生

高职院校主要重视学生的技术和职业能力素质的培养，但是学生毕业后想往更高的管理层级别的岗位晋升将遇到门槛和瓶颈，因此50%的高职在校生对本科升学的意愿比较强烈。

2．本科在校生

本科体育院校的专业人才培养主要重视学生"一专多能"的综合能力，但是缺乏大量的职业岗位实践，因此学生毕业后很容易面临一种"高不成，低不就"的局面，由此可见高本衔接有其必要性。

（四）高职、本科毕业生方面

高职运动训练专业毕业生的就业率每年高达98%，对口率非常高。从事的岗位主要有体育企业（俱乐部）教练员或初级管理人员、偏远地区学校体育教师、运动代表队队员、体育品牌用品销售人员等，普遍以技能为主的初、中级别的工作岗位，这些岗位要求毕业生具有艰苦奋斗、吃苦耐劳的鲜明个人性格特质。

本科运动训练专业毕业生的对口率稍微偏低，更多原因是本科院校的学生在家庭条件背景方面比高职学生较为优越。另外，"一专多能"的能力培养目标促使学生倾向于瞄准社会上较高级别的工作岗位，因此部分较好的毕业生从事体育行业管理部门、事业单位、企业中层以上管理岗位，而初级以下的工作岗位偏少，刚好本科毕业生这种"高不成，低不就"的情况给高职体育院校毕业生创造了很大的就业空间。

（五）人才培养目标与课程设置方面

高职、本科院校的运动训练专业课设置，尤其是在基础素质课、职业能力基础课程和主干（核心能力）课程上存在大量交叉重复现象。由于高职、本科院校在确定人才培养目标、制定人才培养规划时没有统筹课程知识内容并进行标准划定，将学生素养与技能同样基于零起点来考虑，造成高职与本科的运动训练课程大量重复。

（六）职业资格证书体系设置方面

职业资格证书和能力证书的考取能够真实反映学生是否已经真正掌握和具备相应级别的相关技能与能力。由于目前高职和本科的课程设置中并没有将证书的考取和阶段获取进行划分，造成了两类院校证书考取的混乱，人才培养的规格和要求比较模糊。

五、对策与建议

（一）人才培养目标和培养规格的衔接

高本衔接的重点在于专业间的培养目标的衔接，也是基本的内涵衔接。培养目标决定着教学的设计和活动方向，高职、本科运动训练专业的人才培养目标需要保持互相之间的顺承关系和可衔接性。

通过项目组大量走访调研后的结果来看，高职、本科院校的运动训练专业虽然都是培养体育专业能力强、服务意识好、具有团队精神等的一专多能的综合性人才，但是高职的培养目标侧重于培养较低层次的企业员工，需要学生掌握基本的专业技能、理论和职业素质、经验技能；而本科的培养目标是培养较高层次的行业、企业员工，对学生的知识系统性、专业性和创新能力要求更高。

（二）课程体系的衔接

1．课程体系的重新构建

课程体系的衔接是高本衔接的核心部分。由于高本课程存在大量重复现象，因此高本课程建设的首要任务是在衔接的背景下重新构建课程体系，整体设计、统筹安排并采取分段实施的有效具体操作手段。

2．课程模块化改革

模块化的课程设置是一种较为科学有效的衔接选择，从本次调研对高职、本科现有课程体系的分析来看，可以初步考虑按照以下方式整体规划专业课程与核心课程（见表1－13）。每个模块所规划的具体课程以及课程的具体内容，需要结合职业岗位中对工作任务的分析结果来继续进行研讨。

表1－13　运动训练专业高本衔接课程设置模块

院校层次	职业素养类课程		职业能力类课程		拓展能力课程	
	公共基础课程模块	专业理论课程模块	专业能力课程模块	核心能力课程模块	必选模块	任选模块
高职	文化素养及职业素养	基础理论	基础能力	技术基础	职业所需知识	综合基础
本科	职业素养	系统理论提升	综合能力	综合技术提高与应用	专业性所需知识	综合提高

3．特色课程的设置

根据国家的政策方向，将大学生自主创新创业课程纳入专业课程体系中。根据市场的发展趋势，将各专项相同的创业基础课程作为基础素质课程。然后将每个专业课程设置32课时以上的创业创新课程，并分段分层次实施。创新创业课程将聘请企业老总、创业人士和到企业挂职锻炼后的专项教师进行授课。创业特色课程模块设置（见表1－14）。另外，社会顶岗实践和社会实训等也可以提高学生的创业创新能力。

表1－14　运动训练专业高本创业特色课程模块设置

院校层次	自主创业创新课程		创业实践	
	基础平台课程	专业技术课程	实习	社会实践
高职	创业基本理论	项目创业基础	经营、管理能力实习	企业实践
本科	创业理论提高	项目创业创新	经营、管理能力提高	自主创业

（三）职业资格证书的衔接

运动训练专业有了能力标准后，要指导学生在高职阶段、本科阶段应分别考取哪些职业资格证书，每个阶段的职业资格证书最好不超过 2 个。职业资格证书要求应能体现高本人才培养规格的层级差异（见表 1 - 15），发挥职业资格证书对提升学生职业能力的引领作用。职业资格证书作为一种第三方评价手段，有存在的必要性和意义。

表 1 - 15　职业资格证书的高本衔接

院校层次	职业资格证书		能力证书	
	指导员证书	其他资格证书	裁判员证书	其他证书
高职	初级	初级	二级	二级
本科	中级以上	中级以上	一级	一级

六、附录

表 1 - 16　参与运动训练专业高本衔接标准研制之供需调研的团队名单

序号	姓名	单位	完成调研工作量和内容
1	徐承建	广东体育职业技术学院	总体策划；16 所体育行业单位部门负责人访谈；13 所体育高职院校的人才培养方案收集、分析；10 所体育本科院校人才培养方案收集
2	许荣广	广东体育职业技术学院	总体策划；调研方案制订，落实调研分工布置；撰写调研总报告，撰写企业调研人才需求子报告，发放与回收问卷
3	赵云宏	广东体育职业技术学院	调研方案审稿修改；担任企业调研组长
4	陈海雄	广东体育职业技术学院	参与体育企业调研及座谈与访谈
5	陈　琳	广东体育职业技术学院	参与体育企业调研及座谈与访谈
6	张悦茹	广东体育职业技术学院	负责学生问卷调查组织
7	黄辉冉	广东体育职业技术学院	负责学生问卷调查组织
8	陈　振	广东体育职业技术学院	负责企业调研的组织
9	韦　跃	广东体育职业技术学院	参与体育企业调研及座谈与访谈
10	钟云越	广东体育职业技术学院	参与体育企业调研及座谈与访谈
11	张江霞	广东体育职业技术学院	参与体育企业调研及座谈与访谈
12	赖晓红	广东体育职业技术学院	参与体育企业调研及座谈与访谈
13	张　渤	广东体育职业技术学院	参与体育企业调研及座谈与访谈
14	李晓飞	广东体育职业技术学院	参与体育企业调研及座谈与访谈
15	董　楠	广东体育职业技术学院	参与体育企业调研及座谈与访谈

续上表

序号	姓名	单位	完成调研工作量和内容
16	黄建东	广东体育职业技术学院	参与体育企业调研及座谈与访谈
17	刘宇明	广东体育职业技术学院	参与体育企业调研及座谈与访谈
18	刘红军	广东体育职业技术学院	负责学生问卷调查组织
19	叶诗敏	广东体育职业技术学院	负责学生问卷调查组织
20	谢皑琳	广东体育职业技术学院	负责学生问卷调查组织
21	赖勇泉	广州体育学院	负责本科体育院校、体育企业调研组织
22	徐　佶	广州体育学院	负责本科体育院校、体育企业调研组织
23	顾伟农	广州体育学院	负责本科体育院校、体育企业调研组织
24	钟新来	广州体育学院	负责本科在校学生问卷调查组织
25	麦全安	广州体育学院	负责本科在校学生问卷调查组织
26	温永忠	广州体育学院	负责本科毕业学生问卷调查组织
27	卢焜才	广州体育学院	负责本科毕业学生问卷调查组织
28	刘　琼	广州体育学院	负责调研数据的采集、分析以及报告撰写

参考文献

[1] 张翔，鲁昕. 建立现代职业教育体系推动教育结构战略性调整 ［EB/OL］.［2014 – 03 – 22］. http://intl. ce. cn/specials/zxxx/201403/22/t20140322_ 2531446. shtml.

[2] 泰勒. 课程与教学的基本原理 ［M］. 罗康，张阅，译. 北京：中国轻工业出版社，2008.

[3] 陈国亮，王春艳. 基于区域经济发展的江苏高职模具专业教学标准开发 ［J］. 职业教育研究，2014（3）.

[4] 陈庆合，高源，刘京文. 基于能力本位的中等职业教育文化课程研究 ［J］. 职教论坛，2009（4）.

[5] 陈篙，马树超，王琴. 区域职业教育均衡发展初探 ［J］. 中国职业技术教育，2008（21）.

[6] 邓泽民，陈庆合. 职业教育课程设计 ［M］. 北京：中国铁道出版社，2006.

[7] 范唯，郭扬，马树超. 探索现代职业教育体系建设的基本路径 ［J］. 中国高教研究，2011（12）.

[8] 周文清. 高职与中职有效衔接及其对策 ［J］. 职教论坛，2008（28）.

[9] 李丽珠. 论中高等职业教育课程的衔接 ［J］. 职教通讯，2012（12）.

[10] 高原，曹晔，罗勇华. 我国中、高职课程衔接现状分析与对策 ［J］. 职教论坛，2004（8）.

[11] 柳燕君. 构建"能力递进、纵横拓展、模块化设置"的中高职课程衔接模式 ［J］. 中国职业技术教育，2012（17）.

[12] 王志华，陆玉梅，雷卫宁. 江苏省中高职与本科衔接试点项目存在的问题及对策建议 ［J］. 职业教育研究，2014（12）.

[13] 黄贤君. 中高职与本科高校衔接更畅通 [N]. 城市商报，2012 – 05 – 30.

[14] 邹旗辉. 江西高职与应用本科分段培养的可行性研究 [J]. 九江职业技术学院学报，2013 (3).

[15] 齐小萍. 关于高职人才培养模式的若干思考 [J]. 宁波大学学报（教育科学版），2004，26 (5).

[16] 孙华林，苏宝莉. "3 + 2"高职本科分段培养技术技能型人才实践教学体系研究 [J]. 教育与职业，2014 (9).

[17] 张园，李玲. 高职与本科分段培养高端技能型人才研究 [J]. 继续教育研究，2014 (4).

[18] 胡斌. 高职与本科分段培养模式创新研究 [J]. 济南职业学院学报，2013 (5).

[19] 姜彩云，吉顺莉. 高职高专教育与本科教育衔接工作的研究 [J]. 太原城市职业技术学院学报，2013 (12).

[20] 赵昊昱. 高职与普通本科"3 + 2"分段培养模式的思考 [J]. 常州工程职业技术学院高职研究，2013 (1).

[21] 檀祝平，杨劲松. 高职与应用型本科衔接试点问题的再思考 [J]. 职教论坛，2014 (4).

[22] 教育部. 国家中长期教育改革和发展规划纲要（2010—2020 年）[EB/OL]. [2010 – 07 – 09]. http://www. moe. edu. cn/publicfiles/business/htmlfiles/moe/moe_ 838/201008/93704. html.

[23] 杨赛荣. 中高职衔接文献综述 [J]. 职业技术，2014 (7).

[24] 赵媛媛. 国内外中高职教育衔接模式实施现状及成效研究 [J]. 长春大学学报，2014 (8).

[25] 尹存涛. 中高职教育有效衔接的内容分析与路径探讨 [J]. 天津职业大学学报，2012 (2).

[26] 余明辉. 基于培养目标定位层次性的中高职教育衔接思考 [J]. 职业技术教育，2012 (26).

[27] 张蝉. 创新型中高职衔接"二三分段"人才培养模式研究 [J]. 继续教育研究，2014 (7).

[28] 夏学文. 中高职衔接的专业教学标准的开发 [J]. 天津职业大学学报，2013 (6).

[29] 张志新，林来涛. 基于"学习领域"的中高职课程体系衔接研究 [J]. 职业技术教育，2013 (34).

[30] 邵世光，王月穆. 基于国家职业标准的中高职课程衔接策略 [J]. 职教论坛，2012 (15).

[31] 孙世明，赖勇泉. 我国普通高校运动训练专业的办学现状与发展对策研究 [J]. 广州体育学院学报，2005 (3).

[32] 王兴，朱百顺，蔡犁，等. 体育院校运动训练专业办学新思路探析 [J]. 上海体育学院学报，2005 (1).

[33] 鲁长芬，苏震，王健. 我国高等体育院校运动训练专业培养目标的整合研究 [J]. 山东体育学院学报，2006 (1).

[34] 胡学明，李莉，邢双涛. 体育院校运动训练专业课程的改革 [J]. 体育学刊，2006 (5).

[35] 王红雨，张庆文. 我国体育院校运动训练专业人才培养模式的现状与建议 [J]. 体育科研，2007 (6).

[36] 吕季东. 美国运动训练专业教学计划的特点与启示 [J]. 上海体育学院学报，2007 (1).

[37] 黄荔生. 我国运动训练专业本科课程设置研究 [J]. 北京体育大学学报，2008 (12).

[38] 赵金良，刘洪骞，章瑞萍，等. 运动训练专业理论教学计划整合研究及其方案制订 [J]. 山东体育学院学报，2008 (6).

[39] 赖勇泉，孙世明，杨忠华. "单招"制度下运动训练专业多方向职业主导型人才培养模式构建与实施研究 [J]. 广州体育学院学报，2010 (3).

[40] 张驰，王永安. 高校运动训练专业学生"体教结合"培养模式研究 [J]. 西华师范大学学报（哲学社会科学版），2010 (5).

［41］刘波．德国运动训练专业课程设置及对我国的启示［J］．上海体育学院学报，2011（4）．

［42］周秉政，赵瑞国．运动训练专业课程设置的影响因素及对策研究［J］．运动，2011（4）．

［43］兰华勋．高职高专学校运动训练专业发展趋势［J］．柳州师专学报，2012（3）．

［44］张健．高等体育院校运动训练专业学生教育与管理对策研究［J］．吉林体育学院学报，2012（2）．

［45］周孝伟．高校运动训练专业培养目标的定位与改革［J］．当代体育科技，2013（15）．

［46］刘恭，范美艳．吉林省高校运动训练专业大学生就业现状分析［J］．吉林体育学院学报，2013（3）．

［47］谷茂恒．普通高校（本科）运动训练专业教学过程的思考［J］．教育教学论坛，2014（31）．

［48］江军．高等院校运动训练专业学生培养问题分析［J］．当代体育科技，2014（12）．

［49］段小洪，胡建忠．运动训练专业学生专业理论课与技术课学习态度的对比分析［J］．当代体育科技，2015（13）．

［50］钱禾丰．对华东师范大学运动训练专业课程安排的思考［J］．当代体育科技，2015（9）．

第二章
高职本科一体化高分子材料加工技术专业建设调研报告

广东石油化工学院联合广东轻工职业技术学院、广州合诚化学有限公司、广东众合化塑有限公司共同承担了本科—高职高分子材料加工技术专业教学标准衔接与研制项目。项目组成员于2015年6—11月对高分子行业、企业、高校、企业技术骨干、毕业生、在校生进行了调查；结合高分子行业协会的分析结果对企业用人需求进行了汇总分析；结合文献、企业岗位设置和毕业生岗位分别形成了职业发展（晋升）通道；比较了省内外高校高分子材料专业的人才培养目标、能力要求、课程设置等情况并指出本科、高职的差异所在。整体上通过文献调研、问卷调查、统计分析等完成了本调研报告。

一、前言

（一）调研背景分析

广东省是全国塑料加工行业第一大省，塑料制品总量占全国份额的25%以上，已经形成了以塑料加工为核心，包括合成树脂、助剂及添加剂、塑料加工机械在内的塑料加工行业整体。广东省内开设高分子材料加工技术或高分子材料应用技术专业的高职院校有3所，开设高分子材料科学与工程及相关专业的本科院校7所，它们为高分子行业培养了大量生产技术骨干和中高层管理者。然而本科、高职院校在人才培养上均有各自的优势和亟待解决的问题。例如：本科教育主要培养专业知识能力、创新能力、设计能力兼备的技术型工程应用技术人才，知识结构广而不精；高职着力于专业知识能力的培养，主要培养生产一线的技术技能人才，技能熟练但专业知识面窄。因此，如能将本科、高职两种教育的精髓组合，培养适应行业、企业发展需求的、全面的复合型高级技术技能型人才，应该能缓解企业和高校在人才供需方面的矛盾。

2013年5月，在广东省教育厅的指导下，广东石油化工学院与广东轻工职业技术学院制定了"2＋2"本科到高职的高分子材料加工技术专业的人才培养计划，以培养"厚基础、强应用"的高级技术技能型人才为目标。通过"2＋2"本科高职联合培养，将高职教育的培养内涵延伸到本科层次，为学生提供本科的教学资源和高职的实训锻炼，切实地提高学生的职业技能和知识应用的转化能力，实现高职教育向应用型本科教育的无缝对接。

然而"本科—高职"不同于"高职—本科"的培养模式，"2＋2"联合培养强调课程的连贯性和一体性，避免了"3＋2"或"2＋3"分段培养高职升入本科时学生在部分专业课程上学习的重复，能合理有效地在4年中既完成理论学习又完成技能训练。为了更好地完成"厚基础、强应用"高级技术技能型人才培养的目标，我们需根据"2＋2"人才培养的特点对行业、企业、毕业生、在校生等进行调研，有依据地制定本科—高职"2＋2"高分子材料加工技术专业教学标准，并以此进行专业的规范化建设，切实提高教学质量及学生的就业质量。

（二）调研目的意义

本次调研的目的是通过多方调查并对调研结果进行分析总结，系统归纳高分子行业产业升级对于企业的影响，确定企业人才的需求与高校生源供给关系、企业岗位设置、本科和高职学历人员的区分度，并对高校人才培养提出建议等。通过高校调研明确本科和高职在培养目标、能力要求、课程设置等方面的差异。通过分析本科和高职毕业生3~5年的目标岗位及职业能力要求，绘制职业生涯发展通道及路径表，对现有的问题提出建议和解决方案，期望能对在校生的就业方向及就业目标起到借鉴和指导作用。

本调研结果将指导本科—高职联合培养高分子材料加工技术专业人才培养目标的优化、本科—高职联合培养高分子材料加工技术专业课程体系的构建、以实践为导向的本科—高职联合培养高分子材料加工技术专业教学标准的制定。

二、调研基本情况

（一）调研组织方法

1．调研组织过程

由项目组确定样本分布、基本要求，进行任务分配和责任划分，初步确定调研完成时间。

（1）教师分工调研省内高分子材料加工企业，对企业负责人进行访谈、组织业务骨干座谈，并于企业现场发放纸质问卷。

（2）由深圳高分子行业协会推荐珠江三角洲高分子材料加工企业及高分子材料原辅料等相关企业的名单并事先取得联系，由项目组成员对企业负责人和业务骨干进行访谈。

（3）对毕业生进行企业现场问卷调查，同时通过电子邮箱、QQ等网络方式发放电子问卷，通过邮寄及网络等形式回收问卷并录入问卷星系统进行分析。

（4）请兄弟院校帮忙组织不同年级在校学生进行网络问卷的填写。

（5）组织省内外高分子加工材料技术相关专业高职院校相关系部负责人进行座谈，对访谈内容的填写进行指导；通过访谈、网络、电话等方式对省内高分子材料与工程专业本科院校系部负责人进行采访并获取人才培养方案。

2．调研方法

调研方法主要采用文献调研、问卷发放、访谈记录、统计分析、个案分析等多种形式。

（1）文献调研。主要通过中国知网对本科—高职联合培养、职业能力分级、职业资格、

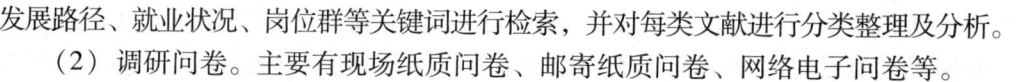
发展路径、就业状况、岗位群等关键词进行检索，并对每类文献进行分类整理及分析。

（2）调研问卷。主要有现场纸质问卷、邮寄纸质问卷、网络电子问卷等。

（3）现场访谈。主要对行业专家、企业管理者、本科/高职的系部负责人和相关专业教师的访谈。

（4）网络访谈。通过电子邮件、QQ等形式，发放访谈提纲，收集电子结论。

（5）电话访谈。通过电话，针对提纲进行访谈，记录访谈结论。

（6）统计分析。将纸质问卷录入问卷星，与已有的电子问卷进行分类并获得数据。

（二）调研样本分布

本次调研查阅并分析文献162篇，相关书籍9本，调研广东省68家企业和国内13所高职院校、12所本科院校。具体样本分布见表2-1。

表2-1 调研样本分布及基本情况

行业企业基本情况						
地区	大型/家	中型/家	小型/家	合计/家	人员类型	调研数量/人
珠江三角洲地区	10	32	18		企业负责人（访谈）	10
粤东地区	0	2	0	68	人力资源、技术部门经理（座谈）	28
粤西地区	1	4	1		技术骨干（问卷）	52

注：高分子材料加工企业主要集中于珠江三角洲地区，粤西地区主要包括茂名石化及周边相关企业，企业生产类型具体见图2-1。

本科、高职院校基本情况		
地区	本科院校/所	高职院校/所
广东省内	7（珠江三角洲地区6所，粤西1所）	3（珠江三角洲地区2所，粤东1所）
广东省外	5（广西、浙江、四川、山东）	10（湖南、湖北、江苏、山东等）
合计/人	12	13

企业人员、教师、在校生、毕业生样本情况			
高层管理人员/人	中层管理人员/人	初级技能人才/人	合计/人
4	110	279	393
高级职称教师/人	中级职称教师/人	初级职称教师/人	其他/人
42	20	11	0	73
本科在校生/人	本科毕业生/人	高职在校生/人	高职毕业生/人	
495	405	463	323	1 686

注：由于本科和高职阶段各有一部分学生从事非专业职业，排除掉从事与专业完全不相关职业的学生样本数，毕业生的有效样本数为553人。

　　从所调研的企业类型统计分析，如图 2 - 1 所示，高分子材料原辅料及加工企业为高分子行业的主要组成部分，其次为挤出成型类型企业，其他的还有合成企业、注塑企业、第三方检测机构等。高分子材料与工程类专业的本、专科学生大多分布于这些类型的企业从事相应工作，见图 2 - 2。这些企业的类型与塑料挤出技术、塑料注塑技术、塑料配混技术、塑料测试技术的课程体系划分是一致的。

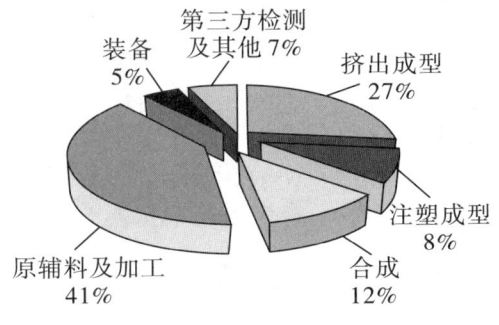

图 2 - 1　企业类型分布

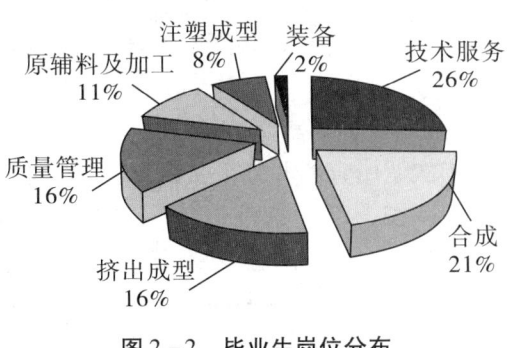

图 2 - 2　毕业生岗位分布

三、调研资料分析

（一）行业现状和人才需求情况

1. 高分子行业现状

　　高分子材料是国家战略新兴产业重点支持的领域，其应用涉及人类生活、工作及社会经济发展所有领域。

　　我国塑料制品加工业全行业企业近 10 万家，从业人员约 380 万人，其中规模以上企业约 1.4 万家，从业人员 200 万人左右。广东省是全国最大的高分子材料应用（塑料生产及制品制造）省份，高分子加工企业集中度非常高，仅广州和深圳就有高分子行业从业人员 100 万人以上；东莞有高分子相关企业 5 000 多家。

　　目前广东塑料行业处于产业结构调整期，行业产业结构升级对塑料加工业的适应能力要求也相应提高，企业的高分子新材料（塑料加工）种类及质量、加工技术等必须与产业转型升级相适应才能给企业带来生存和发展空间，因此这些企业急需大量的高级技术技能型人才以满足企业的发展和产业转型升级的需要。

2. 人才需求状况

　　从所调研的高分子加工企业人员组成上分析，企业内部高层次人才比例的情况是博硕士：本科：高职：中专约为 1 : 6 : 6 : 1，即本科和高职人员的组成比例相当。从各企业提供的最紧缺岗位的统计数据来看，仅有 17% 的企业紧缺生产工及操作工；83% 以上的企业紧缺研发人员，而对研发人员的需求本科和高职的比例为 5 : 1 ~ 10 : 1。调研的 68 家企业（已进行该项题目填写的企业）对本科生的需求量为 124 人，高职或高专的人才需求量为 16 人。据调查，广东省内开设高分子专业的本科院校每年可提供约 900 名毕业生；高职院校每年可提供约 300 名毕业生。就广东省内第二轻工业系统内

1 700多家高分子加工企业而言，省内高校提供的毕业生的满足度仅为1/3，再加上塑料加工相关企业，整体而言高分子加工行业存在巨大的人才供给缺口。

（二）职业岗位（群）的情况

1. 职业岗位群的设置情况

高分子加工技术岗位群与企业规模关系密切。规模大的企业，通常岗位设置的层级较多，同时分设职能部门开展工作；规模较小的企业因业务量较少，工作岗位会相对较少或进行合并。企业岗位的设置简要描述如下：

大型企业一般设置的岗位群有生产岗位、技术岗位、营销岗位、专业岗位、管理岗位；中型企业一般包括生产岗位、技术岗位、营销岗位、管理岗位，其中管理岗位为发展岗位。因此我们选取生产类岗位、技术类岗位和销售及售后类岗位进行了职业发展路径的分析。

上述每一种发展路径的层次又分为高级（群）、中级（群）、初级（群），见表2-2至表2-4中发展阶段及就业岗位类别。

2. 职业能力要求

高分子材料加工行业岗位众多，但仍主要按照塑料挤出岗位、塑料注塑岗位、塑料配混岗位、塑料测试岗位进行归类，而这4类岗位又能够具体划分为生产管理类岗位群、研发管理类岗位群、销售管理类岗位群，具体见表2-2至表2-4。

表2-2 生产管理类岗位群职业能力要求

岗位级别	岗位名称	学历要求	能力要求
高级	生产经理	本科及以上	1. 具备制定生产目标和计划能力，协助上级执行相关的政策和制度； 2. 能进行日常生产管理工作及下属员工的管理、指导、培训及评估； 3. 能编制年度生产作业计划，进行生产调度、管理和控制； 4. 能组织生产、设备、安全检查、环保、生产统计等管理制度的拟订、修改、检查、监督、控制及实施执行； 5. 能设置并实施产品的进度、生产方法和流程； 6. 能与其他部门高效率协作
	品质经理	本科及以上	1. 具备全面负责公司品质部门的管理、领导、培训、协调合作能力； 2. 熟悉产品的来料、生产和交付的品质标准； 3. 能建立工厂质量指标体系，并具备制订工厂质量工作计划和执行能力； 4. 能组织、推动处理质量异常，牵头处理客户投诉与退货的调查、原因分析，并推动相关责任部门拟定改善措施，跟进客户问题使之得到及时、有效的闭环解决； 5. 能对公司的质量成本进行分析和改善，预防潜在不良品的产生； 6. 能对公司流程体系进行建设与维护，并对各部门的工作进行内部流程审计

续上表

岗位级别	岗位名称	学历要求	能力要求
中级	车间主任	本科及以上	1. 精通各种设备及周边辅助设备，对各种原材料的物性有一定的了解，熟悉产品生产工艺及流程，熟悉生产车间管理； 2. 能吃苦耐劳，有执着的敬业精神； 3. 工作严谨，遇事处理果断及时，讲究工作效率
	生产主管	大专及以上	1. 具备生产现场管理和生产质量控制能力； 2. 了解生产进度、生产安排和人员调配，能够对生产现场人员、机器、材料各环节进行有效管理； 3. 具备良好的沟通能力和技术支持协调能力，团队协作意识强； 4. 有强烈的工作责任心和敬业精神； 5. 能吃苦耐劳，工作抗压性和抗强度表现佳
	QA 主管	本科及以上	1. 根据内部要求及时对产品的有关项目组织实验室测试； 2. 制订品质计划； 3. 统计、分析各阶段品质不良的情况，并推动各部门改善，以达到目标； 4. 针对材料不良辅导供应商分析、改善； 5. 做好品质记录，以便追溯； 6. 稽核评估供应商，并做好相应记录
初级	领班	不限	1. 负责生产车间机台的维护与调机； 2. 负责车间生产安排、管理，机械调机等相关工作； 3. 负责员工日常工作的安排
	工艺员	大专及以上	1. 能管理协调生产线各岗位的工作； 2. 能监控生产线各工艺点的运行情况； 3. 能监控设备的运行情况； 4. 能协助工程人员对设备进行维护、保养、维修
	注塑/挤出技术员	中专及以上	1. 熟悉国产注塑机/挤出机的调试和维护； 2. 熟悉机械手、热流道的调试，有一定的模具基础； 3. 对注塑/挤出机出现的异常问题能够独立解决，沟通能力强； 4. 对常见塑胶原料有相当的认识； 5. 熟悉 ISO 9001 体系认证培训
	质检员	高职及以上	1. 能按照技术规格要求、标准检验方法进行成品或半成品检查工作； 2. 能记录检验结果，协助对外提供检验报告和质量资料； 3. 能调查成品不合格的原因，协助处理不合格品和积压品； 4. 能对客户投诉和退货进行具体调查和确认，并出具调查报告； 5. 能对检验标准、检验记录、成品留样和来往资料进行归档管理

表 2-3　研发管理类岗位群职业能力要求

岗位级别	岗位名称	学历要求	能力要求
高级	塑料制品研发经理	本科及以上	1. 具有深厚的塑料制品类企业工作经验，对行业的技术情况和发展方向有较深入了解； 2. 具有新产品开发的组织能力和项目管理能力； 3. 具有较强的沟通、文字和社会活动能力
	新材料研发经理	本科及以上	1. 对有机合成、复合材料、黏合剂、电子封装材料较为了解； 2. 能独立承担研发课题并实施； 3. 掌握及了解有机合成、复合材料、黏合剂的最新市场动向； 4. 有较强的分析判断能力、沟通能力及良好的管理能力
中级	高分子材料工程师	本科及以上	1. 熟悉各种测试仪器的操作； 2. 熟悉塑料的测试标准，对相关的测试数据敏感； 3. 有团队合作精神，能够按时完成任务，协助解决新产品研发中的材料问题； 4. 配合上级完成计划内的任务，协调解决品质部、制造部提出的涉及材料应用的技术问题，配合品质部进行造粒车间的品控工作； 5. 熟悉改性工程塑料的基本理论并有实践经验
	工程塑料研发工程师	本科及以上	1. 有相关产品开发的工作经验； 2. 熟悉工程塑料配方体系，对工程塑料改性有深刻认识； 3. 熟悉加工设备
	注塑工程师	大专及以上	1. 了解注塑模具和注塑机的结构与性能，能进行机器调试，熟悉新产品的测试及改进工艺性能； 2. 精通注塑工艺改善，了解塑料材料性能，有丰富的质量控制、检验方面的经验； 3. 熟练操作 AUTOCAD、PRO/E 等绘图软件； 4. 责任心强，踏实，能够吃苦耐劳； 5. 英文读写熟练，口语能够简单交流； 6. 注塑机操作熟练
初级	助理工程师	大专及以上	1. 能配合销售人员针对客户的问题做出解决方案； 2. 对现有的原材料进行不同性能的复配调整； 3. 根据市场需要做新产品配方开发； 4. 熟悉产品制造及应用工艺； 5. 对原材料有一定的认识

表 2-4　销售管理类岗位群职业能力要求

岗位级别	岗位名称	学历要求	能力要求
高级	销售总监	本科及以上	1. 具有丰富的行业销售、市场营销工作经验，熟悉产品应用，特别是产品重点的应用领域，外语表达能力优秀； 2. 受过战略管理、战略市场营销、管理技能开发、组织变革管理、合同法、财务管理等方面的培训； 3. 熟悉现代管理模式，熟练运用各种激励措施； 4. 有丰富的市场营销策划经验，能够识别、确定潜在的商业合作伙伴，熟悉行业市场发展现状； 5. 具有优秀的营销技巧、较强的市场策划能力和运作能力； 6. 良好的口头及书面表达能力； 7. 工作细致、严谨，并具有战略前瞻性思维； 8. 具有较强的管理能力、判断和决策能力、人际沟通协调能力、计划与执行能力； 9. 具有优秀的市场拓展、项目协调、谈判能力； 10. 具有高度的工作热情和责任感
	大区域销售总监	本科及以上	1. 负责销售和市场营销，阐明和执行在中国区域市场的长远战略目标； 2. 理解和定义市场的定位和应用，发现并建议销售发展的关键方向； 3. 制订和执行业务计划和战略举措，确保满足短期和长期的盈利增长目标； 4. 分析和持续评估销售计划和成本，预测并制订应达到的销售目标； 5. 发展和保持与现有客户和潜在客户的联系并做好日常维护，与其建立信任关系，实现销售机会最大化； 6. 积极主动地管理客户的采购需求，负责主要客户的维护； 7. 关注可能影响战略和业务方向的关键因素和商业条件； 8. 确保向客户提供全方位的技术支持和质量控制
中级	销售主管（原辅料）	大专及以上	1. 熟悉工程塑料和弹性体产品的性能和应用； 2. 具备良好的形象和气质，良好的沟通能力以及良好的团队协作能力； 3. 为人正直，性格开朗，热爱销售工作，具备吃苦耐劳的执着精神； 4. 具有良好的沟通交流能力和英语水平
	销售业务经理	大专及以上	1. 具有塑料、高分子或塑料模具加工方面的知识基础； 2. 热爱销售性质的工作，抗压能力强，勇于接受挑战； 3. 性格开朗，善于沟通，具有较强的责任心和团队精神； 4. 有相关塑料、化工或高分子类产品的销售经验或相关专业背景； 5. 能开发合作代理商，拓展新客户； 6. 能制订并实施销售计划和方案，完成公司的销售任务； 7. 了解竞争对手情况，汇总销售过程信息，分析并做出相应后续措施

续上表

岗位级别	岗位名称	学历要求	能力要求
中级	销售工程师（工程料）	大专及以上	1. 语言表达能力强，善于沟通； 2. 具有理工科背景、文科市场营销专业背景或高分子工厂注塑经验； 3. 具有较强抗压能力和良好的目标管理能力； 4. 环境适应能力强； 5. 有销售经验和驾照
初级	销售代表（特种塑料）	大专及以上	1. 具有塑料、高分子或塑料模具加工方面的知识基础； 2. 热爱销售性质工作，抗压能力强，勇于接受挑战； 3. 性格开朗，善于沟通，具有较强的责任心和团队精神； 4. 有相关塑料、化工或高分子类产品销售经验或相关专业背景
	销售业务员（工程料）	大专及以上	1. 能及时掌握公司的产品和推广策略及其他销售工作要求； 2. 能在部门经理的带领下，实现个人业绩目标； 3. 能通过各种渠道寻找和接洽塑胶原材料、改性工程塑料需求的生产制造型企业； 4. 能与其他部门同事协作，充分把握客户需求，完成售前、售后服务； 5. 能根据客户需求和市场变化，对公司的产品和服务提出改进建议

（三）职业资格和行业规范要求情况

目前，与本专业相关的职业资格/技能等证书有国家职业大典中的高分子材料工程师证、合成材料测试师证，以及经过各级人力资源和社会保障部门所管辖的职业技能培训基地（或其委托的下设在各院校的职业培训基地）考试考核取得的证书（如表2-5所示）。

表2-5 高分子职业资格证书和职业技能鉴定情况一览表

序号	职业资格名称	认证机构	职业等级	适用对象
1	高分子材料工程师	人力资源和社会保障部	高级高分子材料工程师（国家一级）	研究生毕业并从事相关工作1年以上者/本科毕业并具有2年以上或大专毕业并具有3年以上工作经验者
			高分子材料工程师（国家二级）	研究生以上或同等学力应届毕业生/本科毕业并具有1年以上或大专毕业并具有2年以上工作经验者
			助理高分子材料工程师（国家三级）	本科应届毕业生/大专或同等学力毕业生并有相关实践经验者

续上表

序号	职业资格名称	认证机构	职业等级	适用对象
2	合成材料测试师	人力资源和社会保障部	高级合成材料测试师（国家一级）	研究生毕业并从事相关工作1年以上者/本科毕业并具有2年以上或大专毕业并具有3年以上工作经验者
			合成材料测试师（国家二级）	研究生以上或同等学力应届毕业生/本科毕业并具有1年以上或大专毕业并具有2年以上工作经验者
			助理合成材料测试师（国家三级）	本科应届毕业生/大专或同等学力毕业生并有相关实践经验者
			高级合成材料测试员（国家四级）	本科、大专以上应届毕业生
3	塑料制品成型制作工	各级人力资源和社会保障部门所辖的职业技能培训基地	初级工	中职（应届毕业生）
			中级工	高职/大专（应届毕业生）
			高级工	本科应届学生或大专生先取得中级工才能考取
			技师/高级技师	大专、本科毕业约2年后考取或中专毕业5年后考取，先考取技师再考取高级技师

　　不同企业对高分子相关的职业资格证书的认可度也各有不同。由图2-3可见，中小型企业对于本科生大多不要求其具有职业资格证书，该比例达到66%；然而对于高职生这一比例下降到52%，如图2-4所示，并且要求其取得从业资格证和中级证的比例合计为48%。调查还发现，大型企业对本科生具有职业资格证书的要求比例更低，仅为28%，但对高职毕业生取得从业资格证书的要求比例高达45%。这表明企业对于高职毕业生具备职业资格证书有着比本科生更高的要求和期望。

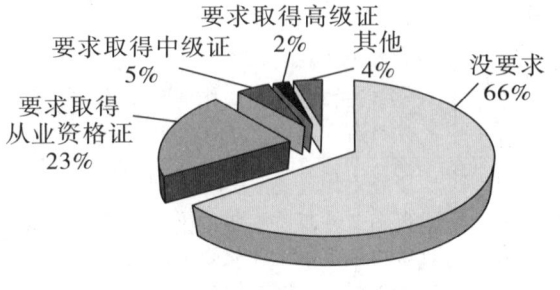

图2-3　中小型企业对本科生职业资格证书要求

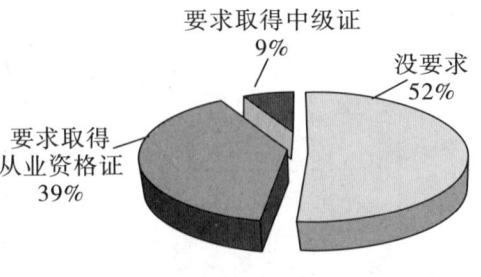

图2-4　中小型企业对高职生职业资格证书要求

　　此外，从高等学校对职业资格证书的关注情况来看，职业资格证书应能显著提高毕业生在走上初次就业岗位时的技能熟练程度，对于重技能的高职毕业生更应该如此。然而从图 2-5 和图 2-6 本科和高职毕业生首次独立上岗的培训时间来看，本科生和高职生区分度不大，甚至本科毕业生需 1 个月以下培训时间即可独立上岗的比例还略高于高职毕业生的比例，体现不出高职毕业生获取职业资格证后独立上岗操作的优势。而通过查阅相关资料发现，高职毕业生虽然具有职业资格证，但面对工作岗位时依然有 90% 以上学生表示实际操作能力不足。这可能是由于高分子加工行业除技术研发部门外，生产操作过程技术含量不高，因此本科生虽然未取得相应的职业资格证书，但大多具有参加省级以上竞赛、与教师从事科研活动等经历，所以在面对技术含量不高的一线岗位时经短时间的适应即可独立上岗。

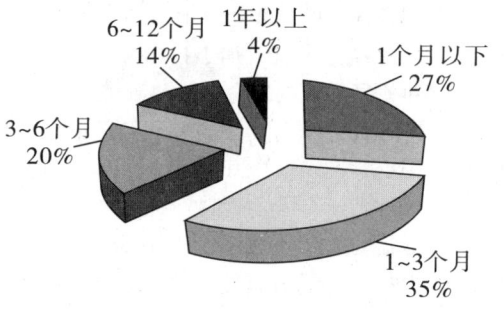

图 2-5 本科生独立上岗需培训时间

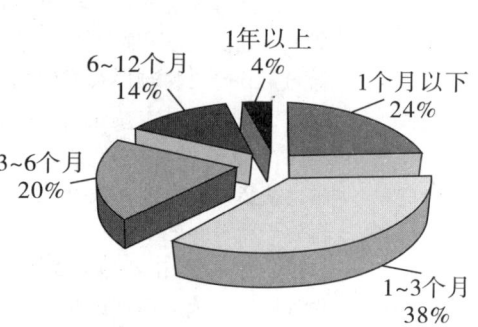

图 2-6 高职生独立上岗需培训时间

（四）本科、高职院校课程设置情况

1. 本科和高职院校的培养目标分析

高分子材料加工技术或高分子材料应用技术是专科层次开设的专业名称，高分子材料科学与工程是按照学科分类的省内外本科院校开设的专业名称，有时还会在该专业下细分不同的方向。因此本科、高职的人才培养目标也随专业名称有所变化，其就业面向也有所差异（如表 2-6 所示）。

表 2-6 专业定位与人才培养目标

比较项目	本科院校	高职院校
培养目标	本专业培养与我国社会主义现代化建设要求相适应，德智体全面发展，面向高分子材料合成、改性和成型加工等相关企业从事生产、研究、设计、开发等工作，也可从事相关的经营管理工作，具有较强的创新意识、团队协作和管理能力以及自主学习能力，能适应技术进步和社会需求变化的高素质应用型工程技术人才。 （面向技术型的产品研究、设计、开发、管理人才）	本专业培养与我国社会主义现代化建设要求相适应，德智体全面发展，面向高分子材料的改性、加工应用等相关企业从事技术开发、工艺设计、生产、分析检测等工作，具备高分子材料加工、改性、测试的基本知识和技能，具有较强的实践能力以及良好的团队合作、自主学习和创新能力，在生产、研发、销售、管理第一线的应用型技术技能人才。 （面向生产一线的技术技能型人才）

续上表

比较项目	本科院校	高职院校
本科—高职联合培养目标	本专业培养与我国社会主义现代化建设要求相适应，德智体全面发展，面向改性和成型加工等相关企业从事生产、研究、设计、开发等工作，也可从事相关的经营管理工作，具有较强的实践能力、创新意识、团队协作和管理能力以及自主学习能力，能适应技术进步和社会需求变化的复合型高级应用技术型人才	
知识要求	1. 掌握本专业所必需的数学、物理、化学等自然科学基础理论和实验基本技能，并具有一定的计算机应用能力； 2. 掌握高分子化学和物理的基础理论知识和高分子材料改性及成型加工过程的基本理论和基本技能； 3. 掌握高分子材料分析测试技术及应用，初步具有研究开发新工艺和研制高分子新材料的能力； 4. 掌握文献检索和资料查阅的基本方法，能熟练地应用英语阅读本专业的文献资料和书写论文摘要，并具有一定语言交流能力； 5. 初步具备研究开发和应用新材料、新工艺的能力； 6. 了解高分子材料与工程领域的理论前沿和最新发展动态	1. 熟练掌握计算机操作及应用，并通过计算机等级考试； 2. 掌握基础英语、专业英语知识，达到英语应用能力 A 级以上水平； 3. 掌握高分子材料加工技术分析计算及推理所必需的理论知识； 4. 掌握高分子材料原料鉴别及质量控制所必需的理论知识； 5. 掌握高分子材料加工技术机电控制方面必需的基础理论知识、专业理论知识； 6. 掌握高分子材料加工技术图形设计及产品造型表达方面必需的基础理论知识、专业理论知识； 7. 掌握高分子材料配混技术方面必需的基础理论知识、专业理论知识； 8. 掌握高分子材料挤出成型方面必需的基础理论知识、专业理论知识； 9. 掌握高分子材料注射成型方面必需的基础理论知识、专业理论知识； 10. 掌握高分子材料测试分析技术方面必需的基础理论知识、专业理论知识
能力要求	1. 掌握高分子材料与工程的基础理论与专业知识； 2. 掌握高分子材料的组成、结构与物理、化学、生物性能之间的关系； 3. 掌握高分子材料加工的基本知识和技能，具有正确选择设备进行高分子材料研究、设计、制备的能力； 4. 掌握高分子材料性能检测和产品质量控制的基本知识，初步具备研究开发和应用新材料、新工艺的能力； 5. 发现、分析和解决专业问题的能力； 6. 具备专业独立工作的能力	1. 计算分析推理及计算机应用能力； 2. 化工过程实现方法及控制能力； 3. 塑料成型设备调试维护及塑料制品缺陷诊断分析能力； 4. 国内外标准认知与应用能力； 5. 塑料模具安装调试维护及简单设计能力； 6. 塑料配方设计与材料配混能力； 7. 塑料成型工艺参数设定及调试能力； 8. 生产管理及品质控制能力； 9. 技术营销与技术服务能力； 10. 技术创新及企业管理能力

续上表

比较项目	本科院校	高职院校
能力要求	7. 与不同类型的人合作沟通的能力； 8. 专业外语的应用能力； 9. 专业继续学习的能力； 10. 组织管理能力； 11. 专业创新意识和创新能力； 12. 专业分析写作能力	

从本科和高职人才培养目标进行分析，本科培养的毕业生能够从事专业素质要求更高的技术研发、设计、开发等工作，职业面向范围宽广。此外，高分子本科人才培养目标注重学生知识面的拓展，而高层级岗位如新材料研发工程师、技术总监等均需要较广的专业知识面，因此在专业能力要求突出的岗位上本科生具有比高职学生更大的上升空间。高职教育强调专项教育，主要培养适应生产、建设、管理服务第一线需要的技术技能型人才，强调的是够用为度，实用为本。

由人才培养目标到所需知识情况以及表 2-6 可见，高职院校在所需要掌握的知识点的划分上更细致；本科院校在知识要求上不仅要求掌握必要的基本技能和基础知识，更强调知识的转化及应用。

通过以上分析，可以认为本科—高职联合培养相当于本科层次的高职人才培养，介于高职和普通本科教育之间，在人才培养上具有职业技术教育的特征，培养的是具有较强技术理论基础、实践技能和应用能力并能服务于生产、管理第一线的应用型人才，适合从事对能力要求更高的产品研发、设计等工作。就各种人才培养的目标定位来说，如果说我国普通高等工程教育是以工程师为培养目标，大专层次的高职教育的培养目标是工程技术人员，那么本科—高职联合培养的则是技术基础理论和实践操作技能兼备的技术工程师。

2. 本科、高职高分子材料专业课程结构比较

综合考察各本科院校高分子材料与工程专业和高职院校高分子材料加工技术专业的主要课程后，我们获得了表 2-7 中的数据。

从本科和高职主要专业课程的设置看，二者的专业课程重叠度较高，即本科和高职院校均开设了该方向的课程。特别是本科在专业课程的划分上更为细致，这样就难免会出现不同课程的教材之间内容重复、照搬和拼凑现象，似曾相识的内容使学生的学习兴趣下降。这种课程的重复现象对"3+2"分段专科升入本科阶段的学生来说尤为严重，即本科和高职的人才培养在定位不同的情况下却进行了相同知识内容的授课。

表 2-7　本科院校和高职院校高分子专业相关课程一览表

高职 （广东轻工职业技术学院）		本科 （广东石油化工学院、广东工业大学）	
类别	专业课程名称	类别	专业课程名称
专业基础课	高分子材料化学基础 高分子物理 机械基础 专业英语（一）／（二） 文献信息检索 高分子材料加工基础 塑料材料及助剂 高分子材料加工机电控制 CAD 绘图及实体造型	专业基础课及 主干课程	高分子化学 高分子物理 机械设计基础 专业英语 文献检索 高分子材料成型加工基础 高分子助剂 高分子材料研究方法 高聚物反应基础及合成工艺学 塑料成型机械 高分子材料工厂设计概论 ……
专业核心课	塑料挤出成型 塑料注射成型 塑料配混技术 塑料测试技术	专业方向课	方向一： 高分子化学改性／涂料化学／……（学校特色课程） 方向二： 塑料制品与成型模具／聚合物流变学／塑料制品设计与制造／塑料模具 CAD/CAM／……
		专业拓展课	功能高分子 聚合物复合材料 学科前沿讲座 工程塑料与应用 高分子材料降解与稳定 ……
实训或 实践课程	高分子材料化学实训 认识实习 高分子物理实训 顶岗实训 机电控制实训 CAD 应用实训 塑料成型制作工考证实训	实践环节	高分子化学实验 认识实习 高分子物理实验 生产实习 机电控制实训 集中上机 行业资格考证（选修） 成型加工实验 高分子材料综合实验

续上表

高职 （广东轻工职业技术学院）		本科 （广东石油化工学院、广东工业大学）	
类别	专业课程名称	类别	专业课程名称
设计课程	机械基础课程设计		机械基础课程设计 高分子材料工厂设计 化工原理课程设计 成型模具设计 化学综合实验设计

注：虚框为本科和高职均学习的课程。

从表2-7中我们还可以观察到高职学校本专业的课程以够用为主，而本科除了与高职相同的课程之外设置了更多的必修或选修的方向课程（高职基本无聚合工艺及改性的方向课程）、拓展课程（培养学生的专业素养和专业知识面）、设计课程（学生的专业设计能力培养）。这种在课程设置上的差异使得学生在走向就业岗位时表现出了各自的优劣：本科生和高职生同时在技术类发展岗位上，本科生较宽的专业视野、专业创造力容易使其获得优先发展。

（五）学生学习状况

在对高职和本科学生进行生源状况和学习目的的调查时发现，二者存在较多的相似之处，如表2-8和表2-9所示，以及图2-7和图2-8所示。

表2-8 高职和本科院校生源状况对比

比较项目	高职院校	本科院校	比较
入学方式	高考统一招生	高考统一招生	本科学生成绩总体优于高职学生
选择学校的原因	可以学到一技之长、学校的知名度，其次是就业率	学校的专业设置和就业率，其次是可以学到一技之长	高职和本科学生都希望能够学到更多的知识，将来能更好就业
选择专业的原因	自己喜欢，其次是学校的招生宣传和容易找工作	自己喜欢，其次是容易找工作	本科和高职学生均能通过各种渠道进行较好的专业了解
专业兴趣	一半以上学生对专业喜欢程度一般，仅有两成学生对所学专业感兴趣，见图2-7	一半以上学生对专业喜欢程度一般，仅有三成学生对所学专业感兴趣，见图2-8	本科和高职学生对高分子材料专业普遍兴趣不大，这也是目前化工类专业的普遍问题

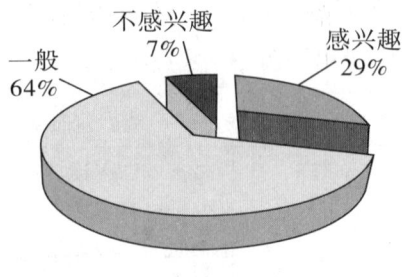
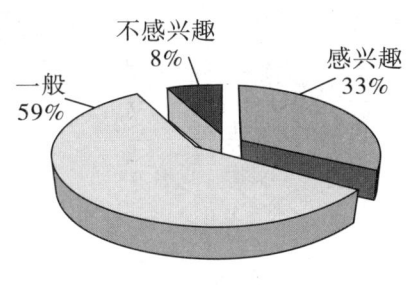

图 2-7　高职学生专业满意度　　　　图 2-8　本科学生专业满意度

由表 2-9 可见，本科和高职学生在专业选择、学习目的上较为一致，本科生相对高职生略高的专业兴趣、学习主动性、自我掌控能力等使其在技术研发和考取研究生方面的比例相对较高。

表 2-9　高职和本科学生学习目的比较

项目	高职	本科	比较
学习目的	六成学生希望就业后在岗位上学习，争取成为高级技术人员，其次是希望成为管理人员	五成学生希望就业后在岗位上学习，争取成为高级技术人员，其次是希望成为研发人员	高职和本科学生在现有的技术工作岗位上存在竞争关系
继续学习的要求	很少学生表示希望继续读取研究生	近两成学生表示继续读取研究生	本科学生的学历层次上升渠道多，上升意愿强

我们具体分析了在校学生对课程授课方式和资格证书考取的具体看法，如图 2-9、图 2-10、图 2-11 和图 2-12 所示。

1. 实际操作、实践教学模式最受学生欢迎

从图 2-9 可见，学生在平时的学习中，比较认可的是实际操作、实践教学、边讲边练的学习方式。相对而言，课堂讲授和课堂讨论较不受欢迎。

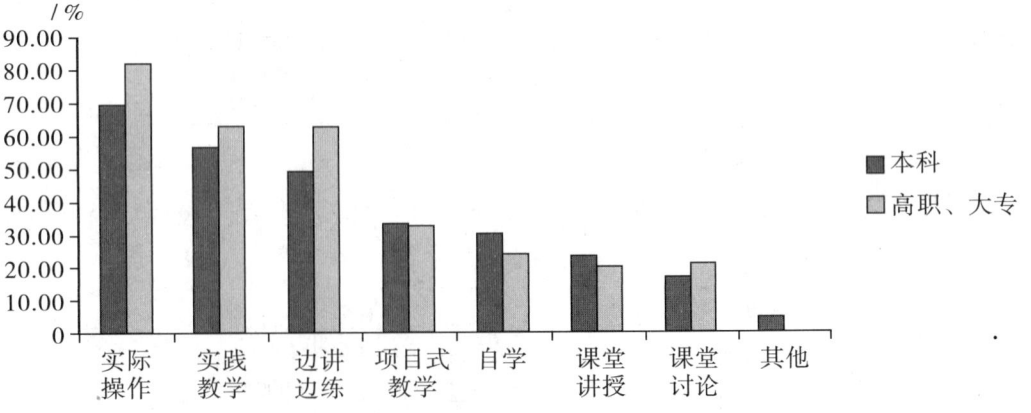

图 2-9　本科、高职或大专生教学方式排序

2. 高职在校生更关注本专业职业资格证书

从本科和高职学生对本专业职业资格证书的了解情况来看，本科生对职业资格证书了解甚少，这与本科院校和高职院校将职业资格证书纳入人才培养方案中的情况相关。本科和高职学生对职业资格证书的关注情况如图2－10、图2－11所示。由图分析，高职院校强调学生的技能训练，通常学生在学校时就已经取得相应的职业资格证书。

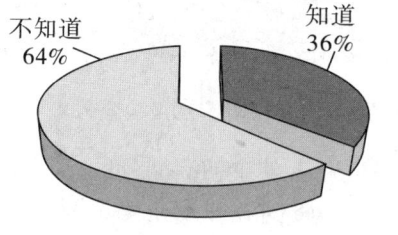

图2－10　本科生对职业资格证书关注度

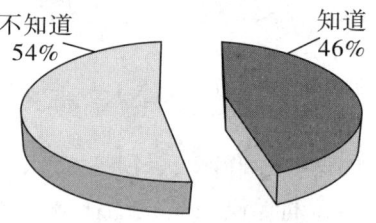

图2－11　高职生对职业资格证书关注度

3. 本科、高职在校生对职业资格证书的认可度均较高

经过调研数据分析发现，本科和高职毕业生均认为职业资格证书非常重要，且二者的比例范围大致相似，图2－12给出了在校生对职业资格证书的态度。相对高职院校而言，本科院校应该给学生提供能够获取职业资格证书的平台以增加学生的就业竞争力。

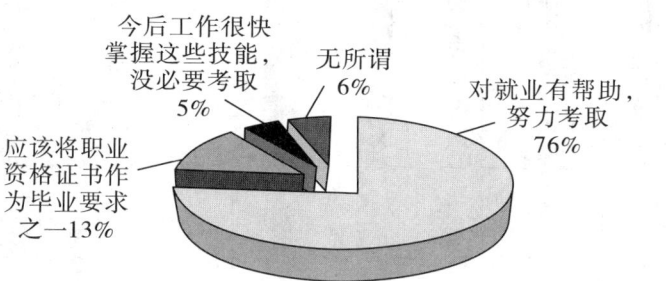

图2－12　在校生对职业资格证书的认可程度

（六）本专业毕业生就业情况

本次毕业生调研的对象为广东省内高职、本科、硕士及以上学历的高分子行业从业人员，各层次人员所占样本比例分别为45%、48%和6%。

本次调研将操作员、质检员、工艺员、生产班长、研发助理、技术服务、销售员、销售代表归为初级，将研发工程师、生产主管、车间主任、研发部长、销售主管、业务经理归为中级，将研发经理、技术总监、销售经理、销售总监、生产经理、生产总监归为高级，以此获得的本科、高职毕业生岗位层级如图2－13、图2－14所示。

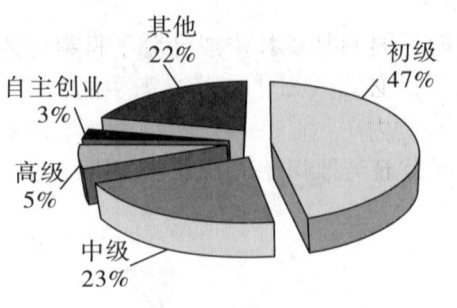

图2-13　本科岗位层级分布

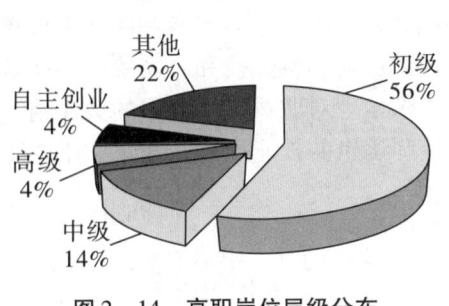

图2-14　高职岗位层级分布

从图2-13和图2-14的对比分析可见，高职毕业生从事初级岗位的比例高于本科生，在中、高层岗位层级的比例也低于本科生，图2-15进一步给出了不同岗位的人员层级情况。图2-15表明高级以上岗位如生产经理、研发经理等主要是本科以上学历层次，而销售经理则二者比例相当。

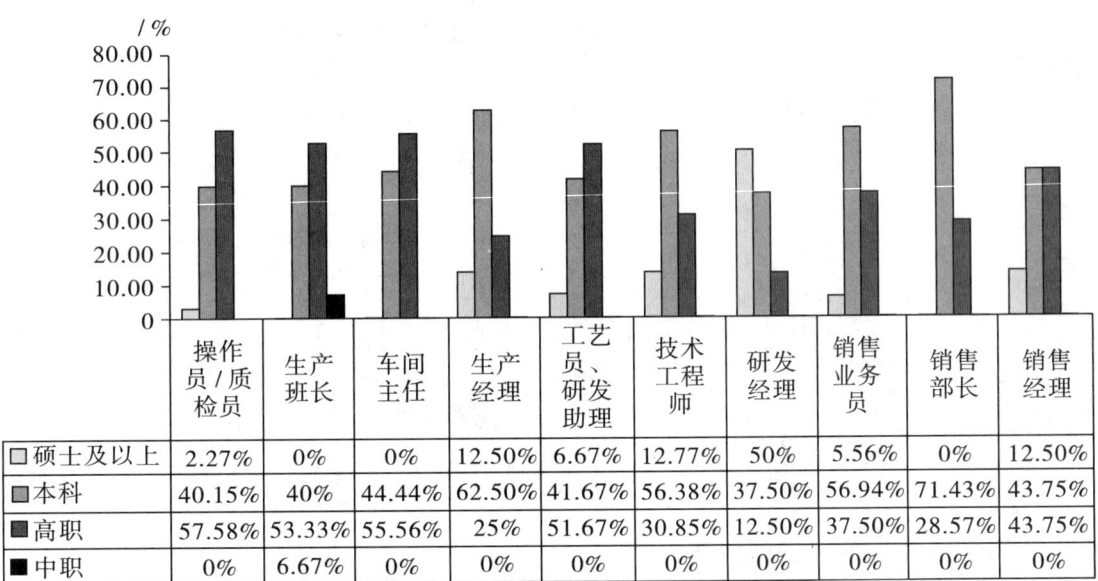

	操作员/质检员	生产班长	车间主任	生产经理	工艺员、研发助理	技术工程师	研发经理	销售业务员	销售部长	销售经理
□硕士及以上	2.27%	0%	0%	12.50%	6.67%	12.77%	50%	5.56%	0%	12.50%
■本科	40.15%	40%	44.44%	62.50%	41.67%	56.38%	37.50%	56.94%	71.43%	43.75%
■高职	57.58%	53.33%	55.56%	25%	51.67%	30.85%	12.50%	37.50%	28.57%	43.75%
■中职	0%	6.67%	0%	0%	0%	0%	0%	0%	0%	0%

图2-15　不同岗位学历层次分布情况

1. 本科、高职学生技术岗位分析

通过对本科、高职毕业生从事技术相关工作岗位分布情况的分析，可知高分子材料行业以技术服务为主。而技术服务包括产品售后服务和技术开发，由于高分子加工行业中小型企业居多，因此该项数据与行业需求相吻合。值得关注的是，质量管理岗位对毕业生的需求量是较大的。从图2-2可见，主要的基层相关岗位涉及挤出成型、质量管理、原辅料及加工、注塑成型，这与高职的核心课程挤出成型技术、测试技术、配混技术、注塑成型技术呈现对应的关系。而本科的课程设置名称与课时量和高职院校有明显不同，课程的针对性不是非常明显。

2．本科、高职学生取得职业资格证书情况

如图 2-16 所示，大多高职学校开设的高分子材料加工技术或高分子材料应用技术专业在人才培养方案中将职业资格证书的考取作为必修学分之一，且大多数的学生通过学校组织考取了地方政府主导的资格证书。广东省内高分子材料与工程专业本科院校除广东工业大学外，其他本科院校并没有将职业资格证书的考取列入人才培养方案中，因此省内本科学生在毕业时大多不具备职业资格证书。

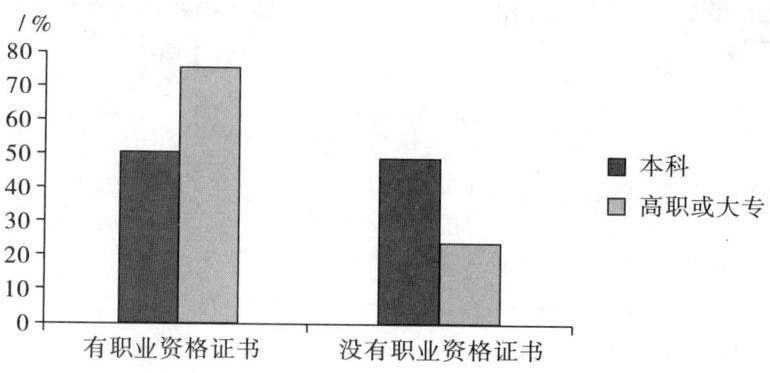

图 2-16　本科、高职或大专职业资格证书情况

3．本科、高职学生选择就业单位考虑因素分析

图 2-17 给出了本科、高职毕业生选择就业单位的考虑因素。从本科和高职毕业生选择就业单位考虑因素的重要程度来看，个人发展空间、薪酬福利待遇是二者都认为比较重要的因素。高职毕业生考虑工作环境的重要程度要高于本科生，这与社会上普遍认为本科毕业生不能够吃苦耐劳的观点有所不同。此外，高职或大专毕业生考虑专业是否对口所占比重要高于本科生，这表明高职毕业生仍更希望从事与本专业相关的工作。这可能是由于高职毕业生接受的知识广度和深度有限，因此就业面相对较窄。

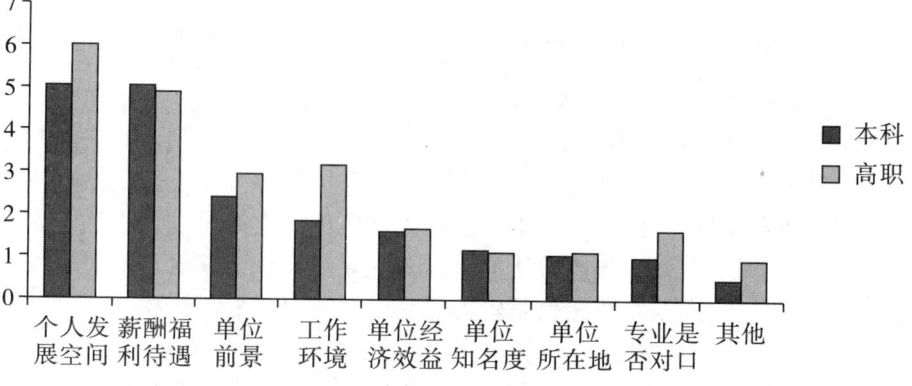

图 2-17　本科、高职毕业生选择就业单位考虑因素

4．本科、高职学生专业对口情况分析

从高职、本科毕业生专业对口情况分析可见，高职学生专业不对口的比例明显高于本科生的专业不对口比例，如图 2-18、图 2-19 所示。此外，本科毕业生就业岗位与

专业具有较高相关性的比例也明显高于高职或大专毕业生，这表明对于从事专业相关岗位工作，本科生获得企业的认可度普遍高于高职或大专毕业生。

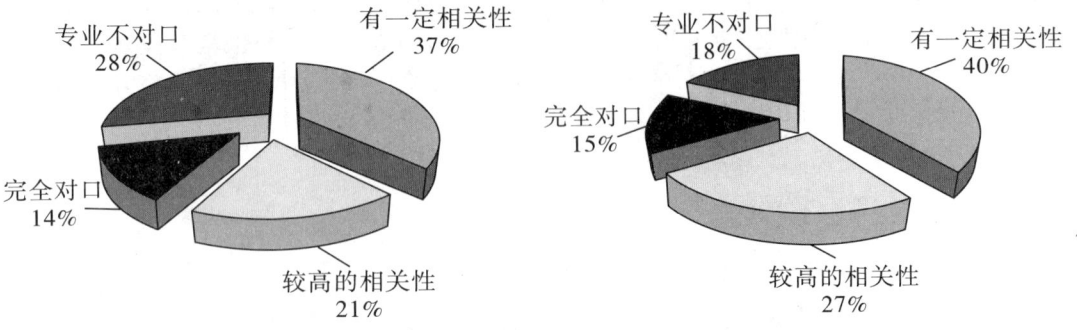

图2-18　高职生就业与专业相关情况　　　图2-19　本科生就业与专业相关情况

5. 刚参加工作时，本科生和高职毕业生存在较大不足之处对比分析

刚参加工作时，本科、高职毕业生均认为专业技术与技能、人际交往能力存在较大不足。高职学生认为存在较大不足的是外语能力，而本科生认为相对外语能力而言，自身的独立工作能力更显不足，如图2-20所示。

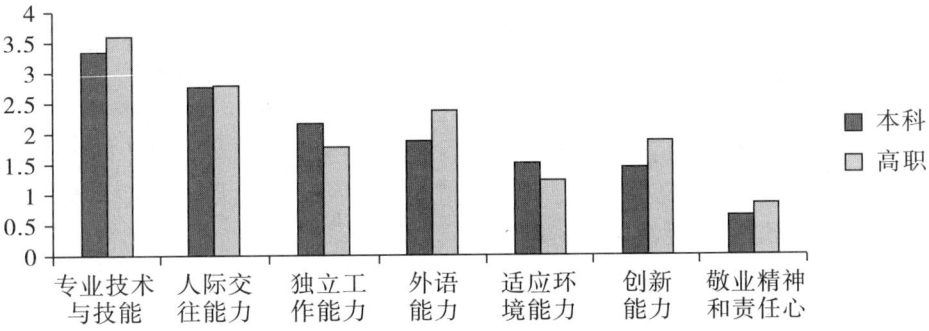

图2-20　刚参加工作时，本科生和高职生存在较大不足之处

6. 毕业生在就业上或更换新工作时的优势分析

在岗位上工作一段时间后再次就业时，从本科生、高职生对自身评价的结果（见图2-21）来看，二者均认为经过初次就业后，其敬业精神和责任心、适应环境能力已明显增强，而这些方面在本科、高职毕业生初次就业能力上亦是主要不足之处。经过在工作岗位上进行锻炼后，高职毕业生认为自己的独立工作能力获得了较大提高，而本科毕业生认为自身的专业技术和技能提高较为显著。

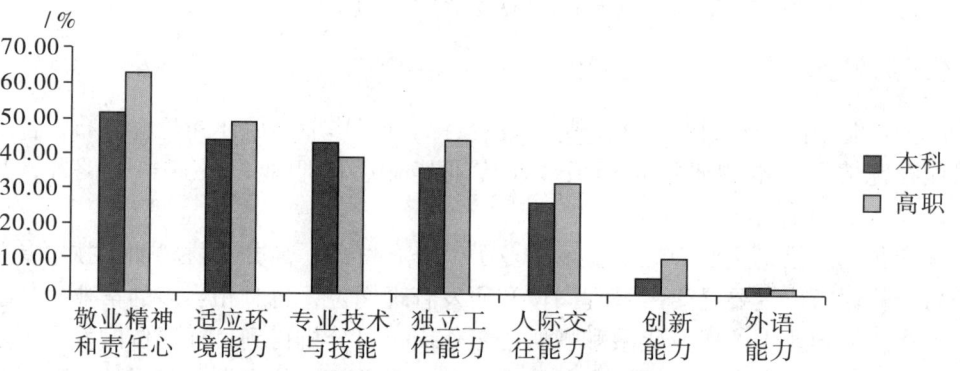

图2-21　本科、高职毕业生在就业上或更换新工作时的优势对比

7. 在提高人才培养质量方面，更适合能力培养的学习方式分析

从适合能力培养的学习方式上来看，生产现场式理论教学、顶岗制企业实习受到了本科、高职毕业生的一致肯定，如图2-22所示。这与在校生普遍偏好的实际操作、顶岗实习结果有一定的出入，这可能与毕业生在工作岗位上的深入体会有关系。

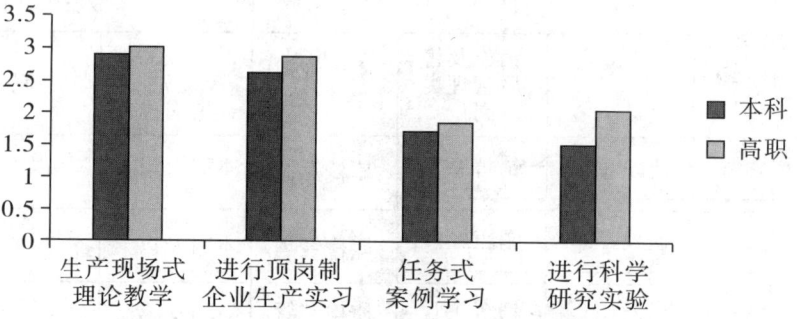

图2-22　本科、高职毕业生对课程教学的建议排序

四、调研结论

在调研分析的基础上，项目组对高分子材料加工技术本科—高职联合培养模式的人才需求、培养目标、课程体系、教学安排等进行了研究、探讨、归纳和总结，并对教学过程的不同阶段进行定位，设计各具特色的课程结构和实践环节。

（一）高分子材料加工企业发展趋势及人才需求

从企业调研结果和学校人才供给分析可知，广东省产业升级使企业生产成本增加，创新型研发人员短缺，但广东高校本科、高职毕业生输出与企业人才需求在质和量上存在巨大缺口。一方面，广东省产业升级转型对企业的创新能力要求增加，高分子加工企业最迫切需求的是研发技术人员，特别是创新型专业人才和复合型专业技术人员；但另一方面，企业提供的发展空间不足，且企业会优先发展本科毕业生从事技术岗位，高职毕业生则需要多年的经验才会发展到技术岗位，大多的高职生首先从事生产岗位。此外，大企业更倾向于和学校共同定向培养企业所需的专门人才。

（二）职业发展（晋升）路径

依据企业中高分子材料相关的岗位设置、高分子毕业生就业岗位群分布、各高校核心课程设置情况，本调研报告形成了本专业毕业生的职业发展通道及路径，见表2-10。

从毕业生岗位、企业岗位设置及企业类型分布可见，高分子材料加工技术专业毕业生的初始就业岗位主要是生产管理岗位和研发管理岗位，也有相当多的毕业生从事销售管理工作。从毕业生的毕业年限和现所处工作岗位可分析得到目标岗位的发展年限；从不同目标岗位从业人员的学历层次可分析得到对应目标岗位和发展年限的学历层次。

对于初级和中级岗位，各企业要求不同，中小企业中职、高职、本科毕业生均可，而大型企业则倾向于选择本科学历以上毕业生。从初级、中级到高级可分为6个具体的层级，如表2-10所示。

表2-10　高分子材料加工技术专业毕业生的职业发展通道及路径

发展层级	就业岗位群				一般发展年限/年		
	生产管理类岗位	研发管理类岗位	销售及售后管理类岗位	质检管理类岗位	学历层次及优先发展岗位	高职	本科
VI	生产总监 ← 研发总监 → 销售总监			质检总监	本科及以上	9以上	7以上
V	生产经理 ← 研发经理 → 销售经理			质检经理	本科及以上	7~9	5~7
IV	生产主管 ← 研发主管 → 销售主管 ← 质检主管				高职/本科	5~7	3~5
III	工艺工程师/班长 ↔ 研发工程师 → 销售工程师 ← 质检工程师				高职/本科	3~5	1~3
II	领班 ← 研发助理 → 销售代表 ← 质检员				中职/高职	1~3	0
I	操作工				中职以上	0	0

注：I、II为初级岗位，III、IV、V为中级岗位；VI为高级岗位。
　　□：中职以上经历岗位；▨：高职、本科共同经历岗位；▤：本科以上经历岗位
　　→：可向右迁移的岗位；←：可向左迁移的岗位　↔：可双向迁移的岗位

高分子材料加工技术专业毕业生优先从事高分子材料成型加工工程中相关的物料配制与制品成型等的生产操作、原材料及产品检测、销售助理等工作。在获得一定工作经验或经培训进修后可从事高分子材料制品的配方设计及工艺革新、高分子材料的改性、质量管理、生产管理、产品营销或售后技术服务等岗位工作。

根据毕业生职业生涯发展情况，高职毕业生通过一段时间的一线生产实践及结合自

身综合素质，1~2 年可成长为车间技术员，发展岗位主要有产品研发人员、销售主管及管理岗位的中高层领导。

中职毕业生主要分布于基层的操作员、销售代表、质检员，后续发展年限较长；高职毕业生在基层锻炼后优先经历生产管理、质量管理类岗位；本科毕业生在基层锻炼后优先经历研发管理类和质量管理类岗位；销售及售后服务类岗位门槛相对较低，本科和高职毕业生在此路径上均同时经历。此外，在各岗位群中，生产岗位可横向迁移至研发管理岗位和质量管理岗位，研发岗位可横向迁移至生产岗位和销售岗位，而销售岗位则很难向研发和生产岗位迁移。

由职业发展（晋升）路径表可知，高分子材料加工技术专业高职学生毕业 3~5 年后，目标岗位主要有工艺工程师/班长、研发工程师、销售工程师、质检工程师；本科学生毕业 3~5 年后，目标岗位主要有生产主管、研发主管、销售主管、质检主管。因此在职业能力分析中可将本科和高职目标岗位的典型工作任务、职业能力要求作为本科—高职联合培养职业能力分析的分析岗位。

（三）本科和高职的人才培养方案现状

从高职和本科的人才培养目标来看，本科倾向于培养面向技术型的应用工程技术型人才，要求学生除具备专业知识外，还应具备专业创新能力、专业设计能力、专业写作能力和外语应用能力等，其课程设置与要求的专业能力相对应；高职倾向于培养面向生产一线的应用技术技能型人才，重点强调学生掌握基础专业知识，对创新能力、设计能力、写作能力、外语能力未有过多的要求，其课程设置与要求的专业能力相对应。

五、对策与建议

（一）高分子材料加工企业发展趋势及人才需求

广东省产业结构升级势在必行，广东省高分子材料加工企业应加快结构转变的步伐，面对企业创新性人才、复合型人才短缺的现状，应紧跟行业发展的步伐，对设备和工艺进行更新换代，提供更好的工作环境和发展空间，才能吸纳优秀的人才。

此外，广东省内开设高分子材料相关专业的本专科院校应根据行业、企业现状，着力于人才培养方案及模式的改革，使培养出来的毕业生更适合企业的需要，在工作岗位上更具竞争力。企业也不能一味强调高校应加强人才培养的质量和动手能力。国内企业应向德国、澳大利亚等国的企业学习，给高校提供更多可选的实习岗位和实习方式。且校企合作不能浮于表面，与学校深度联合办学、校企合作、定向培养、现代学徒制等成为解决人才培养供需矛盾的主要做法，双方共同努力才能使得二者均有所获益。

（二）职业发展（晋升）路径

本职业发展（晋升）路径统计的是主要工作岗位群，但仍有工作岗位未囊括其中，如现场安全管理员、计划员和专业背景的电商平台等相对较新的工作岗位。这些新岗位可部分参考本职业发展（晋升）路径中不同教育层次对于不同岗位层级的发展年限要求。

（三）人才培养对策

自 2014 年应用技术型大学转型政策出台以后，各本科院校均在探索转型的方法，然究其根本，企业、行业、毕业生、在校生等调研是人才培养方案修订的重要依据。如本科倾向于培养面向技术型的应用工程技术型人才，这就要求本科院校不仅要对教学内容和教学方法改革保持与时俱进，还要扎实地培养学生独立自主的专业创新能力、专业设计能力、专业写作能力和外语应用能力等。而本科院校正推行的"专业认证"对学生各项能力培养是极为严格的，其对课程体系、实践环节、师资水平（特别是其专业和工程背景）、支持条件（专业资料、实验条件、实训基地等）的要求也是极为严格的。因此我们认为，类似于工程认证这类能显著提高专业办学水平的工作对本科院校的人才培养具有极大的推动作用，这是值得我们尝试的提高人才培养质量的做法之一。

六、附录

表 2 – 11　参与高分子材料加工技术专业高本衔接标准研制之供需调研的团队名单

序号	姓名	单位	完成调研工作量和内容
1	史　博	广东石油化工学院	整体安排，调研 3 家行业协会、20 家企业、6 所本科院校、10 所高职院校，撰写调研报告，查阅文献资料，职业能力分析
2	梁　亮	广东石油化工学院	调研 3 家企业、2 所本科院校，查阅文献资料，职业能力分析，岗位分析，撰写调研报告
3	麦东东	广东石油化工学院	调研 3 家企业，毕业生调研
4	杜小清	广东石油化工学院	调研 5 家企业，毕业生调研
5	张世杰	广东石油化工学院	调研 9 家企业，毕业生调研
6	杨　营	广东石油化工学院	组织在校生填写问卷并分析文献
7	何富安	广东石油化工学院	组织在校生填写问卷并分析文献
8	齐民华	广东石油化工学院	调研 6 家企业、3 所本科院校，岗位分析
9	杨鑫莉	广东石油化工学院	调研 3 家企业，在校生调研
10	付　文	广东石油化工学院	岗位分析，职业能力分析
11	王文广	深圳高分子行业协会	协调学校与企业之间的联系，提供深圳地区高分子行业情况、职业资格考证等相关信息
12	孔　萍	广东轻工职业技术学院	整体安排，调研 3 家行业协会、20 家企业、11 所高职院校，审核调研报告，岗位分析，职业能力分析

序号	姓名	单位	完成调研工作量和内容
13	陈金伟	广东轻工职业技术学院	调研3所职业学校、2所本科院校，职业能力分析，岗位分析
14	杨崇岭	广东轻工职业技术学院	职业能力分析，岗位分析
15	吴丽旋	广东轻工职业技术学院	本科、高职学生调查
16	谭寿再	广东轻工职业技术学院	高分子材料相关行业协会访谈，至少3家
17	李四红	广东轻工职业技术学院	本科和高职毕业学生调研
18	李建钢	广东轻工职业技术学院	本科和高职毕业学生调研
19	何 亮	广东轻工职业技术学院	本科和高职毕业学生调研
20	庄文柳	广东轻工职业技术学院	从中国知网上查阅本科—高职衔接的研究文献并进行整理分析
21	喻慧文	广东轻工职业技术学院	从中国知网上查阅本科—高职衔接的研究文献并进行整理分析
22	刘青山	广东轻工职业技术学院	调研省内高分子材料专业相关本科院校10所、高职10所，整理分析各高校人才培养方案的课程设置情况
23	许鲲鹏	常州轻工职业技术学院	职业资格考证相关情况调查

参考文献

[1] 王丽霞，戴昕，刘焕君. "2+2"应用型人才培养模式的理论研究 [J]. 高等工程教育研究，2015（1）：180-184.

[2] 姚霞. 本科毕业生与高职毕业生的就业、创业能力对比分析 [J]. 湖北函授大学学报，2015，（11）：15-16.

[3] 陈军. 本科层次职业技术人才培养模式研究 [D]. 长春：东北师范大学，2007.

[4] 杨开亮，肖钢. 本科高职实训师资队伍建设探析 [J]. 成都航空职业技术学院学报，2011（9）：1-4.

[5] 张秉福. 本科高职与通才教育 [J]. 现代教育科学，2005（5）：60-64.

[6] 李晓明. 产业转型升级与高职本科教育发展 [J]. 教育发展研究，2012（3）：18-23.

[7] 曾茂林. 创新高职本科路径 破解高等教育结构问题 [J]. 高教探索，2015（4）：92-95.

[8] 陈宝华. 发达国家本科层次高职教育发展路径研究 [J]. 职教论坛，2014（1）：81-84.

[9] 杨晓燕. 发展本科高职的理论与策略研究 [D]. 沈阳：沈阳师范大学，2014.

[10] 伍鹏. 高职、应用型本科、专业硕士一体化人才培养模式探讨 [J]. 继续教育研究，2015（6）：68-71.

[11] 高洋. 高职与本科联合培养学生自主学习能力的研究 [J]. 高等职业教育—天津职业大学学报，2014（10）：38-41.

[12] 贾晓慧. 高职与本科协同培养的人才培养目标及一体化课程体系构建理论研究［J］. 教育教学论坛，2015（5）：233－234.

[13] 陈武哲，张璐. 高职与本科职业教育衔接的路径探究［J］. 职业教育，2015（11）：3.

[14] 王微. 广东省高职高专与应用本科衔接的分析与探讨［J］. 南方论刊，2015（1）：53－54.

[15] 王博. 谈应用技术型本科与高职教育间的功能定位区分［J］. 中国职业技术教育，2014（24）：29－33.

[16] 裴晓林，董静，卢矜. 我国高职教育本科研究综述［J］. 职教论坛，2013（5）：16－18.

[17] 彭换新，王文凯. 应用型本科转型高职本科存在的问题探讨［J］. 当代职业教育，2015（1）：14－16.

[18] 鄂甜. 中职、专科高职和应用技术本科教育人才培养目标分层解析［J］. 职业技术教育，2015（1）：13－17.

[19] 张尚先，杨湘洪，吴磊. 按照"职业岗位群"构建教学体系的实践与探讨［J］. 机械职业教育，2011（5）：33－35.

[20] 兰巧玲，基于岗位群人才需求的应用型本科专业建设思考［J］. 黑龙江教育学院学报，2015（10）：20－22.

[21] 姚霞. 本科毕业生与高职毕业生的就业、创业能力对比分［J］. 湖北函授大学学报，2015（11）：15－16.

[22] 陈福林. 从塑料工艺的发展谈高分子材料与工程专业学生的就业状况和教学计划［J］. 广东工业大学学报（社会科学版），2004（6）：108－110.

[23] 刘红艳. 大学生就业质量影响因素分析［D］. 合肥：合肥工业大学，2010.

[24] 柯羽. 非专业素质对大学生就业质量的影响［J］. 中国青年研究，2010（7）：98－101.

[25] 汪丽梅，窦立岩. 高分子材料专业大学生就业现状及对策研究［J］. 科技视界，2015（4）：334－33.

[26] 刘益青. 高职"双元制"人才培养模式下现代职业人培养路径探究［D］. 上海：华东理工大学，2014.

[27] 钱伟荣，高均玉，张师允，等. 尽快实施国家四年制高职本科教育制度［J］. 津市财贸管理干部学院学报，2012（1）：6－11.

[28] 王子成，杨伟国. 专业匹配对大学生就业质量的影响效应［J］. 教育与经济，2014（3）：44－53.

[29] 罗竖元，毛璐. 现阶段提升高校毕业生职业适应性水平的路径选择［J］. 广西社会科学，2011（2）：153－156.

[30] 阮艺华. 本科层次高职教育的人才培养目标初探［J］. 辽宁教育研究，2003（4）：25－27.

[31] 汪禄应. 应用型本科教育人才培养目标与课程体系建设［J］. 大学教育科学，2005（2）：42－44.

[32] 吴中江，黄成亮. 应用型人才内涵及应用型本科人才培养［J］. 高等工程教育研究，2014（12）：66－70.

[33] 王建玲. 材料成型与控制专业应用型本科人才培养与市场需求探索［J］. 教育教学论坛，2015（1）：23－24.

[34] 潘玉驹，廖传景. 基于社会需求的应用型本科人才培养及评价［J］. 高教发展与评估，2014（9）：88－85.

[35] 李定清. 需求导向：应用型本科教育人才培养的新模式［J］. 黑龙江高教研究，2011（4）：113－115.

［36］姜大源. 德国"双元制"职业教育再解读［J］. 中国职业技术教育，2013（33）：5－14.

［37］李定清. 德国本科层次的双元制职业教育窥探［J］. 黑龙江高教研究，2011（4）：113－115.

［38］刘越琪，吴念香，孟国强. 构建能力分级的高职教育课程体系［J］. 中国高等教育，2014（5）：36－39.

［39］姚庆文，丁辉. 高职专业核心课程标准与职业资格标准对接研究［J］. 继续教育研究，2011（12）：84－85.

［40］刘卫，陈燕菲. 开展职业资格训练　培养工程应用型本科人才［J］. 继续教育研究，2011（12）：47－48.

［41］阚雨沐，杨晓东. 应用型本科院校实行职业资格证书制度的思考［J］. 职业技术教育，2009（36）：72－73.

［42］张秋香. 应用型本科院校职业资格证书课程的构建［J］. 职教通讯，2012（24）：9－11.

［43］徐颂. 职业资格考试融入地方本科专业教学的探讨［J］. 教育教学研究，2010（10）：106－107.

［44］王江涛. 职业资格认证视角下高职专科与应用本科衔接研究［J］. 北京劳动保障职业学院学报，2015（9）：34－37.

［45］李丽，周红莉，朱雪梅，谭辉平. 产业结构升级背景下广东高职教育转型发展的挑战与选择［J］. 教育导刊，2015（2）：16－19.

［46］肖化移，聂劲松. 从人才结构理论看高职人才培养规格［J］. 职业技术教育，2005（19）：5－8.

［47］丁以喜. 国家示范性高职院校推进联合培养四年制高职本科教育试点项目研究［J］. 教育与职业，2014（4）：41－42.

［48］汤晓华，吕景泉，洪霞. 基于职业能力的技能人才知识、技能、素质系统化模型建模与研究［J］. 职业技术教育，2012（2）：32－35.

［49］广东省教育厅，广东省教育研究院. 广东中高职衔接专业教学标准研制：调查与分析［M］. 广州：广东高等教育出版社，2014.

［50］麦可思研究院. 就业蓝皮书：2015年中国本科生就业报告［M］. 北京：社会科学文献出版社，2015.

第三章
高职本科一体化应用化工技术（涂料技术）专业建设调研报告

一、前言

（一）调研背景分析

1. 产业背景

随着国民经济 30 多年的高速发展，我国 GDP 已跃居世界第二位，各行各业市场前景广阔，特别是制造业，市场需求更是旺盛。涂料是工业产品的外衣，起着保护、装饰等重要作用，近 10 年，国内涂料行业的产量、利润均以两位数的速度增长。

据全球涂料网统计，2009 年，我国的涂料企业共有 8 000 多家，截至 2015 年 10 月还有约 6 000 家。据广东省涂料协会统计的数据，广东省有涂料企业 1 454 家。我国涂料产量集中度分布情况如图 3 - 1 所示（中国产业信息网，智研数据中心整理）。

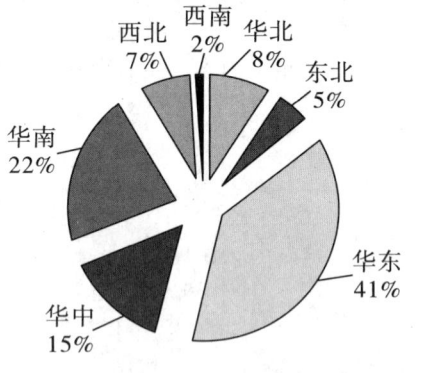

图 3 - 1　2014 年我国涂料产量集中度分布

2007 年到 2015 年涂料行业总产量从 597 万吨增长至 1 711 万吨，产值从 1 299 亿元增加到 4 142 亿元，如图 3 - 2 所示。利润总额平均每年上升 17%。而广东省 2014 年涂料总产量为 334 万吨，占全国（1 648 万吨）的 20.3%，继续领跑全国。拥有"中国涂料之乡"称号的顺德，现有注册涂料企业 260 多家，从业人员约 15 万人，打造了华润、嘉宝莉、美涂士等一批优秀的涂料知名品牌。

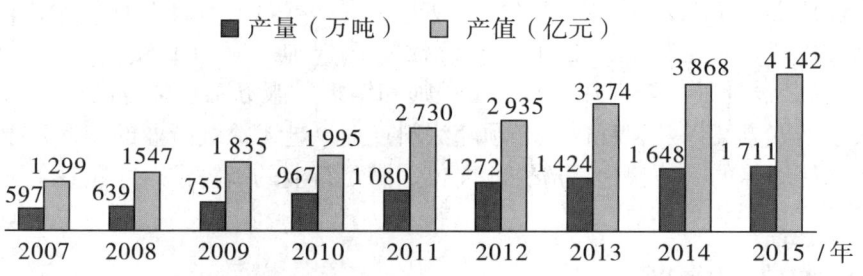

图 3-2 2007—2015 年涂料行业发展状况

2. 国内相应专业开设情况

随着涂料行业的快速发展，国内市场出现了较大的涂料化工人才需求缺口。为更好地服务顺德及周边地区的涂料行业，顺德职业技术学院 2004 年成立了应用化工技术（涂料技术）专业，是国内首个培养涂料人才的高等学校人才基地。2014 年，该专业分为涂料技术、艺术涂装与设计两个专业方向，为传统涂料行业培养高技能人才的同时，也培养新兴的艺术涂装行业急需的既会涂料技术又会艺术涂装效果设计、施工的复合型人才。到 2015 年，该专业已经为国内的涂料企业培养了近千名人才。

顺德、常州是在全国范围内先后评比出来的两个"涂料之乡"。为了给涂料行业培养高技能人才，广东省范围内，首先是顺德职业技术学院设置了完全以涂料技术为发展方向的应用化工技术专业。随后，广东轻工职业技术学院、深圳职业技术学院、中山职业技术学院、中山火炬职业技术学院在精细化工技术及相关专业中，开设了部分与涂料技术有关的课程。例如，中山火炬职业技术学院开设了 80 个学时的涂料生产技术课程，广东轻工职业技术学院也开设了涂料生产课程。然而他们开设的课程课时少，只是进行概述性讲述，对涂料行业所需知识、技能不能进行深入讲解。全国范围内，常州工程职业技术学院、杭州职业技术学院、浙江京华职业技术学院、芜湖职业技术学院的相关专业也开设了部分与涂料技术有关的课程。例如，常州工程职业技术学院精细化工技术专业开设了涂料生产的相关课程，但是，对涂料分析与检测、调色、涂装、配方设计等课程，都没有涉及。所以，截至目前，顺德职业技术学院是首家开设完全以涂料技术为发展方向的专业的高职院校，也是全国唯一一家。

面对当前国内高等教育不针对具体行业而是培养"通才"的实际情况，2013 年广东省教育厅做了培养"针对具体行业培养技术应用型本科人才"的试点工作，即挑选本科院校和基础较好的高职院校开展合作，设立新的招生专业，由本科院校统一按本科分数线招生，先在本科院校进行两年的基础课学习，获得较为宽厚的基础知识后，再到高职院校针对具体的行业需求进行核心技能培养，保证毕业生既有较宽泛的基础知识，又掌握行业的核心技能，具有较强的动手能力。顺德职业技术学院应用化工技术（涂料技术）专业作为试点专业之一，与仲恺农业工程学院基础较好的应用化学专业，针对涂料行业协同培养涂料化工类"技术应用型本科人才"。

仲恺农业工程学院和顺德职业技术学院协同培养的应用化学（应用化工技术）专业，主要培养区别于高职毕业生的既具有宽泛基础知识又具有较强动手能力的涂料企业急需的工程技术、研发人才。具体来说，就是培养涂料行业所急需的涂料生产技术工程师、调色工程师、质量控制工程师、分析检测工程师、应用工程师（传统涂装工程师）、艺术涂装设计师、培训师、施工工程师和销售、服务工程师等高级技术型应用人才。其人才培养方案以及课程体系必须随涂料产业、艺术涂装行业的转型升级做相应的调整，才能使培养的人才快速适应企业岗位、满足行业的新需求，才能具备可持续发展能力。

（二）调研目的意义

本次调研的目的在于准确掌握国内、省内，特别是长江三角洲地区和珠江三角洲地区的涂料行业的现状、发展趋势和对涂料化工人才的需求状况；经过分析调研所获得的涂料行业企业的就业岗位现状以及就业岗位所需职业能力、知识的情况，通过信息整合，制作出翔实的毕业生就业岗位职业能力分析表，进而对相关知识、技能进行序化，得出学生为了在涂料行业就业应该学习的内容；根据对高职、本科院校的调研结果，获取毕业生在校学习及毕业生就业的情况，并分析本科、高职协同培养课程衔接存在的问题，从而建构更为科学、实用的课程体系，制定出针对涂料行业的技术应用型本科人才培养的专业标准。

二、调研基本情况

（一）调研组织方法

本次调研采取了文献研究法、访谈法、问卷调查法、统计调查分析法、个案分析法等调研方法，对国内涂料行业、企业人力资源部门、技术部门和生产一线的工作人员，高职院校的应用化工技术专业教师及其在校生和毕业生以及本科院校的应用化学专业教师及其在校生和毕业生进行了调查。

本次调研主要采取了以下 5 种方式：

（1）发放调研问卷。包括纸质问卷、电子版问卷。

（2）现场访谈。访谈对象包括行业专家、企业负责人、企业技术总监、人力资源总监（经理）、技术主管，高职、本科院校应用化工技术、精细化工技术、应用化学等专业的教研室主任和教师。

（3）电子版调研。主要针对企业负责人、企业技术主管、人力资源主管、高职在校生、高职毕业生、高职教师、本科在校生、本科毕业生、本科教师进行调研。

（4）电话访谈。通过电话联系的方式，依据访谈提纲对被调查者进行电话访谈，记录访谈结论。

（5）利用软件"问卷星"进行调研，即把问卷传到网上后，再把链接发给被调查者。

本次调研由项目负责人统一安排进行：企业调研分为企业访谈和问卷调查两种模式。企业访谈，主要是由项目组成员分别到珠江三角洲、长江三角洲、新疆等地区的涂料企业中和企业技术主管、人力资源主管进行面对面访谈，并请他们对问卷进行详细作答；问卷调查，是通过把电子版问卷分别发给各企业负责人，再由企业负责人安排技术主管、人力资源主管完成问卷，之后以电子版方式收回。高职学校的调研，是通过广东省高等职业教育化工指导委员会副主任彭建兵教授（项目组教指委负责人）把相关问卷发给广东轻工职业技术学院、深圳职业技术学院、中山火炬职业技术学院等高职院校的化工学院领导，再由其安排班主任、辅导员进行电子版问卷或纸质版问卷调研；顺德职业技术学院和省外高职院校的相关调研，由项目负责人自己负责完成。本科学校的调研，由项目合作本科院校仲恺农业工程学院相关教师以电子版问卷方式完成。

问卷（包括电子版问卷和纸质版问卷）收回后，由项目组成员对每份问卷进行仔细研究、详细统计，最终获得调查问卷统计结果。

（二）调查样本分布

1. 文献资料调查

国外高本衔接（协同培养）模式研究方面，查询并分析了德国、新加坡的模式。

相关文献资料研究方面，从中国知识资源总库中查到高职本科衔接的文献 204 篇，其中，有关高职本科共同办学的文献 33 篇。

2. 企业情况调研

我国的涂料企业，主要分布在长江三角洲地区、珠江三角洲地区、环渤海地区和西部一些地区。为了使问卷样本最大限度地具有代表性，在国内涂料行业龙头企业广东华润涂料有限公司的协调和帮助下，项目组分别到长江三角洲地区、珠江三角洲地区、环渤海地区、新疆等地的多家知名涂料企业进行了访谈，除此之外，对珠江三角洲地区的企业以问卷的方式进行深入调查。具体情况是，总调查企业数量为 75 家，其中广东省内 51 家，长江三角洲地区 15 家，环渤海地区 5 家，四川（成都）3 家，新疆 1 家；就企业规模而言，1 000 人以上的 8 家，500～1 000 人的 12 家，100～500 人的 37 家，100人以下的 18 家。

3. 高职本科院校访谈

高职院校方面，访谈调研了广东轻工职业技术学院、深圳职业技术学院、中山火炬职业技术学院、中山职业技术学院、江门职业技术学院、阳江职业技术学院、常州工程职业技术学院、新疆轻工职业技术学院等 16 所高职院校的应用化工技术、精细化工生产技术等专业以及开设有与涂料相关课程的专业的系主任、教研室主任，认真分析、研究其人才培养方案，获取了大量的有价值的信息。

本科学校方面，主要是针对应用化学专业（因为该项目是研究本科应用化学专业和高职应用化工技术专业的协同培养），通过访谈、问卷等方式，调研了仲恺农业工程学院、华南理工大学、中山大学等 11 所本科院校，重点调研其毕业生的就业岗位分布和职业生涯发展路径，以及对在校生和教师的问卷调查。

4. 高职院校在校生和毕业生调查

主要选择广东省内设置有与涂料技术相关或相近专业的高职示范院校、国家骨干院校进行调研，主要有广州轻工职业技术学院、深圳职业技术学院、中山火炬职业技术学院和顺德职业技术学院、江门职业技术学院、常州工程职业技术学院、京华职业技术学院等。每个院校指定一个教师负责调查、发放和收集问卷，问卷收齐后交给项目负责人统计。问卷回收的具体情况是：回收高职毕业生问卷 625 份，在校生问卷 505 份。

5．本科院校在校生和毕业生调查

由项目合作本科院校仲恺农业工程学院完成，调查院校包括：华南理工大学、中山大学、仲恺农业工程学院等本科院校，调查对象是应用化学及相关专业的毕业生和在校生。问卷回收的具体情况是：回收本科毕业生问卷 568 份，在校生问卷 430 份。

（三）调查样本统计

本次调查，企业与高校的样本数量统计，分别如表 3-1、表 3-2 所示。

表 3-1　企业调查样本分布

样本分布地区		企业数量/家	企业负责人/人	人力资源经理/人	中层管理人员/人	基层技术员/人	基层员工/人
长江三角洲地区		15	8	15	18	20	21
环渤海地区		5	4	5	9	7	8
四川（成都）		3	3	3	7	5	9
新疆		1	1	1	2	3	3
广东	珠江三角洲地区	44	43	44	63	112	151
	粤东地区	2	1	2	3	6	7
	粤西地区	5	3	5	8	12	15
合计		75	63	75	110	165	214

表 3-2　高校调查样本统计

样本分布地区	高　职			本　科		
	在校生/人	毕业生/人	教师/人	在校生/人	毕业生/人	教师/人
珠江三角洲地区	403	475	31	368	491	11
粤东地区	59	48	6	27	35	2
粤西地区	43	102	8	35	42	4
合计	505	625	45	430	568	17

三、调研资料分析

（一）行业现状和人才需求情况

1．行业现状

随着我国经济近 30 年的高速发展，以涂料作为产品的涂料行业在我国也得到了长足的发展。20 世纪 90 年代开始，先是珠江三角洲地区涂料企业产能大幅度上升。进入 2000 年，随着外资涂料企业不断进入上海等长江三角洲地区，长江三角洲地区的涂料企业也急剧增加，随后扩张到环渤海地区。2008 年以后，国家环保要求越来越高、安全标准要求越来越严、用地成本越来越高，珠江三角洲地区、长江三角洲地区的涂料企业又想扩大产能，所以纷纷把分厂、新厂设在四川成都地区。截至目前，国内的涂料企业，主要分布在珠江三角洲地区、长江三角洲地区、环渤海地区和成都地区。各地区涂料企业发展各有特点：珠江三角洲地区企业数量多，产能巨大，但是多数科技含量不高（大多是自己不生产树脂，树脂靠外购），且因建厂较早，早期的安全标准、环保标准不是很严格，所以直到目前，企业生产普遍不符合国家新的安全标准，处于不断整改之中；长江三角洲地区的涂料企业，因起步较晚，而且相当数量的企业是外资企业，厂房设计比较合理，在较大程度上符合新的安全标准，技术含量也较高；环渤海地区和成都地区，涂料企业起步较晚，产能等方面比珠江三角洲地区、长江三角洲地区要小得多。结论是长江三角洲地区的涂料企业发展空间较大，珠江三角洲地区的企业目前产能较大，环渤海地区和成都地区的企业发展后劲较大。

传统涂料是以有机溶剂为分散介质的多组分混合物，有浪费（石油）资源、污染环境的缺点。美国、欧洲已分别于 20 世纪 80 年代初期、末期开始限制油性涂料的生产和使用。近几年，我国也越来越重视传统涂料的污染问题，开始限制传统油性涂料的生产，使涂料行业逐渐向水性化、粉末化等环保型产品方向发展。

“十二五”期间，国家发展改革委员会出台了产业结构调整目录，把工业产业分为 3 种：鼓励类、限制类和淘汰类。其中水性涂料和粉末涂料被归为鼓励类，油性涂料被归为淘汰类。2015 年 1 月 1 日，新《环境保护法》正式实施，这部中国历史上最严的环保法，剑锋直指大气治理。环境法新规：按日计罚，上不封顶。财政部与国家税务总局联合发布了《关于对电池、涂料征收消费税的通知》，自 2015 年 3 月 1 日起在全国范围内对涂料征收 4% 的消费税。同时，对施工状态下挥发性有机物（VOC）含量不高于 420 克/升的涂料免征消费税。深圳出台《建筑装饰装修涂料和胶粘剂有害物质限量》特区技术规范，自 2015 年 7 月 1 日起，全面禁用严重危害市民身体健康的溶剂型涂料（油漆）、胶粘剂等不合格装饰装修材料。

政府倾斜性政策的出台将推动涂料市场的加速分化，溶剂型涂料的市场份额将继续减少，环保、功能化涂料产品的增速将进一步加快。《中国涂料行业“十二五”规划》指出，“十一五”期间，低污染涂料绝对数量增加很大。2004—2014 年，中国粉末涂料平均年增长率为 13.76%，水性涂料为 11.79%。另据中国涂料网信息，未来 5 年，水性木器涂料在我国市场的占有率或将达到 20%；粉末涂料将保持 20% 的高速增长，或成工业涂装领域“黑马”；艺术涂料将获市场青睐，受新一代推崇；功能性涂料或成新生代消费需求热点。

近几年，以生产油性家具木器漆、建筑涂料为主的顺德及其周边的涂料企业，已经着手更新设备与工艺，开发水性木器漆、低温粉末涂料等节能型、环保型涂料，并逐步推向市场，引领着节能环保与功能化涂料产品市场份额持续上升，推动了涂料市场的加速分化。特别是 2015 年，新的环保法规出台并实施以后，国内各涂料企业都在积极地进行产品的升级、换代。

2．人才需求情况

根据调查，国内涂料行业从业人员有 90 万人以上，目前涂料企业的从业人员学历结构，如图 3-3 所示。

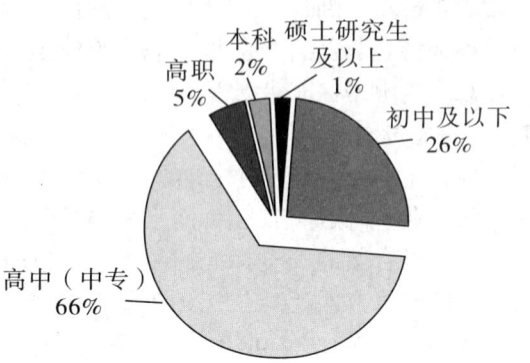

图 3-3　涂料企业从业人员学历结构

从图 3-3 可以看出，目前涂料行业从业人员的学历普遍偏低，很多企业的"工程师"都由有经验的高中毕业生担任，各岗位都急需经过系统学习、掌握涂料相关专业知识和技能的技术技能型人才。如果有大批的技术型本科毕业生到涂料企业就业，将有助于加快企业产品升级和更新换代速度。

根据中国涂料人才网的调查，全国范围内，涂料企业对高职、本科人才的需求量达到 4.9 万多人。仅长江三角洲地区就有近 2.7 万人的缺口，珠江三角洲地区有 1.5 万人的需求量。

3．典型的工作任务分析

通过企业访谈可知，涂料企业的生产活动从原材料进厂开始，到产品销售、销售服务，直到客户正常、满意地使用产品才结束，其中包括配方设计、原材料检验、生产组织、半成品和成品检验、销售、销售服务等过程。对艺术涂装企业来说，除了上述工作任务外，还包括涂装施工等。经过访谈、调研以及分析整理，我们把这些典型的工作任务汇于表 3-3 中。

表 3-3　涂料企业工作任务

工作领域	工作任务
涂料配方设计	配方设计
	配方实施
涂料生产	备料
	分散
	调制
	中控与成品检验
	包装

工作领域	工作任务
生产管理	安全管理
	现场管理
涂料分析与检测	原料（溶剂）检测：密度检测、折光指数测试、含水率检测、纯度检测
	原料（树脂）检测：外观判断、酸值、黏度检测、固含量检测、成膜效果检测、氧化点、羟基数
	原料（颜料、填料）检测：外观判断（气泡、颗粒）、细度检测、白度检测、吸油率检测、色相（色差）检测、遮盖力检测、树脂的分散性能检测
	原料（助剂）检测：游离 TDI 检测、NCO—含量测定、遮光率检测、比重测定
	半成品检测：细度检测、固含量检测、着色力检测、遮盖力检测、色相（色差）检验
	成品检测：细度检测、光泽度检测、柔韧性检测、遮盖力检测、硬度检测、附着力检测、耐冲击检测、耐磨性检测、耐酸碱检测
	成品检测（气相色谱）：三苯含量检测、游离 TDI 检测
	成品检测：耐温变性、耐冻融性、耐水性、耐热性、耐沾污性、耐紫外老化性检测
涂料调色	确定目标色的主色调、副色调及组成
	调色
	修色，如有必要需再次（多次）修色
	调色过程中常出现的问题预防、处理及调色车间管理
	调色人员的培训
涂料涂装	涂装底材的选择
	根据涂装目的选择涂料
	涂装工艺的选择
	涂装的实施
	涂膜弊病的预防、处理及补救
	涂层性能的检验
	艺术涂装
涂料销售服务	调色
	打板
	鉴定产品的施工性能

续上表

工作领域	工作任务
涂料销售服务	处理质量投诉
	培训
	示范
销售（业务）	陌生拜访
	签合同
	赊销
	渠道管理与客户情感维护
	完成销售计划
	培训

从表3-3中可以看出，要完成这些生产活动中的典型工作，不论是技术类岗位、管理类岗位，还是销售类岗位，从业人员都应该具备涂料企业所需要的较为完整的知识、技能体系：必须掌握公共基础知识（工具类），包括清楚地进行书面表达和语言表达所需要的数学、英语、哲学等相关的知识；化工类基础知识，包括无机化学、有机化学、分析化学、高分子化学及物理、化工原理等；与涂料生产活动有关的涂料基础知识，包括涂料生产、检测分析、调色、涂装、配方设计以及产品营销等方面的相关知识和技能。

（二）职业岗位（群）的情况

1. 涂料企业岗位（群）设置情况

根据调查结果，涂料企业的就业岗位主要集中在质检、生产管理、工程师助理及工程师、技术研发、技术助理、调色、（艺术）涂装、销售服务、销售、安全与环保等岗位。具体情况如表3-4所示。

表3-4　涂料技术专业在涂料企业的就业岗位（群）

序号	岗位群	岗位名称	序号	岗位群	岗位名称
1	质检	质检部主管	8	产品研发	工程师
2		原材料检测	9		技术部主管
3		半成品检测	10	生产管理	生产工
4		成品检测	11		安全环保员
5		污水处理检测	12		生产计划员
6	产品研发	技术员	13		生产调度员
7		实验员	14		QC管理员

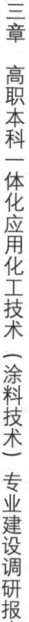

续上表

序号	岗位群	岗位名称	序号	岗位群	岗位名称
15	生产管理	仓管员	26	艺术涂装	艺术涂装效果设计师
16		工艺员	27		艺术涂装施工
17		调色师	28		项目经理
18		车间主管	29		艺术涂装培训师
19	销售	业务员	30	管理	总设计师
20		技术服务	31		生产副总
21		销售跟单员	32		销售副总
22		销售文员	33		技术副总
23		客户培训师	34		总经理助理
24		销售助理	35		总经理
25		销售主管			

2. 岗位对毕业生的职业素质和能力要求

根据调查，涂料企业对各就业岗位毕业生的基本素质、知识和专业能力的要求，如表 3-5 所示。

表 3-5　涂料企业对各就业岗位毕业生的基本素质、知识和专业能力的要求

主要工作岗位	基本素质要求	知识要求	专业能力要求
质检部主管	较高的专业水平；较强的动手能力；较强的责任心；较强的创新能力；能吃苦耐劳	基础化学相关知识；分析化学相关知识；涂料分析与检测相关知识	实验设计与数据处理能力；根据检验结果制定解决措施的能力；操作和维护常用化工设备的能力；化学分析能力；分析工艺流程能力
原材料检测			
半成品检测			
成品检测			
污水处理检测			
技术员	较高的专业水平；较强的动手能力；较强的责任心；较强的创新能力；能吃苦耐劳	基础化学、高分子化学、涂料化学的相关知识；涂料生产、涂料分析与检测、涂料调色、涂料涂装、涂料配方设计的相关知识	实验设计与数据处理能力；根据检验结果制定解决措施的能力；操作和维护常用化工设备的能力；化学分析能力；分析工艺流程能力
实验员			
工程师			
技术部主管			

续上表

主要工作岗位	基本素质要求	知识要求	专业能力要求
生产工	强健的体魄；较强的责任心；较强的团队精神；较强的人际交往能力；良好的职业道德	涂料生产各工序所需要的相关知识	正确领受生产任务的能力；正确使用各种生产工具的能力；正确操作各种生产设备的能力；保证安全生产的能力
安全环保员	较强的责任心；良好的职业道德	涂料生产及管理、化工安全环保等相关知识	处理常见故障能力；分析工艺流程能力
生产计划员	较强的组织能力；较强的责任心；较强的人际交往能力；良好的职业道德	涂料生产及管理	管理能力；控制生产进度能力
生产调度员			
QC 管理员	较强的责任心；较强的团队精神；较强的人际交往能力；良好的职业道德	基础化学、高分子化学、涂料化学的相关知识；涂料生产、涂料分析与检测、涂料调色、涂料涂装、涂料配方设计的相关知识	技术改造，提高设备利用率能力；处理常见故障能力；分析工艺流程能力
仓管员	较强的责任心；良好的职业道德	涂料生产及管理、化工安全环保等相关知识	管理能力
工艺员	较强的组织能力；较强的责任心；较强的团队精神；较强的人际交往能力；良好的职业道德	基础化学、高分子化学、涂料化学的相关知识；涂料生产、涂料分析与检测、涂料调色、涂料涂装、涂料配方设计的相关知识	生产管理能力；控制生产进度能力；编制操作规程能力；技术改造，提高设备利用率能力；处理常见故障能力；分析工艺流程能力
调色师			
车间主管			
业务员	较强的人际交往能力、应变能力；良好的职业道德；较强的进取心、团队精神；能吃苦耐劳	基础化学、高分子化学、涂料化学的相关知识；涂料生产、涂料分析与检测、涂料调色、涂料涂装、涂料配方设计的相关知识	管理能力；根据检验结果制定解决措施的能力；处理常见故障能力
技术服务			
销售跟单员			
销售文员			
客户培训师			
销售助理			
销售主管			

续上表

主要工作岗位	基本素质要求	知识要求	专业能力要求
艺术涂装效果设计师 艺术涂装施工 项目经理 艺术涂装培训师 总设计师	较高的专业水平；较强的动手能力；较强的责任心；较强的创新能力；能吃苦耐劳	艺术设计基础知识、色彩搭配相关知识；基础化学、高分子化学、涂料化学的相关知识；涂料生产、涂料分析与检测、涂料调色、涂料涂装、涂料配方设计的相关知识	实验设计与数据处理能力；根据检验结果制定解决措施的能力；操作和维护常用化工设备的能力；化学分析能力；分析工艺流程能力
生产副总	较强的组织能力、责任心、团队精神、人际交往能力；良好的职业道德	基础化学、高分子化学、涂料化学的相关知识；涂料生产及管理、涂料分析与检测、涂料调色、涂料涂装、涂料配方设计的相关知识	管理能力；控制生产进度能力；技术改造，提高设备利用率能力；处理常见故障能力；分析工艺流程能力
销售副总	较强的组织能力、责任心、团队精神、人际交往能力；良好的职业道德	市场营销相关知识；基础化学、高分子化学、涂料化学的相关知识；涂料生产及管理、涂料分析与检测、涂料调色、涂料涂装、涂料配方设计的相关知识	管理能力；市场调查能力；市场细分能力；业务员培训能力；处理常见销售纠纷能力
技术副总 总经理助理 总经理	较强的组织能力、责任心、团队精神、人际交往能力；良好的职业道德	基础化学、高分子化学、涂料化学的相关知识；涂料生产及管理、涂料分析与检测、涂料调色、涂料涂装、涂料配方设计的相关知识	管理能力；控制生产进度能力；技术改造，提高设备利用率能力；处理生产中常见故障能力；员工培训所需的能力

3. 企业对员工素质、能力要求

（1）企业对员工素质、能力要求。

技术岗位：企业最看重的员工素质如图 3-4 所示。

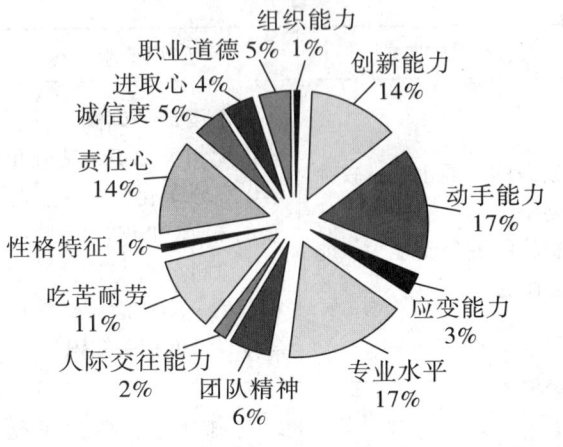

图3-4　企业对技术岗位最看重的素质

从图3-4可以看出，对于技术岗位，毕业生的专业水平、动手能力、创新能力和责任心最重要，这就要求学校加强在校生这些素质的培养。

管理岗位：企业最看重的员工素质如图3-5所示。

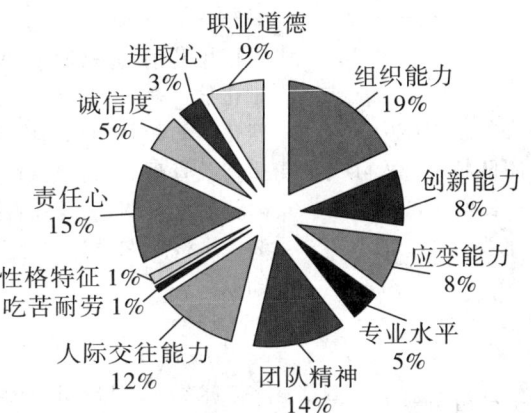

图3-5　企业对管理岗位最看重的素质

从图3-5可以看出，对于管理岗位，毕业生的组织能力、责任心、团队精神和人际交往能力最重要，这就要求学校在加强在校生知识、技能培养的同时，也应丰富和加强各种社团、活动的组织。

销售岗位：企业最看重的员工素质如图3-6所示。

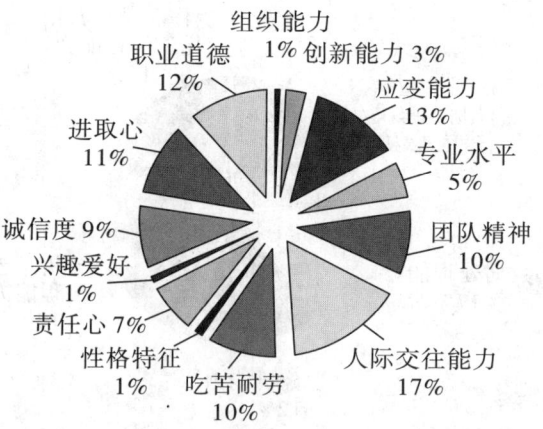

图3-6 企业对销售岗位最看重的素质

从图3-6可以看出，对于销售岗位，毕业生的人际交往能力、应变能力、职业道德最重要，这就要求学校在加强在校生知识、技能培养的同时，也应重点兼顾人际交往能力、应变能力、职业道德的培养。

其中，企业对员工晋升时最看重的素质如图3-7所示。

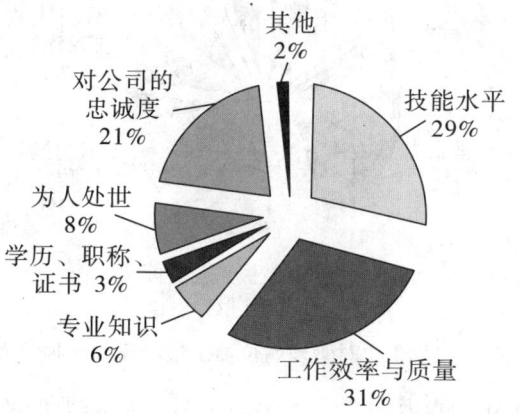

图3-7 企业对员工晋升时最看重的素质

综上所述，学校对学生在校期间的培养，不能只重视知识、技能，不能只看重考试成绩，更应该根据学生的性格特点，引导、帮助学生进行职业生涯规划，有针对性地对不同学生个体进行各种素质的培养。

（2）企业对员工能力的要求。

技术岗位：公司对员工能力的要求，最重要的5种能力如图3-8所示。

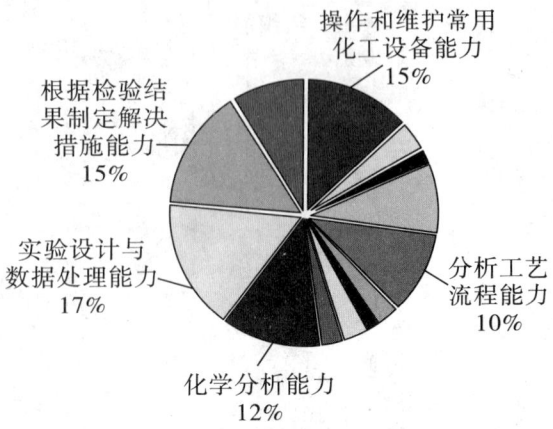

图 3 - 8 企业对技术岗位员工最看重的 5 种能力

管理岗位：公司对员工能力的要求，最重要的 6 种能力如图 3 - 9 所示。

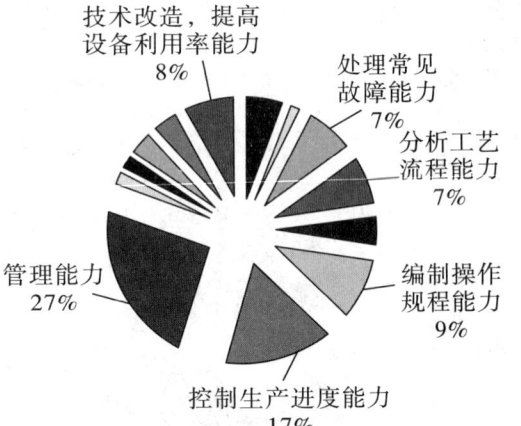

图 3 - 9 企业对管理岗位员工最看重的 6 种能力

销售岗位：公司对员工能力的要求，最重要的 5 种能力如图 3 - 10 所示。

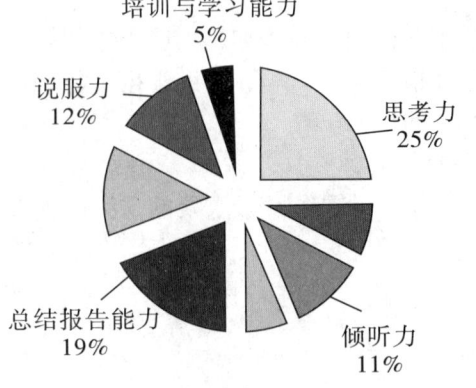

图 3 - 10 企业对销售岗位员工最看重的 5 种能力

由图 3-8 至图 3-10 可以看出，毕业生从事不同类型的岗位，所需要的能力不尽相同，所以在对学生进行基本知识和技能的教授、训练的同时，也应根据其职业生涯规划，进行有针对性的个性化培养。

4. 企业对高职和本科毕业生的评价

根据调研结果，企业对高职毕业生和本科毕业生的表现，都做出了评价，他们分别表现出了自身的不足（如图 3-11、图 3-12 所示）。

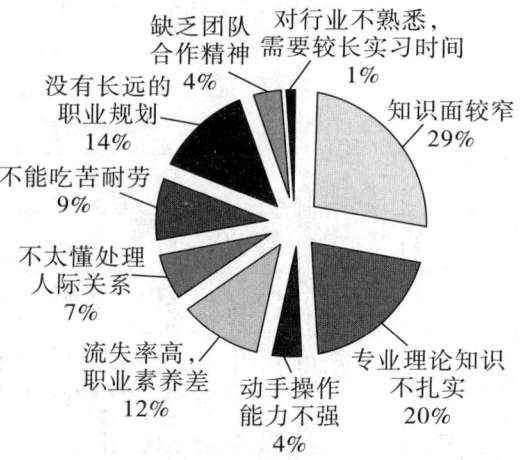

图 3-11　高职毕业生的不足

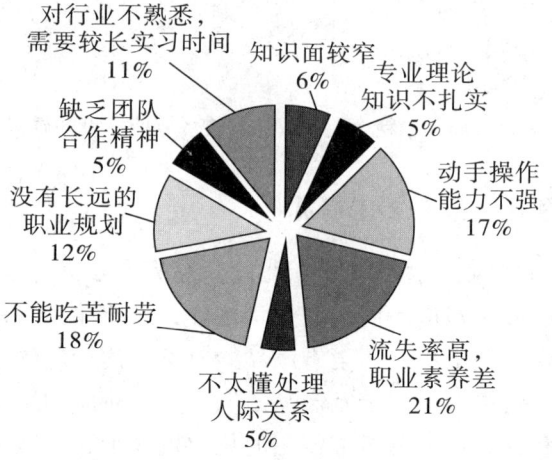

图 3-12　本科毕业生的不足

从图 3-11、图 3-12 中可以看到，高职毕业生相对本科毕业生最大的劣势是知识面较窄和专业理论知识不扎实，其优势在于动手操作能力较强、对行业熟悉不需要较长的实习时间、吃苦耐劳的方面表现较好、到企业后流失率明显较低。如果把高职教育和本科教育的知识面较宽泛、专业理论知识扎实结合起来，毕业生既有高职毕业生的优点，又有本科生的长处，实现针对涂料行业的协同培养，将受到企业的欢迎。这就是本科、高职协同培养（本科学校招生入学后，2 年在本科学习、1 年在高职学习、1 年在企业实习）的目的。

5. 企业建议开出的课程

如图 3 – 13 所示，横坐标分别对应各门课程，纵坐标表示企业对该课程的需求程度（认为需要开设该课程的企业比例）。从图中可知，除了无机化学、有机化学、分析化学、高分子化学等基础课外，涂料化学、涂料生产工艺学、高分子应用及改性、涂料调色与涂料涂装、涂料分析与检测、涂料新产品开发、化工安全与环保、涂料生产应用实训、实验设计与数据处理、精细化工生产技术、清洁生产与绿色化工等专业课程也必须开设。

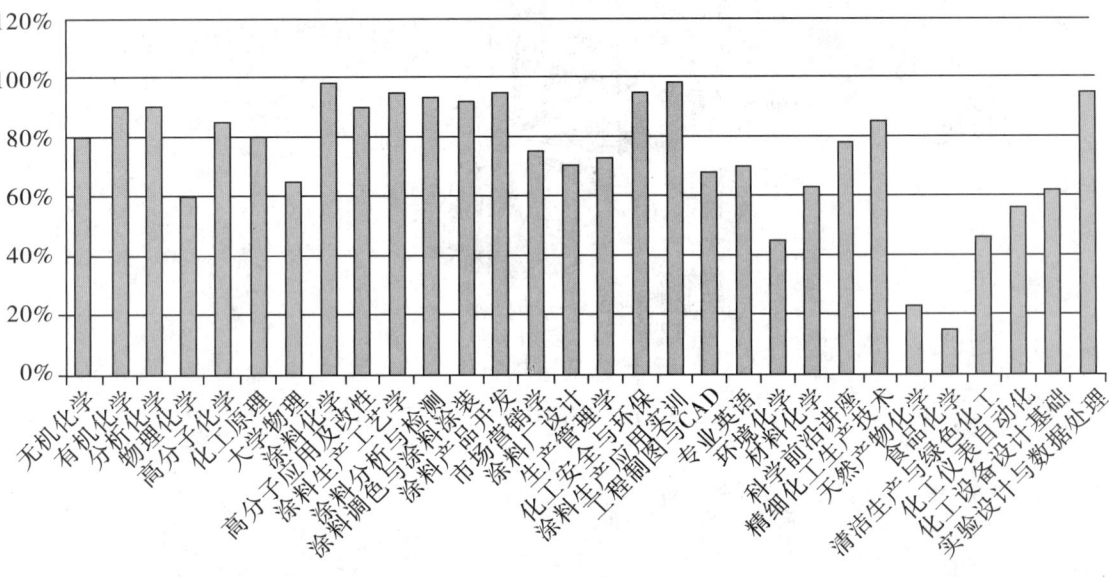

图 3 – 13   涂料企业建议涂料技术专业开设的课程

（三）职业资格和行业规范要求情况

1. 涂料行业对应的职业资格证书对职业技能和相关知识的要求

涂料行业中，不同岗位对应不同的职业资格证，目前在人力资源和社会保障部职业鉴定指导中心批准鉴定的证书中，主要有产品检验类岗位对应的化学检验工证、调色岗位对应的涂料调色职业资格证和涂装及产品研发岗位所对应的涂装工职业资格证。

现行的人力资源和社会保障部批准使用的化学检验工、涂装工、涂料调色工职业资格标准（规范）中，包含对职业道德和基础知识的要求。化学检验工分为初级、中级、高级、技师、高级技师 5 个等级；涂装工分为初级、中级、高级、技师和高级技师 5 个等级。但是高职和本科学生在校期间最多只能考高级，而涂料调色工目前只有专项能力职业资格规范（初级）。

由此可见，学校课程体系的设置，必须覆盖行业相关的职业资格标准（含规范）。

2. 涂料企业对高职毕业生和本科毕业生的职业资格证书要求

根据调查，涂料企业对高职毕业生持有职业资格证的要求情况是，43% 的企业不要求，44%的企业要求获得从业资格证；对本科毕业生持有职业资格证的要求情况是，48%的企业不要求，39%的企业要求获得从业资格证。该调查结果是针对企业招聘毕业生时对应聘者的要求（人力资源问卷的调查结果），实际上，对检验岗位，为了规范要求，国家是要求持证上岗的（如图3-14、图3-15所示）。

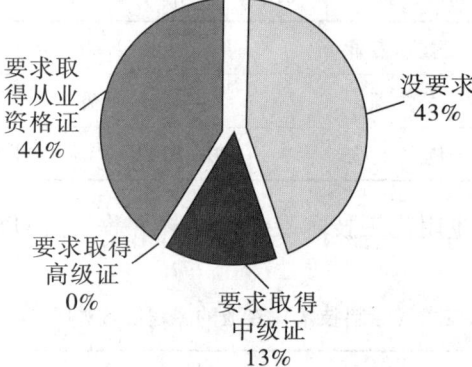
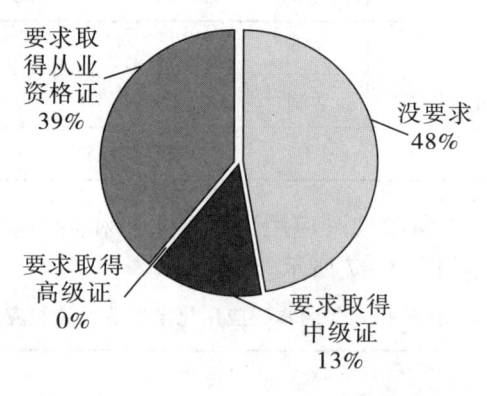

图3-14　企业对高职生职业资格证的要求　　　图3-15　企业对本科生职业资格证的要求

根据调查，涂料企业认为涂料技术专业毕业生最适合的岗位排序是：产品研发人员、工程师助理、化验员、工程师、生产主管、化验室主管、销售服务工程师、QC管理员、销售员和技术总监。真正需要持证上岗的人员，应该只有化验员和化验室主管。因此，这结果和招聘本科生时只有40%左右的企业要求获得职业资格证书的结果相符合。

（四）高职、本科学校课程设置情况

1. 人才培养定位

（1）普通本科应用化学专业人才培养定位。

普通本科人才培养目标：培养能够在化工、冶金、能源、材料、轻工、食品、医药、化妆品与环境等领域的企事业单位从事分析检测、过程监控、实验室管理以及工程设计、产品开发、工艺改进、技术管理和市场营销等工作，具有创新精神和较强实践能力的高级应用型人才。

（2）高职应用化工技术（涂料技术）专业的人才培养定位。

高职人才培养目标：培养具备熟练的涂料生产、涂料调色、涂料分析检测、传统涂装、艺术涂装设计及施工、涂料销售服务、涂料销售等职业技能和较强的可持续发展能力，诚信做人、踏实做事、人格健全的技术技能型人才。

可见，本科的培养目标不针对某一行业，对多个行业都了解，但是都不精通，到企业需要较长时间的实习才能胜任岗位工作；而高职是针对行业培养人才，对整个企业的生产活动的每个环节都很熟悉，到企业只需简单地熟悉环境即可上岗。

2. 课程设置情况

本科院校（应用化学专业）和高职院校（应用化工技术专业）课程设置总体情况对照，汇于表3-6中。

表 3 - 6　本科院校和高职院校课程设置总体情况对照

本科院校	应用化学专业					
	学制	最低毕业学时	通识课	学科基础课	专业课程	实践教学
	4 年	2 300 学时	730 学时	940 学时	610 学时	34 周
高职院校	应用化工技术专业					
	学制	最低毕业学时	公共课		专业课	
	3 年	1 630 + 34 周	700 + 3 周（实践教学）		930 + 31 周（实践教学）	

　　本科院校（应用化学专业）和高职院校（应用化工技术专业）具体课程设置对比情况如表 3 - 7 所示。

表 3 - 7　普通本科应用化学专业和高职应用化工技术（涂料技术）专业的课程设置对比

本科课程设置	高职课程设置
高等数学	应用数学
工程数学	有机化学
大学物理	无机化学
电工电子技术	分析化学
无机化学	化工基础
分析化学	高分子化学基础
有机化学	涂料化学
物理化学	涂料生产与管理
化工原理	涂料分析与检测
仪器分析	涂料涂装
生物化学	涂料配方设计
实验设计与数据处理	涂料调色
有机分析	涂料生产应用实训
微生物学	质量与标准化
天然产物化学	化工专业英语
食品化学	化工生产安全与环保
环境化学	化工科技论文写作

续上表

本科课程设置	高职课程设置
抽样检测原理	顶岗实习与毕业设计（论文）
专业英语	
毕业设计（论文）	

本科院校和高职院校课程设置的特点如下：

（1）本科学制比高职多 1 年，通识课学时相当，专业课（学科基础课＋专业课）比高职要多 620 学时，实践教学周数相同。相当于本科多上 1 年的课，就比高职多上 620 学时的课程。

（2）本科学科基础课程有 940 学时，比高职专业基础课程的 290 学时要多得多，足以说明本科教育相对高职教育基础更加宽泛，给予了毕业生足够的发展空间。

（3）本科专业课程有 610 学时，高职专业课程有 510 学时，高职比本科学时数稍少。

（4）仔细研究两者的专业课，不难发现：本科的虽然也叫"专业课"，但并不"专"，而是以化学检验为主要方向开设的一些课程，不针对任何行业，涉及有机、微生物、食品、环境、农业、海洋、能源、电化学、精细化工等很多学科。虽然名叫"专业课"，实际上仍然是宽泛了解各个学科。就算是他们重中之重的"化学检验"，也只有区区 100 学时，而且学生实际操作的学时数很少，只有 80 学时，根本做不到熟练掌握"化学检验"的相关技能，更谈不上对大型设备进行熟练操作以及做多种仪器分析操作。专业课程的设置，决定了培养人才的学习方向，所以，根据上述本科教育的课程设置情况，可知课程设置决定了本科毕业生就是"什么都知道，但什么都不会"的"万金油"型人才。高职教育的专业课针对特定的行业设置，从产品的生产、检测、应用，到产品设计、销售，整个课程按照行业生产活动岗位需求来设置。而且，高职院校校内实训基地设备兼顾教学、科研和社会服务等功能，具有台套数多、工位数多、设备先进等特点，加上在课程设置中，有 50% 的学时用于实际操作。以上做法，决定高职培养的毕业生适用于行业的生产、检验、应用、产品设计、销售等涵盖行业生产活动全过程所有岗位，并且动手能力强，上手快。以上分析，与调研结果"80% 的企业认为高职毕业生上岗前需要培训 1 个月，70% 的企业认为本科生需要培训 1 年以上才能熟练工作"相符合。

（5）目前的本科毕业生是基础知识宽泛的"万金油"型人才，高职毕业生是基础知识较为欠缺的技术技能型人才。根据调研结果，行业急需具有宽泛基础知识、熟悉行业、能适应涵盖行业所有生产活动岗位、为行业量身培养的技术应用型本科人才。

（五）学生基本情况分析

1. 学生选择协同培养、高职的原因比较（如图3-16、图3-17所示）

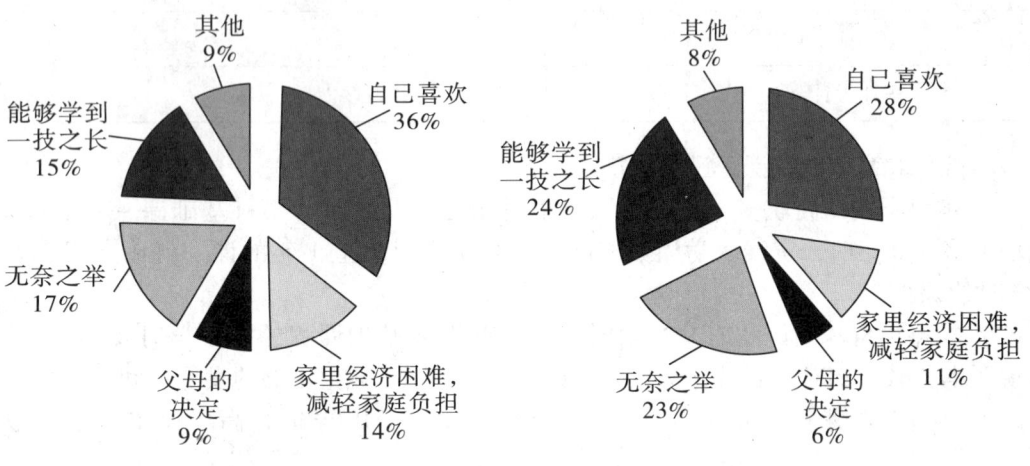

图3-16 本科生选择协同培养的原因   图3-17 高职生选择高职的原因

这组数据说明，本科、高职学生选择现专业的出发点存在较大差异，本科生、高职生"自己喜欢"与"能学到一技之长"比例之和分别是51%和52%，但是本科生的自主性更强。

2. 学生选择现专业的原因比较（如图3-18、图3-19所示）

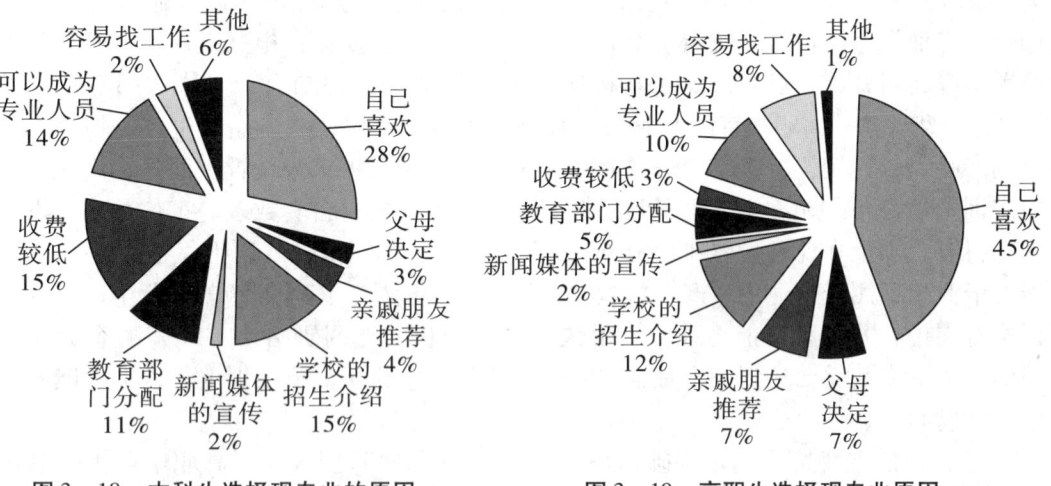

图3-18 本科生选择现专业的原因   图3-19 高职生选择现专业原因

这组数据说明，不论是本科生还是高职生，选择现专业的主要原因都是"自己喜欢"或者"可以成为专业人员"，可见，大多数学生都能够非常理性地看待自己今后的发展前景。

3. 学生对所学专业的兴趣度（如图3-20、图3-21所示）

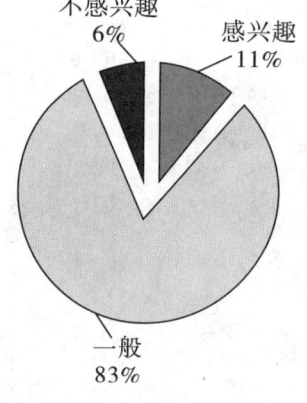

图3-20 本科生对现专业的兴趣度

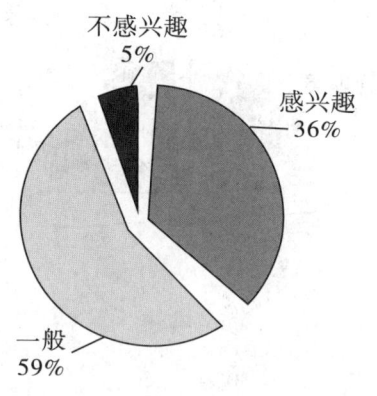

图3-21 高职生对现专业的兴趣度

这组数据说明，高职学生比本科学生对现专业的认同度要高得多，说明高职学生学习目的更明确，对自己的发展前景具有更大的信心。

4. 在校的学习动机和继续深造的需求比较（如图3-22、图3-23所示）

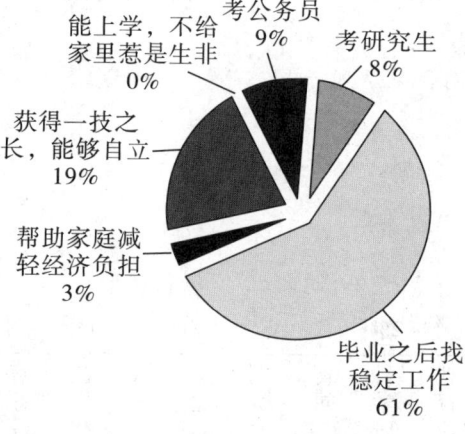

图3-22 本科生的学习动机

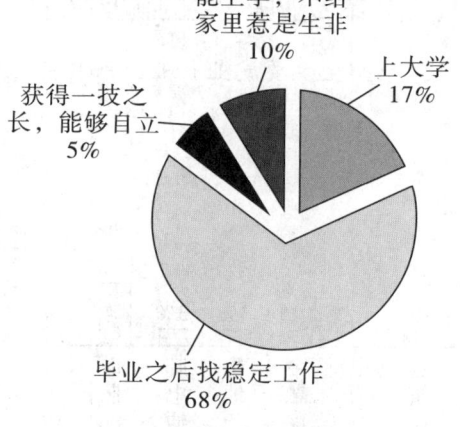

图3-23 高职生的学习动机

这组数据说明，大部分本科生毕业后是希望就业，其中8%希望继续深造；高职生毕业后也是希望就业，但有17%的学生希望继续深造。值得注意的是，高职生中，"能上学不给家里惹是生非"的比例要比本科生高得多，这说明高职生中，有部分学生处于迷茫状态，还需要花大力气引导。

5. 学生对毕业后工作的期望（如图 3-24、图 3-25 所示）

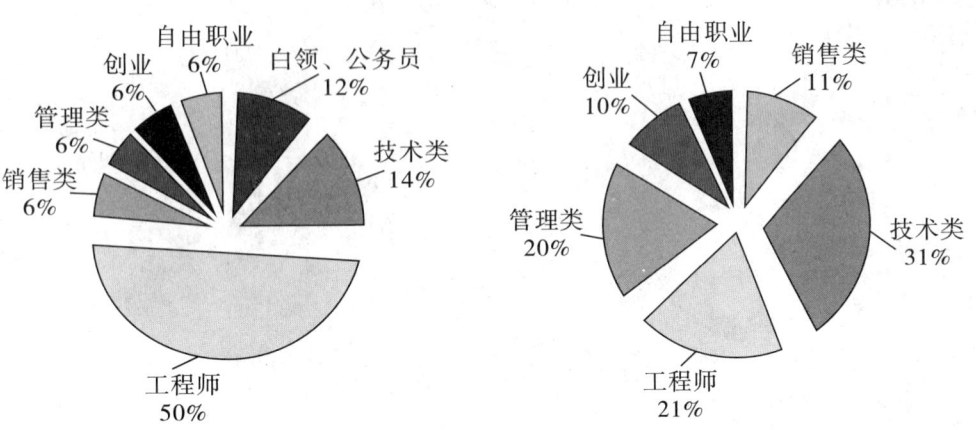

图 3-24　本科学生的工作期望　　　　图 3-25　高职学生的工作期望

这组数据说明，本科生希望做工程师，从事产品研发的比例（50%）要比高职生（21%）高得多，但是，做管理、销售和自主创业的学生比例要比高职学生低，而且，还有 12% 的学生希望做公务员，这是高职学生没有的。

（六）本专业毕业生的就业情况

1. 毕业生主要就业行业（如图 3-26、图 3-27 所示）

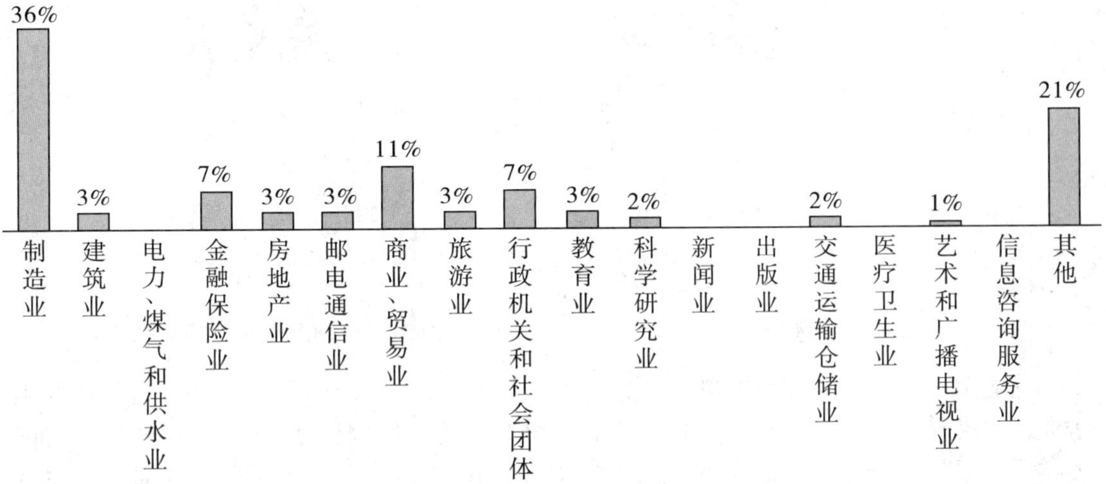

图 3-26　本科毕业生就业单位所属行业

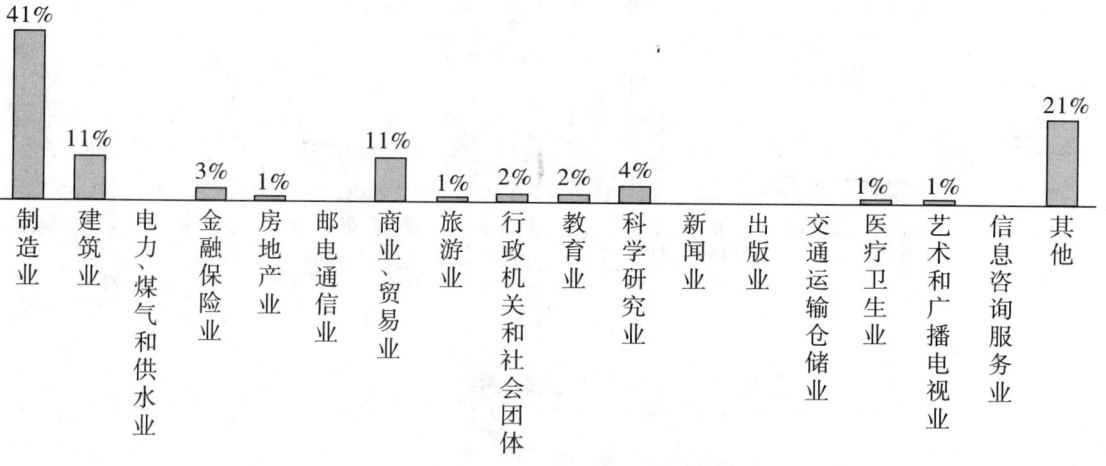

图 3 – 27　高职毕业生就业单位所属行业

上述数据初步说明，高职毕业生主要在制造业、建筑业（艺术涂装行业）、商业、贸易行业（涂料产品及原材料销售）和科学研究业就业，本科毕业生主要在制造业和商业、贸易业就业。

2. 应用化工技术（涂料技术）专业的毕业生就业岗位情况

高职、本科涂料技术专业毕业生的就业，主要集中在生产及生产管理、质检、工程师及工程师助理、调色、涂装（特别是艺术涂装）、销售、销售服务、安全环保等岗位。高职应用化工技术专业、本科应用化学毕业生就业的工作岗位变化情况，分毕业年限统计如图 3 – 28、图 3 – 29 所示。

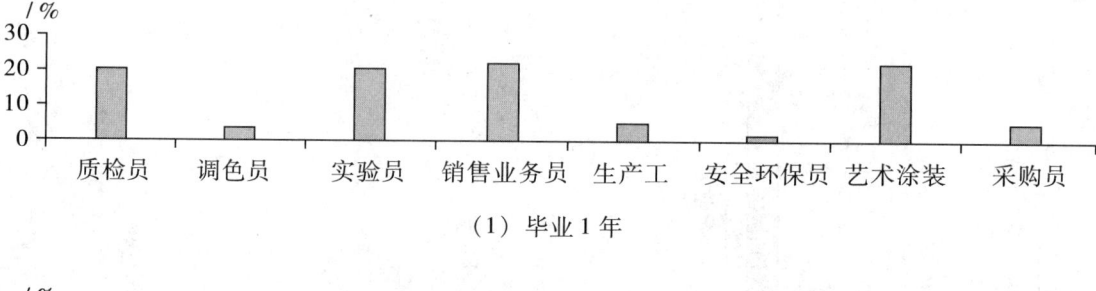

（1）毕业 1 年

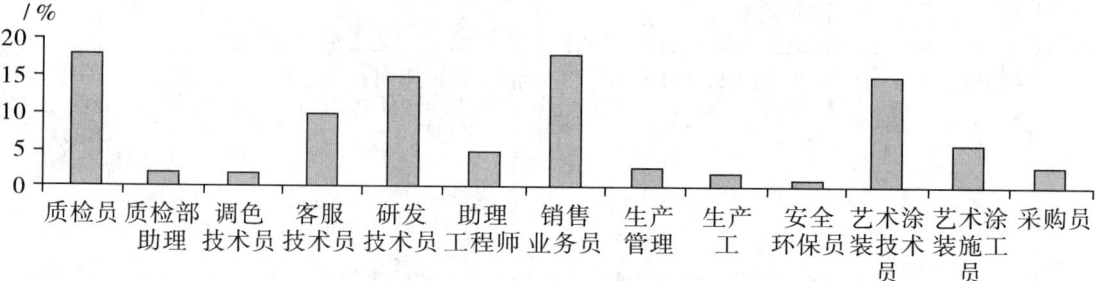

（2）毕业 2 年

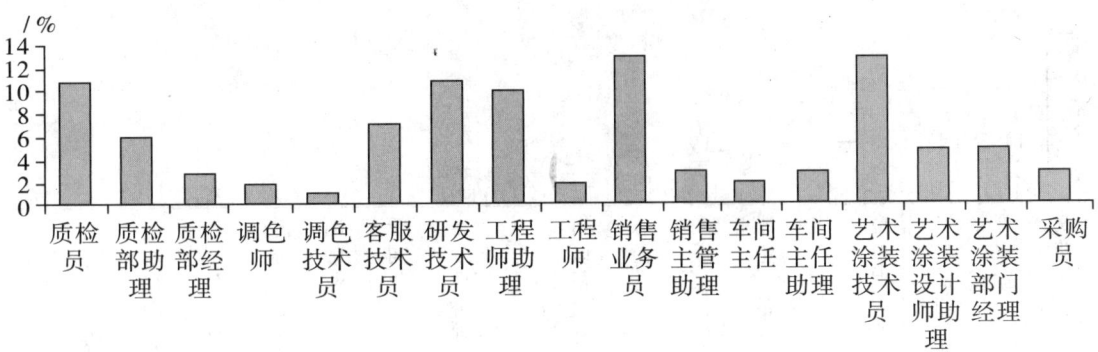

（3）毕业 3 年

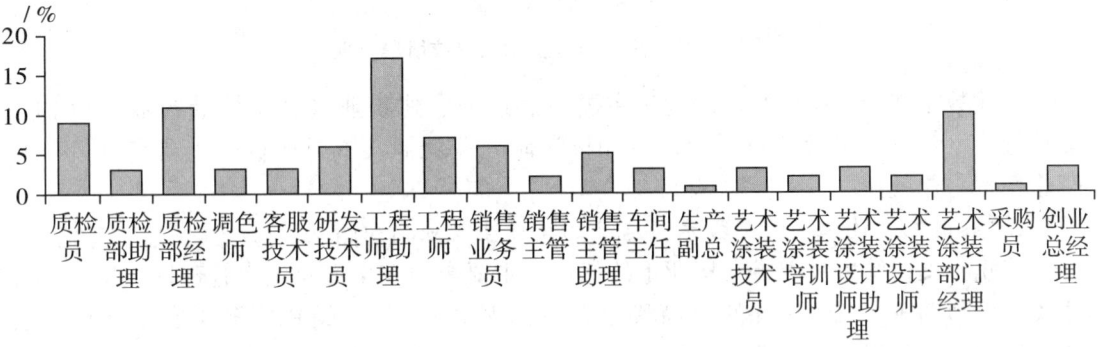

（4）毕业 4 年

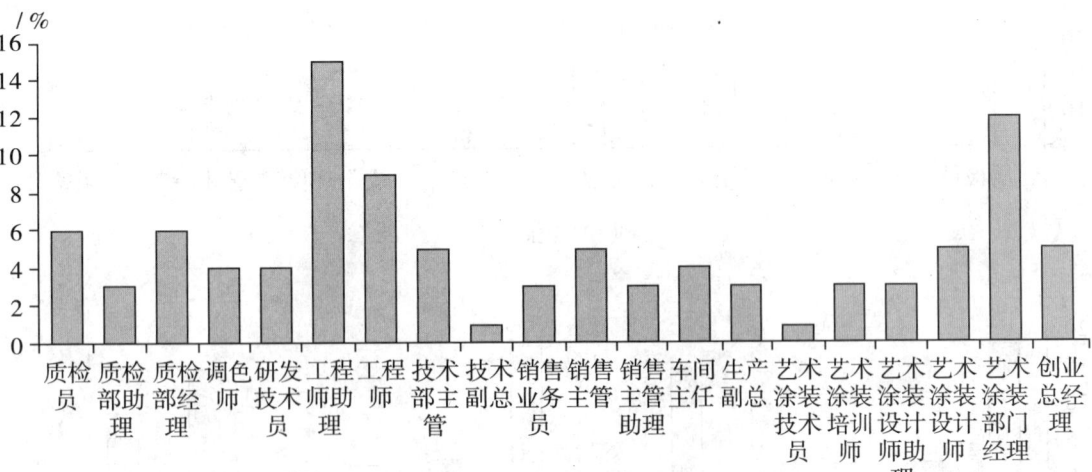

（5）毕业 5~6 年

图 3-28　高职应用化工技术专业毕业生就业的工作岗位变化情况

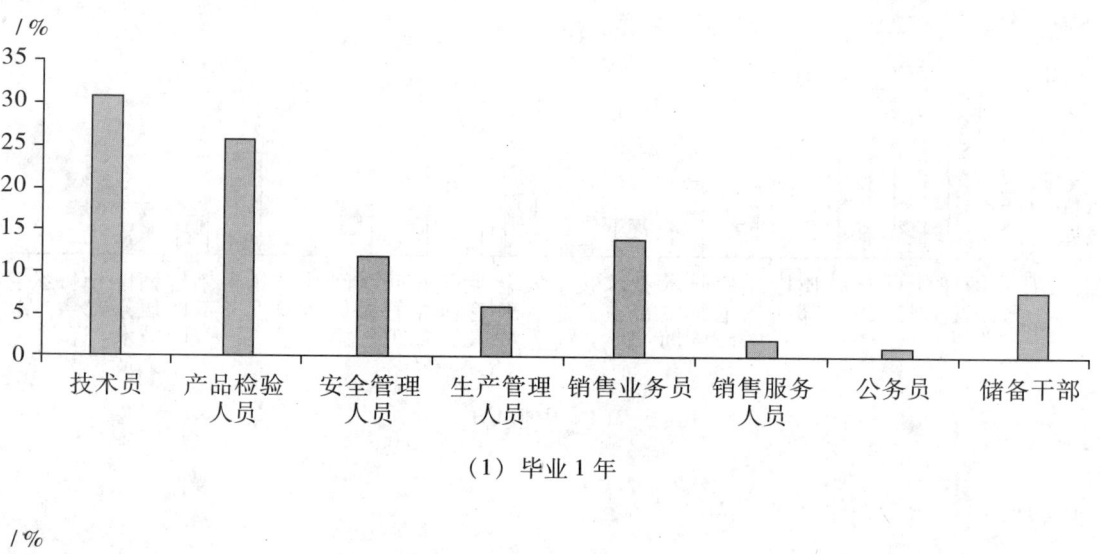

（1）毕业 1 年

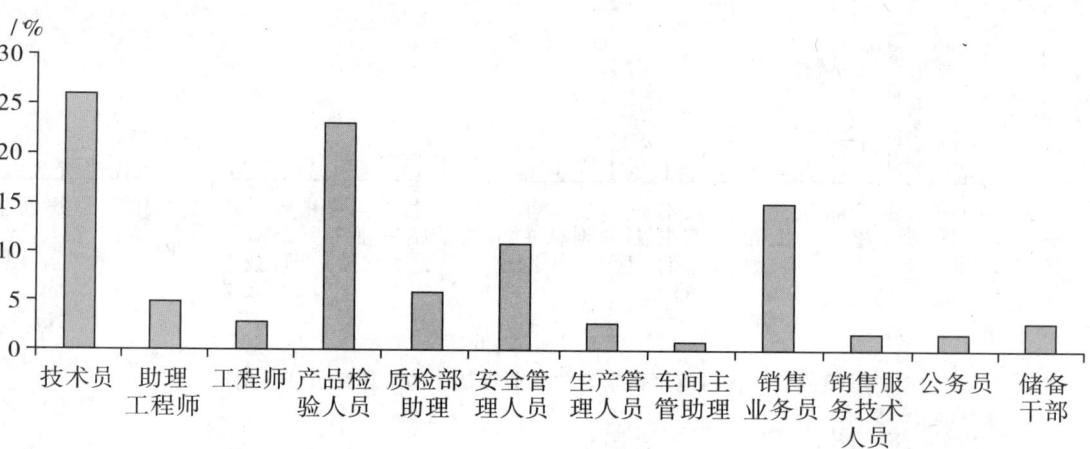

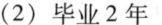

（2）毕业 2 年

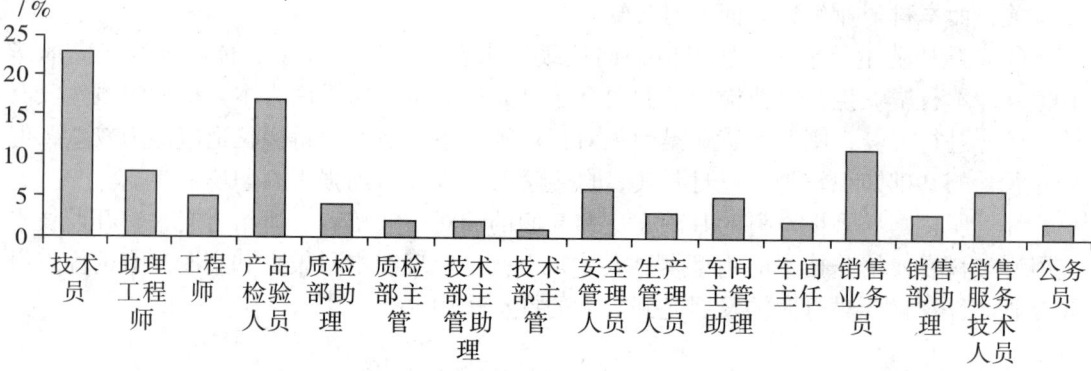

（3）毕业 3 年

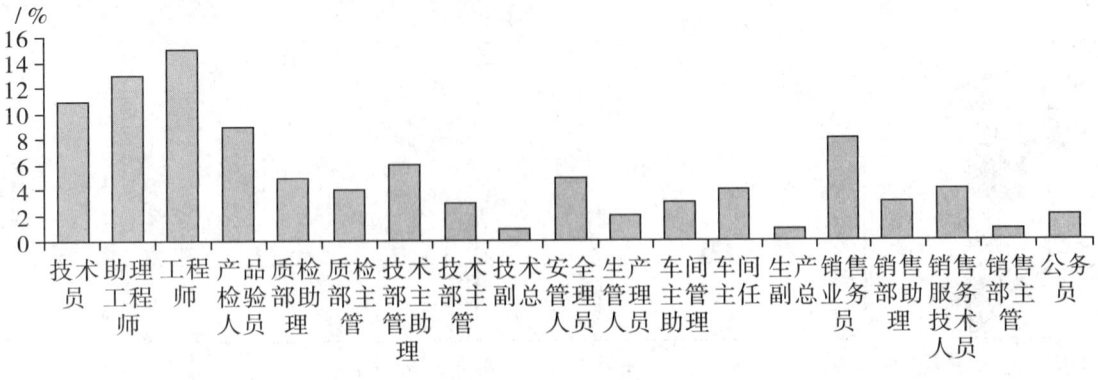

（4）毕业 4 年

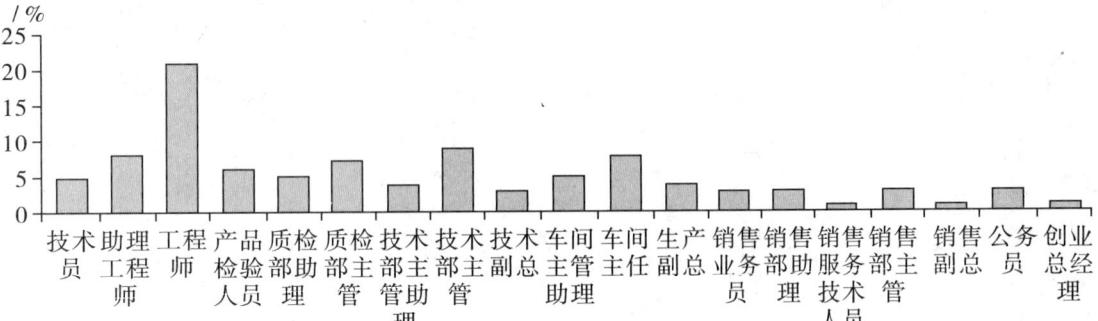

（5）毕业 5~6 年

图 3 - 29　本科应用化学专业毕业生就业的工作岗位变化情况

由图 3 - 28、图 3 - 29 还可以看出：

（1）本科毕业生就业岗位相对较窄，高职毕业生的就业岗位覆盖从原材料采购到产品检验、销售以及销售服务的所有岗位，这和高职毕业生针对行业进行培养、熟悉行业有关，而本科毕业生这方面相对欠缺。

（2）从毕业生从事岗位所对应的岗位级别来看，本科毕业生总体上要高于高职毕业生，即本科毕业生的就业岗位层次要高于高职毕业生。这是因为本科毕业生虽然没有针对行业进行培养，刚开始就业是因为对行业不熟悉，所以显得岗位适应能力较差，但是其所学的基础知识较为宽泛且扎实，自主学习、发展后劲强于高职毕业生。

综上所述，如果把本科的基础宽泛和高职的针对行业培养有机结合起来，开设技术应用型本科专业培养技术应用型本科人才，也就是取现在本科教育和高职教育的优点设置专业课程，将会对行业的发展起到极大的推动作用。

3. 毕业生首次就业渠道（如图 3-30、图 3-31 所示）

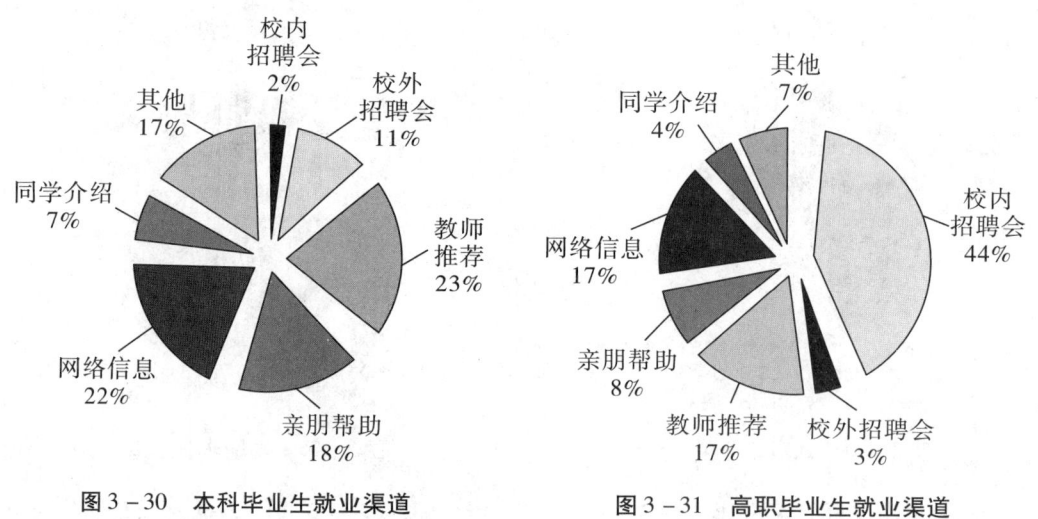

图 3-30　本科毕业生就业渠道　　　　图 3-31　高职毕业生就业渠道

　　本科毕业生就业主要是依靠教师推荐、亲朋帮助和网络信息，而高职毕业生主要依靠校内招聘、教师推荐和网络信息，这说明高职毕业生针对行业就业，一方面校内招聘会比较成功，另一方面就业也相对容易。

4. 影响本科、高职毕业生选择就业单位的主要因素（如图 3-32、图 3-33 所示）

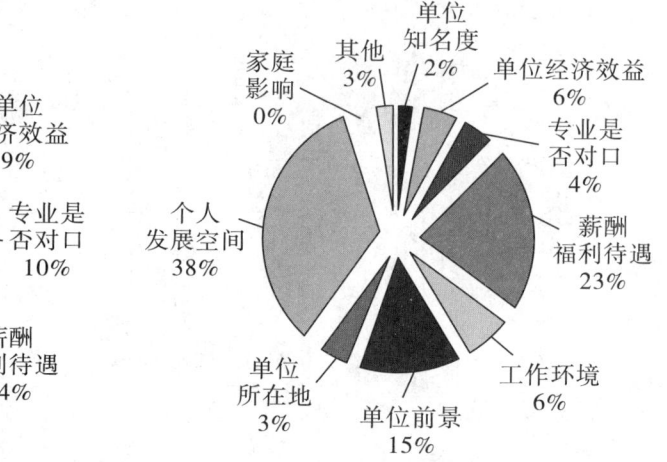

图 3-32　影响本科毕业生选择单位的因素　　　图 3-33　影响高职毕业生选择单位的因素

　　这组数据说明，影响本科毕业生选择就业单位的因素比较分散，相对比较重要的是单位前景、个人发展空间和薪酬福利待遇；而高职毕业生选择单位的影响因素比较集中，主要是个人发展空间、福利待遇和单位前景。总体来说，主要影响因素都是同样的3 个因素。

5. 毕业生工资水平（如图 3 – 34、图 3 – 35 所示）

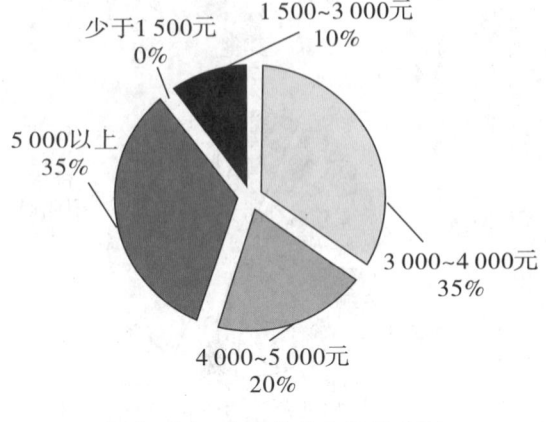

图 3 – 34　本科毕业生工资水平

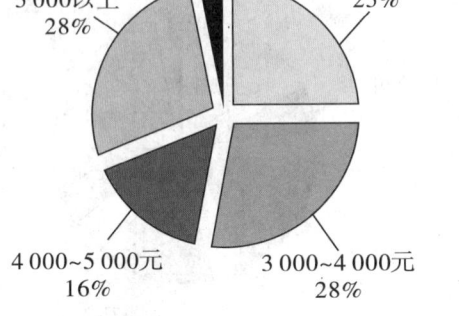

图 3 – 35　高职毕业生工资水平

　　这组数据说明，本科毕业生起薪点比高职毕业生高，而且，总体高过高职毕业生。这说明把高职生培养成技术型本科生，是很有必要的。

　　6. 毕业生就业稳定度及与专业对口性的关系（如图 3 – 36 至图 3 – 39 所示）

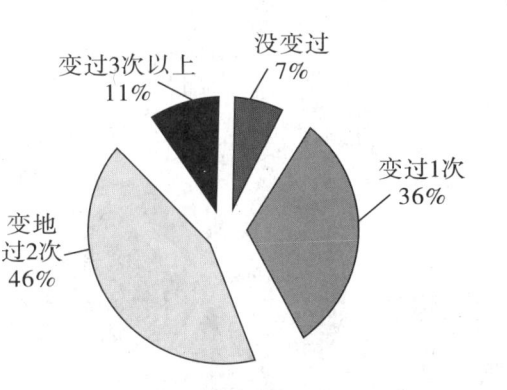

图 3 – 36　本科毕业生就业稳定度

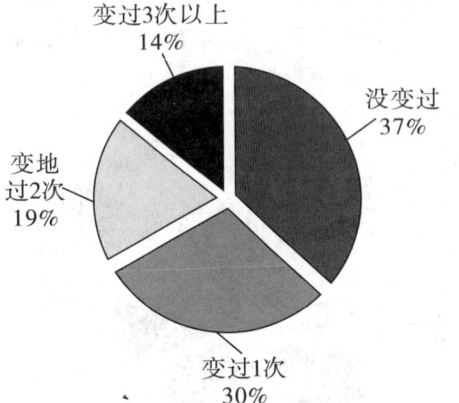

图 3 – 37　高职毕业生就业稳定度

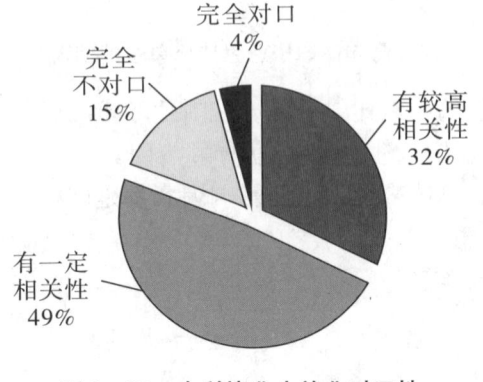

图 3 – 38　本科毕业生就业对口性

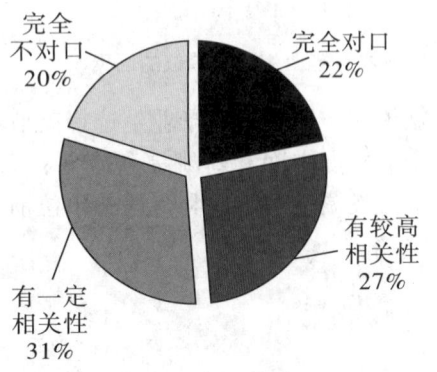

图 3 – 39　高职毕业生就业对口性

　　这组数据说明高职毕业生就业比本科毕业生稳定得多，而且就业对口率也远高于本科毕业生。这说明协同培养很有必要，可减少教学资源的浪费。

　　7. 在校学习情况对本科、高职毕业生工作的影响（如图3-40至图3-43所示）

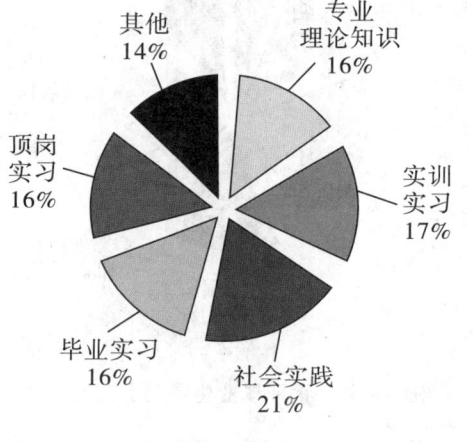

图 3-40　本科毕业生学习情况对工作的影响

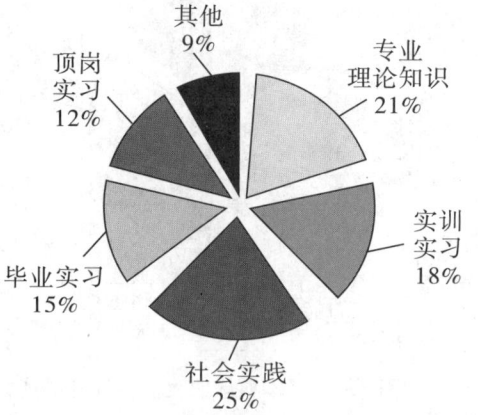

图 3-41　高职毕业生学习情况对工作的影响

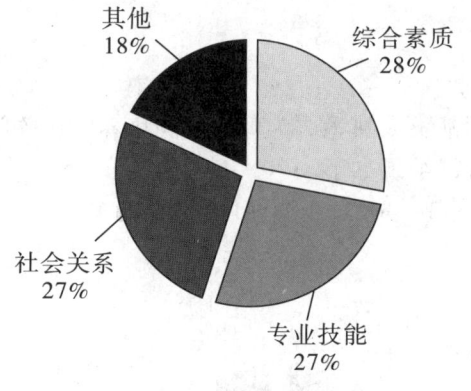

图 3-42　本科毕业生影响工作的主要因素

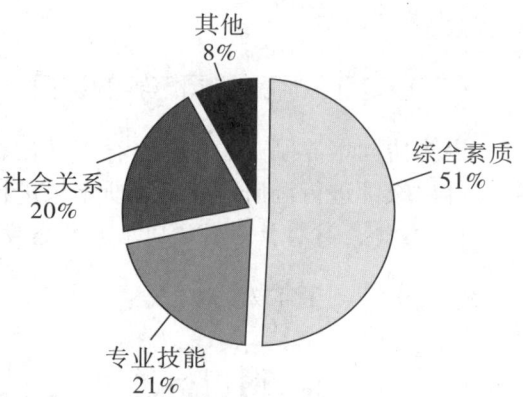

图 3-43　高职毕业生影响工作的主要因素

　　这组数据说明不论是本科毕业生还是高职毕业生，对工作影响最大的都是实践教学的学习。同时也应看到，高职生相对本科生来说，高职生中更多人认为专业理论知识更重要，可见高职毕业生的理论知识不如本科生扎实、宽泛，这说明协同培养显得十分必要。并且，影响工作最重要的因素是综合素质和专业技能，所以学校教育必须加强这两方面的培养。

8．本科、高职毕业生认为需要提升的能力（如图3-44、图3-45所示）

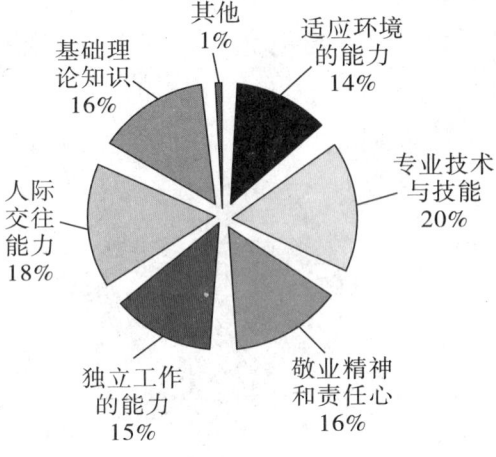

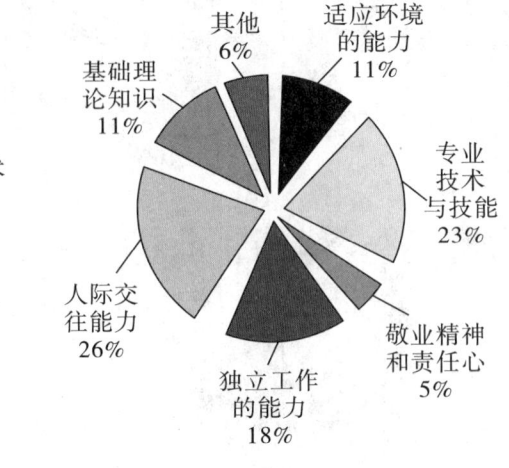

图3-44　本科毕业生需要提升的能力　　　图3-45　高职毕业生需要提升的能力

这组数据说明，本科毕业生和高职毕业生自己认为最大的不足都是专业技术与技能和人际交往能力两个方面，而且人际交往能力尤其欠缺，所以学校应该开设相关课程予以提高。

（七）专业教师对协同培养的认识

因为协同培养刚开始试点，很多学校、教师都不太熟悉。为理清协同培养的相关问题，针对教师进行调研，并对调研结果进行分析，结果如下。

1．本科、高职教师对协同培养的态度（如图3-46至图3-51所示）

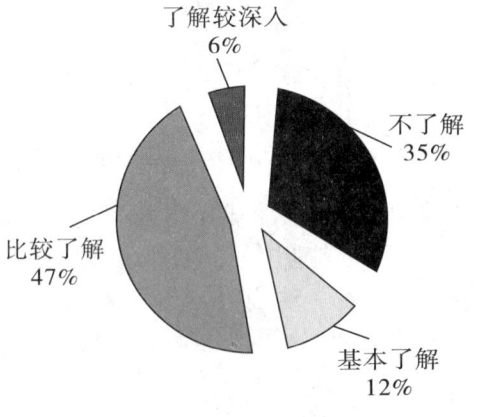

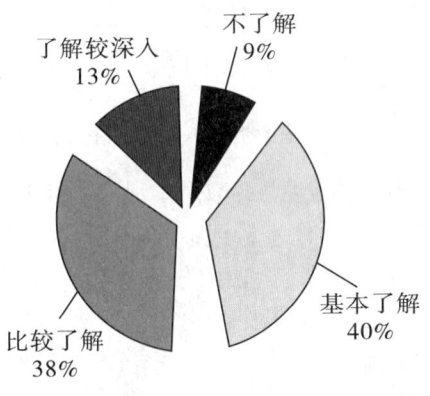

图3-46　本科教师对协同培养的了解程度　　　图3-47　高职教师对协同培养的了解程度

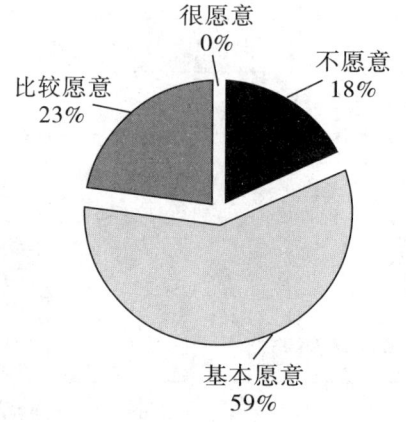
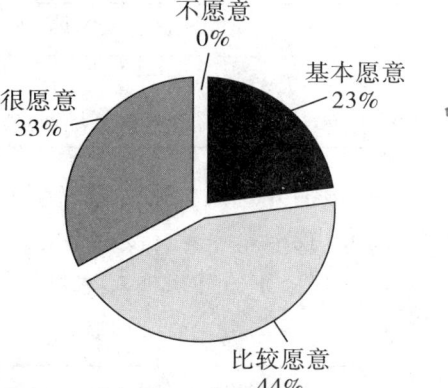

图 3 - 48　本科教师对协同培养的意愿　　图 3 - 49　高职教师对协同培养的意愿

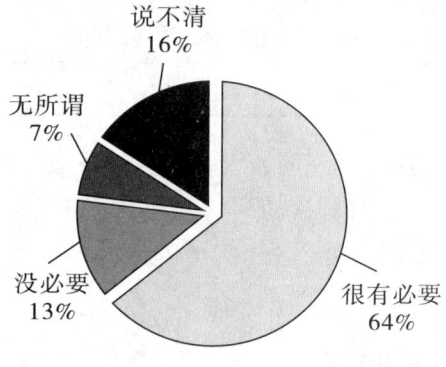

图 3 - 50　本科教师认为协同培养的必要程度　　图 3 - 51　高职教师认为协同培养的必要程度

　　这组数据说明，因为教师对"协同培养"的办学模式了解不深入，所以有 18% 的本科教师选择"不愿意"，35% 的本科教师对"必要性"选择了"说不清"。协同培养的办学模式，在广东省是 2013 年开始试点的。一方面，目前还没有毕业生，教师无法从毕业生、企业那里获知这种办学模式的优缺点；另一方面，对这种办学模式的宣传力度有待加强。所以出现这种结果是正常的，这同时也说明加强宣传工作的紧迫性。

　　2. 协同培养和普通本科人才培养的差别（如表 3 - 8 所示）

表 3 - 8　本科教师认为协同培养和普通本科人才培养的差别

具体差别	选择该项目本科教师的比例/%
A. 理论学习更深入	4
B. 技能培养要求更熟练	95
C. 掌握技能数量更多	92
D. 所使用设备更复杂	5

续上表

具体差别	选择该项目本科教师的比例/%
E. 普通本科培养人才不针对行业，属于什么都懂、什么都不会；本科高职协同培养是针对行业，对某行业学得很精，能直接上岗	97

这组数据说明，本科教师认为协同培养是为某行业培养具有宽泛基础知识、具备多种技能而且技术熟练能直接上岗的技术型本科人才。

3. 协同培养的对接模式（如表3-9所示）

表3-9　教师认可的协同培养模式

选项	本科教师选择该项/%	高职教师选择该项/%
2年在本科院校学习基础课程，2年在高职院校学习专业知识、技能	82	57
直接在本科学校开办技术型本科专业	18	36
其他	0	7

这组数据说明，大多数教师赞成"2年在本科院校学习基础课程，2年在高职院校学习专业知识、技能"的协同培养模式。

4. 教师认为本科、高职协同培养最关键的环节（如图3-52、图3-53所示）

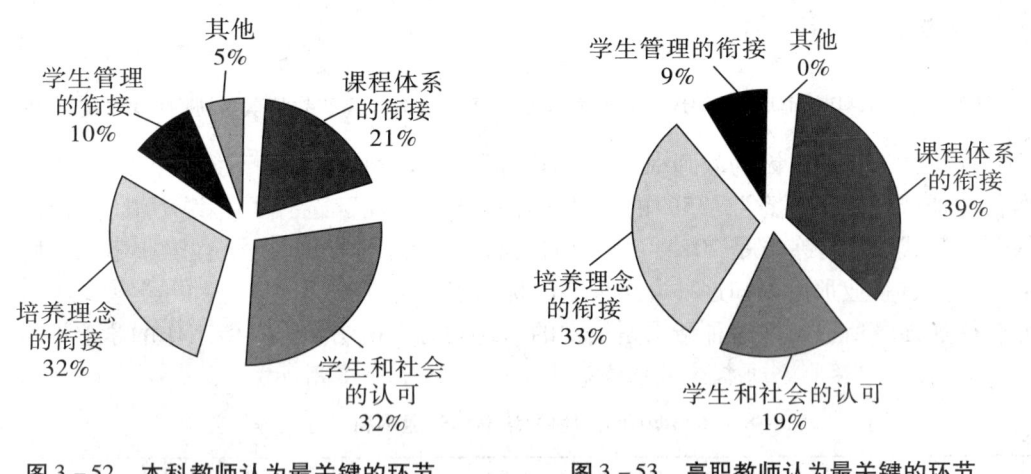

图3-52　本科教师认为最关键的环节　　　图3-53　高职教师认为最关键的环节

本科和高职教师都认为最关键的环节是课程体系的衔接、学生和社会的认可以及培养理念的衔接。

四、调研结论

项目组通过对涂料企业的现场访谈，对涂料企业人力资源部主管、技术部主管的调研获得技术应用型本科人才的培养目标；结合对毕业生的调研结果，获得了毕业生就业岗位的情况；通过企业专家访谈，对典型的工作任务进行分析，获得毕业生胜任各就业岗位工作所需的职业能力，整合后，初步得出岗位职业能力分析表。职业能力分析表对应着各阶段每个岗位工作所需的知识、技能，通过对这些知识的整理、整合、序化，结合对企业、对本科院校教师和高职院校教师调研结果，初步得出了学生在学习过程中应该开设的课程。

（一）人才需求情况

如前所述，国内涂料行业对涂料化工人才的需求量每年达 9 万人以上。目前，完全以涂料为发展方向的本科专业、高职专业很少。涂料企业很难找到真正的涂料专业毕业生，最多只能找到精细化工、高分子等与涂料相关专业的毕业生，然而，这些毕业生需要较长时间的培训、实习才能上岗。顺德职业技术学院涂料专业的毕业生，每届都提前一学期被涂料企业抢完，这足以说明行业对真正涂料专业毕业的涂料化工人才的渴求状态。

（二）本科、高职协同培养可行性分析

如前调查结果所述，高职毕业生的基础知识较窄而且欠深入，这直接影响毕业生就业后的可持续发展能力。涂料企业迫切需要既具有宽泛基础知识又是针对行业进行培养的、熟练掌握行业所需的各种核心技能的人才。如果把本科的基础宽泛和高职的针对行业培养有机结合起来，开设技术应用型本科专业培养技术应用型本科人才，也就是共取现在本科教育和高职教育的优点办专业，不仅社会欢迎，对高校而言协同培养方式也是可行的。

（三）技术应用型本科人才培养目标

本专业主要培养德、智、体全面发展，适应 21 世纪社会经济发展和社会主义现代化建设需要，受到化学基础知识、基本理论和实验技能的训练，基本掌握一门外国语和计算机应用技能，具备涂料等化工行业的专业知识，熟练掌握涂料生产、分析与检测、调色、应用（传统涂装和艺术涂装）、产品研发、产品销售及销售服务等各种专业技能，能够在涂料等化工行业的企事业单位从事生产（管理）、检测、调色、传统涂装、艺术涂装、产品研发、销售以及销售服务等工作，具有创新精神和较强实践能力的高级技术应用型人才。

（四）课程设置

课程设置分为通识必修课程（公共必修课）、专业基础课、专业课和实践课 4 个部分。

通识必修课程（公共必修课）：大多是教育部统一设置的课程，各学校、专业差别不大。

专业课：根据对企业、本科院校教师、高职院校教师调研的结果，经过详细的分析、讨论，得出了为协同班开出的专业基础课程、专业课程和实践课程。

教学方式方法：通识课、专业基础课采用传统的教学方法。专业课采用项目教学法，其中实验、实训课程采用一体化教学方式。实践课和军训根据学校具体情况安排。专业认知实训采用校内校外相结合的方式，以校外为主。高级化学检验工考证实训，在校内采用一体化教学方法。毕业实习及毕业（设计）论文在校外进行，由校外兼职教师和校内教师共同指导。

（五）学生学习要求

注重宽基础、高技能的同时，必须加强吃苦耐劳、职业道德、人际关系处理等非课本素质、能力的培养。只有这样，才能保证毕业生熟悉行业中的各种技能、能直接上岗且有较强的产品研发能力、可持续发展能力。

（六）职业生涯发展路径

通过对625份高职毕业生问卷和568份本科毕业生问卷的分析，可以看到本科毕业生和高职毕业生都是从"员"级员工做起，逐渐上升到"师"级，再上升到"主管"级、"副总"级。发展到这一步，毕业生的职业生涯发展路径会发生分化：部分毕业生继续留在企业，在较高级别的岗位上工作；部分毕业生通过前几年的社会经验积累和资金积累，开始创业，创业的这部分毕业生就直接上升为总经理。

根据调查，在大型企业或者投资比较大才能办厂的行业工作的毕业生，一般创业的比例比较小，而在投资不是很大就能办厂的行业工作的毕业生，如艺术涂装公司、贸易公司、中小涂料公司等，走向创业之路的毕业生比例较大。

毕业生从"员"级起步，不论是走到较高级别的岗位继续在原单位工作，还是开始创业，都需要一定的时间。这一段时间的长短，最重要的影响因素是个人的工作效率与质量、技能水平和个人对公司的忠诚度（如图3-7所示），其统计规律如表3-10所示。

表3-10 应用化工（涂料技术）专业毕业生职业生涯发展路径

发展层级	就业岗位领域					学历层次	一般发展年限/年	
	生产类	质检	产品研发	产品销售	艺术涂装		高职	本科
VII	总经理					本科/高职	10以上	10以上
VI	生产副总	技术副总		销售副总	艺术涂装总设计师	本科/高职	9～10	8～9
V	生产部主管	质检部主管	技术部主管	销售部主管	艺术涂装效果设计师	本科/高职	7～8	6～7
IV	车间主管	工程师、调色师		片区经理，技术服务工程师，客户培训师	项目经理	本科/高职	5～6	4～5

续上表

发展层级	就业岗位领域					学历层次	一般发展年限/年	
	生产类	质检	产品研发	产品销售	艺术涂装		高职	本科
Ⅲ	班组长、车间主管助理	工程师助理、调色师助理		客户培训助理、销售助理、技术服务助理	培训师、艺术涂装工程师	本科/高职	3～4	1.6～3
Ⅱ	安全环保员、生产计划员、生产调度员、仓管员	原材料检测员、半成品检测员、成品检测员、污水处理检测员	技术员、实验员、QC管理员、调色员、工艺员	业务员、技术服务、销售跟单、销售文员	艺术涂装施工员、艺术涂装样板制作员	本科/高职	1～2	1～1.5
Ⅰ	一线操作人员（既是学生又是企业员工的双身份实习生）					本科/高职	0.3	1

此表中的职业生涯晋升年限，一般是指较大规模企业的员工晋升年限。很多中小规模的企业，用人机制灵活，当公司某岗位缺人的时候，本科毕业生、高职毕业生2～3年就能升到工程师、部门主管级别；4年左右可升到生产副总；销售人员的晋升，更是看个人业绩，年限有一定的不确定性。对于艺术涂装，因自主创业投资较少，往往有学生毕业后3～5年就开始创业；对于创办贸易公司的创业毕业生，一般需要5～6年。

五、对策与建议

根据企业访谈和调研结果，涂料企业针对目前招聘的普通本科人才甚至是硕士人才，在录用时提出了中肯的意见：学生来到企业，似乎什么都知道，但是到具体的工作，什么都不会，需要长时间的培训（本科生需要1年以上）才能胜任岗位工作；企业花大力气好不容易把他们培养到能上岗的程度，他们又急于离开企业。根据调查结果，本科毕业生的流失率比高职毕业生高。因此，企业迫切需求针对行业进行培养的技术应用型本科人才。根据对本科院校教师、高职院校教师的调查，发现他们对开展技术应用型本科人才培养的态度也很积极，原因是企业更看重针对行业培养的人才。可以把本科的宽基础和高职的高技能有机结合起来，使毕业生在企业具有更强的创新能力。

综上可知，开展技术型本科人才的培养，社会需求巨大，教师认为可行。结合德国等西方发达国家"双元制"成功教育的经验和良好的人才培养效果，说明在我国进行技术应用型本科人才培养可行，而且势在必行。针对目前国内技术应用型本科人才的培养现状，提出如下建议。

（一）大力推进高职本科协同培养试点工作，适时向社会推广

通过3～5年"本科高职"协同培养技术应用型本科人才的试点工作，不断总结经

验，把本科、高职协同培养的人才培养方式向全国推广，为社会培养更针对行业的技术应用型本科人才。

大面积推广技术应用型本科人才的培养方式，实现多学科、多领域技术应用型本科人才培养。

待试点工作结束取得成熟的经验后，在我国高等教育中，建立技术应用型大学，除了针对行业培养技术应用型本科人才之外，打通学生发展通道，逐步开展技术应用型硕士、博士高层次人才的培养。

技术应用型本科人才的培养，应该强调学生在掌握宽泛、较深入基础知识的同时，要针对行业使学生掌握能胜任岗位工作所需要的核心技能，保证学生的宽基础、高技能，同时具有较强的可持续发展能力。为了达到该目的，建议在整个人才培养方案中，实践教学学时比例占到40%～45%。

（二）三方共同制定人才培养方案，保证课程体系的完整性

高职院校、本科院校和行业企业一道，共同制订人才培养方案。课程体系确定以后，要进行逆向梳理，保证学生所学知识和技能由浅入深、符合认知规律，同时知识、技能成体系，前后衔接而不重复，满足行业企业的相关岗位需求，覆盖相关工种国家职业资格标准。

（三）加强学生综合能力培养，提高学生的社会能力

根据调查，企业普遍认为目前大部分毕业生在吃苦耐劳精神、团队合作精神、处理人际关系等方面的职业素养不高，有的做事眼高手低，甚至孤芳自赏。所以，对于在校学生，不但要注重专业知识和技能的教育，同时还要注重非知识性社会能力的培养，在平时的教学中积极引入社会能力的培养元素。学生的校外顶岗实习，是学生职业素养养成的重要学习阶段，一方面要加强学生校外实习的管理；另一方面，必须为学生营造良好的实习环境，使学生能尽快融入企业这个大家庭中。

（四）加强校企合作，共同开发教学资源

在教学工作中，教学内容的选取至少要反映当前行业企业的现状，最好是把行业的最新发展成果纳入教学内容，使毕业生既能适应企业岗位需求，又具有一定的前瞻性。同时，专业核心课程应该由企业兼职教师参与教学，保证学生所学到的都是行业的最新技能。因此，学校与企业开展深度合作，共同开发教学资源十分重要，而且也非常必要。

（五）政策扶持，激励企业积极参与人才培养工作

为了配合技术应用型本科人才的培养，建议政府采取相应措施，例如给予企业减免税收、资金补贴或荣誉等，使学校便于在企业建立长期、稳定、数量满足人才培养需求并乐于开展校外实践教学的校外实训基地。

为了使学生学到的知识和技能能够代表行业的最新发展，建议出台相应的兼职教师政策（如职称评定相关政策），便于学校聘请高水平、稳定的兼职教师队伍，把行业的

最新工艺、技能引入教学内容，带到课堂中。

六、附录

表 3 - 11　参与应用化工技术（涂料技术）专业高本衔接标准研制之供需调研的团队名单

姓名	单位名称	调研内容	完成调研工作量
周 强	顺德职业技术学院	珠江三角洲、新疆企业访谈、调研；顺德应用化工专业毕业生调查、在校生调查、教师调查	51 家企业，高职在校生一年级 169 人、二年级 113 人、三年级 118 人，高职毕业生 595 人，高职教师 22 人
彭建兵	顺德职业技术学院	新疆企业调研、高职教师调查	5 家企业，16 所高职院校，高职教师 20 名
姜佳丽	顺德职业技术学院	长江三角洲地区企业访谈、调研；文献调研	11 家企业；高职本科衔接的文献 204 篇，其中有关高职本科共同办学的文献 33 篇
梁敏仪	顺德职业技术学院	长江三角洲地区企业访谈、调研	5 家企业
阎 杰	仲恺农业工程学院	本科应用化学专业毕业生调查、在校生调查、教师调查	11 所学校，本科教师 17 人，本科在校生一年级 107 人、二年级 102 人、三年级 112 人、四年级 102 人，本科毕业生 568 人
揭雪飞	广东轻工职业技术学院	高职应用化工技术专业毕业生调查、在校生调查、教师调查	高职在校生一年级 18 人、二年级 15 人、三年级 11 人，高职毕业生 21 人、高职教师 2 人
林 锋	深圳职业技术学院	高职应用化工技术专业毕业生调查、在校生调查、教师调查	高职在校生一年级 19 人、二年级 16 人、三年级 8 人，高职毕业生 7 人，高职教师 2 人
李小玉	中山火炬职业技术学院	高职应用化工技术专业毕业生调查、在校生调查、教师调查	高职在校生一年级 6 人、二年级 8 人、三年级 4 人，高职毕业生 2 人，高职教师 1 人
谢晓芳	广东华润涂料有限公司	部分企业的调查，联系、协调涂料企业调研工作	成都 3 家企业的调研
合计	文献调研：高职本科衔接的文献 204 篇，其中有关高职本科共同办学的文献 33 篇 涂料企业：75 家 高职院校：16 所院校，高职教师 45 人，高职毕业生 625 人，高职在校生一年级 212 人、二年级 152 人、三年级 141 人 本科院校：11 所院校，本科教师 17 人，本科毕业生 568 人，本科在校生一年级 107 人、二年级 102 人、三年级 112 人、四年级 102 人		

参考文献

［1］杜怡萍. 中高职衔接专业培养目标的定位研究［J］. 中国职业技术教育，2014（32）：56－60.

［2］广东省教育厅，广东省教育研究院. 广东中高职衔接专业教学标准研制：调查与分析［M］. 广州：广东高等教育出版社，2014.

［3］李海东，杜怡萍，等. 中高职衔接标准建设新视野：从需求到供给［M］. 广州：广东高等教育出版社，2014.

［4］刘辉，王海亮. 中高职衔接的历史逻辑、现实困境及其超越［J］. 职业技术教育，2011，32（31）：5－11.

［5］黄鑫，金盛. 关于国内中高职衔接研究之述评［J］. 职教论坛，2011（18）：38－40.

［6］刘荣秀. 广东省中高职衔接近三十年的探索与实践［J］. 教育学刊，2011（11）：25－27.

［7］夏丽洪，郝鸿毅，杨慧玲. 2013年中国石油工业综述［J］. 国际石油经济，2014（4）：45－53.

［8］姚道如，戴之祥，汪涌. 产业升级背景下中高职衔接研究［J］. 安徽职业技术学院学报，2013，12（1）：38－40.

［9］林素絮. 劳动力变动趋势对广东经济发展的影响研究［J］. 广东轻工职业技术学院学报，2014，13（4）：15－19.

［10］夏淑倩，张金利，傅虹，等. 培养化工类专业创新人才的探索［J］. 化工高等教育，2010（3）：10－12.

［11］李晋，张丽萍，李丹. 应用化工专业中高职课程有效衔接［J］. 教育与职业，2013（32）：143－144.

第四章
高职本科一体化制冷与空调技术专业建设调研报告

2014 年，顺德职业技术学院和黄冈职业技术学院牵头的"职业教育制冷与冷藏技术专业教学资源库"建设项目获得教育部立项，并获中央财政支持经费 550 万元。该项目在中国制冷学会、中国制冷空调工业协会和全国机械行业职业教育教学指导委员会制冷空调类专业教学指导委员会指导下联合全国较有规模的 20 多所院校和 30 多家制冷龙头企业开展建设。该项目下设 6 个子项目：行业信息库、专业信息库、课程资源库、职业培训库、社会服务库和特色资源库。其中专业信息库是对专业建设各个环节的信息资源进行收集整理。在前期顶层设计中，已经将专业信息库建设细分为制造、工程施工和食品冷藏三个方向以及中职、高职和本科三个层次。其中，本项目合作单位顺德职业技术学院（高职）、仲恺农业工程学院（本科）和广东省海洋工程职业技术学校（中职）分别承担高职、本科和中职阶段制冷专业资源的建设工作。在此基础上，顺德职业技术学院联合仲恺农业工程学院和广东省海洋工程职业技术学校申报了广东省的制冷与空调技术专业教学标准研制项目。这两个项目在建设和思路上互有补充：资源库的项目是从宏观上在全国范围内建立专业标准，而本项目则侧重于广东省内的中高职本科衔接过程中的标准建设，更为具体和具有针对性。

基于此思路，本项目团队对项目建设进程进行了规划，已于 2015 年 5 月启动了专业的调研工作，对全省范围内的中高职和技术应用型本科院校以及企业展开调查，在对数据资料进行整理、统计、分析和研究的基础上，形成了本调研报告。

一、前言

（一）调研背景分析

1. 国家和地方大力支持中高本衔接

《国务院关于加快发展现代职业教育的决定》（国发〔2014〕10 号）明确要求"推进中等和高等职业教育紧密衔接"，"到 2020 年，形成适应发展需求、产教深度融合、中职高职衔接、职业教育与普通教育相互沟通，体现终身教育理念，具有中国特色、世界水平的现代职业教育体系"。《广东省人民政府关于创建现代职业教育综合改革试点省的意见》（粤府〔2015〕12 号）提出："科学建立现代职业教育系列标准；建立适应产业发展的专业课程标准体系，建立中职—专科高职—应用本科衔接互通的标准框架体系及专业课程教学标准。"

随着国家中高职贯通人才培养政策的实施以及搭建终身学习"立交桥"的现代职业教育体系的构建，全国各省开始探索中高职人才培养衔接工作。广东省于 2009 年正式启动了"中高职衔接三二分段"试点工作。据统计，2013 年试点高职院校 39 所，中职学校 157 所，招生规模超过 6 万人。为建立中高职衔接互通的标准框架体系及专业课程教学标准，广东省教育厅于 2013 年年初启动了职业教育标准研制工程。首批 9 个中高职衔接专业教学标准和课程标准研制已完成。2015 年 1 月，广东省教育厅又启动了第二批 33 个中高本衔接专业教学标准研制。标准研制已经成为广东省近两年来深化职业教育综合改革的重要工作，是建设广东特色、国家需要、世界先进水平的现代职业教育体系的重要内容，是创建现代职业教育综合改革示范省的重要举措。

2. 行业、企业的发展急需中高本衔接

目前，中国已成为全球最大的制冷空调设备制造国和消费市场，行业内多项产品产量位居世界第一。广东省尤其是珠江三角洲地区，已成为我国三大制冷空调产品制造基地之一。这里聚集了众多制冷空调类企业，其中不乏一些国际知名大型制造类企业如格力、美的、科龙、TCL 等。其中央空调市场也极具规模，相关的工程设计、工程施工、设备运行管理、专业服务型等企业也为数众多。且广东省处于我国改革开放的前沿地区，各种新技术的应用和推广，不但极大地促进了制冷空调业的发展和进步，为各层次的制冷空调专业人才提供了广阔的发展空间，从另一方面又对制冷空调行业从业者的素质、技术和技能提出了更高的要求和标准。如今越来越多的企业希望职业学校能为其提供更多高素质的复合型技术人才。

目前国内制冷行业高级技能人才严重缺乏已成不争的事实，具体情况主要体现在如下四个方面：

（1）制冷行业从业人员逐年急剧增加，但整体平均学历不高。据中国制冷学会统计，制冷行业从业人员逐年增加，目前已经超过 500 万人，但是不识字的占 8.63%，小学文化程度的占 28.80%，初中文化程度的占 27.90%，高中文化程度的占 18.10%，而受过大专教育的只占 9.30%，本科及以上学历的仅为 7.27%。

（2）制冷工、冷藏工虽然属我国 19 个特殊工种之列，必须持证上岗，但实际上 70% 以上从业人员是无证上岗。

（3）从业人员虽有提高自身学历和专业水平的迫切需求，却因无相关专业针对性、系统性的学习资源，导致培训质量低或无法参加培训，从而难以满足自身提升的需求。很多企业管理者、操作者都没有经过专业培训。很多省市制冷行业技术培训管理部门及培训单位，缺乏统一的规划和协调，没有统一的综合性培训教材，培训教师水平参差不齐，培训质量难以保证。

（4）部分技术规范未能及时修订，造成企业无章可循。20 世纪 80 年代中期颁布的《安全技术规程》《管理规范》至今未修订，而新的技术规范制定和推广速度又比较迟缓，难以满足企业行业的需求。

综上所述，提高各级各类制冷空调行业人员的专业技术水平和职业素质，进而提高食品冷链物流的效率、降低冷链物流的成本以及制定合理的监测标准，可以在一定程度上降低安全问题发生的概率，对改善人们生活质量具有重要的现实意义，同时为制冷行业的健康发展提供智力支持。

（二）调研目的和意义

当前，我国的经济发展进入转型发展的历史关键时期。中等职业教育和高等职业教育蓬勃发展，中等和高等职业教育发展的协调性越来越引起社会，尤其是学生、家长及企业的高度关注。他们强烈要求职业学校教育能够提供更加高端的职业教育机会。与此同时，我国普通高等教育的发展，尤其是应用型本科高等学校的大发展，也为高端技能型专门人才的培养提供了可行性。因此，为促进制冷空调类专业中高职本科衔接研究的开展，本项目组由顺德职业技术学院牵头，对广东省制冷空调相关行业的情况（发展现状、相关企业岗位设置及对人才结构类型的要求等）、中高职本科学校相关专业的人才培养现状（在校生和毕业生的现状）以及现行中高职本科人才培养定位及教学中存在的问题等进行全面调研，以充分了解现状并发现问题，构建具有地方特色的高端技能型专门人才培养通道。具体的调研意义如下：

（1）了解制冷行业企业对人才的数量、质量和规格的需求，确定职业岗位群及岗位对职业能力的要求，理清中高职和本科毕业生就业岗位群及其发展之间的差异。

（2）了解中高职本科衔接的生源状况及学习要求，对比分析高职院校中普通高中生源与中职学校生源学习状况的异同。

（3）了解现行中高职人才培养目标及规格、课程设置及教学实施情况，发现目前中高职本科专业建设中存在的问题。通过分析对比制冷专业需求和供给情况，提出中高职本科在人才培养规格、培养目标、职业能力、职业资格证书、专业课程体系、教学资源、教学管理与评价等衔接方面的对策和建议，从而为制定出符合中高职本科衔接的当前及未来若干年专业发展需要、符合行业市场需求及人才培养规格要求的教学标准和课程标准提供比较全面、客观的依据，提高职业教育制冷与空调技术专业设置及标准开发的普适性和科学性。

二、调研基本情况

（一）调研组织方法

1. 调研团队

在项目组核心成员的基础上组织专业教师、辅导员、班主任成立了共35人的调研团队，其中高职12人、中职11人、本科10人、行业协会2人。

2. 调研方案

本次调研样本主要以网上填报（电子版问卷）、现场填报（纸质版问卷）和现场调研等三种方式获取。研究采用了调查问卷法、访谈法、文献研究法、统计分析法和座谈法（头脑风暴）。具体调研方案如图4-1所示。

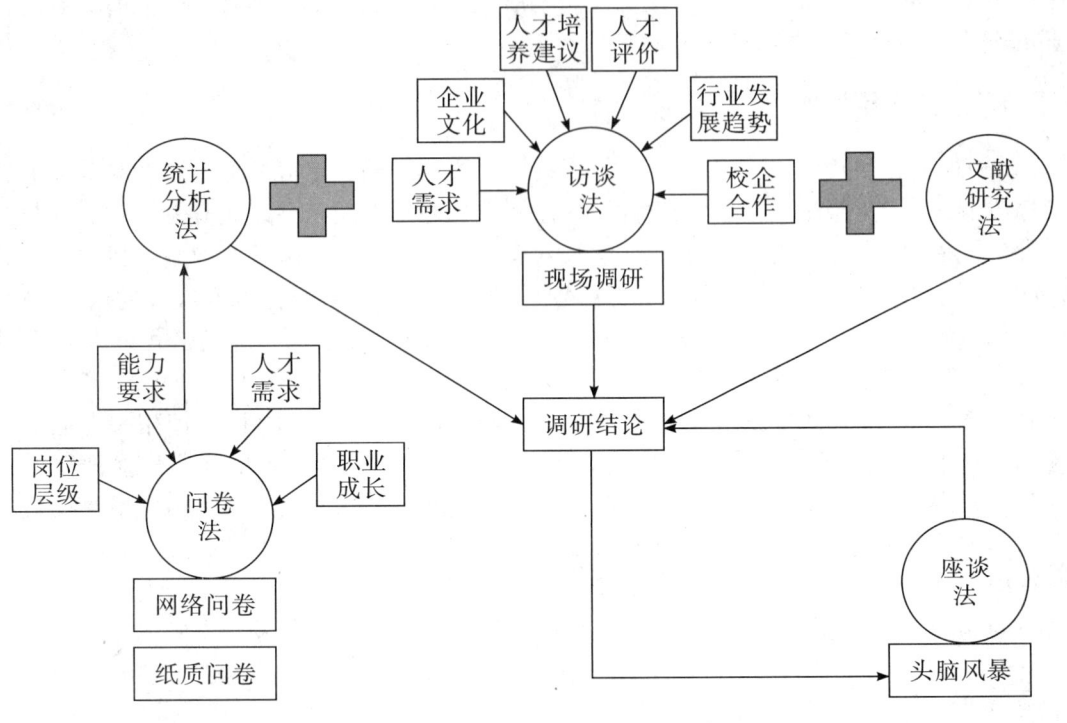

图 4-1　调研方式与方法

（二）调研样本分布

1. 文献调研

在本次文献调研中，共收集阅读了 100 余篇近年来发表的有关中高本衔接的论文和资料，直接引用文献 50 篇。文献分类如下：

（1）行业和职业教育现状及发展趋势介绍，引用文献 8 篇。

（2）专业人才需求和规格需求，引用文献 12 篇。

（3）人才培养方案与专业教学标准的制定，引用文献 10 篇。

（4）课程体系的建立，引用文献 10 篇。

（5）实施经验总结，引用文献 10 篇。

（6）各类职业资格标准（制冷设备维修工、制冷工、中央空调系统操作员、计算机辅助设计绘图员），引用文献 4 篇。

（7）专业标准调研论文和分析报告撰写指导类文献，如广东高等教育出版社出版的《中高职衔接标准建设新视野：从需求到供给》和《广东中高职衔接专业教学标准研制：调查与分析》。

2. 企业调研样本

调研企业 65 家，因为珠江三角洲地区的确是制冷与空调产业的集中和发达地区，因此调研主体为珠江三角洲地区，包括广州、佛山、深圳、中山等城市，样本具体分布情况见表 4-1 至表 4-3。

表4-1 调研企业的地区分布和规模分布情况

地区		大型/家	中型/家	小型/家	合计/家
珠江三角洲地区	广州	3	3	0	6
	深圳	11	9	5	25
	珠海	1	0	0	1
	东莞	0	1	0	1
	中山	1	3	2	6
	江门	1	0	0	1
	佛山	8	5	3	16
粤西	湛江	0	1	1	2
	茂名	1	1	1	3
	阳江	0	0	1	1
粤东	揭阳	1	0	0	1
	汕头	0	1	1	2
合计		27	24	14	65

表4-2 企业调研对象的从业类型分布

类型	商品销售	设计开发	质量检测	技术支持	工程施工	合计
数量/家	3	2	7	9	7	28

表4-3 企业访谈人员分布情况

类型	高层管理	项目部门	技术负责人	技术人员	合计
数量/人	14	15	24	35	88

3. 中高职本科院校调研样本

调研院校33所，其中本科9所、高职8所、中职16所。广东省本科院校有制冷相关专业（能源与动力工程）的学校8所，包括中山大学、华南理工大学、广东工业大学等。但中山大学和华南理工大学作为研究型的大学，其对于学生的培养目标与其他技术应用型本科有很大区别，且几乎不存在将其纳入中高本衔接序列的可能性。因此，在做了少量样本调研后，决定不将中山大学和华南理工大学的学生纳入调研范围内。同时，考虑到广东省有制冷专业的本科院校不多，还对其他省两家开展了高本衔接试点的本科院校的数据进行了收集，以对本项目调研结果进行验证。样本具体分布情况见表4-4。

表4-4　调研学校基本情况

地　区	类　型			
	本科/所	高职/所	中职/所	小计/所
广东省外地区	2	0	1	3
广州	3	5	3	11
深圳	0	1	1	2
佛山	0	1	1	2
珠海	1	0	1	2
东莞	1	1	0	2
中山	0	0	2	2
茂名	1	0	0	1
湛江	1	0	2	3
清远	0	0	1	1
肇庆	0	0	1	1
汕头	0	0	1	1
河源	0	0	1	1
江门	0	0	1	1
合计	9	8	16	33

4．在校生及毕业生调研样本

对33所学校的在校生和毕业生进行调研，样本总数3 210人。样本具体分布情况见表4-5。

表4-5　在校生及毕业生调研样本量

类型	本科在校生	本科毕业生	高职在校生	高职毕业生	中职在校生	中职毕业生	合计
数量/人	476	351	430	363	912	678	3 210

三、调研资料分析

（一）制冷空调行业现状和人才需求分析

自改革开放以来，中国制冷空调行业取得了持续快速的长足发展，现在中国已成为全球最大的制冷空调设备制造国和消费市场。但是我国与发达国家相比在产品质量和技术水平上还具有一定的差距，行业自主开发能力和企业核心竞争力有待进一步提升。广东省，特别是顺德周边的珠江三角洲地区，制冷空调行业产值占到中国整个制冷空调行业的半壁江山，一批知名的国产品牌生产基地集中在广东区域，格力、美的、志高、TCL等许多家电品牌的总部均在广东。因此，研究广东的制冷与空调行业专业教学标准对于全国各省市的制冷空调类标准研制都有明显的参考价值。

根据调研可知，广东省的制冷空调行业与全国的整个气候相似，未来发展不仅需要大量的高技术人才，还需要更多的高技能人才。有专门特长的技师、技术工人等高素质人力资源是行业整体水平提升的重要保障。

随着全球节能减排、环境保护的形势日趋严峻和人民生活水平的不断提高，中国制冷空调行业将迎来新的机遇和发展期，对制冷行业从业人员的数量和质量将提出更高的要求。

1. 社会需求量大

制冷与空调技术应用十分广泛，社会需求呈强劲上升趋势。目前，对于制冷空调技术人员的需求主要集中在制冷装置的生产制造、大中型中央空调的运行维护管理、制冷空调工程安装、冷冻仓储和制冷空调装置的维修等方面，然而一线从业人员多为电气、机械等非制冷空调专业的技术人员或工人。据广东省制冷学会提供的数据，仅广东省制冷企业能够提供的就业岗位每年就在50万个左右。但调查结果显示，广东省本行业从业人员中具有制冷中专学历的比例为27%左右、大专以上学历只有10%左右，远远不能满足岗位需求。因此，迫切要求我们进行专业教学改革，科学、合理地组织和实施教学，高质量地培养出适应社会经济发展急需的制冷空调专业技术人才。据不完全统计，预计今后广东省制冷空调专业技术人才每年需求量将以15%的速度递增。随着国民经济的发展和西部大开发的进行，本专业人才的社会需求将呈几何级数递增。

随着人们生活水平的提高，生活环境改善、食品安全成为人们热议的话题。据统计，广东省各种食品的冷冻加工和冷藏能力达数万吨；制冷、空调机器设备生产厂家有百余家，其中包括美的、格力等众多知名集团；空调制冷工程安装公司近千家，已注册的能承担空调制冷系统设计的设计院200余家；大型建筑群体中央空调的配置日益火爆，新型节能型的制冷系统与机器设备成为业内科研人员的热门课题。今后，随着国民经济的进一步发展，人民生活水平的日益提高，空调制冷行业将继续保持强劲的发展势头。

2. 技术规格要求高

广东省制冷行业已从劳动密集型行业逐渐向技术密集型行业转变。而且新技术、新工艺、新元件、新材料、新设备不断涌现，产品更新换代步伐加快，技术含量不断提高。技术的进步必然要求人员素质的提高。在传统劳动力密集型产业向高新技术知识密集型转变的过程中，企业需要进行设备的更新与改造，对于工人的要求随之变高，需要的工人更多是既懂技术、管理，又具备操作技能的面向生产一线的技术人才。

根据图4-2所示的调研结果可知，企业对于不同层次的员工，其需求是不同的：对于本科生，更多的是对其创新能力、组织管理能力的要求，这说明企业对于本科生的定位是未来的技术研发和企业管理骨干力量；对于高职生，企业的要求则比较均衡，既希望高职生有良好的专业水平，又有良好的沟通和组织管理、技术创新能力，这说明企业主要把高职生设定为一线的管理者来培养；而对于中职生，更多的是对其团队精神和吃苦耐劳精神的要求，说明企业主要把中职生设定为生产一线工人。

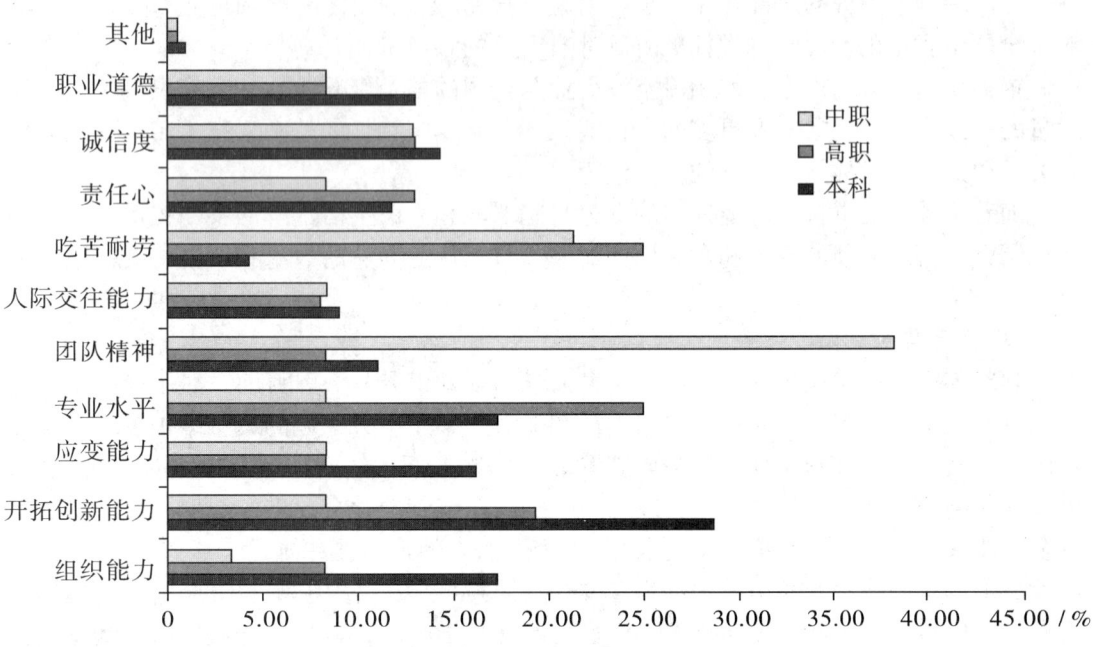

图 4-2　企业招聘时关注员工的能力素质情况

　　如图 4-3 所示为中高职本科毕业生达到岗位工作要求需要的培训时间。中职毕业生中，只需 1 个月以下培训就能达到岗位要求的占比最大，且绝大多数在 3 个月内都能满足要求。这一方面说明中职学生在学校的培养方案与企业需求比较贴合，另一方面也说明企业对于中职生的岗位素质要求确实不高。高职生也表现为能够快速适应岗位，而本科生则需要较长的培训时间，甚至一些技术应用型本科毕业生都需要很长的培训时间。这说明本科生的培养方案有修改的必要，应更多地了解企业并满足企业的需求。

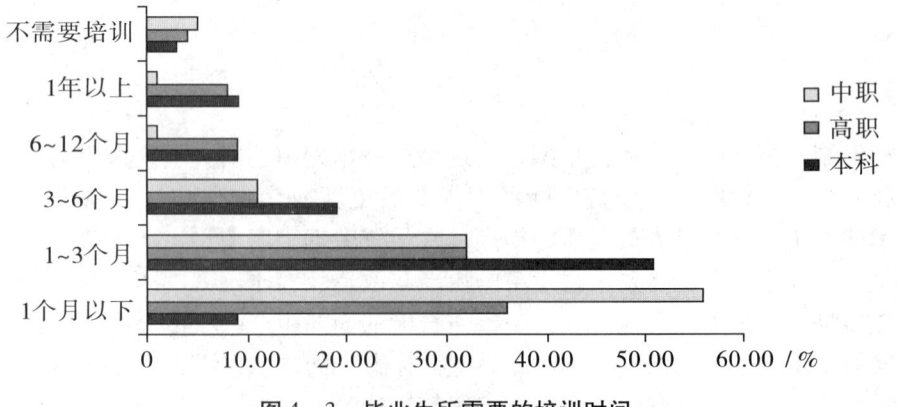

图 4-3　毕业生所需要的培训时间

　　如图 4-4 所示为员工晋升需要的能力素质调查。在员工晋升时，企业关注的要点是员工的工作效率、技能水平、为人处世、学历/职称/证书等。具备岗位所需要的技能水平以及优秀的工作效率都是企业在招聘和提供晋升机会时非常看重的。

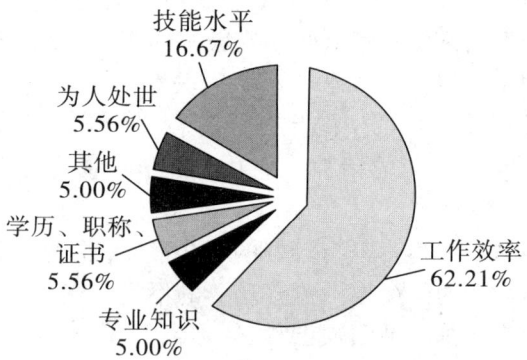

图 4 - 4 员工晋升需要的能力素质

如图 4 - 5 所示为企业对中高职本科毕业生的评价分析。企业对制冷与空调技术专业中职、高职、本科毕业生的评价各有不同。

（1）对中职毕业生而言，不足主要体现在知识面和专业知识等方面，这和中职生以操作为主的培养目标是吻合的。但中职生没有长远的职业规划、不能吃苦耐劳等说明中职学校的素质教育还有欠缺。

（2）对高职生而言，不足之处不是很明显，说明企业对于高职生有较高的认可度。但高职生同样存在眼高手低、对自己定位不准的问题，这可能和社会对于高职生的认可度不够有一定关系。

（3）对本科毕业生而言，最大的不足除了动手操作能力不够外，还存在眼高手低、流失率高、就业不稳定的问题。虽然相对中高职生而言，本科学生的知识面和专业知识有一定优势，但对技术应用型本科而言，专业基础也并非很扎实，所以他们更应该注重细节，培养吃苦耐劳、埋头苦干的学习和工作精神。

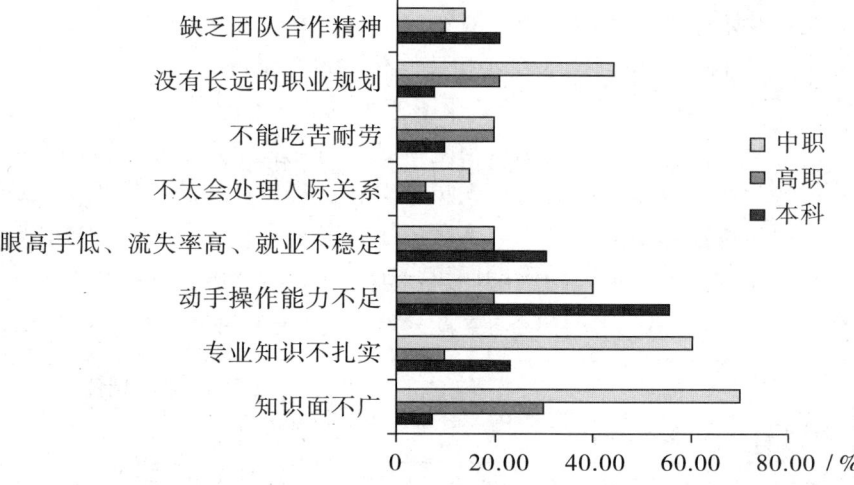

图 4 - 5 企业对中高职本科毕业生的评价

如图4-6所示为企业对毕业生的期望统计。企业对中职、高职、本科毕业生的期望有一定区别：

（1）对中高职毕业生而言，首先是希望能在短时间内胜任工作；其次是希望其具有吃苦耐劳的精神，能勤奋好学；然后是具有较好的职业道德，能服从管理，忠诚于公司。企业更希望中高职生可以按照要求"动手"去解决问题。

（2）而对于本科生，企业最期望的是其具有较好的职业道德，能服从管理，忠诚于公司；其次才是具有吃苦耐劳的精神，能勤奋好学。企业希望本科生可以按照规定"动脑"去钻研问题，解决问题。

企业希望中高职本科毕业生都具有较好的职业素养，能吃苦耐劳，忠诚于公司。这也正揭示了中高职本科教育对学生职业素养培养的不足，在注重专业技能和专业知识学习的同时，学校也应适当增加职业素质课程。

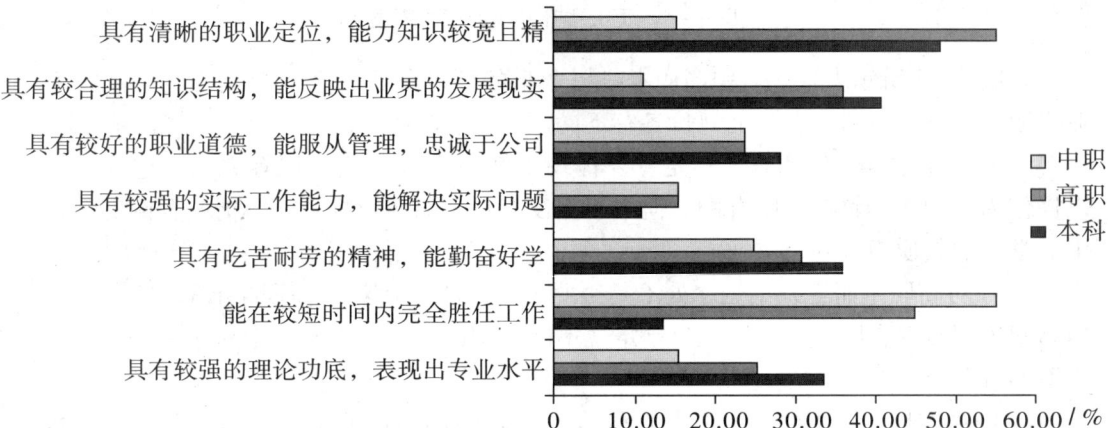

图4-6　制冷企业对中高职本科毕业生的期望

（二）职业岗位（群）的情况

制冷与空调技术专业相关职业岗位分析

（1）企业关于制冷与空调技术专业相关岗位的设置情况。

如表4-6所示为制冷与空调技术专业毕业生的主要就业岗位情况。从表中可以看出，这些岗位所属的岗位群覆盖了制冷与空调技术行业整个产业链。制冷产品设计与制造作为传统优势产业，分工明确，从业人员众多；工程设计与施工管理岗位群虽然近年来发展迅猛，但岗位数量不算很多，与实际的工作需求有一定差距，说明该类岗位群需要在岗位上进一步细分，并进行明确的职责分工。

表4-6　制冷与空调技术专业主要就业岗位

序号	岗　　位	所属岗位群
1	MQE（材料质量工程师）	制冷产品设计与制造
2	PQA（全程质量检测认证）	

续上表

序号	岗 位	所属岗位群
3	质检员	制冷产品设计与制造
4	技术支持	
5	产品认证	
6	产品测试	
7	性能工程师	
8	结构工程师	
9	电控工程师	
10	自动化、压缩机	
11	制冷产品和工程营销人员	制冷产品和工程营销
12	工程设计员	工程设计与施工管理
13	暖通/冷库施工员	
14	检测员	
15	绘图员	
16	安装造价工程师、现场机电管理	
17	系统调试员	
18	技术支持	
19	设备维修员	设备运行维护保养
20	运行管理员	

（2）专业就业岗位人才需求数量情况。

如图4－7所示为各类岗位的需求状况统计，其中以商品营销员、维修人员、绘图（CAD等软件）员这三类岗位的需求最为旺盛。

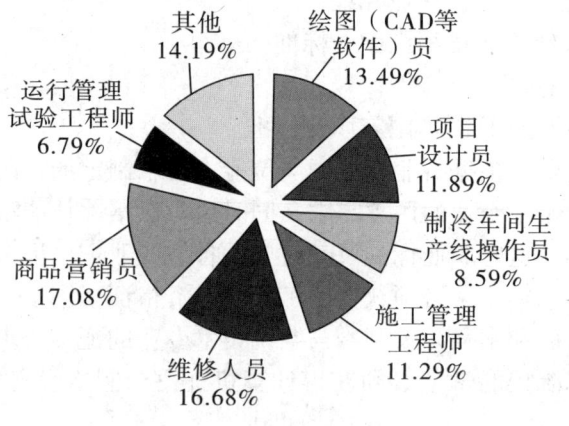

图4－7　目前制冷与空调技术专业对应岗位的分布情况

不同岗位对于中高职和本科毕业生的需求又有所区别，如图4－8所示为相关调研结果。倾向于中职毕业生的岗位为制冷车间生产线操作员和维修人员；倾向于高职毕业生的岗位相对较为平均，其中从事施工管理、商品销售与运行管理试验的最多；倾向于本科毕业生的岗位主要是项目设计、施工管理和商品销售。

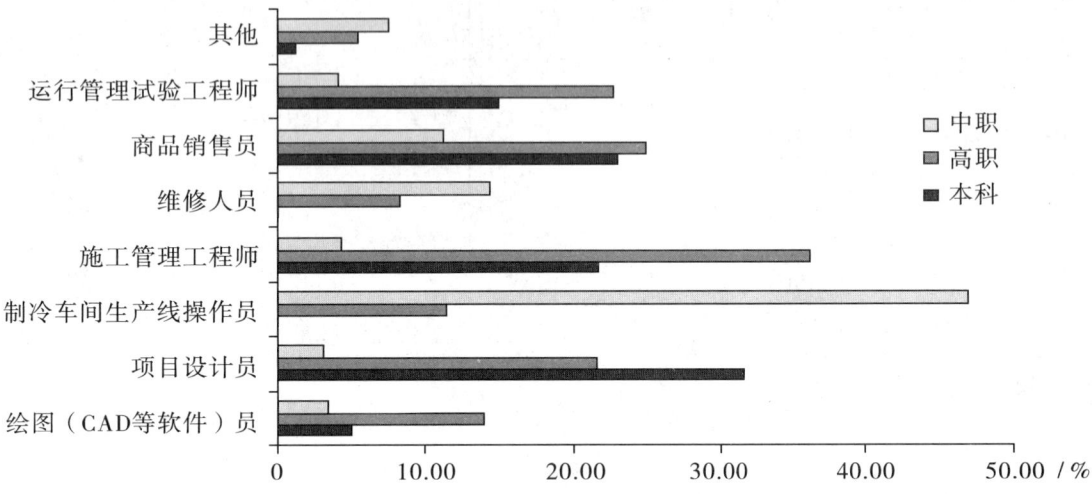

图4－8　不同就业岗位对中高职本科毕业生的倾向性统计分析图

（3）企业三年内可能新增和淘汰的制冷与空调技术相关的技能岗位。

从调研数据表中还可获悉，近年来制冷相关企业可能新增的岗位包括：后台技术支持、流体及噪音仿真分析员、应用工程师、热泵开发、互联网专员、项目管理人员、研发设计主任。

而制冷相关企业近年可能淘汰的岗位有：普通生产线工种、促销员、计划物控、设计文员、驻厂维保员、制冷主管等。

（三）职业资格等级证的相关要求

国家和广东省对制冷空调技能型人才的职业资格和标准提出了明确要求，所发布的主要职业标准有：

（1）制冷设备维修工国家职业标准。

（2）中央空调系统操作员国家职业标准。

（3）制冷工职业标准。

（4）计算机辅助设计绘图员国家职业标准。

这些职业标准主要是根据行业企业的岗位能力需求制定的，既规范了行业技能型人才的知识和技能，满足了企业的用工需求，同时也对以培养技能型人才为主的中高职学校提出了要求。因此，这些职业标准及其对应的各级职业资格证书，也是目前中高职学校制冷空调类专业要求毕业生必须获得的工种职业资格证书。

我们对中职、高职和本科院校制冷与空调技术专业的证书要求进行了对比，分析表明：所有中职、高职院校的学生必须获得计算机证书、制冷设备维修工（中级）这两个证书才能毕业；86%的院校对学生的英语证书有要求；同时，有2所高职院校对制冷设备维修工（高级）、CAD证书有要求；1所高职院校对制冷上岗证有要求。在计算机证书和英语证书的级别或类别上，各院校有所差别，另外制冷设备维修工所组织的考试部门在各地方也有所差别。

对企业招聘中高职本科毕业生时要求取得职业资格等级证书的调研数据（见图4－9）表明，企业对中高职毕业生一般都有要求取得中级证或者高级证，近年来要求中高职毕业生取得从业资格证的也越来越多。对本科毕业生而言，从业资格证和其他证书则要求不高。

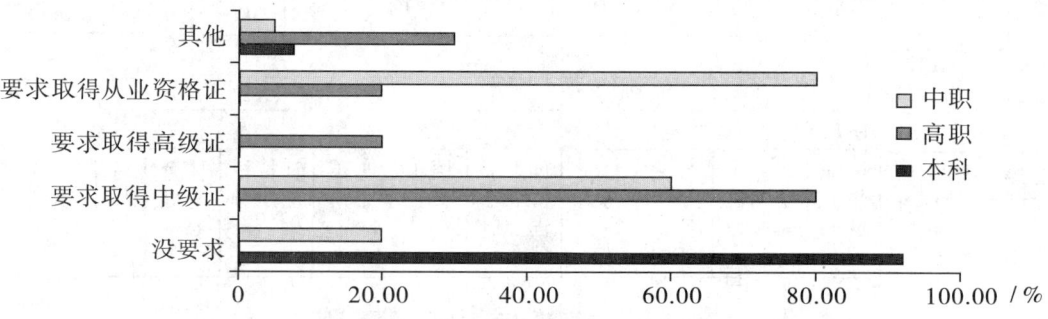

图4－9　制冷与空调技术相关岗位对于职业从业资格证的要求

（四）中高职本科学校课程设置情况

1．中高职本科学校制冷专业人才培养目标比较分析

在中职学校培养方案或教学安排计划中，培养目标多致力于培养"从事制冷设备安装调试、检测维修、维护保养、运行管理、生产制造、设备营销等工作的高素质技能型专门人才"。高职院校的人才培养方案和中职学校存在较大区别，更多地倾向于培养学生适用于制冷产品设计与管理岗位。广东省内及外省的几所本科院校，在人才培养方案的制订上还保留了浓厚传统学科体系的影子，课程的开设在与岗位以及能力培养的对接上关联度较弱。以仲恺农业工程学院的人才培养方案为例，其培养目标为：本专业培养"德、智、体、美"全面发展，具备能源与动力工程专业的基础理论、专业知识、应用能力及创新意识，能从事制冷与空调的产品开发、制造、工程设计、安装、运行管理、实验、营销和技术管理等方面工作的高素质应用型工程技术人才。

2．中高职本科学校课程设置比较分析

（1）中高职本科学校课程设置情况。

中高职本科学校的人才培养方案和课程设置如图4－10至图4－12所示，其中中职学校以沙井职业高级中学为例，高职院校以顺德职业技术学院为例，本科院校以仲恺农业工程学院与顺德职业技术学院联合培养试点班为例。

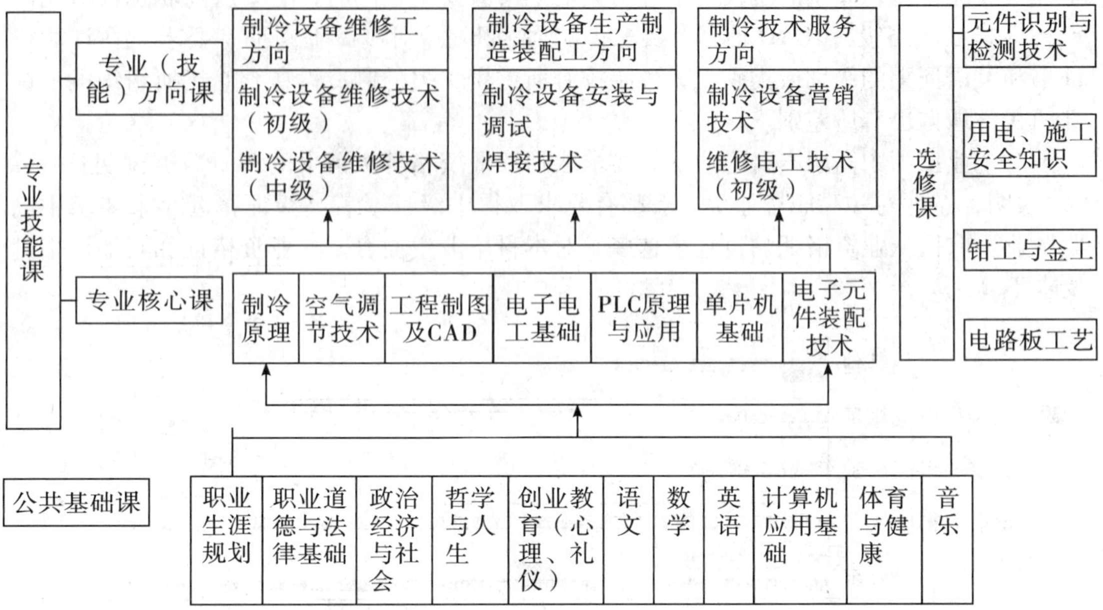

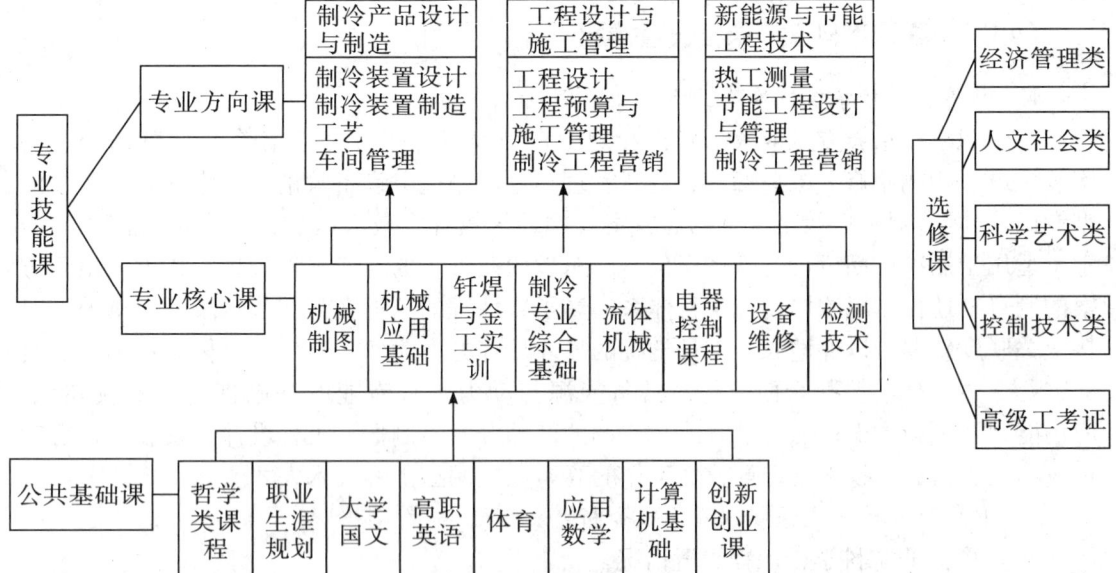

图 4 - 10　中职制冷专业课程设置示例

图 4 - 11　高职制冷专业课程设置示例

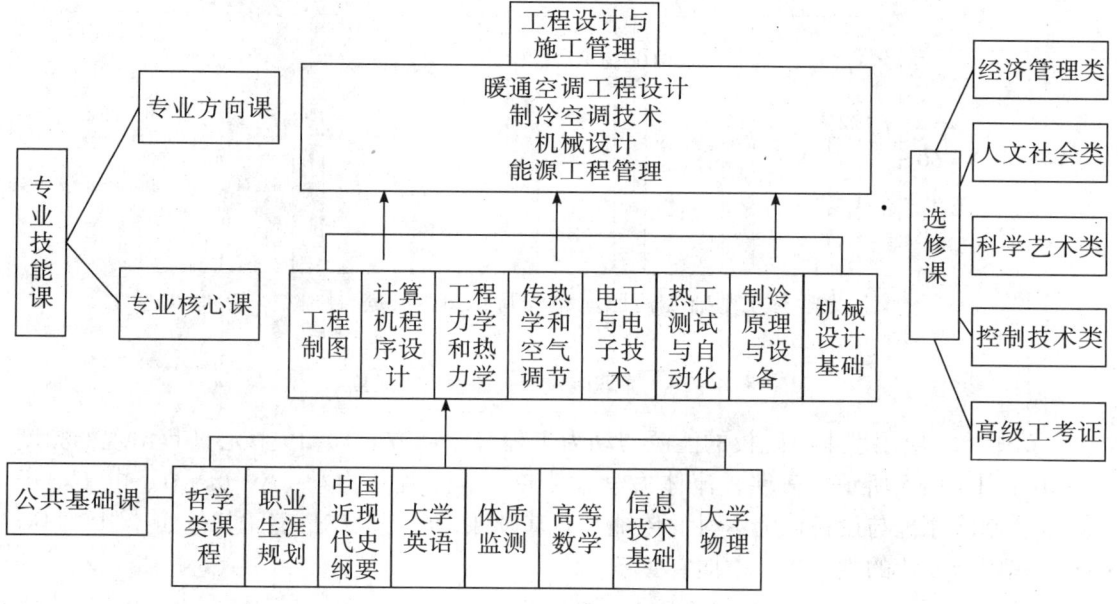

图4-12 技术应用本科能源动力专业课程设置示例

（2）课程结构和专业核心课程分析。

对10所中职院校的专业核心课程进行了对比分析后发现，相关核心课程出现的频度如图4-13所示，其中制冷原理、机械（工程）制图、制冷设备维修技术、维修电工技术、焊接技术课程出现频度最高。

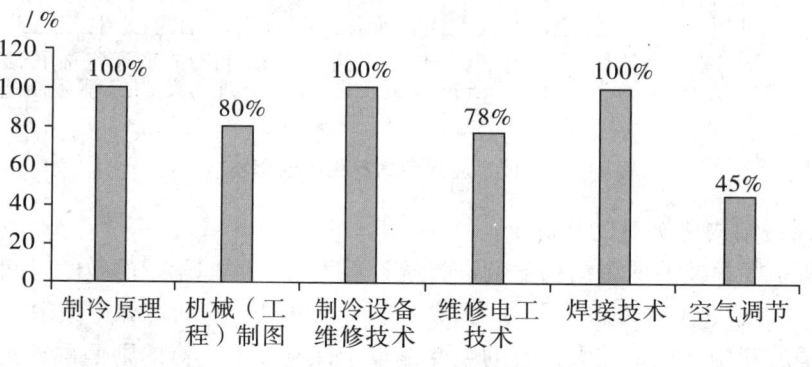

图4-13 中职院校相关课程出现频度

项目组对7所高职院校的专业核心课程进行了对比，相关核心课程出现的频度图（图4-14）表明，流体力学、热工基础、制冷原理与设备、空气调节、冰箱空调维修等5门专业基础或专业课程出现频度较高。其中，制冷原理与设备、冰箱空调维修课程与中职有一定程度的重复。

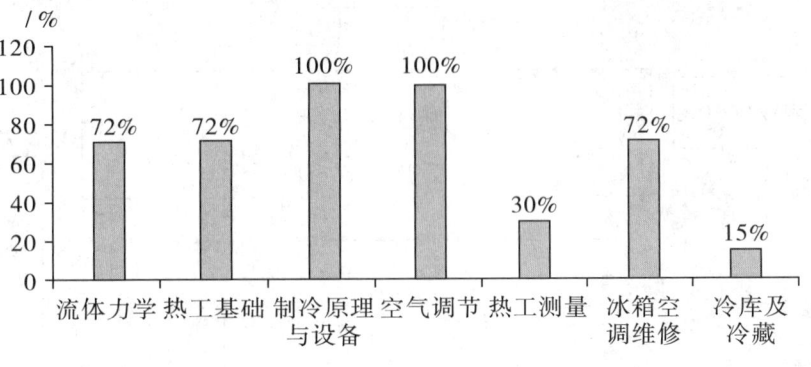

图4-14 高职院校相关课程出现频度

6所技术应用型本科院校的能源与动力工程（空调方向）相关核心课程出现的频度图（如图4-15所示）表明，流体力学、传热学、工程热力学、空气调节、电工电子技术、制冷原理与设备作为本科的传统专业基础课，出现频率最高，其他如控制、制造类课程则与专业的主要培养方向有关系。

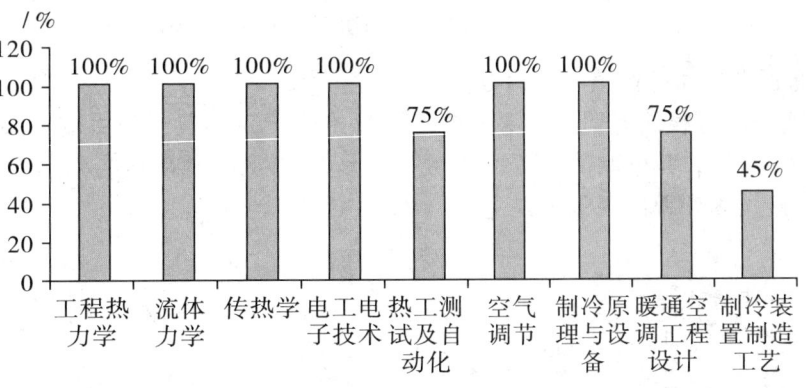

图4-15 技术应用型本科相关课程出现频度

（3）课程结构比例对比分析。

对9所中职学校的课程结构比例进行统计后发现：中职学校的教学时间基本包括了课堂教学、实践教学（就业指导）、顶岗实习。各中职学校的培养方案中，在课堂教学和实践教学的安排上差别较大，有的主要偏重于课堂教学，有的则偏重于实践教学，也有课堂和实践教学并重的。如果除去第三年的毕业实习时间，各中职学校课堂教学和实践教学的时间比中，最大的达到6.9∶1，最小的接近1∶1，这突出反映了各学校对实践教学重视程度的不同。

项目组对7所高职院校制冷与空调技术专业的课程结构比例进行了对比。数据显示，各类课程结构比例总体来说有一定的差异性，公共必修课课时占比最高的达到31%，最低的只有9.28%；专业必修课课时占比最高的达到75.59%，最低的只有15.2%。

项目组对9所本科院校制冷与空调技术类专业（本科的专业名称为能源与动力工

程专业）的课程结构比例进行了对比。数据显示，本科院校理论课的课时占比普遍超过60%，这比高职的50%要高。

（五）学生学习状况

1. 中高职本科学生生源情况

如图4-16所示，本科和高职在校生的入学方式主要是通过国家统一招生和注册入学，中职在校生统一高考和注册入学的占比合计为73%。本科和高职院校生源充足且质量较好，而中职院校的生源数量和质量都不太乐观。规范中职院校招生，保证中职生源的数量和质量，对于实现中高职本科的衔接有着至关重要的作用。

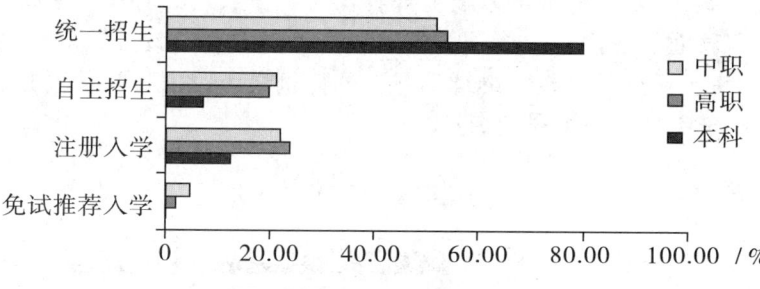

图4-16　中高职本科学生入学途径

2. 中高本衔接的生源情况

衔接办学方面，在调研的院校中，目前只有仲恺农业工程学院和顺德职业技术学院在制冷与空调技术专业进行高本衔接。这两所院校的高本衔接是经多轮优胜劣汰竞争后，通过广东省教育厅审批的广东省4个高级技术技能型本科人才培养试点之一，办学层次为本科，广东省录取批次为第二批本科A类，生源都是通过高考统一招生的。

3. 衔接办学的生源情况和学习状况与高职院校中普通高中生源、中职生源的异同

仲恺农业工程学院和顺德职业技术学院两所院校的高本衔接生源录取批次是第二批本科A类。如图4-17所示，高本衔接生源入学综合成绩为优秀的比例高于高职普通高中生源和高职中的中职生源，而高职普通高中生源入学综合成绩为良好及以上的比例明显高于高职中的中职生源。高职院校中不同生源的入学水平存在差异，那么所学的课程及所要求的技能也应有所不同。根据生源的入学综合水平不同，有必要制订不同的人才培养方案，以便更好的与制冷行业的岗位进行对接。

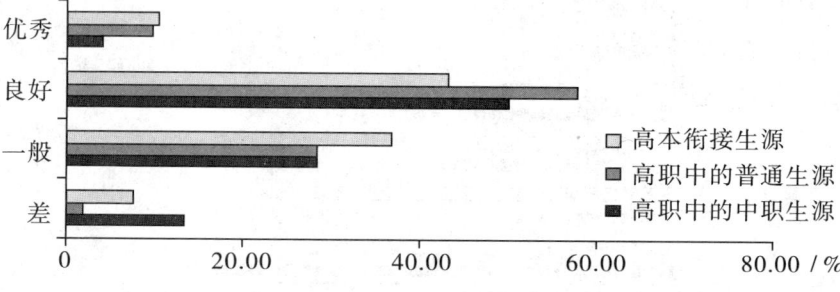

图4-17　不同生源综合成绩比较

4．中高职本科学生学习动机

如图 4-18 至图 4-23 所示，选择应用型本科院校的主要原因，大多数学生觉得是"考不到更好的学校"和"能够学到一技之长"以及"自己喜欢"，选择所学专业的主要原因为"自己喜欢""容易找工作"和"可以成为专业人员"，本科学生对专业的兴趣度较高。应用型本科学生在校的学校目的以"就业后在岗位上学习，争取成为高级蓝领、技师"和"先工作再继续进修"为主。由此可知，本科学生学习动机正确，在选择专业时充分考虑未来就业问题，对专业热爱度较高，学习目的明确。

在选择职业院校主要原因的选项上，中高职学生选择"能够学到一技之长"和"考不上更好的学校"的比例较大。至于选择此专业的主要原因，各种生源的大多数都是出于"自己喜欢"，在对专业的兴趣上都呈现出"一般"的势头。中高职学生在学校的学习目的以"就业后在岗位上学习，争取成为高级蓝领、技师"和"先工作再继续进修"为主，"考上更好的学校，继续学习"的比例最小，中高职学生的继续升学意愿较低，这将不利于中高职与本科的衔接。

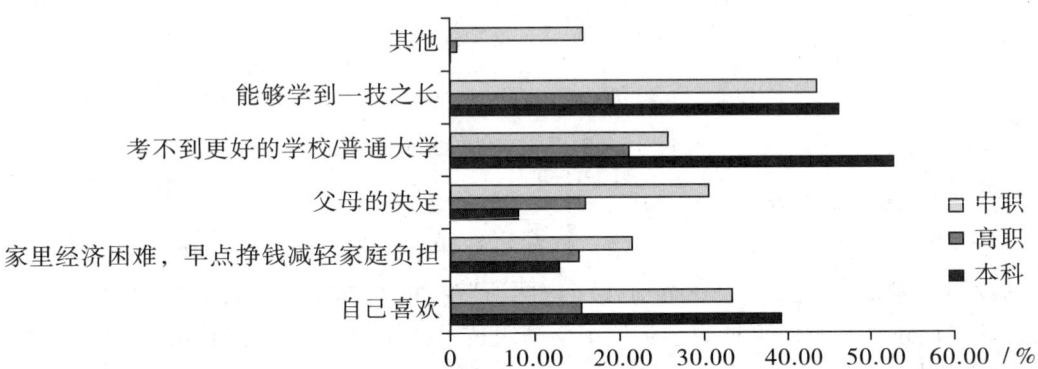

图 4-18　中高职本科学生选择院校的主要原因

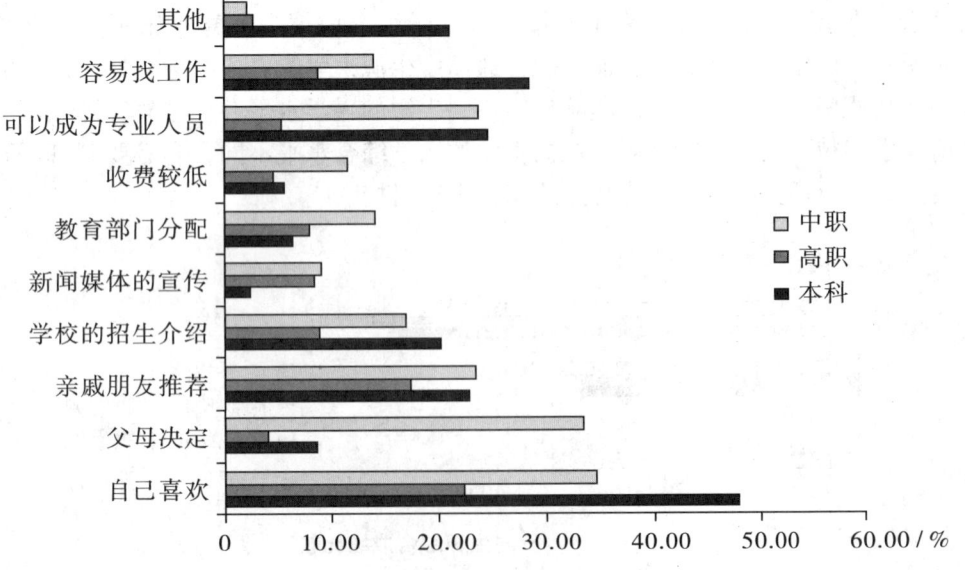

图 4-19　中高职本科学生选择专业的决定因素

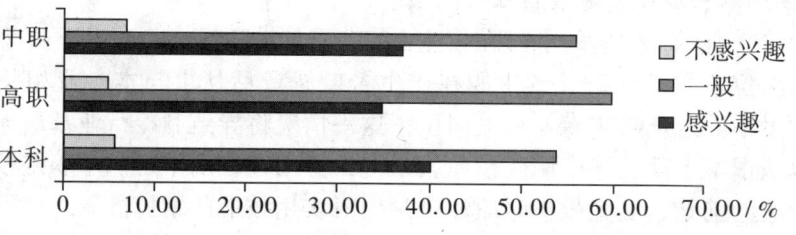

图4-20 中高职本科学生对所学专业的兴趣度

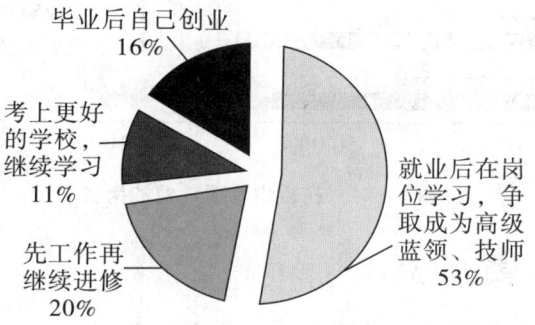

图4-21 本科在校生的学习目的统计

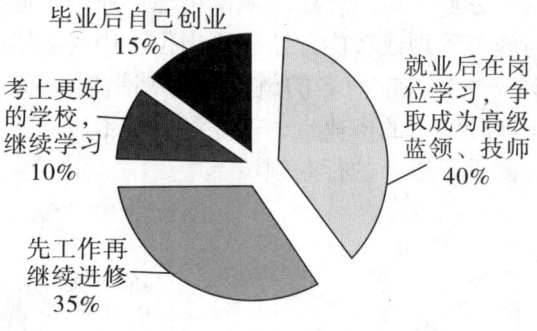

图4-22 高职生的学习目的统计

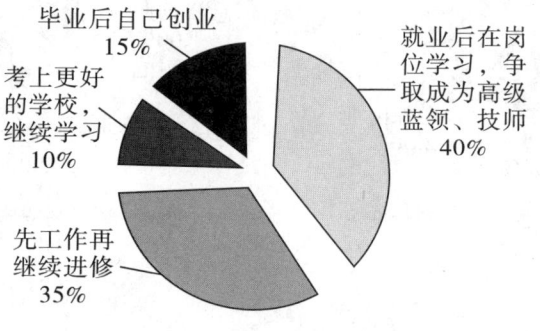

图4-23 中职学生的学习目的统计

5．中高职本科在校生希望就业的岗位

如图4－24所示，62%的本科在校生和77%的高职在校生希望毕业后能够从事与专业相关的岗位，而仅有29%的中职在校生希望毕业后从事与本专业相关的岗位。大部分中职学生不愿意从事本专业相关岗位，这一情况将导致制冷行业基层人员出现严重短缺。这也从根本上反映了中职院校在教学建设方面存在的不足。中职院校应让学生充分了解本专业的前景，实施教学时应注重学生对实用技能的掌握。

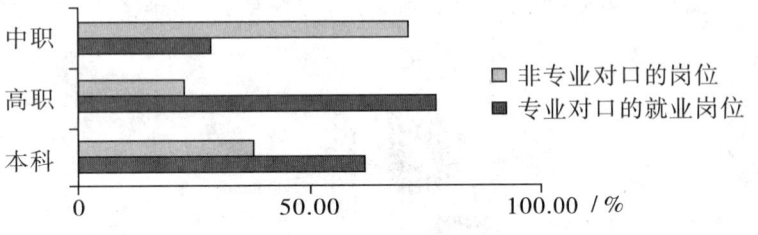

图4－24　在校生希望就业的岗位

（六）专业毕业生就业情况

1．本专业毕业生就业单位所属行业

如图4－25至图4－27所示，本科毕业生从事制冷与空调行业的总计约76%，主要集中在制造业、技术服务业、房地产业。从事房地产业的毕业生实际从事的也是偏重于制冷空调工程设计与施工管理或者能源监测等岗位。中高职毕业生从事制冷与空调行业的分别约为42%、56%，排在前两名的就业单位都是制造业、建筑业。可以说，对于本专业，不管是属于何种学历的毕业生，就业都是技术服务业、制造业、房地产业等领域，因此标准研制应侧重于以上的行业领域。

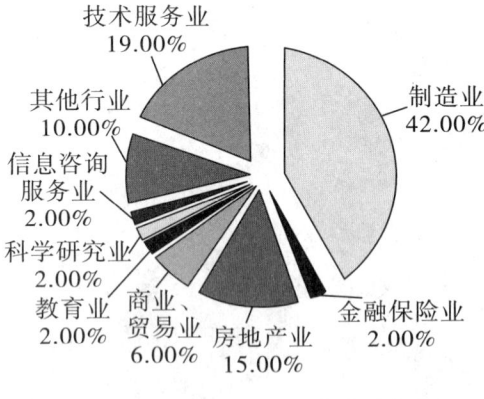

图4－25　本科毕业生工作所属行业

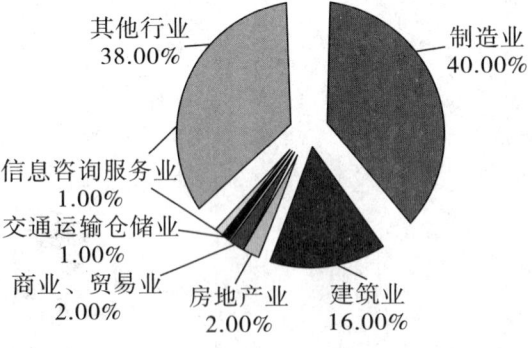

图4－26　高职毕业生工作所属行业

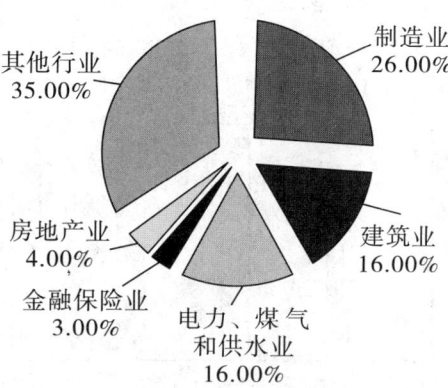

图 4 - 27　中职毕业生工作所属行业

2. 本专业毕业生就业岗位及发展路径

如图 4 - 28 至图 4 - 31 所示，将中高职本科毕业生（毕业 4 年内）的就业岗位和工作内容进行对比分析后发现：本科毕业生多数从事产品设计岗位，工作内容是绘图与设计；高职毕业生就业岗位呈现多样性，工作内容主要有绘图与设计、销售、制冷设备维修、维护与安装以及项目管理与运营；而中职毕业生多数从事产品生产、维修岗位，工作内容主要为制冷设备维修、维护和安装。因此，高职学校在课程体系构建上，应更注意自己的侧重点，理清衔接的边界，使中高职本科课程体系和课程内容得以延续、衔接和递进，制冷行业岗位更有层次感。

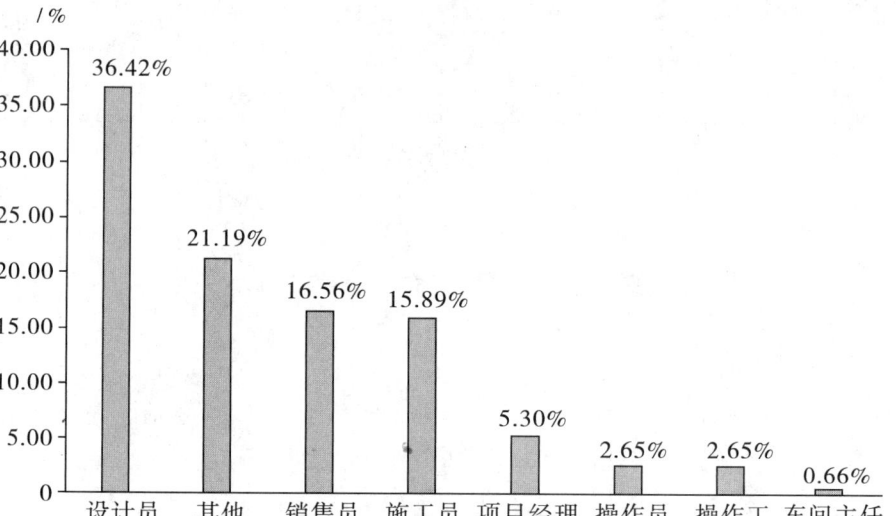

图 4 - 28　本科毕业生的工作岗位统计

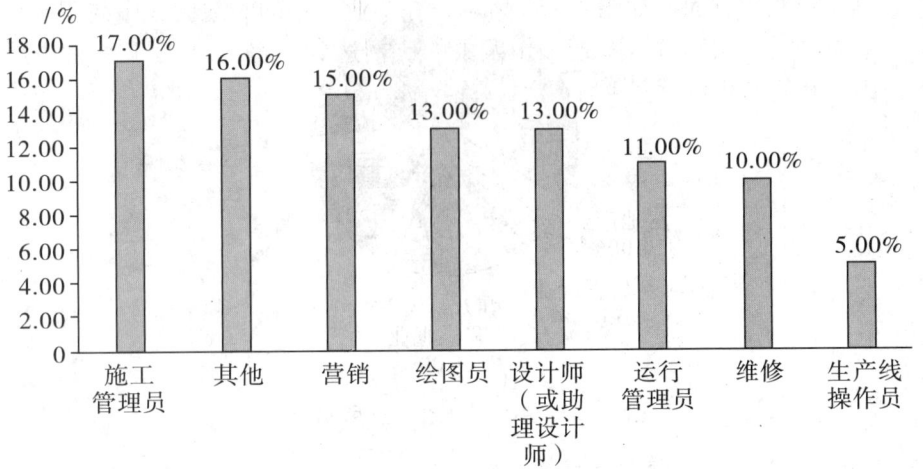

图4-29　高职毕业生的工作岗位统计

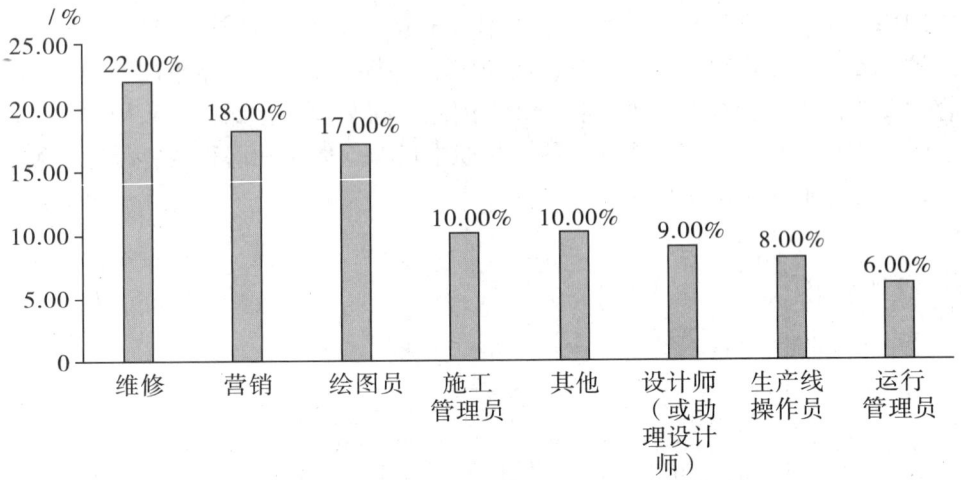

图4-30　中职毕业生的工作岗位统计

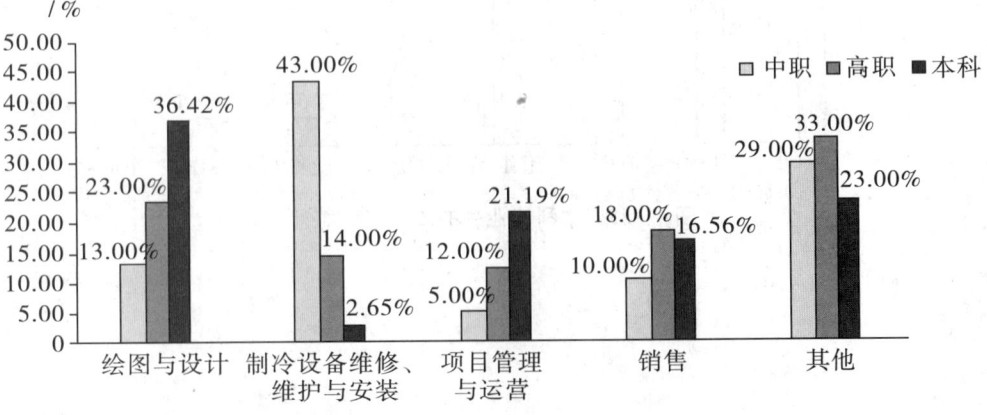

图4-31　毕业生现岗位主要工作内容

在工作岗位级别方面，如图 4-32 所示，在毕业 4 年的时限内，中高职本科毕业生从事的岗位主要是基层岗位，普通工作人员的比例达到 50% 以上，但从事中层和高层管理的人员中，本科生的比例明显较大。

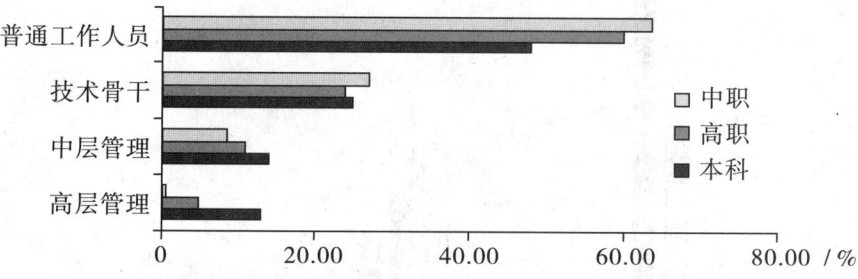

图 4-32　中高职本科毕业生工作岗位级别

如图 4-33 所示，显示了同一个单位内中高职本科生要达到对应级别的岗位需要的时间。相关数据为 10 家中大型制冷企业的平均数。从图 4-33 可以看到，在度过实习期后能成为一名基层管理者或技术员、成为独当一面的骨干技术员或管理者以及成长为一名部门主管所需要的时间，本科毕业生都比中高职毕业生的时间短。从表面上看，这是本科生的素质高使然，但据调研团队从企业了解的实情是：企业还存在严重的唯学历论。企业在本科生进入企业以后就基本设计好了其晋升的途径：实习—定岗—升职。而中高职毕业生则没有被纳入培养序列，那些最终进入管理或者骨干技术员行列的中高职毕业生是靠自己的努力赢得职位的，但他们需要付出更多的努力和时间。可喜的是，如美的公司之类的企业，制定了良好的绩效考核条例，有能力的、努力工作的员工早晚都会成为企业的中坚力量。这说明社会慢慢认识到了学历与工作绩效之间的非必然性，这也是非常有利于职业教育发展的。

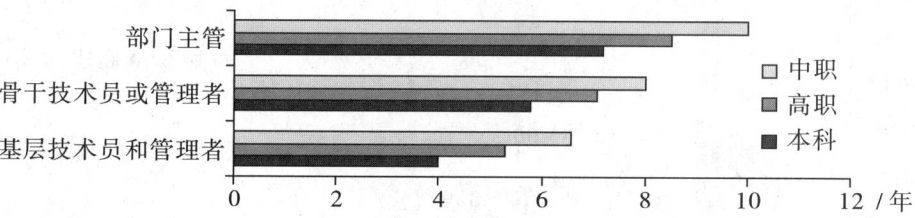

图 4-33　毕业生要达到对应级别岗位需要的时间

3. 工资待遇

如图 4-34 所示，本科毕业生初始岗位薪酬 3 000 元/月以上的达到 83%，而大部分中高职毕业生的初始工资为 1 500~3 000 元/月，显而易见，学历高的本科毕业生更容易获得较高薪酬。所以，中高职毕业生要想获得更高的薪酬待遇，提高自己的学历在短时间内还是最有效的途径，这也说明了衔接办学以提高中高职毕业生学历的重要性。

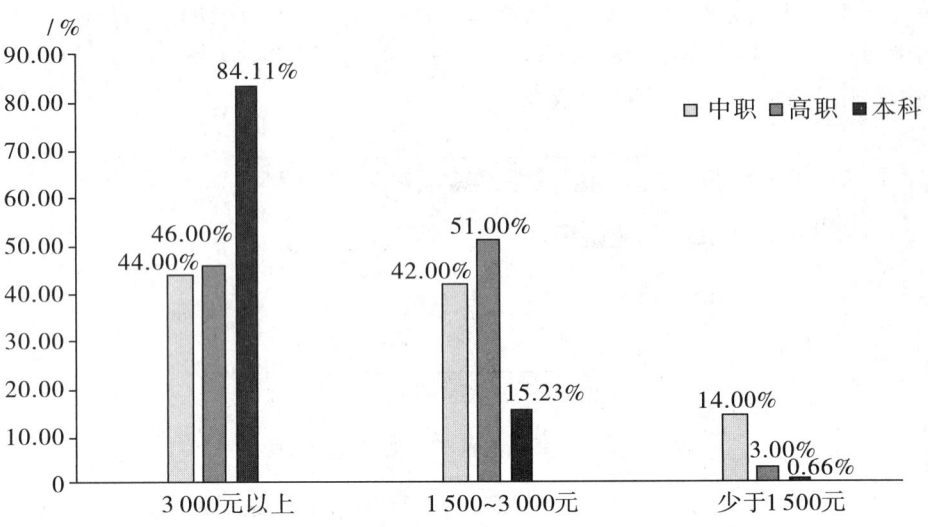

图4-34　中高职本科毕业生工资待遇水平

4. 本专业毕业生稳定度及就业对口率

如图4-35所示，在本专业毕业生就业稳定度方面，47%的本科毕业生没有换过工作，比例高于中高职毕业生的28%和42%，这表明本科毕业生的工作比较稳定。此外，从就业对口率的对比（如图4-36所示）来看，本科毕业生专业不对口率最低，仅为4%，明显低于中高职毕业生。比例高的专业对口率印证了比例高的工作稳定度。总的来说，制冷与空调技术本科毕业生的工作稳定度优于中高职毕业生，就业对口率也高于中高职毕业生。

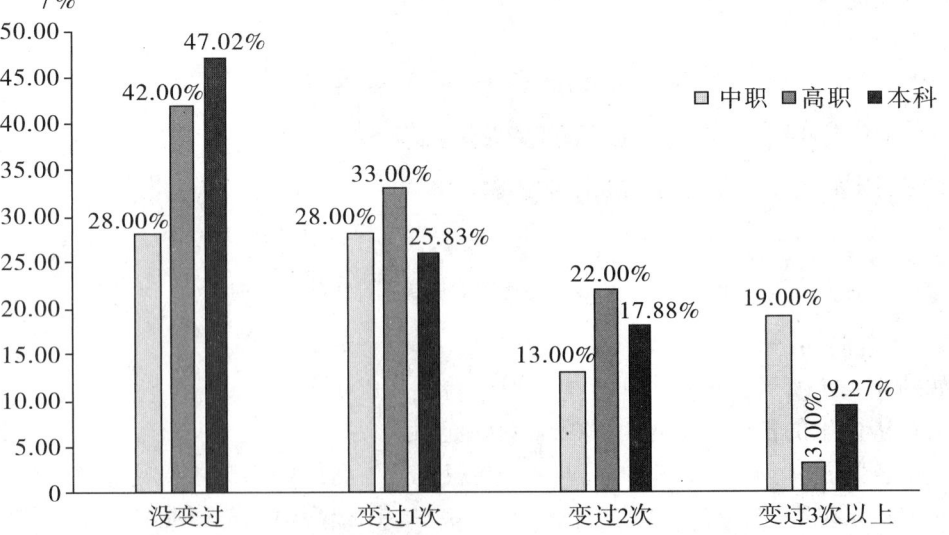

图4-35　中高职本科毕业生工作岗位更换次数

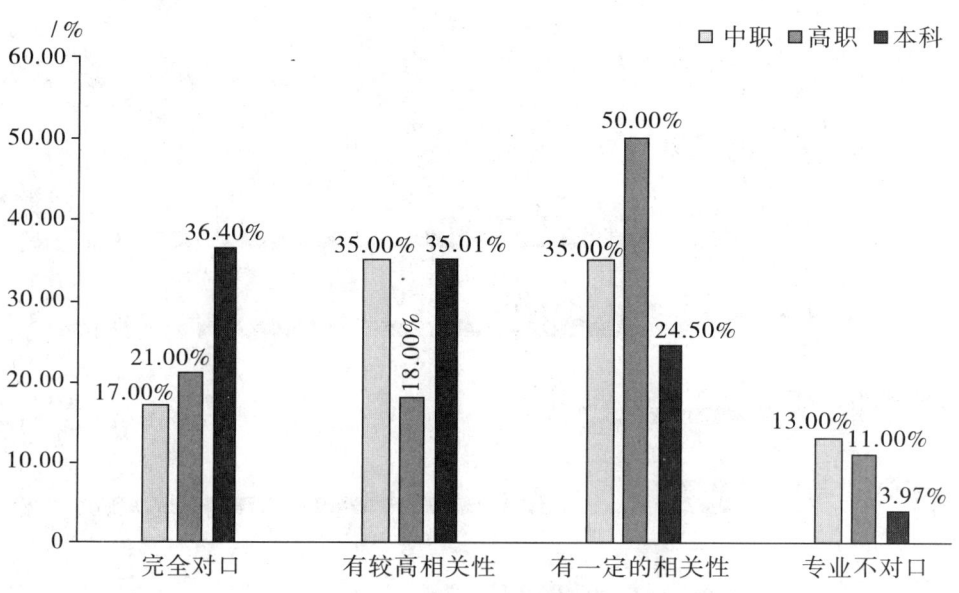

图4-36 中高职本科毕业生所学专业对口度

5．毕业生对专业课程的评价与刚工作时感到的不足之间的联系

如图4-37和图4-38所示，在毕业生评价学校设置的专业课程的问题上，中高职本科毕业生的选项排在三甲的都是"与实际联系紧密，能用得上""理论太多，实践不够，动手能力没得到提高"和"学了很多，用得很少"。这个选项结果正好解释了毕业生刚工作时感到不足的原因。中高职本科毕业生刚工作时感到不足的方面，所占比例最大的是"专业技术与技能"。院校课程的设置不合理导致了毕业生没有学到实用的技术，这的确值得课程设置者深思，解决现状刻不容缓。

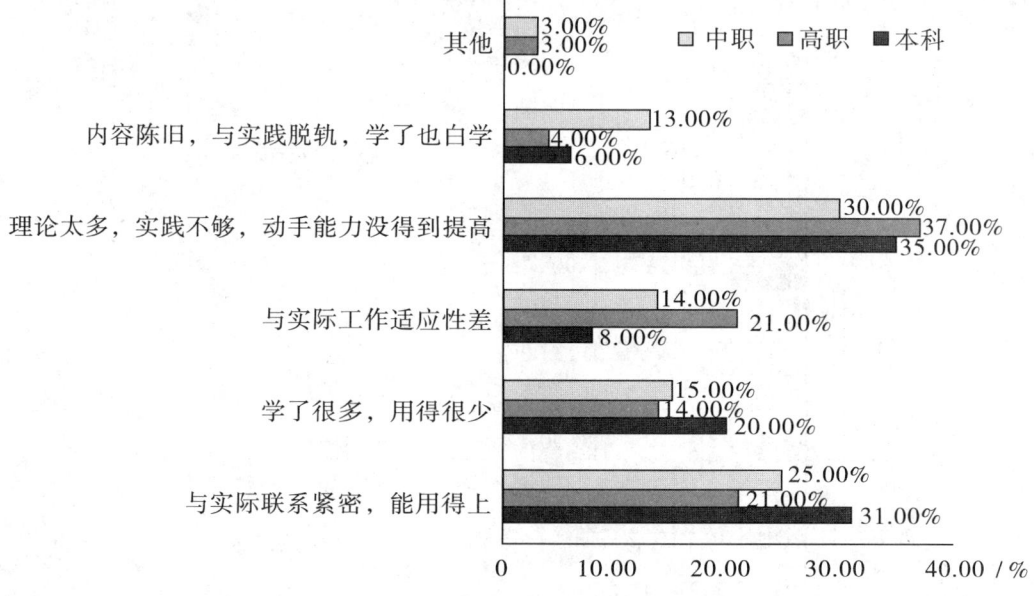

图4-37 中高职本科毕业生对专业课程的评价

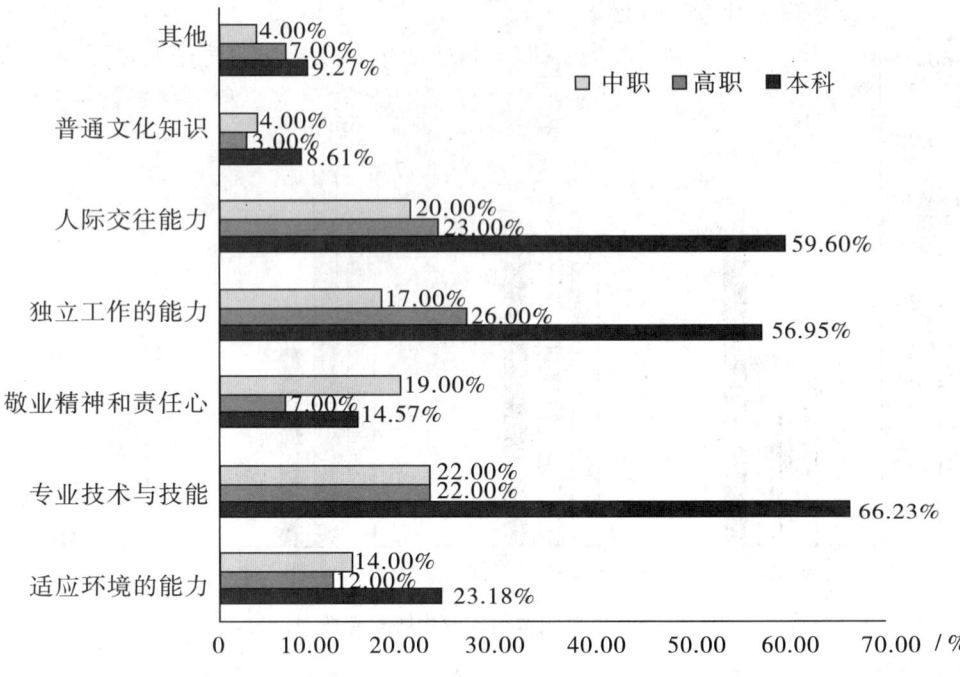

图4-38 中高职本科毕业生刚参加工作时感到不足的方面

6. 毕业生自身素质分析

如图4-39所示，如果再多一次回学校读书的机会，中高职毕业生都希望弥补专业知识、文化素养、身体素质、实践技能、社会能力等方面的不足，而大部分本科毕业生希望弥补专业知识的不足。因此，在实施本科人才培养过程中，更应注意学生对专业知识的掌握和保证专业课的学时；而在中高职进行人才培养时，注重动手能力的同时，也要保证学生的全面发展。

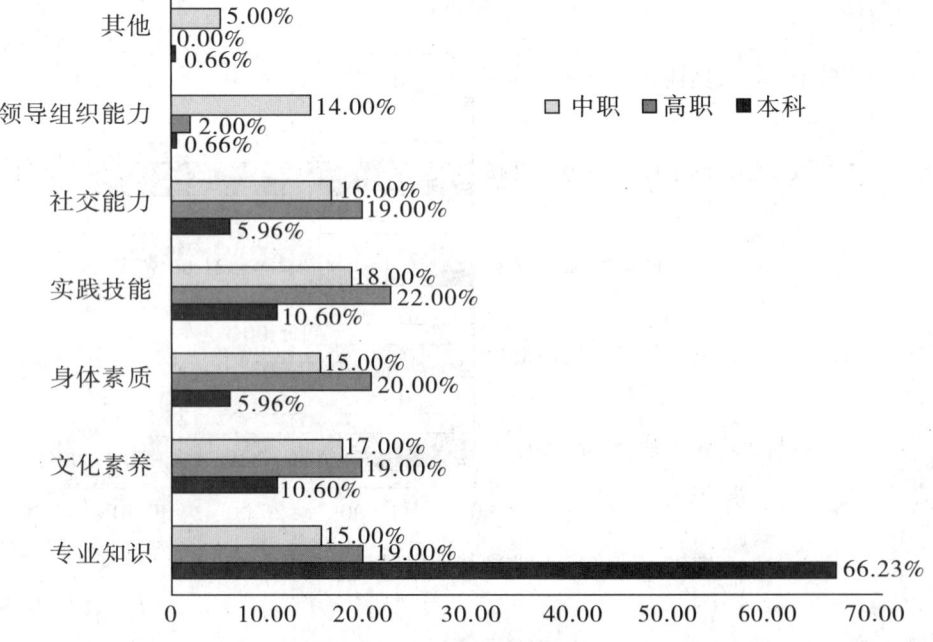

图4-39 中高职本科毕业生希望弥补的不足

7. 本专业毕业生对未来的打算

如图 4 – 40 至图 4 – 42 所示，中高职本科毕业生继续学习的途径大致相同，都集中在以"企业内部技能培训""社会培训""在职学历教育"这三种途径进行继续学习。

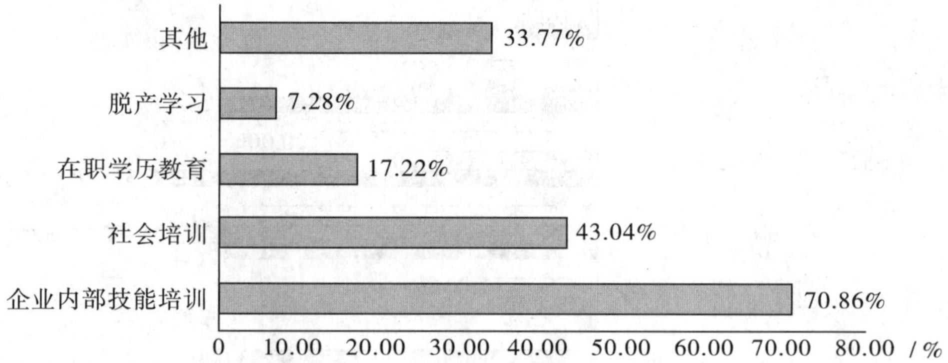

图 4 – 40　本科毕业生参加工作后继续学习的途径

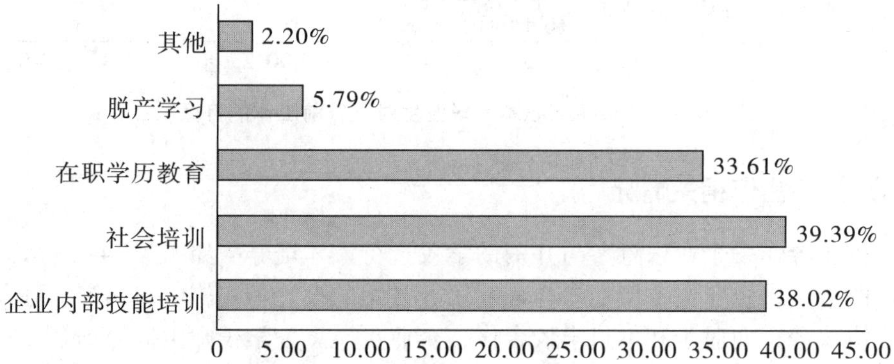

图 4 – 41　高职毕业生参加工作后继续学习的途径

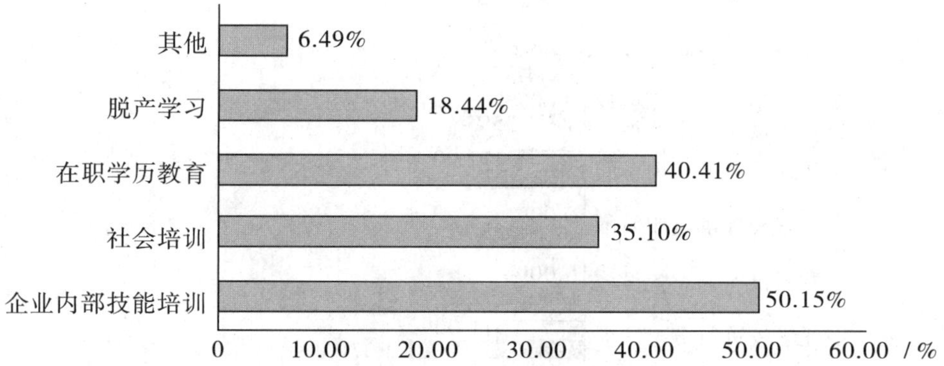

图 4 – 42　中职毕业生参加工作后继续学习的途径

对于未来的打算如图 4 – 43 所示。其中本科毕业生想维持现状的意愿比例明显低于中高职毕业生，深造或再找机会学习的比例较大，可以看出本科毕业生的再学习精神更加强烈。而中高职毕业生则维持现状和从好好工作中获得晋升的思想比较普遍，但同时也看到约有 25% 左右的中高职毕业生有继续学习的意愿。可以说，中高本衔接项目的研究和实践正可以解决这一部分人群的提升需求。

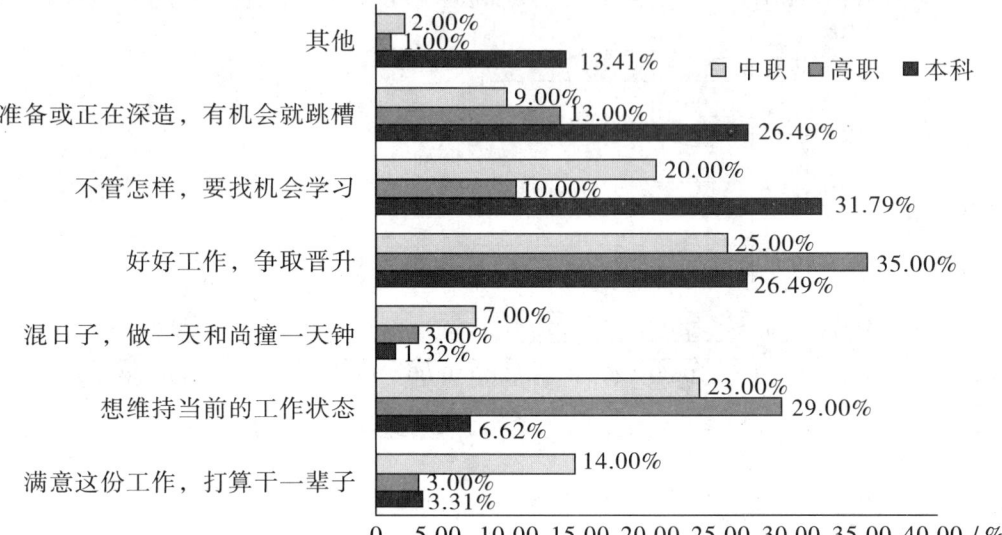

图 4-43　中高职本科毕业生对于目前工作的打算

（七）校企合作相关情况

关于校企合作，企业乐意参与并资助学校进行人才培养。如图 4-44 所示，对于与职业学校的合作，企业更希望能参与人才培养方案的设计与实施、与学校签订人才需求订单培养协议等；而对于和本科学校合作，企业更愿意为学校师生提供到企业实习的机会。中高职本科院校应争取平衡教学要求和企业意愿，加强校企合作，这将使本专业学生能提前接触和熟悉制冷行业。

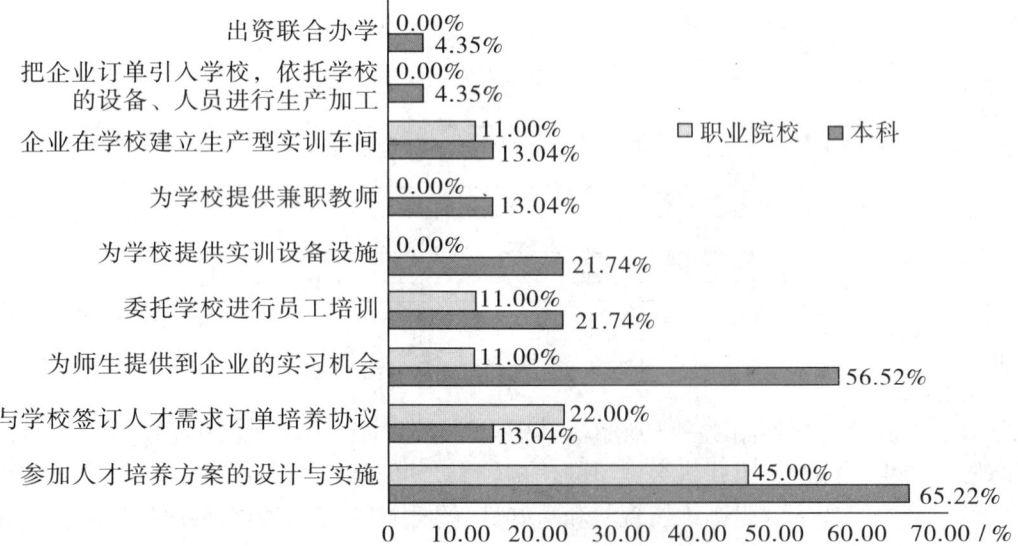

图 4-44　校企合作中企业意愿参与或资助的项目

四、调研结论

通过调研的总结分析，以及结合现在制冷与空调技术行业的发展进度，我们得出以下结论。

（一）职业教育规模和层次不能满足需求，高端技能型人才稀缺

广东省的制冷产业正处于转型升级的关键时刻，企业的高端技能人才用工需求会逐年上升，中高职本科教育符合行业、企业需要。但是现阶段，无论是从数量上还是能力上，制冷与空调技术专业的人才仍然无法满足制冷行业的需求。广东省的制冷行业正从劳动密集型行业向技术密集型行业转变，对制冷专业的人才也提出了更高的专业要求：既懂技术、管理，又具备操作技能，在生产一线上能够独当一面。因此，培养既掌握专业知识又熟悉专业相关操作技能的制冷人才是本专业中高职本科衔接的主要目标。

（二）制冷行业方兴未艾、前景远大，符合产业链的长期发展

与制冷技术专业对口的相关岗位丰富，从调研的结果可以看到，绘图（CAD）员、暖通空调工程师、质检员、空调维修员、销售员、设计开发工程师、生产流水线员等岗位有十几种。其中，中高职本科毕业生的初始就业岗位基本一样，然而经过一定的发展年限以及企业技术要求的提高，更多的是往更高方向的岗位发展，但本科毕业生比中高职毕业生的发展速度要快。从毕业生就业岗位的归类来看，有生产类、开发类、销售类、技术类等。这些岗位覆盖制冷企业产业链的每一个环节，为企业产业链的长久发展提供不断的动力。

（三）制冷行业对中高职、本科毕业生的职业能力要求各有不同

对于中职毕业生，企业需要的是操作能力、团队精神和吃苦耐劳精神，对其定位更倾向于一线操作员；对于高职毕业生，企业重视的是专业水平和团队精神，企业需要其成为一线技术人员的管理者；而对于本科生，企业更注重责任心和创新精神，企业需要其成长为企业的技术骨干和管理核心。对于员工晋升，企业关注的要点是工作效率、技能水平等。因此在晋升方面，本科生比中高职生更具优势。本专业中高职本科生的职业道德都是企业不太满意的，学习和培养相关的职业道德，也是中高职本科衔接中应该注意的问题。

（四）职业规范不完善，影响人才培养目标和评价体系的制定

制冷行业技术规范不足，行业相关部门执行力度过弱，导致了制冷行业的发展混乱和滞后。制定相关的行业规范，加强行业规范的执行力度，是中国制冷行业的当务之急。作为职业教育的第三方评估标准，职业规范对于中高职以及本科的衔接起到至关重要的作用，因此，配合本项目的研究，还需要督促相关部门做好标准和规范的研制工作。

标准和规范的不完善，确实对于职业教育的分层设计和协调统一造成了很大的障

碍。从中职院校、高职院校、本科院校的制冷与空调技术专业的人才培养中可以看到，中职院校培养的是劳动型人才，高职院校培养的是技能型人才，本科院校培养的是技术型人才。这种层次的划分和定位是具有科学性的，但在落实到各个学校的人才培养方案和教学目标的时候，则很难依照既定的层次和定位来确定课程体系，毕竟现在没有一个外在的职业标准或规范可以对这种分层和衔接进行指导。也许，这就是本项目的核心目的所在。仲恺农业工程学院与顺德职业技术学院所开展的高本衔接联合办学试点，在操作层面取得了一些成果，但这个试点还没有毕业生，暂时看不到衔接的效果。

（五）中高职本科的教学课程自身体系完善，但要良好衔接还有很长的路要走

中高职本科现在的教学体系，从个体上看都自成体系，设计规范，编排合理，每个教学体系都讲求技术、技能和素质培养的平衡。但从衔接上看，中职、高职和技术应用本科在课程设置和课程内容上都还没有分层次和衔接培养的意识，就算是通过本项目的研究制定了中高本衔接的课程体系，但要真正落实到各个学校的实际教学，还需要解决衔接中的系列政策问题。比如中高职衔接、高本衔接中的升学途径问题，不升学的学生也要面对企业岗位需求的问题，本科院校向应用技术本科转型的问题，等等。这些问题需要政府、学校甚至企业一起来协调解决。

（六）中高职本科院校生源丰富，但学生对专业的忠诚度有待提高

在中高职本科院校生源情况的调研当中，我们发现，中高职本科院校的制冷与空调技术专业生源丰富，基本都可以达到专业预想人数的要求。但学生进入学校学习和就业后，真正从事专业对口工作的比例并没有很高，这一方面和制冷专业本身面向广、适应性强的特点有关系，但也从另一方面说明学生对于专业的认同度和忠诚度还有待提高。当今的制冷行业，要求人才除了需要有扎实的制冷与空调技术基础的专业知识，更重要的是对于企业的忠诚度和对本职工作的热爱，即所谓的"工匠精神"。所以相关院校一方面要提高学生对于专业的全面了解，另一方面要通过协同培养、现代学徒制等各种方法提高学生对于专业和企业的忠诚度和工作的稳定性，这有利于构建真正的校企合作和协同育人。

（七）校企合作培养人才相关项目，企业态度积极但还需要完善保障机制

校企合作人才培养，有利于学生了解制冷行业的工作岗位和所需技能，是人才培养的最佳途径。但在现行的校企合作人才培养的过程中，企业为学校师生提供到企业实习的机会，参与人才培养方案的设计和实施，但企业在付出之后，其对于人才需求的诉求往往还得不到保障，这打击了企业参与校企合作协同育人的积极性。这个问题的解决根源还在于政府对于协同育人保障机制体制的建立，学校也要更多地为企业考虑，把企业当成真正的人才消费"客户"，为企业培养企业需要的、忠诚度高、技术水平高的人才，同时为企业解决系列技术问题，把对企业的单向需求变成合作共赢。顺德职业技术学院在校企合作双方共赢方面做出了很多成功的案例，值得借鉴。

（八）调研形成的职业生涯发展路径

根据企业和毕业生调研信息，结合各类企业专家座谈意见，项目组对调研时设置的岗位名称进行了统一和规范化处理，确定了制冷与空调技术专业毕业生的就业目标岗位群主要为制冷产品制造、产品与工程营销与服务、工程设计施工与运行管理、设备调试与能效评估、产品及工程维修，其相应的职业生涯发展路径如图4-45所示。其中，中职就业的目标岗位主要为维修、营销与服务、施工与监理、运行管理的Ⅰ和Ⅱ级阶段及制造与检测Ⅰ级中的操作员；高职的目标岗位主要为Ⅱ、Ⅲ级阶段及少部分Ⅰ级阶段岗位（工程设计的Ⅰ级岗位只针对高职）；本科的目标岗位与高职没有太大区别，主要为Ⅲ级阶段岗位。各目标岗位群对应的毕业生职业生涯发展路径及中高职目标岗位区分情况，如表4-7所示。

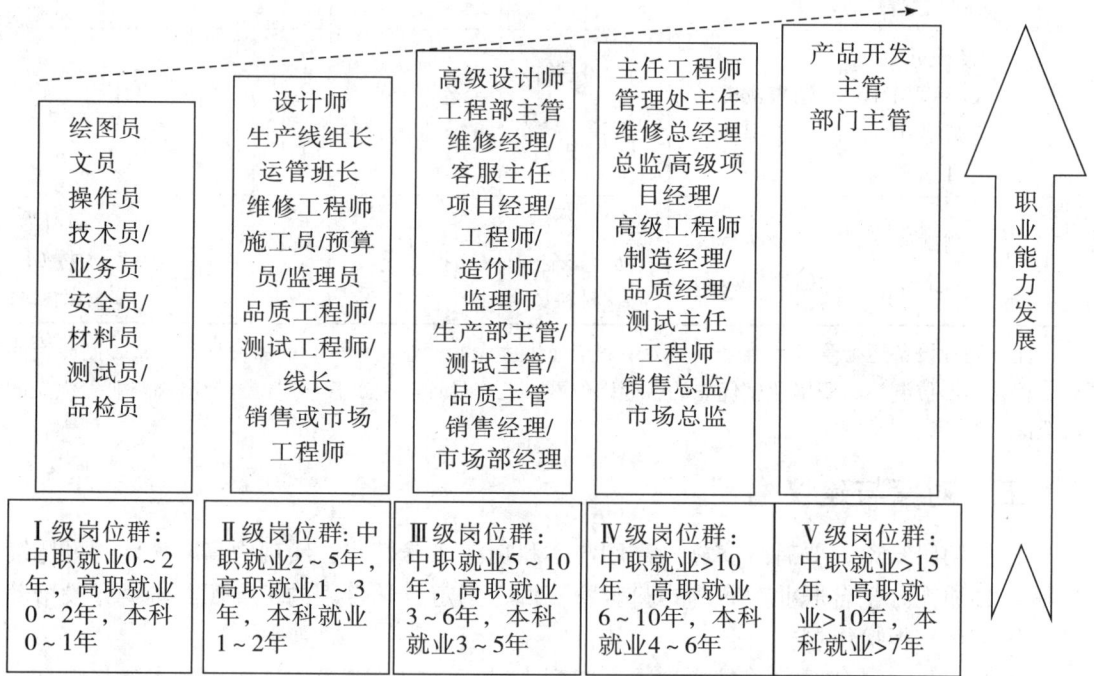

图4-45 制冷与空调技术专业毕业生的职业生涯发展路径示意图

表4-7 制冷与空调技术专业毕业生的职业生涯发展路径表

发展层级	就业岗位群				学历层次	一般发展年限/年		
	产品设计与制造	制冷产品或工程营销	工程设计与施工管理	制冷设备运行管理和维修保养		中职	高职	本科
Ⅵ	企业高管、行业专家				本科以上	15以上	10以上	7以上
Ⅴ	产品主管		部门主管	部门主管				

续上表

发展层级	就业岗位群				学历层次	一般发展年限/年		
	产品设计与制造	制冷产品或工程营销	工程设计与施工管理	制冷设备运行管理和维修保养		中职	高职	本科
IV	设计、制造、品质经理/测试主任工程师	销售总监/市场总监	总监/高级项目经理/高级工程师	管理处主任	本科高职	10以上	6~10	4~6
III	设计部主管/生产部主管/品质主管/测试主管	销售经理/市场部经理	项目经理/工程师/造价师/监理师	工程部主管	本科高职	5~10	3~6	2~4
II	设计员/线长/品质工程师/测试工程师	销售或市场工程师	助理设计师/施工员/预算员/监理员	运管维修班长	本科高职中职	2~5	1~3（设计类2~5）	1~2
I	测试员/品检员	业务员（销售助理）	绘图员/资料员/安全员/材料员	操作员	高职中职	0~2	0~2	实习为主（1以内）

注：制冷设备运行管理与维修保养为中职毕业生优先的就业岗位群；产品设计与制造、制冷产品或工程营销岗位群为高职毕业生优先的就业岗位群；工程设计与施工管理岗位群为本科毕业生优先的就业岗位群。

五、对策与建议

根据调研结论，要有效实施中高职与本科衔接培养模式，实现中高职人才的可持续发展，必须充分整合职业教育与本科教育资源，制定科学合理的中高职与本科分段培养的实施策略和衔接机制。

中高职与本科分段培养是一种中高职到本科衔接的教育模式。应用型本科与中高职是应用型人才培养的两个层次，二者是纵向关系；高等职业教育与普通高等教育人才培养的方向不同，二者是横向关系。中高职与应用型本科分段培养模式实现了高等教育类型的横向衔接和教育层次的纵向衔接，是一种中高职到本科衔接的教育模式。要实现中高职本科的有效衔接，需要从人才培养方案标准、教学条件标准（师资和实验实训条件）、课程标准、保障机制等方面全面落实，对策和具体措施表述如下。

（一）结合行业企业对技能型人才的需求特点协同研制中高职本科衔接的人才培养方案

针对中高职本科院校在制冷空调类专业的人才培养方案中存在的职业技能重复、课程设置重复、课程缺乏衔接等问题，建议在相关政府部门统一组织和部署下，促进开设此类专业的中高职本科学校进行相互合作。在中高职本科院校和行业企业的共同参与下，研讨专业人才培养目标的分层次定位，并结合地域特点和行业企业的人才需求特点，确定中职阶段、高职阶段以及本科阶段分别需要达到的知识和能力目标，从而研制出符合广东省地域特色的制冷空调类专业中高职本科衔接教学标准和相关的课程标准，为广东省制冷空调类专业的职业教育改革实践提供指导。

除了制定相应的专业教学标准外，还建议加快推行中高职本科衔接教学实践，通过系统化的教学改革，加强和加快复合型技能人才的培养。同时还应开设一些相关课程培养"工匠精神"以及"适应环境的能力"，加强其"人际交往能力"。对于学生独立工作能力欠缺的问题，应在平时的教学过程中采取措施（如多采用任务驱动、项目驱动式教学法等），或通过培训和组织学生参加技能竞赛、社会服务活动等，锻炼和培养学生独立解决实际问题的能力。

另外，学校应帮助学生进行有效的职业生涯规划，及时调整自我发展计划，培养学生的求职技能，全方位培养学生的就业能力。

（二）课程衔接是中高职院校与本科院校教育衔接的核心和落脚点，要把专业标准的研制落实到课程标准研制

中高职院校与本科院校应积极推进教育衔接，教育衔接包括学制、培养目标、专业设置、课程、教材、职业能力的衔接等，其中课程衔接是教育衔接的核心和落脚点。因此，需要在前期调研和人才培养方案标准制定的基础上，推动中高职本科院校协同制定系列核心课程的标准。当然，如果没有强有力的行政单位推行中高职本科的衔接问题，则这种分层次的课程标准全是废纸一张，所有的院校都会回到课程重复设置、标准随意制定的老路上去。

（三）中高职本科院校通力合作，共同建设制冷空调类专业教学资源库，打造优质教学资源

在中高职本科衔接中，要培养懂技术、管理又具备操作技能的面向生产一线的技术人才，教学资源共享是必需的，因为中高职学校课程体系注重操作动手能力，而本科学校注重理论方法的运用。教学资源的共享，让中高职本科院校学习他人的长处，弥补自己的不足，这也正是中高职本科衔接的目的之一。

从目前的情况看，优质教学资源的打造靠教师的个人奋斗解决不了问题。顺德职业技术学院牵头建设的国家级制冷专业教学资源库是一个很好的平台，集合了全国最优秀的团队制作最优质的教学资源。但这些资源如果没有人用也是白费，因此，一方面顺德职业技术学院要继续做好资源库的建设工作；另一方面要大力向中高职本科院校推广，逐步建立教学资源的统一，并利用共同平台配合完成课程标准和评价机制的统一。

（四）建立标准化的教育教学条件，积极发挥企业在人才培养中的积极作用

要实现中高职和本科的衔接，除了人才培养方案和课程标准的统一外，还需要建立与之配套的教育教学条件标准，包括师资配置标准和实验实训标准。在这个过程中要积

极发挥企业在教学条件建设中的积极作用。

（1）积极吸引企业的技术骨干和专家到学校兼职，同时要注意对其进行教学能力的培养。这些企业人士对于中高职本科学生在企业的岗位配置和能力要求具有直观的认识，有利于开展分层次教学。

（2）按照企业岗位与中高职本科能力培养的对应关系，建立自己的实验实训条件。比如，中职学生以设备操作、维修等就业岗位为主，所以试验实训条件以小型制冷设备为主；高职和本科学生要更多地参与设计和管理，因此，实验实训条件需要涵盖制冷行业更多的工种和方向。

（3）中高职本科学校可与企业合作，通过开设订单班、邀请不同类型企业专家授课、组织学生到多个代表性企业参加生产性实习等方式培养学生的综合实践能力，以便职业学校和企业一同着力培训高素质和技术技能型人才。同时，职业学校的教师也要多了解专业技术的进展和趋势、以多种形式（如下企业、做技术顾问、做横向课题等）参与企业生产活动，使职业教育在指导企业新技术应用和指导企业发展方向上起到应有的作用。

（五）建立健全中高职本科衔接协同育人的保障机制，切实落实人才协同培养，提高人才培养质量

要有效实施中高职与应用型本科分段培养模式，实现中高职人才的可持续发展，必须充分整合职业教育与应用型本科教育资源，制定科学合理的中高职与应用型本科分段培养的实施策略和衔接机制。

从调研来看，要实现中高职本科衔接，在专业建设和技术层面上，并没有太大难度，但要有强力部门来落实这种分层教育和有效衔接，这是目前面临的最大困难。但政府也不能依靠政令来推进这项工作，必须建立完备的协同育人的保障机制，比如打通中高职衔接、高职本科衔接中学校和学生的利益。

（六）素质教育要摆在重要位置，强调"工匠精神"的培养

从调研结果可以看到，企业对于人才素质的要求以及目前学生表现出的工作状态，都显示素质教育才是最困难的。所以，除了专业技术技能以外，还要：

（1）大力培养学生的工匠精神，学生要有长期从事一线技术的觉悟，这是企业用人的基本要求。

（2）适当强化学生管理能力，这是学生个体发展必不可少的能力。

（3）提高学生的自学能力和创新能力，在工作一段时间后，这些能力将逐渐替代学生在校所学习的知识，更为企业所重视。

（4）培养学生的人际交往能力，培养学生的团队合作精神。

六、附录

表4-8 参与制冷与空调技术专业高本衔接标准研制之供需调研的团队名单

姓名	单位	完成调研工作量和内容
余华明	顺德职业技术学院	统筹项目调研工作，负责制订调研方案、督促调研实施进度；完成2家行业协会和4家企业的访谈；负责撰写高职人才需求状况调研分析报告，是调研总报告的主要执笔人
陈姝	仲恺农业工程学院	协调安排本科方面的调研工作，负责撰写本科人才培养状况调研分析报告
卢清华	广东省海洋工程职业学校	协调安排中职方面的调研工作，负责撰写中职人才培养状况调研分析报告
刘金平	广东省制冷学会	对项目从组织管理方面进行支持，协助联系企业接受访谈
卢智涛	广东省制冷学会	协助联系企业接受访谈
徐能	美的暖通设备销售有限公司	对项目从组织管理方面进行支持，协助联系企业接受访谈
王斯焱	顺德职业技术学院	参与3家企业调研，负责准备学校调研问卷的网络版加工；参与高职学校调研，负责撰写高职人才培养状况调研分析报告
李锡宇	顺德职业技术学院	参与文献调研，完成2家企业调研
李东洺	顺德职业技术学院	文献调研，负责撰写文献调研分析报告
吴治将	顺德职业技术学院	完成2家行业协（学）会和4家企业的访谈
李玉春	顺德职业技术学院	完成5家企业的问卷调查或访谈
何钦波	顺德职业技术学院	完成21家企业的问卷调查或访谈
王寒栋	深圳职业技术学院	协助调研方案的制订和实施，并指导调研报告的撰写
侯志坚	深圳职业技术学院	协助调研方案的制订和实施，并指导调研报告的撰写
詹勋良	深圳职业技术学院	协助调研方案的制订和实施，并指导调研报告的撰写
詹勋良	深圳职业技术学院	协助收集中职、高职学校人才培养方案，联络调研的中高职学校教师安排布置网络问卷的填写，完成5家企业访谈调研工作

续上表

姓名	单位	完成调研工作量和内容
王启祥	广东交通职业技术学院	协助完成 5 家企业的访谈或问卷调查
刘买花	广东交通职业技术学院	协助完成 3 家企业访谈和 1 个行业协会访谈
罗玉和	仲恺农业工程学院	完成 5 家企业访谈和 1 个行业协会访谈
邓玉艳	仲恺农业工程学院	完成 3 家企业调研
沈向阳	仲恺农业工程学院	负责联系访谈企业 10 家
栗 艳	仲恺农业工程学院	负责本科在校学生的调研问卷工作
陈家树	仲恺农业工程学院	负责本科毕业生的调研问卷工作
左远志 杨小平	东莞理工学院	协助本科在校生、毕业生的调研工作和人才培养方案收集
欧阳文 李 倩	华南理工大学	协助本科在校生、毕业生的调研工作和人才培养方案收集
周家兴 李雪梅 梁广发 蒋朝丽 许秋霞	深圳市沙井职业高级中学	协调中职学生和相关企业调研，协助开展项目建设工作，提供数据和人才培养方案
郑 就 刘永贵	广东省海洋工程职业技术学校	完成中职 300 名在校生和毕业生的调研工作以及 5 家企业的调研工作
邓峻锷 郭嘉炽	顺德梁銶琚职业技术学校	完成顺德梁銶琚职业技术学校学生和毕业生的调研以及 5 家企业的调研工作

参考文献

［1］王志华，陆玉梅，雷卫宁．江苏省中高职与本科衔接试点项目存在的问题及对策建议［J］．职业教育研究，2014（12）．

［2］魏龙，张国东．高职制冷与空调专业"宽基础、活模块"课程模式的探索与实践［J］．制冷与空调（四川），2008，22（3）．

［3］魏龙，张国东．高职制冷与空调专业实践教学目标体系的构建［J］．制冷与空调，2011，25（2）．

［4］张燕．中职校制冷专业建设与改革探索：以阜阳工业经济学校的改革发展为例［J］．长春教育学院学报，2014，30（14）．

［5］黄贤君．中高职与本科高校衔接更畅通［N］．城市商报，2012 – 05 – 30．

［6］邹旗辉．江西高职与应用本科分段培养的可行性研究［J］．九江职业技术学院学报，2013（3）．

［7］姚雪青．中高职与本科联合招生、分段培养，打通向上深造通道：江苏职校生不高考也能上大学［N］．人民日报，2013 – 06 – 04．

［8］齐小萍. 关于高职人才培养模式的若干思考［J］. 宁波大学学报（教育科学版），2004，26（5）.

［9］孙华林，苏宝莉. "3＋2"高职本科分段培养技术技能型人才实践教学体系研究［J］. 教育与职业，2014（9）.

［10］张园，李玲. 高职与本科分段培养高端技能型人才研究［J］. 继续教育研究，2014（4）.

［11］胡斌. 高职与本科分段培养模式创新研究［J］. 济南职业学院学报，2013（5）.

［12］姜彩云，吉顺莉. 高职高专教育与本科教育衔接工作的研究［J］. 太原城市职业技术学院学报，2013（12）.

［13］赵昊昱. 高职与普通本科"3＋2"分段培养模式的思考［J］. 常州工程职业技术学院高职研究，2013（1）.

［14］檀祝平，杨劲松. 高职与应用型本科衔接试点问题的再思考［J］. 职教论坛，2014（4）.

［15］教育部. 国家中长期教育改革和发展规划纲要（2010—2020 年）. ［EB/OL］. ［2010－07－29］http://www.moe.edu.cn/publicfiles/business/htmlfiles/moe/moe_838/201008/93704.html.

［16］王萍. 中高职教育衔接的现状问题及对策研究［J］. 职校论坛，2013（23）.

［17］刘立波. 关于中高职衔接的几点思考［J］. 教育论坛，2014（2）.

［18］杨赛荣. 中高职衔接文献综述［J］. 职业技术，2014（7）.

［19］景圣琪. 浅析中高职教育衔接立交桥的搭建策略［J］. 湖北广播电视大学学报，2014（11）.

［20］赵媛媛. 国内外中高职教育衔接模式实施现状及成效研究［J］. 长春大学学报，2014（8）.

［21］武金陵，闫智勇. 中高职衔接的系统模型研究［J］. 教育学术月刊，2012（10）.

［22］尹存涛. 中高职教育有效衔接的内容分析与路径探讨［J］. 天津职业大学学报，2012（2）.

［23］余明辉. 基于培养目标定位层次性的中高职教育衔接思考［J］. 职业技术教育，2012（26）.

［24］高明. 我国中高职课程衔接研究之评述：2000—2013 年——基于中国知网文献分析［J］. 职教论坛，2014（33）.

［25］梁小花. 系统论视域下中高职课程有效衔接研究［J］. 湖南社院选报，2013（6）.

［26］周大农. 中高职教育课程衔接的设计与思考［J］. 职教论坛，2013（3）.

［27］冯克江. 广东省中高职衔接的问题及对策［J］. 内蒙古电大学刊，2014（6）.

［28］张婵. 创新型中高职衔接"二三分段"人才培养模式研究［J］. 继续教育研究，2014（7）.

［29］刘松林. 中高职衔接模式培养结果的比较研究［J］. 广东技术师范学院学报（社会科学版），2013（6）.

［30］邵元君，匡瑛. 国家职业标准：中高职衔接中培养目标定位的重要依据——基于美英的经验［J］. 职教论坛，2012（28）.

［31］杨惠超，黄文峰. 中高职衔接一体化人才培养方案研究［J］. 职业时空，2014（9）.

［32］夏学文. 中高职衔接的专业教学标准的开发［J］. 天津职业大学学报，2013（6）.

［33］曹毅，蒋丽华，罗群，等. 基于分层模型的中高职衔接标准分析与构建［J］. 职业技术教育，2013（13）.

［34］徐国庆. 中高职衔接的课程论研究［J］. 教育研究，2012（5）.

［35］张志新，林来涛. 基于"学习领域"的中高职课程体系衔接研究［J］. 职业技术教育，2013（34）.

［36］邵世光，王月穆. 基于国家职业标准的中高职课程衔接策略［J］. 职教论坛，2012（15）.

［37］纪顺源. 中高职课程衔接层次性特点研究［J］. 职业教育，2013（9）.

［38］杨毅红. 江苏省中高职衔接试点项目的现状分析与对策探究［J］. 江苏教育研究，2013（11）.

［39］崔戴飞，徐青云. 中高职衔接的现实问题及应对策略：以浙江省五年制中高职衔接为例［J］.

职业技术教育，2014（11）.

[40] 祝成林. 浙江省中高职课程衔接制度变迁与实践探索：基于 20 世纪 80 年代以来重要教育政策分析 [J]. 职教论坛，2013（15）.

[41] 刘荣秀. 广东省中高职衔接近三十年的探索与实践 [J]. 教育导刊，2012（11）.

[42] 刘荣秀. 中高职衔接的现状调查与政策评析：以广东省为例 [J]. 职业技术教育，2010（16）.

[43] 彭娟，刘兵. 国外中高职课程衔接对我国职业教育发展的启示 [J]. 机械职业教育，2014（4）.

[44] 齐红阳. 英国职业资格证书制度对我国中高职衔接的启示 [J]. 现代教育科学，2014（5）.

[45] 李德贵. 美、英、澳中高职衔接的比较研究：基于体制和机制的视角 [J]. 成人教育，2013（12）.

[46] 黄京钗. 海峡两岸中高职教育衔接机制比较研究 [J]. 广州社会主义学院学报，2014（1）.

[47] 郭锡泉，余明辉. 借鉴澳大利亚能力本位思想的中高职课程衔接设计：以网络专业为例 [J]. 广州职业教育论坛，2013（1）.

[48] 朱采莲，杨润丰. 广东省中高职三二分段衔接及问题探讨 [J]. 继续教育研究，2014（8）.

[49] 刘晓红，马炎坤. "三二分段"中高职衔接一体化课程体系构建与实践：以广东轻工职业技术学院制冷空调专业为例 [J]. 职业教育，2014（5）.

[50] 徐杰. 暖通空调专业中高职衔接实施现状及思考 [J]. 武汉船舶职业技术学院学报，2014（2）.

[51] 孙见君. 制冷工 [M]. 北京：中国劳动社会保障出版社，2003.

[52] 佚名. 国家职业标准·中央空调系统操作员 [M]. 哈尔滨：哈尔滨出版社，2003.

[53] 计算机辅助设计绘图员国家职业标准 [EB/OL].［2010 – 09 – 04］. http://wenku. baidu. com/view/f8ab3f2fb4daa58da0114a8d. html.

[54] 李海东，杜怡萍，等. 中高职衔接标准建设新视野：从需求到供给 [M]. 广州：广东高等教育出版社，2014.

[55] 广东省教育厅，广东省教育研究院. 广东中高职衔接专业教学标准研制：调查与分析 [M]. 广州：广东高等教育出版社，2014.

第五章
高职本科一体化精细化学品生产技术
（化学工程与工艺）专业建设调研报告

2015 年 5 月 8 日，广东省教育厅下发了《广东省教育厅关于公布 2015 年度省高等职业教育专业教学标准立项项目的通知》（粤教高函〔2015〕96 号）。根据该文件，由广东轻工职业技术学院牵头，联合仲恺农业工程学院、广州环亚化妆品科技有限公司等单位共同承担"精细化学品生产技术/化学工程与工艺高本衔接专业教学标准研制"项目的研制任务。在广东省教育厅高教处和广东省教育研究院的支持及指导下，项目组于2015 年 5 月至 12 月对广东省精细化工相关的行业、企业、高职院校和本科院校进行了广泛、深入、细致的调研，在取得大量原始数据和文献资料的基础上，对数据及文献资料进行分类、整理、汇总与分析，撰写了本调研报告。

一、前言

（一）调研背景分析

石油和化学工业是国民经济重要的支柱产业和基础产业，具有资源、资金、技术密集，经济总量大，产品应用范围广等特点。精细化工，是生产精细化学品工业的通称，是化学工业的重要组成部分，也是当今化学工业中非常具有活力的领域之一。精细化工产品种类多、附加值高、更新换代快、用途广、产业关联度大，直接服务于国民经济的诸多行业和高新技术产业的众多领域。国家在《高新技术企业认定管理办法》（国科发火〔2016〕32 号）中明确了精细及专用化学品、化工新材料等化工子行业为国家重点支持的高新技术领域，这也是调整我国化工产业结构和提高经济效益的战略重点之一。精细化工率的高低已成为衡量一个国家（地区）化工发展水平的主要标志，我国化学工业的精细化工率目前仅为 45% 左右，与欧、美、日本等发达国家或地区 60%～70%的精细化工率相比，仍有较大的差距。

2014 年 5 月，《国务院关于加快发展现代职业教育的决定》目标任务中明确提出："到 2020 年，形成适应发展需求、产教深度融合、中职高职衔接、职业教育与普通教育相互沟通，体现终身教育理念，具有中国特色、世界水平的现代职业教育体系。"而实现高等职业教育与普通本科教育（或应用型本科教育）的相互衔接贯通是构建现代职业教育体系的重要环节。根据《广东省人民政府关于创建现代职业教育综合改革试点省的意见》（粤府〔2015〕12 号），建立符合广东产业发展需求、科学而完善的职业教育标准体系，是创建现代职业教育综合改革试点省的重要内容，具有非常重要的意义。

为了研制科学合理的精细化工高本衔接专业教学标准和课程标准，项目组在广东省教育研究院的指导下，进行了项目研制的调研工作。

（二）调研目的和意义

调查研究是高本衔接专业教学标准和课程标准研制的前提和基础。通过调研，从多方位、多层次、多角度厘清以下几个问题，为专业标准的研制打下良好的基础。

（1）目前广东省精细化工产业结构现状及未来的发展趋势如何？产业未来的发展能否为精细化工专业高本衔接的必要性提供相关的依据？

（2）目前精细化工企业的人才需求和供给状况如何？学校培养的人才在能力方面能否满足企业的要求？

（3）精细化工企业（尤其是日化企业）的岗位设置及人员分布状况如何？精细化工专业毕业生的就业岗位分布如何？高职和本科毕业生在就业岗位层面是否存在差异？如果有差异，体现在哪些方面？如何拟定高职和本科毕业生的目标岗位和毕业生的职业晋升路径图？

（4）精细化工专业相关岗位有哪些职业能力要求及企业对毕业生有哪些职业资格要求？企业对高职和本科生在职业岗位能力方面是否有差异？若有，主要体现在哪里？

（5）目前各职业院校和应用型本科院校人才培养目标如何定位？课程设置情况和教学模式如何？高本衔接的条件如何？

（6）目前高职和本科在校生的学习状况以及高职生的升学意愿如何？精细化工专业高本衔接目前存在哪些问题？

总而言之，项目组拟通过调研，为确定精细化工专业高本衔接及各学段的人才培养目标，为制定具有科学性、普适性的高本衔接精细化工专业教学标准和课程标准提供依据，从而打造高本衔接人才培养通道，更好地满足精细化工企业对人才的需求。

二、调研基本情况

本项目调研涉及面广，对象多，工作量大，调研对象主要包括文献资料、行业、企业、院校、教师、在校生、毕业生等。

（一）调研方式

本次调研主要按以下 5 种方式开展：

（1）发放调研问卷，包括纸质问卷、网络电子问卷、问卷星等。

（2）现场访谈，访谈对象主要包括行业专家、企业管理者、高职院校、本科院校管理者和教师，地点为访谈现场和专场招聘会等。

（3）网络访谈，通过电子邮件、QQ、短信、微信等形式，发放访谈提纲，收集电子结论。

（4）电话访谈，通过电话，针对提纲进行访谈，记录访谈结论。

（5）文献检索，通过学术期刊网站，查阅国内外相关文献。

（二）调研的组织方法

调研的组织方法总体是统筹兼顾、分工负责、各司其职。具体过程如下：调研采取了文献研究、问卷调查、访谈等多种方法，通过广东省高职教育化工类专业教学指导委员会和广东省高校化学化工专业委员会两个联系平台，委托广东省内各地的高职和本科院校协助项目组对当地的精细化工企业、企业员工、高职和本科院校精细化工专业负责人、专业骨干教师、在校生和毕业生等对象进行了调查，发放调查问卷，指导填写问卷。通过问卷星对高职在校生和毕业生、本科在校生和毕业生进行调研，最后项目组对调研结果进行汇总、分析。

（三）调研样本统计

在文献调研方面，从中国知网、百度学术等网站共检索到 173 篇有关的研究文献，其中关于行业企业发展方面的文献 73 篇，研究专升本或高职本科衔接的文献 43 篇，研究高职本科课程衔接的文献 22 篇，专业认证方面的文献 35 篇。

以精细化工相关的企业、院校为主要调研对象，地域涵盖珠江三角洲、粤东、粤西和粤北地区，共调研企业 114 家、院校 23 所。截至目前，共收回有效企业问卷 152 份、学生问卷 3 142 份。

调研样本基本情况见表 5-1。

表 5-1　调研样本基本情况表

行业企业基本情况				
地区	企业数量/家	企业合计/家	人员类型	调研数量/人次
广州	36		企业负责人	20
珠江三角洲（除广州）	46			
粤东地区	22	114	人力资源、技术部门经理	92
粤西地区	8			
粤北地区	2		技术骨干	30

高职院校和本科院校基本情况			
地区	高职/所	本科/所	小计/所
广州	2	4	6
深圳、江门	2（各1）	2（各1）	4
佛山	2	1	3
中山	2	0	2
东莞、惠州、肇庆	0	3（各1）	3

续上表

地区	高职/所	本科/所	小计/所
粤北地区	0	1	1
粤东地区	1	1	2
粤西地区	1	1	2
合计	10	13	23

行业企业规模样本量

地区	大型企业/家	中型企业/家	小型企业/家	小计/家
广州	10	11	15	36
珠江三角洲（除广州）	8	18	20	46
粤东地区	2	13	7	22
粤西地区	3	3	2	8
粤北地区	0	1	1	2
合计	23	46	45	114

行业企业类型样本量

类型	其他精细化工企业	日化类企业	石油化工企业	涂料类企业	其他
数量/家	41	30	6	24	13

人员类型样本量

高层管理人员/人	中层管理人员/人	高级技能人才/人	技能人才/人	合计/人
20	32	60	30	142
高职在校生数/人	高职毕业生数/人	本科在校生数/人	本科毕业生数/人	合计/人
1 007	567	1 031	537	3 142

三、调研资料分析

　　项目组根据调研的样本数据和统计结果，对精细化工尤其日用化工行业现状及未来发展趋势、精细化工相关企业人才需求及供给状况、精细化工毕业生就业岗位群情况、职业资格和行业规范要求情况、企业岗位群典型工作任务和能力要求、高职院校和本科院校毕业生就业状况、高职院校和本科院校在校生学习状况及课程设置情况进行了分析和总结。

（一）行业现状及发展趋势

1. 精细化工行业和日化行业处于大有作为的重要战略机遇期

随着国民经济的发展，精细化学品的不断开发和应用领域的不断拓展，新的门类仍在不断增加。精细化学品主要包括：个人护理用品（化妆品）与盥洗卫生品、肥皂与合成洗涤剂（家庭清洁护理用品）、香料与香精等日用化学品、表面活性剂、医药、农药、合成染料、有机颜料、涂料、印刷油墨及其助剂等 40 多个门类。日用化工产业是生产与人们日常生活直接相关的化工产业大类。根据国民经济分类标准，化学原料及化学制品制造业大类包含日用化学产品制造业，包括化妆品制造业、洗涤剂制造业等多个子行业。目前我国是全球最大的洗涤剂市场和第二大化妆品市场，同时也是全球日化市场中容量和潜力最大的市场。据统计，2015 年我国日化产品制造行业主营业务收入为 4 615.66 亿元，同比增长 9.3%（如图 5-1 所示），预计到 2018 年，市场销售总额将达到 6 000 亿元。经过 30 多年的发展，我国日化产业已形成以广州为中心的珠江三角洲地区、以上海为龙头的长江三角洲地区两个最大的主要产业集群和两大制造业板块。

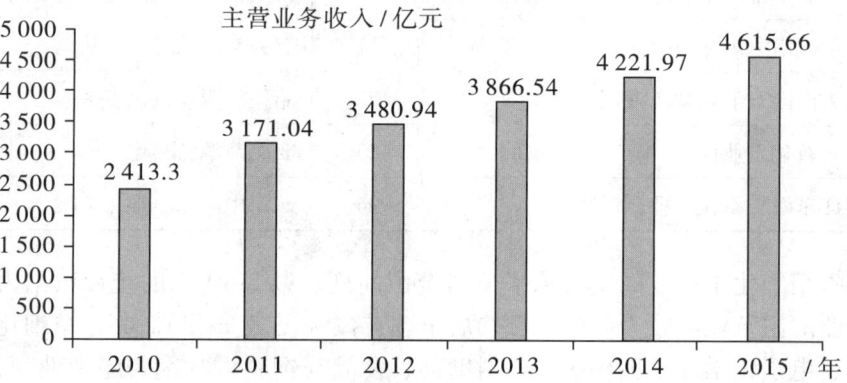

图 5-1 2010—2015 年日化产品制造行业主营业务收入统计

随着中国经济发展步入新常态、化工产业转型升级和新环保法的实施，精细化工行业未来将朝着产业园区化、绿色环保化方向发展。此外，随着国家倡导的战略性新兴产业发展，需要大量精细化工产品与之配套，而提高我国化学工业的精细化工率和精细化工产业实力及自主创新能力，必然需要大量的创新型应用技术型人才。

随着人们生活水平的进一步提高，未来 5～10 年，我国日化行业尤其是化妆品行业将迎来一轮稳定且快速的黄金增长期。中国化妆品行业未来的发展趋势是提升、创新、坚守特色，勇于挑战国际品牌，进军国际市场。自 2010 年以来，日化企业积极开拓电商和微商等营销渠道，使得线上渠道的日化产品销售额快速增长。根据日本资生堂公司的研究，中国的核心"化妆品使用人口"数量从 2010 年的 1 亿，到 2020 年预计将达到 4 亿。

2. 广东省精细化工行业（尤其是日化行业）的发展水平位居全国前列

广东作为全国经济大省，非常重视精细化工产业的发展，通过大力发展化工产业园区，推动了精细化工产业的快速发展。如表 5 - 2 所示为目前广东省精细化工产业发展的主要化工园区和产业集中区，园区几乎覆盖全省各市，特别是珠江三角洲地区各市。

表 5 - 2　广东省精细化工产业发展主要集聚区

序号	集聚区名称	序号	集聚区名称
1	广州经济技术开发区	13	江门银洲湖精细化工园区
2	广州南沙小虎精细化工园区	14	珠海高栏港经济区
3	深圳坝光精细化工园区	15	佛山三水工业区大塘工园区
4	东莞虎门港沙田立沙岛石化基地	16	佛山三水中心科技工业园
5	惠州大亚湾石化工业区	17	中山市能源仓储化工建材集聚区
6	惠州鸿海精细化工基地	18	中山市沙仔综合化工集聚区
7	惠州杨侨精细化工园区	19	肇庆大旺高新区
8	惠州稔平半岛精细化工园区	20	德庆县精细化工危险化学品专区
9	揭阳大南海国际石化综合工业园区	21	韶关南雄精细化工基地
10	汕头南区石油化学工业区	22	韶关乳源氯碱化工基地
11	茂名石化工业区	23	韶关翁源涂料化工园
12	湛江东海岛石化产业园区	24	珠海中海油精细化工园

广东省精细化工产业的发展水平位居全国前列，以 2014 年的统计数据为例，广东省日化企业的主营业务收入和出口额均居全国首位（见表 5 - 3）。其他精细化学品如涂料、油墨、电子化学品、胶黏剂、塑料助剂、食品与饲料添加剂、印染助剂、气雾剂、硅橡胶等均处于国内领先水平，在国内有较大的影响力和市场占有率。据统计，截至 2016 年 7 月，广东省内精细化工企业超过 4 500 家（仅化妆品生产企业已超过 2 400 家，涂料企业约 1 300 家），从业人员超过 65.8 万人。

表 5 - 3　2014 年广东省日化行业主营业务收入占全国比重

行业及子行业	主营业务收入总额	占全国的比重/%	增速/%	全国排名
日化行业总值	1 386.05 亿元	32.83	6.87	1
口腔清洁用品	96.18 亿元	53.08	3.62	1
化妆品	330.54 亿元	29.14	18.21	1
香精、香料	128.51 亿元	20.35	28.07	1
肥皂及合成洗涤剂	763.10 亿元	44.88	- 0.56	1
日化行业出口额	22.17 亿美元	36.71	24.24	1

（二）精细化工企业人才需求及供给情况

精细化工行业是人才和技术密集型行业，随着精细化工行业的快速发展，对从业者的要求日益提高，不仅要求专业人员有较高的理论水平、技术综合运用能力和实际工作经验，还要求其具备良好的敬业精神、服务意识和丰富的行业经验。

1. 人才需求规模（数量）分析

根据全国化工教育协会统计，石油和化工全行业高技能人才需求是每年增加 10.4 万人，供需比为 1：1.25。但事实上，全国高职精细化工专业办学点从 2011 年的 98 个下降至 2013 年的 86 个，在校生人数从 12 111 人下降至 9 671 人，招生人数从 3 566 人下降至 3 139 人，毕业生人数从 2011 年的 5 406 人下降至 2013 年的 3 736 人。特别是在 2015 年天津港"8·12"事故发生后，民众谈"化"色变，若再不能阻止招生数量的下滑，加大招生宣传和培养力度，精细化工人才供不应求的状况将日趋严重。

广东省作为精细化工产业大省，根据国家最新的《高新技术企业认定管理办法》的规定，从业人员与精细化工专业人才若按照 10：1 的比例计算，则至少需要精细化工专业人才 6.5 万人。图 5-2 为被调查的单个精细化工企业各岗位年新增人才需求数量平均值及分布图，各岗位平均需求量合计为 16.8 人，各层次的精细化工人才需求均呈现一定幅度的增长。如果以每个企业新增 10 人估算，每年至少要新增 4.5 万人。据不完全统计，目前广东省开设精细化工相关专业的高职和本科院校共有 28 所，其中高职院校 12 所，本科院校 16 所，2016 年广东全省精细化工类专业毕业生仅为 1 616 人。高职院校以广东轻工职业技术学院、深圳职业技术学院、中山职业技术学院等院校为代表，本科院校以广州大学、仲恺农业工程学院、广东石油化工学院等院校为代表。从供需关系看，当前广东省省内的人才培养规模难以满足广东精细化工企业发展对人才的需要。

单位：人（数量平均值）

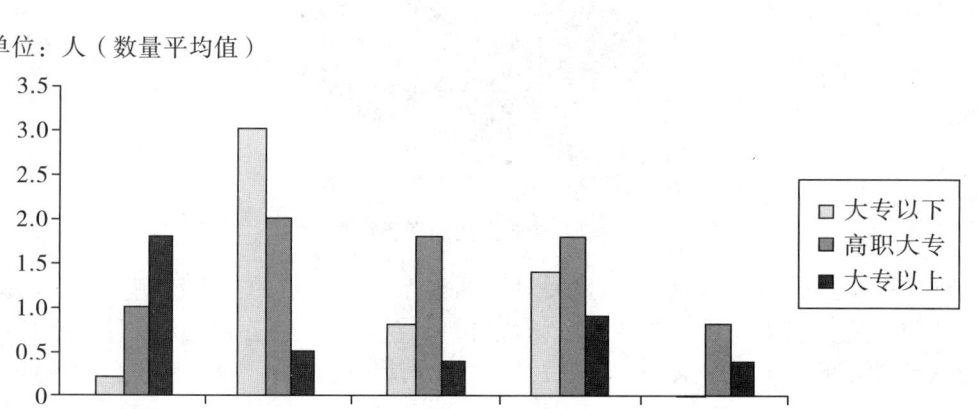

图 5-2 单个精细化工企业各岗位年新增人才数量平均值及分布

对广东省精细化工企业的选人用人情况进行调查统计，结果如图 5-3 所示。超过 80% 的企业期望对外招聘人才，首选的方式是通过招聘中介或人才市场招聘，其次是直接到学校招聘，只有小部分企业由企业自主培养。但是超过 50% 的企业认为在经济发展的新常态下，存在招工难、留人难的问题，期望相关院校能培养更多的精细化工专业人才，以满足企业对人才的需求。

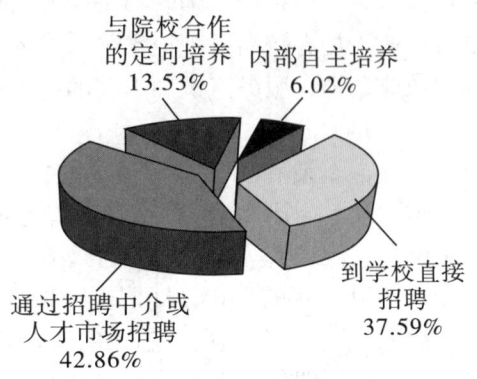

图 5-3　企业招聘和培养人才的渠道与方式

2．企业人才需求规格（层次）分析

（1）岗位人员学历情况。

由于精细化工行业是技术密集型行业，需要从事研发的专业人才相对其他普通行业的比例要高。图 5-4 为目前精细化工企业专业人员的学历结构分布，超过一半为高职或专科毕业生，其次是本科生，中职及高中和研究生以上学历的比例较小。由此可见，构建高职与应用型本科衔接的精细化工专业人才培养体系对于整个化工行业的产业转型升级具有重要现实意义。

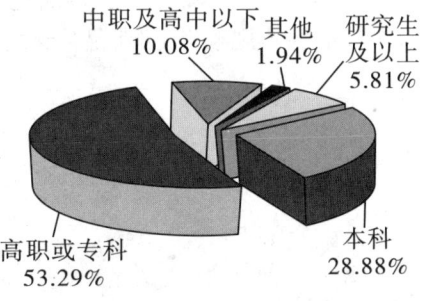

图 5-4　专业人员的学历结构分布

图 5-5 为精细化工企业未来发展对不同类型岗位人员的需求比例分布。从调查的结果来看，企业未来发展需要从事市场营销、研究开发、经营管理和质检等有精细化工专业背景人才的比例比普通工人更高，这也符合精细化工行业技术密集型的行业特点。

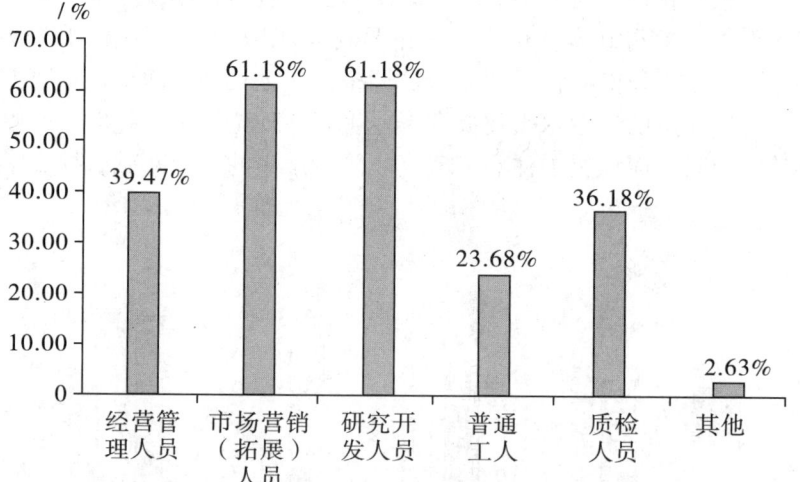

图5-5　企业未来发展对不同岗位人员的需求分布

（2）企业招聘时看重的员工素质（关键能力要求）。

从图5-6企业招聘时员工素质的重要性排序看，企业最看重的员工素质为职业忠诚度和敬业精神，其余依次是专业知识和专业技能、自主学习能力、刻苦耐劳、团队精神等，最后才是学历。但是随着精细化工企业规模的扩大，招聘时企业对员工尤其是从事研发工作人才的学历要求越来越高，大多数规模以上的精细化工企业，除了一线生产操作员工外，均要求本科或本科以上学历。

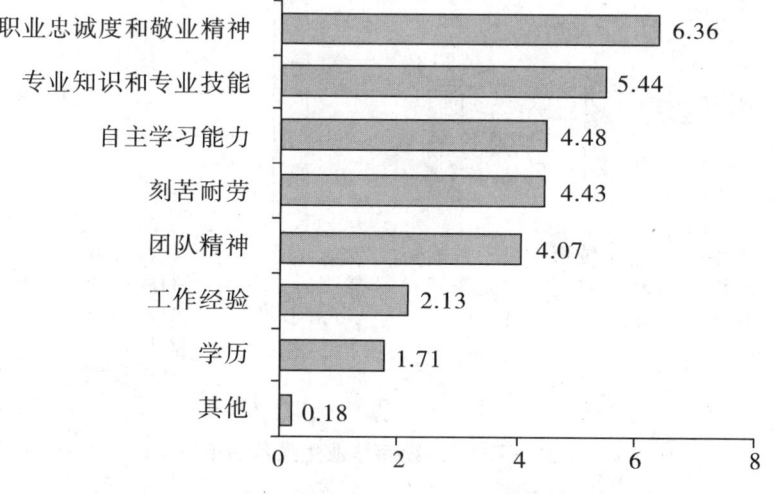

图5-6　企业招聘时员工素质的重要性排序

（3）企业对高职毕业生和本科毕业生的基本期望。

由图5-7可知，企业对本科毕业生的基本期望中，位居前三的分别是：①实际工作能力较强，能解决实际问题；②具有良好的职业道德，服从管理，对公司忠诚；③专业水平高，理论知识扎实。企业对高职毕业生的基本期望位居前三的分别是：①具有良好的职业道德，服从管理，对公司忠诚；②实际工作能力较强，能解决实际问题；③具有吃苦耐劳的精神，勤奋好学。可见，无论是对高职毕业生还是本科毕业生，职业素养、职业道德和实际工作能力都是用人单位期望毕业生具备的两个最重要方面，只是更多企业期望本科毕业生的专业水平比高职毕业生高，理论知识更扎实，所以在制定高本衔接专业教学标准时，应该更加注意夯实高职阶段学生的专业基础，提高学生解决实际问题的能力。

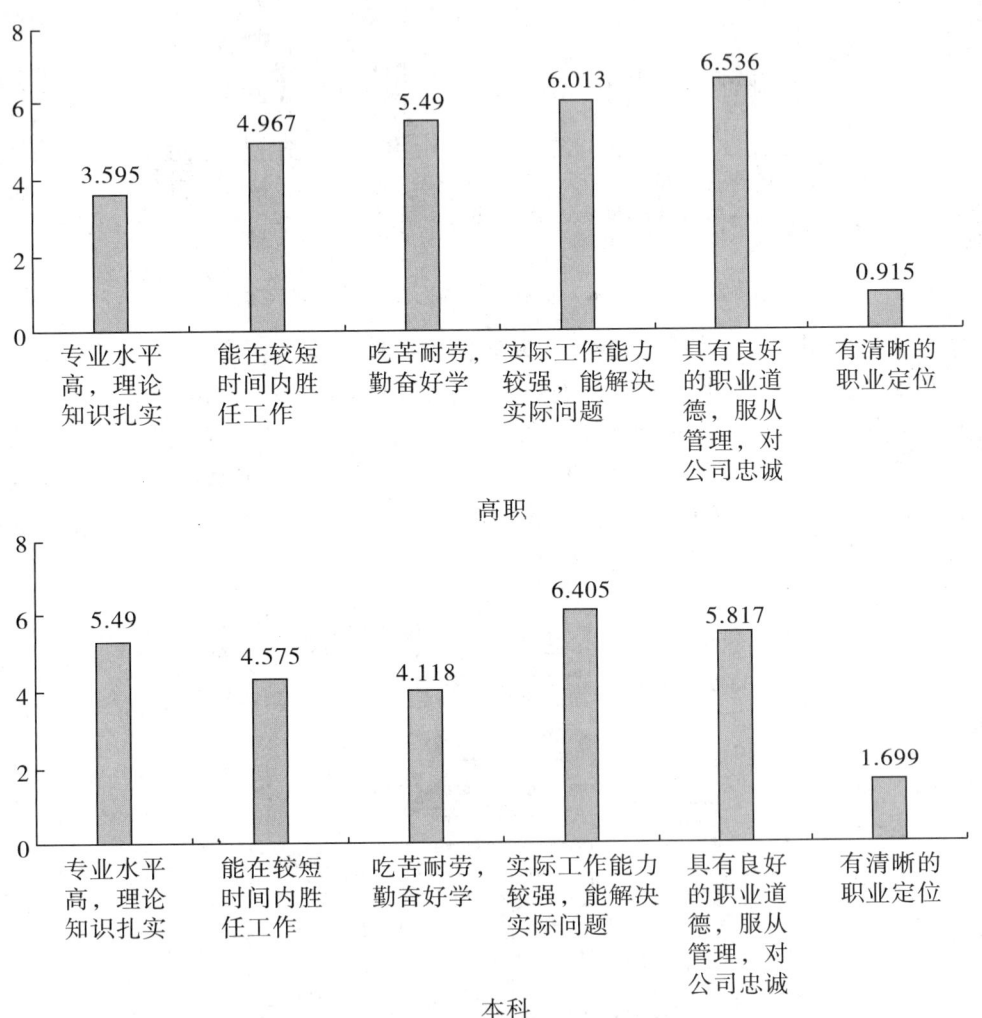

图 5-7　企业期待毕业生具备的素质

（4）企业员工晋升最看重的素质。

由图 5-8 可知，企业在员工晋升时，对员工的工作能力、效率与质量关注程度远远高于学历、职称、证书。因此，如何通过高本衔接协同培养模式，加强学生实际工作能力的培养，是制定高本衔接专业教学标准必须予以重视并加以解决的问题。

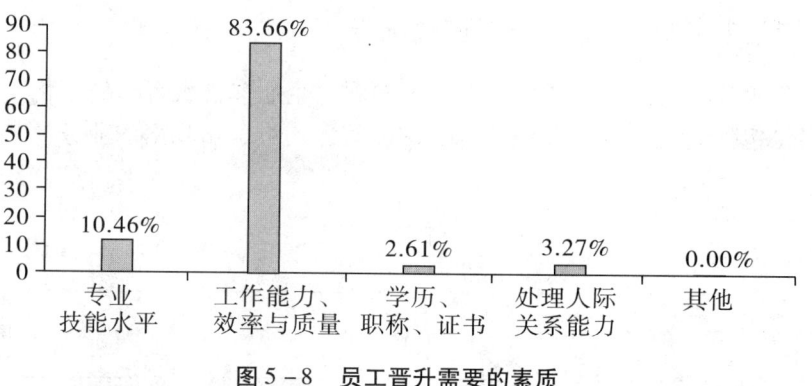

图 5-8　员工晋升需要的素质

（5）企业认为高职生和本科生存在的不足。

由图 5-9 可知，企业认为高职和本科毕业生共同的两个最大不足是："专业知识不扎实，眼高手低"和"不能吃苦耐劳"；本科毕业生位居第三的不足是"没有长远的职业规划"，而高职生位居第三的不足是"动手能力差"。由此可见，针对"90"后的生源特点，培养和锻炼他们的职业素养以及吃苦耐劳的品质，适当地降低期望值，提高他们的专业兴趣和专业认同度，引导他们脚踏实地地从事精细化工专业工作，是不容忽视的问题。

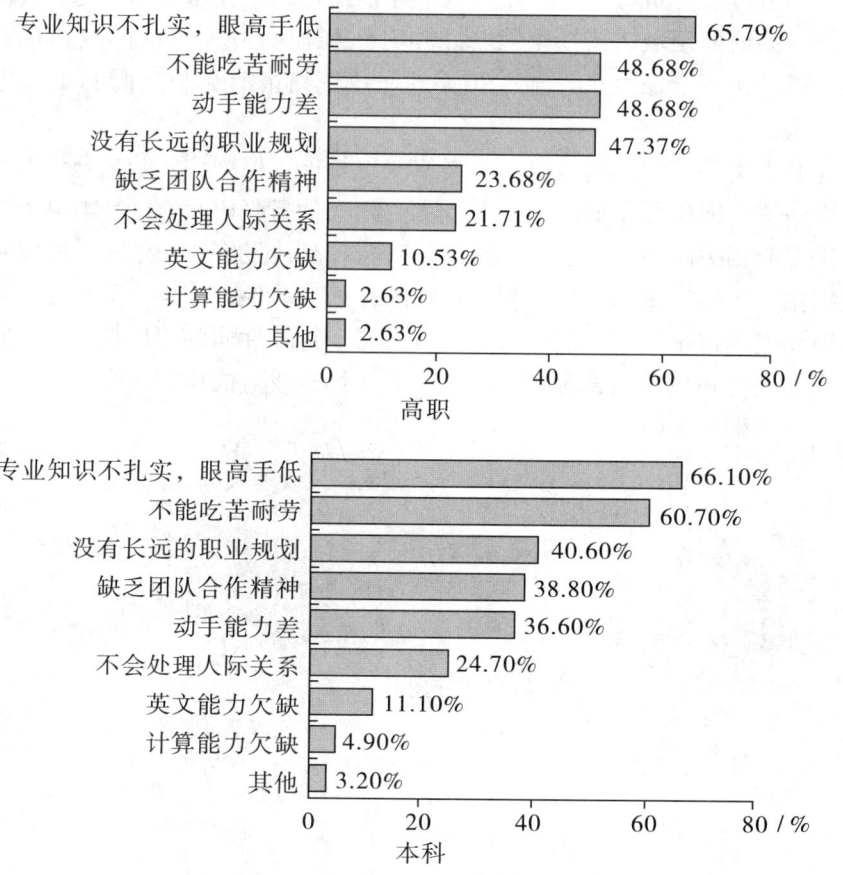

图 5-9　企业认为毕业生存在的不足

（三）精细化工职业岗位（群）的情况

图 5-10 为典型日化企业的基本组织架构图，企业岗位设置与精细化工专业密切相关的主要岗位包括制造部的各类岗位、采购部的采购员、市场部的业务员和客户服务专员等。

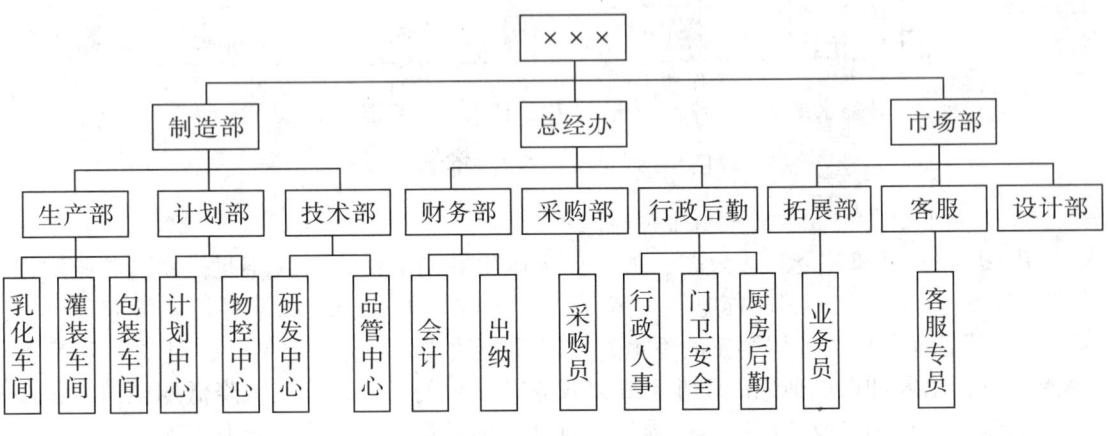

图 5-10　典型日化企业的组织架构图

对调研结果进行分析可知，毕业生从事与精细化工专业密切相关的主要岗位领域有精细化工新产品研发领域、精细化工原材料及产品销售领域、精细化工产品检测和质量控制领域、精细化工产品生产领域，相关的职业资格证有化妆品配制工、化妆品配方师、化学检验工等。

关于毕业生主要就业的岗位及职业岗位能力要求，根据调研结果统计，精细化工专业毕业生主要就业岗位分布如图 5-11 所示。无论是高职毕业生还是本科毕业生，从事与精细化工专业相关的主要岗位都是精细化工新产品研发岗、精细化工原材料及产品销售岗、精细化工产品检测和质量控制岗、精细化工产品生产岗等，只是分布比例略有不同。本科毕业生经过基层岗位锻炼后，逐步转岗到管理性质的岗位如研发主管、销售主管、生产技术主管和质检主管等，这些岗位中本科毕业生的比例比高职毕业生更高。

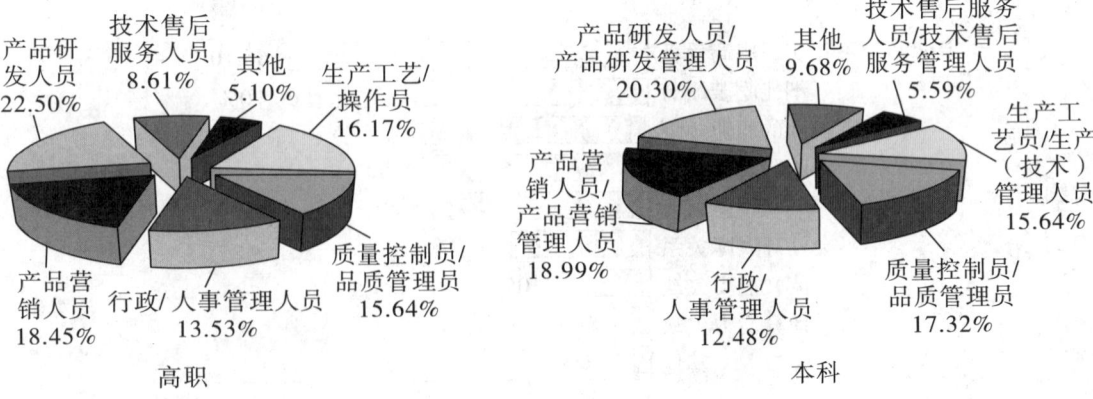

图 5-11　毕业生就业岗位分布

项目组通过向精细化工企业不同岗位人员发放调查问卷、访谈、网络调研等方式，初步得出了精细化工新产品研发领域、精细化工原材料及产品销售领域、精细化工产品检测和质量控制领域、精细化工产品生产领域中不同岗位的主要岗位典型能力要求，具体见表5-4至表5-7。

表5-4　新产品研发领域岗位和能力要求

岗位	主要岗位能力要求
研发助理工程师（打版员）	1. 能收集整理产品资料和客户需求资料并归档； 2. 能熟练使用办公软件； 3. 能熟练使用研发产品需要的仪器和实验设备； 4. 能协助进行日化产品、个人护理品、化妆品参考配方的开发； 5. 具有良好的沟通协调能力和团队合作精神
研发工程师	1. 能够制作日化产品、个人护理品、化妆品参考配方及技术资料； 2. 能独立开发化妆品、日化产品配方设计及应用评价； 3. 熟悉原料性能测试、产品功效和性能测试； 4. 能进行市场调研及开发、技术支持、培训等； 5. 具有良好的沟通协调能力和团队合作精神
研发主管	1. 能搜集整理国内外产品发展信息，把握产品未来发展方向； 2. 能够培训内部的销售人员和基层技术人员； 3. 能解决客户的技术问题和咨询； 4. 沟通和表达能力强，能与客户保持良好的合作关系； 5. 能够指导工程师开发日化产品、化妆品配方设计及应用评价； 6. 能够指导、处理、协调和解决产品出现的技术问题
研发总监	1. 能够根据公司产品战略制定公司产品线规划； 2. 能够开发新产品及设计产品工艺，不断更新和扩大产品品种； 3. 能够把握产品发展方向，构建公司的产品体系； 4. 能够制定和修改技术规程，编制产品的使用说明，进行技术安全等有关技术文件和技术资料的归档工作； 5. 能够编制企业技术开发计划、培养技术管理人才和管理技术队伍； 6. 能够编制与审批原材料标准和检测方法，对不合格材料提出处理意见； 7. 能够协助市场部做好市场分析、调研、竞争产品信息、产品企划，并参与制订产品推广方案

表5-5　原材料及产品销售领域岗位和能力要求

岗位	主要岗位能力要求
销售助理	1. 能收集整理客户资料并归档； 2. 能熟练使用办公软件和办公设备； 3. 具有良好的沟通协调能力和团队合作精神； 4. 能够学习如何开发和维护客户； 5. 能进行相关信息的收集

续上表

岗位	主要岗位能力要求
销售代表	1. 具备信息收集能力，制订业务拓展计划； 2. 能够维护客户，与客户建立良好的合作关系，执行销售计划并完成公司的销售任务； 3. 具有一定的客户拜访技巧，开发和发展新客户，拓展新市场； 4. 熟悉产品情况，主动、热情与客户沟通，了解客户需求，引导客户下单； 5. 熟练掌握各项业务流程，按合同要求与相关部门做好衔接工作，做好业务流程的管理工作； 6. 能够与公司关联部门沟通，确保客户供货及时，及时解决客户的反馈问题
销售经理 （销售区域经理）	1. 能对内部的销售人员进行培训； 2. 具备计划执行和项目分析能力，协调解决项目实施中出现的各类问题； 3. 具备较强的沟通和表达能力，能解决客户的技术问题和咨询； 4. 能够积极处理客户意见及投诉，收集并整理相关的市场及客户信息，及时将信息汇报上级； 5. 能够建立客户档案管理体系，编制每个月、季、年度合同履行情况的统计表； 6. 能够提供合理化建议，改善工作流程和方式
销售总监	1. 能够独立组织销售工作； 2. 具备较强的组织、计划、控制、销售能力； 3. 具有较强的谈判、人际交往能力； 4. 具有较高的领导管理能力和敏锐的观察力； 5. 具有较强的综合分析能力； 6. 具有先进的管理理念、战略观念

表 5-6　产品检测和质量控制领域岗位和能力要求

岗位	主要岗位能力要求
助理质检员 （样品处理员）	1. 掌握日化产品、化妆品等检验、质量保障的基础知识，熟悉样品保存方法、处理程序； 2. 熟练使用各种办公软件、办公设备和各种样品处理设备； 3. 熟悉样品管理相关文件，能收集整理样品资料并归档； 4. 熟悉样品流转程序及产品的工艺流程，做好样品的储存、流转、标识等工作； 5. 能沟通合作，吃苦耐劳，有责任心和敬业精神

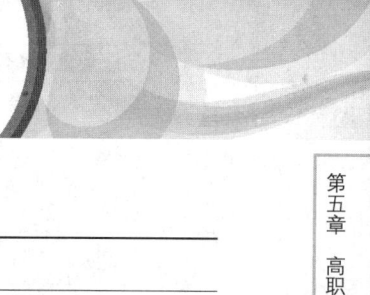
续上表

岗位	主要岗位能力要求
实验员和质量控制员	1. 熟练掌握公司产品及生产工艺技术应用方面的知识和检验标准； 2. 熟悉产品质量标准体系专业知识，能解读相应的产品检验标准； 3. 熟悉产品的关键质量控制点，能进行理化检验的实验； 4. 熟悉产品质量判断要求，能思考分析产品质量； 5. 能正确、及时地记录产品质量状态，并能做好反馈； 6. 有良好的应变和沟通能力
质量工程师	1. 能够查阅测试相关参考文献及国内、国际标准； 2. 能熟练使用办公软件和数据分析软件； 3. 熟悉产品质量标准和要求； 4. 对各种测试方法的原理有较深的理解，能够根据经验灵活运用并改良操作； 5. 能进行常规项目新方法的开发； 6. 擅长质量分析，能对分析结果提出有效的纠正措施
质量控制和检验技术经理	1. 能策划、建立并实施质量、环境、职业健康安全管理体系； 2. 能审核检验室编制的技术文件、管理文件、管理制度、管理办法； 3. 熟悉检验的相关准则要求，对检测质量控制有较深的理解，能对产品检测技术文件的符合性和有效性进行评价； 4. 能对检验室技术和管理运行进行定期检查，实施检验室管理评审工作； 5. 能对检验室的工作情况进行总结分析，必要时提出相应的纠正或预防措施； 6. 能进行检验室人员的业务指导和培训工作
首席质量官	1. 熟悉国家有关质量法律法规、质量政策及相关的法律法规； 2. 能组织制订企业质量发展战略、年度质量工作计划和质量安全保障措施； 3. 能建立并实施先进质量管理体系和管理方法； 4. 能组织实施质量改进、质量攻关等质量活动； 5. 能实施质量成本管理，加强质量统计分析； 6. 能进行质量教育培训，培养专业化的质量领域人才； 7. 能组织质量风险评估，实施质量风险控制及改进

表5-7 产品生产领域岗位和能力要求

岗位	岗位主要能力要求
生产工 （乳化工、配料工）	1. 能熟练使用常用的计算机软件； 2. 有化工安全生产和环保意识； 3. 能理解日化、化妆品生产的相关专业知识； 4. 能熟悉机器设备操作流程和生产工艺技术规程； 5. 有良好的团队精神、责任心、吃苦耐劳和敬业精神

续上表

岗位	岗位主要能力要求
生产组长	1. 掌握化工生产及安全知识； 2. 能熟练使用生产设备，并有相应的工作经验； 3. 熟悉产品的操作工艺、操作方法； 4. 有一定的组织、管理和协调能力； 5. 能沟通合作，有较强的责任心和敬业精神
生产主管	1. 能合理安排生产，充分发挥设备的潜能； 2. 有良好的组织、管理和协调能力； 3. 能负责生产进度，协调车间生产； 4. 有较高的专业能力和技术水平； 5. 有良好的沟通能力、责任心
生产经理	1. 熟悉本部门所有产品的操作工艺、操作方法和质量控制点； 2. 熟悉生产规程以及按照生产质量标准生产，保证产品质量； 3. 熟悉所在行业的生产过程，熟悉原材料相关知识及其供应渠道； 4. 能做生产计划、生产统计，并能合理地安排生产； 5. 具备良好的生产经营管理理念，有一定成本财务与法律知识
生产总监	1. 能够全面制订生产计划，保证公司产品正常生产； 2. 熟悉半自动化、全自动设备运行原理，能够主持生产运作； 3. 具备良好的行业企业生产经营管理理念； 4. 具备一定的财务知识，较强的均衡生产观念以及较强的进度控制能力； 5. 具备较强的科学管理经验、组织协调、决断、创新能力； 6. 具备较强的成本观念、质量观念、市场观念和效益观念

（四）职业资格和行业规范要求情况

根据 2015 年版《中华人民共和国职业分类大典》，目前与精细化工专业（日化产业）相关的职业主要包括口腔清洁剂制造工、合成洗涤剂制造工、肥皂制造工、表面活性剂制造工、化妆品制造工、化妆品配方师等 6 种，只有化妆品配制工、化妆品配方师已经颁布了国家职业标准，而口腔清洁剂制造工、合成洗涤剂制造工、表面活性剂制造工、肥皂制造工至今尚未颁布国家职业标准。人力资源和社会保障部分别于 2005 年和 2008 年颁布了《化妆品配制工国家职业技能鉴定标准》和《化妆品配方师国家职业技能鉴定标准》。化妆品配制工职业技能分为：初级、中级、高级、技师、高级技师 5个等级，而化妆品配方师分为：三级化妆品配方师（国家职业资格三级）、二级化妆品配方师（国家职业资格二级）、一级化妆品配方师（国家职业资格一级）三个等级。其技能要求依次递进，高级别的要求包含低级别的要求，其等级划分的模型，可为精细化工（日用化工）专业高职本科的衔接提供参考（如表 5-8 所示）。

表 5-8　精细化工专业就业岗位与职业资格证书之间的对应关系

岗位	对应的职业资格	鉴定机构及颁证部门	职业等级	行业认同度
日化生产岗（除化妆品外）	口腔清洁剂制造工、合成洗涤剂制造工、表面活性剂制造工、肥皂制造工	至今仍未颁发国家职业标准		
乳化工	化妆品配制工	人力资源和社会保障部	初级、中级、高级、技师、高级技师	高
日化原料及产品销售岗				一般
化妆品研发岗	化妆品配方师	人力资源和社会保障部	三级、二级和一级化妆品配方师	一般
产品检测和质量控制岗	化学检验工	人力资源和社会保障部	初级、中级、高级、技师、高级技师	高

　　有近六成的企业要求从业者具备相应的从业资格证，说明目前行业对职业资格证书有一定的认可度。目前，各高职院校一般要求精细化工专业毕业生达到化妆品配制工或化学检验工国家职业资格四级（即中级工）水平，高本衔接的本科毕业生可以要求达到化妆品配制工国家职业资格三级（即高级工）水平（如图 5-12 所示）。

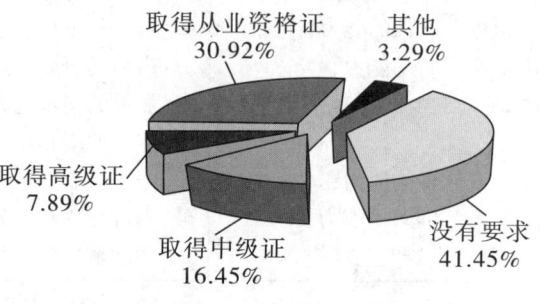

图 5-12　企业希望员工取得职业资格比例分布

（五）高职院校和本科院校人才培养目标及课程设置情况

　　1. 高职院校和本科院校人才培养目标定位与规格

　　目前广东省高职院校开设与精细化工相关的专业有：精细化学品生产技术、应用化工技术（化妆品检测与营销）、应用化工技术（精细化学品技术）、应用化工技术（日用化工）、化妆品技术与管理。广东省应用型本科院校开设与精细化工有关的专业有：化学工程与工艺（精细化工方向）、应用化学（精细化工方向）、化学（精细化工方向）等。项目组收集了 23 所高职院校和本科院校的人才培养方案，并对相关高职院校和本科院校精细化工相关专业的专业负责人、专业带头人或教学部（科）负责人进行了访谈调研。

项目组对高职院校和本科院校人才培养方案进行比较，归纳出了如表5-9所示的高职和本科精细化工专业人才培养目标和人才规格对比结果。

表5-9　高职本科精细化工专业人才培养目标和人才规格比较

定位	高职	本科
培养目标	面向精细化工行业，旨在培养具有精细化工技术应用能力和创造性实践能力，既能从事精细化学品生产、技术、管理工作，又能从事市场推广与售后服务，符合生产、建设、服务和管理第一线需要的高技能人才的培养模式，培养以就业为导向，具有能适应生产、建设、管理、服务第一线岗位需要的实际工作能力，具备良好的职业道德、健康的个性品质和较强的可持续发展能力的高级技术技能型人才	旨在培养德、智、体、美全面发展，有较坚实的自然科学基础和人文社会科学知识基础，具备化学工程与工艺方面的专业知识，具有创新精神和较强动手实践能力，能在轻工、化工等部门，尤其是在精细化工（表面活性剂、日用化学品、涂料、染料、功能高分子材料等）领域，从事工程设计、技术开发、生产技术管理、产品营销和科学研究等工作的高级工程技术人才
能力要求	1. 具有精细化工产品生产、检验等专业核心能力； 2. 具有化学基础应用能力； 3. 具有化工机械自动化和精细化工工厂初步设计的能力； 4. 具有精细化工生产企业的管理能力； 5. 具有使用计算机办公软件的能力； 6. 具备查阅专业英文资料的能力； 7. 具备判断及处理化工生产过程中出现故障的能力； 8. 具备操作化工仿真软件的能力； 9. 具备精细化工新产品的营销能力； 10. 具备精细化工新产品研发的能力	1. 具备精细化工新产品、新工艺、新技术和新设备研究、开发和设计的基本能力； 2. 能阅读本专业的技术资料； 3. 能使用计算机查阅专业资料、运用相应软件进行分析方法设计； 4. 具有从事化工生产的控制与管理、化工产品的研究与开发、化工装置的设计与放大的初步能力； 5. 能获取新知识、新技能进行创造性的实践，具有开拓创新精神； 6. 具有独立获取知识、提出问题、分析问题和解决问题的基本能力

高职教育和应用型本科教育在本质上都属于"实践型"高等教育类型，其人才培养都应该突出高新技术和方法的应用性，这种应用性集中体现在新方法、新技术与社会职业岗位的结合以及学生职业技能与社会适应能力的提高上。高职院校精细化工专业应该面向精细化工企业行业基层一线岗位，培养具备精细化工应用能力和实际操作技能的中级、高级技术型人才。应用型本科的培养应该突出运用化工理论知识和高新技术解决现场实际问题的综合能力，使学生成为具有较强的创新能力和创新意识、比高职生更扎实的专业理论知识和更精湛的职业技术素养的高级工程技术人才。两者都应该围绕区域经济社会发展培养高端技能型、技术型、工程型等高级专门人才。因此，从理论上讲，两者的培养规格目标应该融会贯通、彼此衔接。

2. 高职院校和本科院校课程体系结构

在调研的院校中，多数高职院校都明确了专业对应的就业岗位，3 年的教学安排多数采用"2.5＋0.5"模式，即 2.5 年在校学习，最后半年安排学生到企业顶岗实习，要求学生修满 130 分左右的总学分，并在学习相关课程后参加职业资格证考证，获取毕业证书。多数本科院校没有明确专业对应的就业岗位，就业方向比较宽泛。4 年的教学安排多数采用"3.5＋0.5"模式，即 3.5 年在校学习，最后半年安排学生进行毕业论文写作，或者到企业顶岗实习的方式进行毕业设计，要求学生修满 180 分左右的总学分，毕业条件中几乎都没有明确对职业资格证书的要求。

表 5 - 10 为精细化工专业高职和本科课程体系对比，通过对比可得出如下结论。

高职和本科的公共基础与素质类课程基本相同，专业基础课程重复度很高，但有层次上的差别，符合高本衔接的基础条件。无论是高职院校还是本科院校均开设了基础化学课（包括无机化学、有机化学、化学分析及仪器分析、高分子化学等）和化工基础课（包括化工原理与课程设计、化工机械制图、化工仪表与电气自动化等），这些课程是精细化工的专业基础课，重复度较高。高职院校侧重精细化工具体门类如日化产品、涂料等方面的教学，重视实际操作能力的培养，但本科院校更强调学科型教育，侧重精细化工具体门类或者方向的课程偏少，应用性和岗位适用性偏差。

表 5 - 10　精细化工专业高职和本科课程体系对比

课程类别	高职	本科
公共基础与素质课程平台（公共必修课）	思想道德修养与法律基础；毛泽东思想和中国特色社会主义理论体系概论；形势与政策；军事理论军训；体育与健康；英语；计算机应用基础；职业生涯规划；大学生就业指导；毕业教育；应用文写作；管理学原理	思想道德修养与法律基础；毛泽东思想和中国特色社会主义理论体系概论；形势与政策；军事理论军训；体育与健康；英语；大学信息技术基础；职业生涯规划；毕业教育；中国近现代史纲要；马克思主义基本原理
专业基础课程（专业必修课）	高等数学；大学化学；有机化学；分析化学；仪器分析精细有机合成与实验技术；高分子化学；化工原理与课程设计；化工机械制图；化工电气与仪表自动化；精细化工设备；化工工厂设计；装拆实训；金工实习；生物化工基础；认识实习；化工安全生产技术	高等数学；工程数学；无机及分析化学；有机化学及实验；高等有机合成；仪器分析；工业分析；高分子化学；化工原理及实验；工程制图与 CAD；化工制图；化工仪表自动化；化工设备设计基础；胶体与界面化学；实验设计与数据处理；计算机在化工中的应用；电工电子技术；物理化学及物理化学实验；大学物理学；通用化学实验
专业综合课程平台	日用化学品生产技术及实训；精细化学品检验技术及实训；涂料与油墨生产技术实训；生产实习；顶岗实习；毕业论文；新领域精细化工	化学工艺学；化工热力学；化学反应工程；化工设计；精细化工工艺学；化工专业综合实验；精细化学品检测；涂料工艺学；表面活性剂；胶黏剂工艺学

续上表

课程类别	高职	本科
拓展课程平台（专业选修）	职业沟通能力；数据分析与处理技术；化工仿真操作技术；化工环保技术；创新能力；化工创新案例；职场口才；专业文献资料检索与阅读；专业英语	专业英语；化工系统工程；分离工程；市场营销导论；功能高分子材料；绿色化学基础；专业方向实验、文献检索与科技论文写作

（六）学生学习状况调研结果分析

为了了解高职生和本科生生源结构、学习状况等方面的差异，发现和分析高本衔接的相关问题，对调研结果进行了分析。调研的主要内容包括在校生的基本情况、家庭情况、入学方式、选择就读院校的原因、选择专业的原因、学习的目的、继续学习的意愿、自主学习能力的培养和期望的未来工作岗位等。调研的主要结果分析如下：

1. 在校生基本情况

有82.47%的高职生家庭能接受目前高职生学费的经济压力，可以支持子女继续升学读本科，完成学业（如表5-11所示）。

表5-11　高职、本科在校生学生家庭情况对比

项目	高职	本科
家庭所在地	来自市区和县城的分别为15.77%和9.74%，来自农村和乡镇的分别为50.73%和23.76%	来自市区和县城的分别为29.34%和9.65%，来自农村和乡镇的分别为42.63%和18.38%
是否独生子女	来自独生子女家庭的占14.31%	来自独生子女家庭的占17.51%
家长受教育程度	父母受教育程度偏低，受大专及以上教育的比例为7.31%	父母受教育程度偏低，受大专及以上教育的比例为11.46%
家长职业分布	家长职业比例最高的是农民，占36.51%；其次是工人，占21.13%	家长职业比例最高的是农民，占26.05%；其次是个体户，占21.41%
家庭月收入	家庭平均月收入在500~1 000元档次的比例最大，达到23.17%	家庭平均月收入在1 001~2 000元档次的比例最大，达到20.11%
学费压力	82.47%的家庭能接受学费的经济压力	89.94%的家庭能接受学费的经济压力

2. 选择就读所在学校的影响因素分析

如图5-13所示，无论是高职生还是本科生，之所以选择就读所在大学的原因都是"高考成绩不理想"，这比例约为47%。高职生因为"自己喜欢，希望学到一技之长"而主动选择就读职业院校的只有37.33%，当然也有11%左右的学生是因为"家里困难，早点挣钱减轻家庭困难"而选择就读高职。由此可见职业教育的社会认同度仍然不高，社会的观念依然有待改变。因此，今后既要提高学生就读高职院校的认同度，又

要打通其继续升入本科院校的通道。本科生中因为自己的兴趣和爱好而选择现在就读院校的也只有 40% 左右。

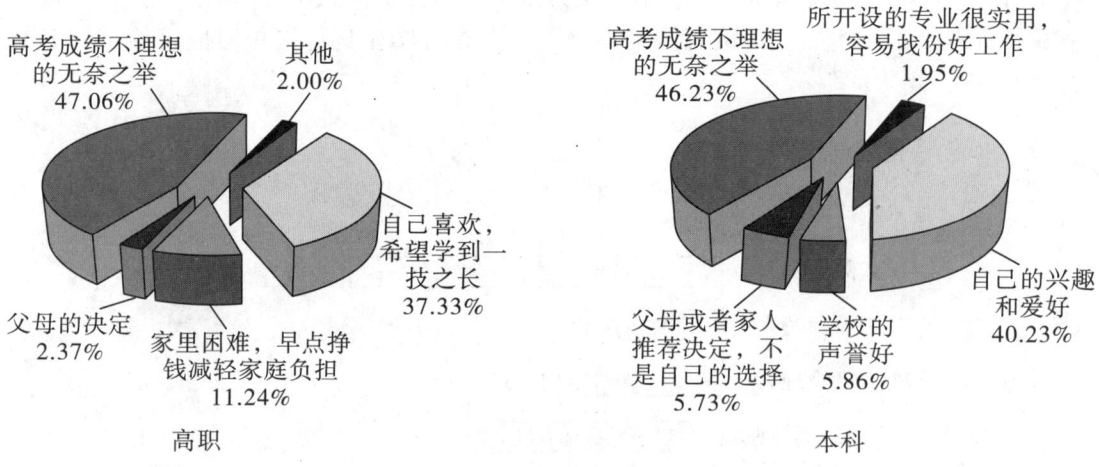

图 5 – 13　选择就读大学的主要原因

3. 在学校的学习目的

如图 5 – 14 所示，无论是高职生还是本科生，希望学成后争取成为高级技能型人才或者工程师的比例最高，分别为 54.63% 和 49.66%，毕业后自己有能力进行创业的比例位于其次。值得一提的是，即使在目前高职学生升学通道不畅的背景下，仍然有 12.95% 的高职学生希望继续升学读本科。在广东轻工职业技术学院 2014 级和 2015 级精细化工高本衔接试点班中，有超过 65% 的学生希望将来升学读本科，这也充分说明了开展高职与应用本科衔接，构建现代职教体系的重要性和必要性。

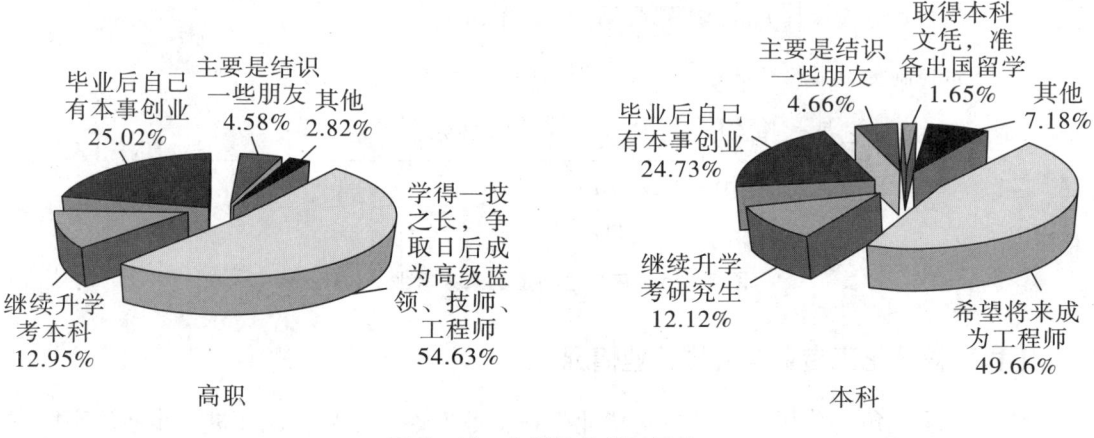

图 5 – 14　在学校的学习目的

4. 在校生期望的未来就业岗位

从图 5 – 15 可以看出，高职生期望从事产品研发的比例高达四成，明显高于本科生。但是调查结果却显示，高职毕业生从事研发工作后发现专业基础仍不够扎实，因此，通过高本衔接有利于加深专业理论知识的学习和促进专业技能的提高。本科生期望从事的主要岗位分别是产品研发和产品研发管理、行政和人事管理以及品质管理和质量控制岗位。而两者期望从事生产技术，尤其是从事销售工作的比例都偏低，这与企业未来发展所需要的人才类型比例有所偏差，因此在指导学生选择岗位时应该给予一定的引导。

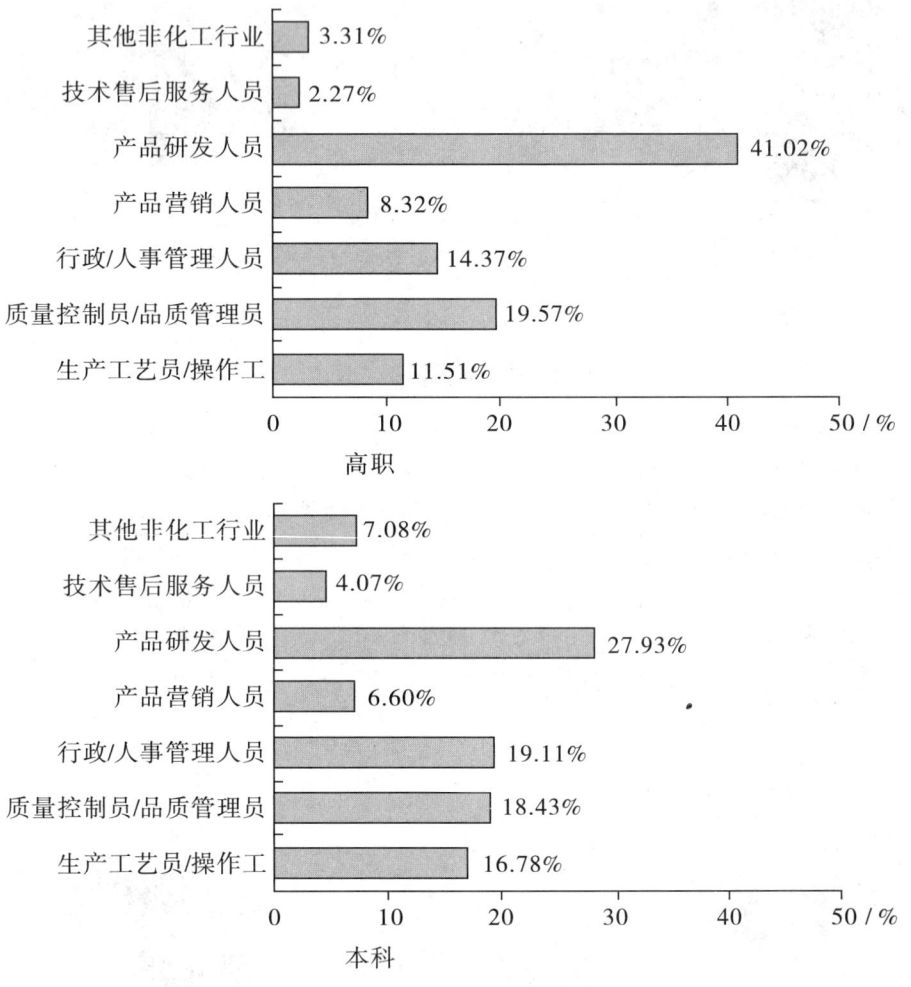

图 5–15　在校生期望的未来就业岗位

（七）精细化工专业毕业生就业情况

为从毕业生角度分析高职和本科毕业生在就业方面的差异，从而进一步厘清高职本科衔接的相关问题，项目组对调研结果进行归纳分析，调研问卷包括原就读学校、学习专业、毕业时间、工作岗位、工资水平、就业选择的因素、工作对口程度、专业等级证书和建议等 28 个方面。调研的主要结果如下：

1. 从事工作专业对口程度及工作稳定度

毕业生工作对口程度情况如图 5-16 所示，本科毕业生从事本专业相关工作的对口度总体要高于高职毕业生，本科具有明显的专业就业优势。调查显示，超过 70% 的高职毕业生参加工作后愿意继续升入本科学习，渴望到本科院校就读的比例很高，彰显出了高本衔接的必要性。

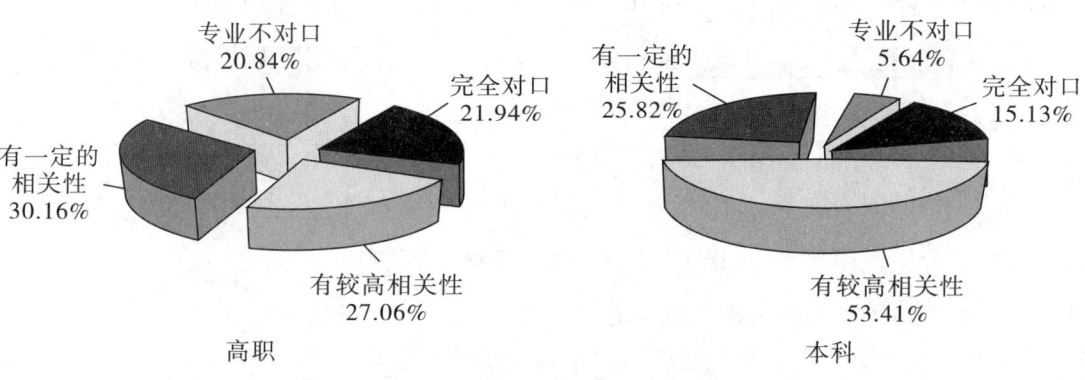

图 5-16　从事工作对口程度

图 5-17 为毕业生工作稳定度的调查结果，图中显示没有换过工作和换过一次工作的高职毕业生占 68.60%，而本科毕业生为 76.90%。说明本科毕业生的稳定度稍高于高职毕业生，高本衔接有利于精细化工就业稳定度的提高。这可能是由于相对高职生而言，本科生的工资待遇要明显高于高职生，本科生更具有就业优势。

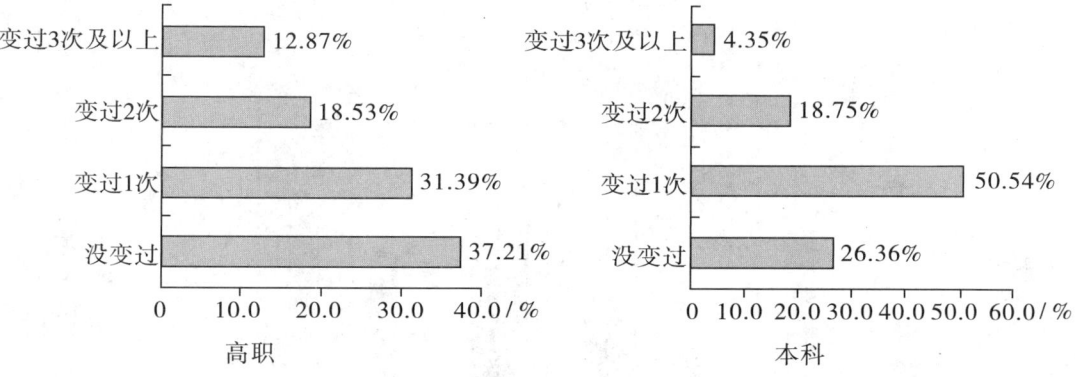

图 5-17　工作稳定度对比

2. 工资收入水平对比

如图 5-18 所示，32.61% 的本科毕业生月薪超过 6 000 元，本科毕业生总体工资水平高于高职毕业生约 1 000 元。月薪 5 000 元以上的高职毕业生仅为 23.63%，而本科生为 51.09%。这显示出了本科毕业生的就业优势，也从现实的角度表明高职本科衔接的可行性。

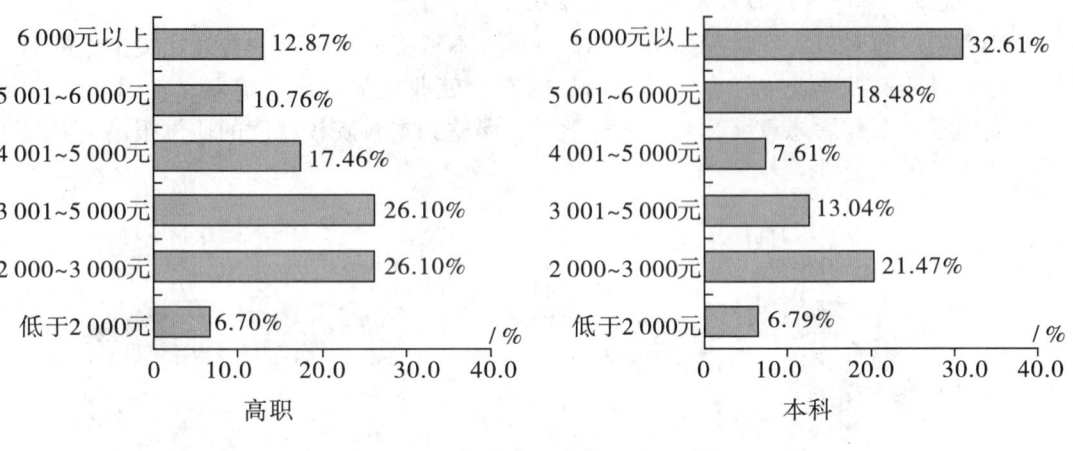

图 5 - 18　毕业生工资收入水平对比

3. 刚参加工作时个人存在的不足

如图 5 - 19 所示为毕业生刚参加工作时存在的不足调查统计结果。在产品配方开发能力、人际交往和处理人际关系能力等方面的不足，无论是高职毕业生还是本科毕业生，都比较突出。但在解决实际问题的能力、专业知识和专业技能等方面本科生相对于高职生有明显的改善。这也证明：可以通过开展高职与应用本科衔接，弥补专业知识和专业技能方面的不足、提高高职生解决实际问题的能力。这彰显出高职与应用本科衔接的必要性和重要性。此外，项目组在后续的专业教学标准和课程标准制定时，对于研究开发能力、人际交往和处理人际关系能力的不足问题也应该予以重视并加以解决。

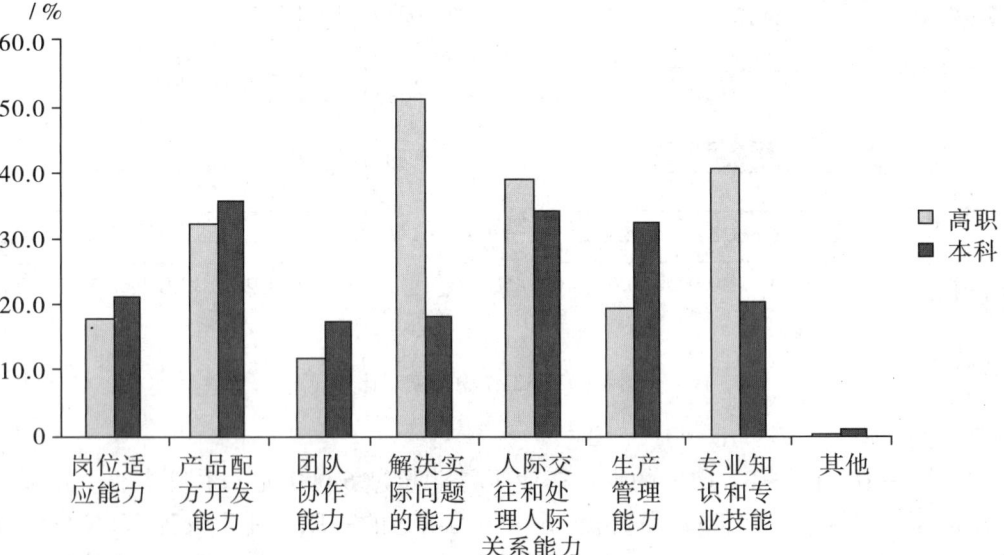

图 5 - 19　刚参加工作时个人存在不足比较

4. 毕业生对所学专业课程的评价

如图 5 - 20 所示为毕业生对专业课程的评价对比。认为目前的课程设置"与从事的工作联系紧密，能用得上"，高职的比例明显高于本科；而认为"理论太多，实践不够，动手能力没有得到提高"，本科的比例则明显高于高职；认为课程与"实际工作有一定差距"的比例两者基本相当。尤其值得一提的是，"理论太多，实践不够，动手能力没得到提高"以及"课程与实际工作有一定差距"的比例偏高这一事实，应该引起高职院校特别是应用型本科院校的高度重视。

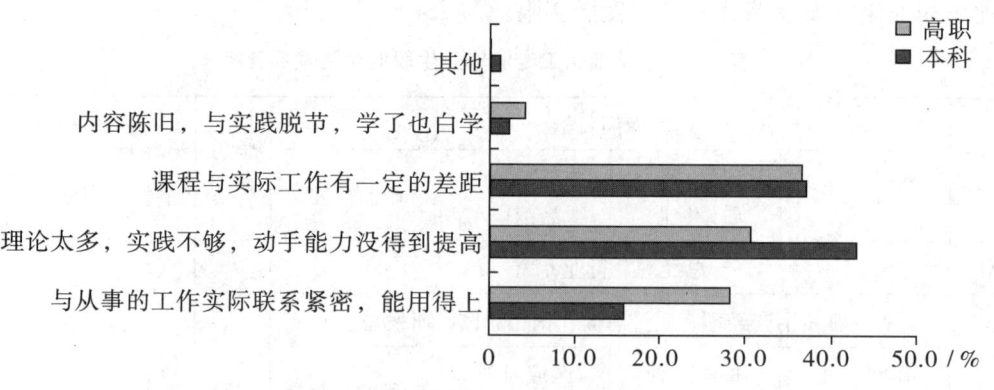

图 5-20 毕业生对专业课程评价对比

四、调研结论

通过对调研基本情况的总结归纳分析，得出如下结论。

（一）精细化工专业学生岗位晋升通道

如图 5-21 所示为精细化工专业毕业生职业岗位晋升通道，在生产、质检、销售和研发领域分别从生产工到生产总监、实验员和抽样员到检验和质量总监、销售助理到销售总监、研发助理到研发总监。从毕业到工作 10 年以上，总体上可分为五任岗位群。

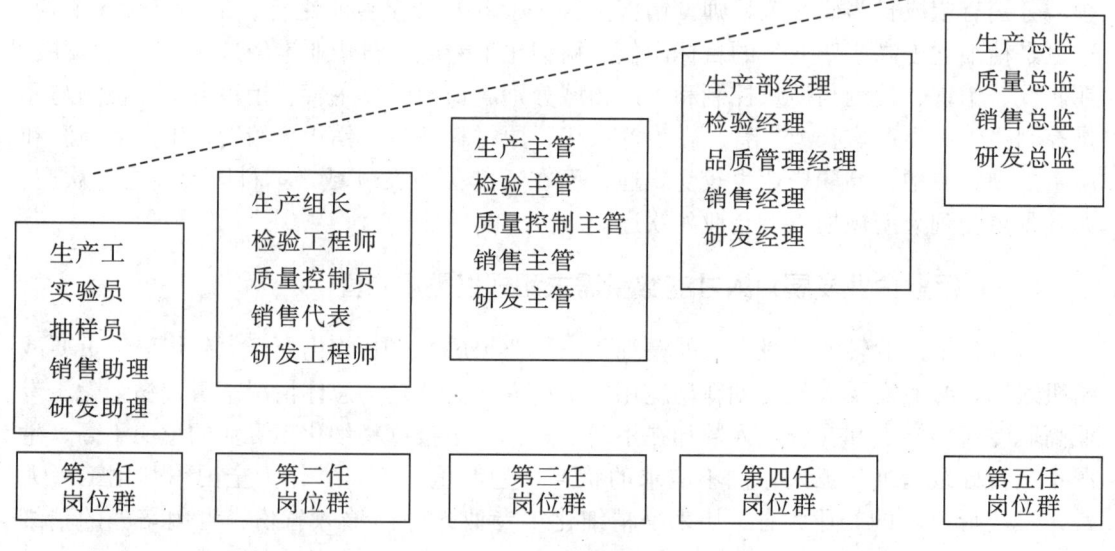

图 5-21 精细化工专业毕业生职业岗位晋升通道

（二）精细化工专业毕业生职业生涯发展路径

项目组通过访谈、问卷调查等方法，统计和分析结果表明：毕业生从事与精细化工专业相关的岗位群，主要包括精细化工新产品研发、精细化工原材料及产品销售、精细化工产品检测和质量控制、精细化工产品生产等4类。如表5-12所示为精细化工专业毕业生职业生涯发展路径和一般发展年限。

表5-12　精细化工专业毕业生职业生涯发展路径

发展阶段	就业岗位群				学历层次	一般发展年限/年		
	生产	产品检测与质量控制	原材料及产品销售	产品研发		中职	高职	本科
VI	总经理、行业专家				本科	/	10以上	9以上
V	副经理（生产经理、质量总监、销售总监、研发总监）							
IV	车间主任（生产主管）	检测主管（质量主管）	区域经理销售经理	研发经理	本科	11以上	7~9	6~8
III	班长、工艺员（工程师、技师）	化验班长、质量控制工程师	销售主管、销售代表（销售工程师）	研发主管、研发工程师	本科高职	6~10	4~6	3~5
II	生产工（乳化工）	化验员、抽样员	业务员、销售助理	研发助理（打版员）	高职中职	3~5	0.6~3	0.4~2
I	乳化工学徒	化验员（学徒）	销售（学徒）	实验助理	中职	0~2	0~0.5	0~0.3

注：从事销售类的工作岗位，一般企业都要求有半年至两年一线生产经历。

精细化工高职毕业生经过4~6年的发展，在研发、销售、检测与质量控制和生产领域分别有望成长为研发工程师、销售主管、检验与质量控制主管、生产班长或主管，这也是精细化工高职毕业生的目标岗位。精细化工专业本科毕业生经过3~5年的发展，在研发、销售、检测与质量控制和生产领域分别成长为研发主管、销售主管、检测与质量控制主管、生产班长或主管。在生产一线、原材料及产品销售、精细化工产品检测和质量控制领域中，高职毕业生较受欢迎；而在新产品研发领域，本科毕业生更受欢迎，尤其是更受到大型规模以上企业的欢迎。

（三）行业企业发展对人才的数量需求和规格需求方面

符合化工产业转型升级方向的精细化工行业今后5~10年仍处于大有作为的重要战略机遇期，必然需要大量的创新型应用技术型人才。从全国总体情况来看，精细化工专业高职专科办学点和在校生人数却在不断下降，学生报读精细化工专业的意愿不高，生源不足将导致精细化工人才供不应求的状况日趋严重。广东省作为全国精细化工（尤其是日化行业）的产业大省，历来是精细化工专业人才的输入省份，省内培养的精细化工人才一直供不应求，供需矛盾问题日益突出。

目前，广东省精细化工行业企业专业人员的学历仍然以高职和专科为主，本科毕业生和研究生的比例偏低。鉴于当前我国化工行业精细化工率仍偏低，仍有不少的精细化工产品需要进口，未来从事新产品开发和产品销售推广的人才比例越来越高，必然要求精细化工人才的专业基础更加扎实，学历层次逐步提高，否则难以满足精细化工行业进一步发展对人才的需求。

另外，企业认为高职和本科毕业生共同的两个最大不足是：专业知识不扎实，眼高手低，流失率大，不稳定和不能吃苦耐劳。而具有良好的职业道德，服从管理，对公司忠诚，并具有较强的实际工作和解决实际问题能力的毕业生才是企业最期盼的人才。

（四）调研结果凸显了高本衔接的必要性和可行性

无论是从高职在校生升学意愿、对精细化工专业的兴趣度、高职毕业生的升学意愿、本科毕业生的岗位晋升速度快且工资待遇更高等诸多方面，还是从精细化工行业未来发展对人才的规格需求来看，高本衔接均凸显出其迫切实施的必要性。而从毕业生的调研结果可知，在弥补专业知识和专业技能的不足、提升解决实际问题的能力方面本科毕业生均比高职生有明显的改善。这也从另一方面证明通过开展高职与应用本科衔接，有望弥补高职生专业知识和专业技能方面的不足、提高解决实际问题的能力，彰显出高职与应用本科衔接的必要性。

对比高职和应用型本科的课程体系发现：公共基础与素质类课程基本相同，专业基础课程重复度很高，比如，基础化学课（包括无机化学、有机化学、化学分析及仪器分析、高分子化学等）和化工基础课程（包括化工原理、化工制图、化工仪表与电气自动化等），但有层次上的差别。专业核心课程也有重复，这说明高本衔接具备可行性。

（五）化工类专业的兴趣度和认同度问题

无论是对高职院校还是一般本科院校而言，化工类专业均是招生相对困难的专业。有相当一部分学生是被调剂到化工类专业的，因此对化工类专业的认同度不高，学习积极性也不高，这必须引起高职和本科院校重视进而予以解决。而通过高本衔接培养模式的开展，可以吸引不少学生报读精细化工专业，在一定程度上缓解招生难的问题。

（六）国家职业资格标准体系不够完善，职业资格证书的行业认同度有待提高

截至目前，仍然有口腔清洁剂制造工、合成洗涤剂制造工、表面活性剂制造工、肥皂制造工等多个工种尚未颁布国家职业标准，行业企业对于职业资格证书的认同度有待进一步提高。

（七）高职和本科院校课程设置与实际工作适应性问题

近70%的高职毕业生认为课程内容与实际工作适应性差，理论太多，实践不够，动手能力没有得到提高；而近80%的本科毕业生认为专业课程与实际联系不够紧密，

甚至有部分学生认为课程理论太多、实践不够，动手能力没有得到提高，学了很多但能用的很少。这应该引起高职院校和应用型本科院校的高度重视，在教学标准和课程标准研制过程中应该给予足够的重视。

（八）精细化工专业高本衔接目前存在的问题

高职和本科各自独立设定人才培养目标，人才培养目标有重叠，课程体系和教学内容有重复，但也有部分课程出现脱节、断层等。而且本科的课程体系仍侧重学术性和学科的系统性，职业性、实践性不足，应用性偏差，不利于高职学生继续学习深造。但是当前，最大的困难莫过于"观念的桎梏"，应用型本科院校依然受传统"重学轻术""重普教轻职教"等思想的影响，难以摆脱"学术型"高等教育的枷锁，始终难以改变"学术教育"的培养模式，接受"职业教育"的培养模式。

五、对策与建议

针对调研过程中发现的问题，项目组提出以下对策或建议。

（一）精细化工人才市场供给数量需求和规格需求方面

从政府层面广泛开展"化学工创造美好生活"的科普教育，规范和加强新闻媒体的宣传，消除社会上广泛存在的对某些化学品及化学工业的种种负面认识和诸多误解，改变普通民众谈"化"色变的现状。政府可以制定相关扶持政策，适当加大资金投入，引导和鼓励高职院校、应用型本科院校适度扩大招生规模，加大精细化工人才的培养力度，促使精细化工人才供不应求的状况得到改善。

推广高本衔接人才协同培养的模式，充分发挥学校高技能、高素质人才培养的主阵地作用，让更多希望继续学习的高职生顺畅地进入本科院校学习，从而减少企业的培训成本，达到"校""企""生"共赢局面。

针对企业认为高职和本科毕业生的专业知识不扎实，流失率大，不能吃苦耐劳以及研究开发能力、人际交往和处理人际关系能力不足等问题，加强对专业水平、学生动手能力、吃苦耐劳品质、工作责任心、为人处世能力的培养，将素质教育落到实处。在教学标准制定和课程标准研制过程中，应充分关注学生综合素质培养、实践教学、职业能力提升方面等教学环节的安排。

（二）精细化工专业高本衔接的必要性和可行性方面

各专业进行高本衔接贯通的根本目的是解决高技能人才升学通道不畅和本专科毕业生供需矛盾问题。中长期来看，是解决高技能人才规格层次提升或终身教育的学校教育保障问题（构建现代职教体系）。

精细化工行业企业的未来发展空间和人才需求，为将来高本衔接的毕业生就业去向提供了行业支撑。应该针对精细行业企业和就业岗位（群）的实际需要来调整培养目标，分层次构建专业课程体系，特别是要强调岗位职业能力在课程中的融入度，从而在人才培养规格上提高与企业需求的契合度，更好地适应精细化工产业的发展。在高本衔接专业人才教学标准中，本科阶段要体现"职业教育"的特色。

（三）化工类专业的兴趣度和认同度问题

无论是高职院校，还是本科院校，都应该加大学生对专业的认同教育和提高他们的学习兴趣，提高他们辨明是非的能力，辩证地看待化学和化学工业出现的问题。

（四）国家职业资格标准体系和职业资格证书方面

加快完善国家职业资格标准体系建设，提高行业企业对职业资格证书的认同度。政府层面加强顶层设计，解决"证出多门"的问题，实现多证合一。

（五）高本衔接教学标准和课程标准理论研究方面

高职教育和应用型本科在本质上都属于"实践型"高等教育类型，其人才培养都突出高新技术的应用性。培养目标规格应该融会贯通、彼此衔接，可以借鉴国际上的经验和做法，按照目前国际通行的工程教育、技师与工程师互认体系，即《悉尼协议》和《华盛顿协议》，以学生为中心、社会需求为导向、持续改进为方向，结合广东省产业实际，加强高本衔接实践研究的总结和理论提炼，形成较为完整、科学、系统的课程衔接构建理论和操作范式，从而为其他工程专业高本衔接教学标准和课程标准的研制和推广提供参考。

（六）针对高本衔接目前存在的问题

教育行政部门必须改变和完善应用型本科院校的评价体系和评价标准，不再以"研究学术型"评价体系和标准来评估应用型本科院校，使应用型本科院校摒弃"重学轻术""重普教轻职教"等思想，接受"职业教育"的人才培养模式，调整相关课程设置以满足职业人才的培养要求，从而加大技术和工程应用型人才的培养力度，缓解目前本科毕业生就业的供需矛盾。

（七）高职院校和本科院校课程设置与实际工作适应性方面

针对毕业生认为学习的课程与企业实际工作联系不够紧密、理论多、实践少、动手能力差等问题，建议依托行业协会，广泛开展企业调查，依据行业规范和职业要求，并制定职业能力标准，定期更新修改，为学校的课程设置提供参考。职业院校在课程设置和课程开发过程中，必须根据职业能力标准和就业岗位的职业能力要求，构建课程体系和开发课程标准，这也是本项目下一阶段的主要工作。

六、附录

表5-13 参与精细化学品生产技术（化学工程与工艺）专业高本衔接标准研制之供需调研的团队名单

姓名	单位	完成调研工作量和内容
揭雪飞	广东轻工职业技术学院	统筹调研阶段总体工作，负责文献调研、企业负责人调查问卷编写及全部问卷审查
胡智华	广东轻工职业技术学院	深圳、中山、江门企业调研，协助高职院校调研
龚盛昭	广东轻工职业技术学院	广州企业调研，本校高职毕业生调查问卷编写
曾文良	广东轻工职业技术学院	惠州、珠海、东莞企业调研，毕业生调查问卷编写
周 亮	广东轻工职业技术学院	粤东地区企业调研，高职教师调查问卷编写
徐梦漪	广东轻工职业技术学院	粤北地区企业调研，高职人才培养方案收集
冯光炷	仲恺农业工程学院	企业人力资源、企业需求调查问卷编写，30家企业调研
李英玲	仲恺农业工程学院	本科在校生、毕业生调查问卷编写，10家企业调研
何 明	仲恺农业工程学院	组织本科在校生、毕业生调查问卷填写，本科院校人才培养方案收集
刘自力	广州大学	通过广东高校化学化工专业委员会平台协助本科在校生和毕业生调研
徐 玲	深圳职业技术学院	深圳职业技术学院在校生及毕业生调研
李平辉	中山职业技术学院	中山职业技术学院在校生及毕业生调研
陈少峰	茂名职业技术学院	茂名职业技术学院在校生及毕业生调研
车文成	茂名职业技术学院	粤西地区企业调研
谷雪贤	中山火炬职业技术学院	中山火炬职业技术学院在校生及毕业生调研
江英志	揭阳职业技术学院	粤东地区企业调研，学校及企业调研
冯 晓	广东石油化工学院	广东石油化工学院在校生及毕业生调研
陈庆生	广州环亚科技有限公司	行业企业需求调研
欧阳英	广州工程技术职业学院	广州工程技术职业学院在校生及毕业生调研

参考文献

［1］刘玉亮，邓静. 中国化妆品行业的现状与未来［J］. 日用化学品科学，2016，39（1）：1-8.

［2］张华涛．国内外洗涤用品发展趋势［J］．中国洗涤用品工业，2014（2）：29－36．

［3］刘琼．日化市场的战争：抢高管、夺市场［J］．中国外资，2015（8）：54－55．

［4］何蕊，李超英，车燊，等．化妆品行业的现状与趋势分析［J］．日用化学品科学，2015，38（3）：9－11．

［5］杜怡萍．中高职衔接专业培养目标的定位研究［J］．中国职业技术教育，2014（32）：56－60．

［6］沈家龙．广东省精细化工发展现状与对策［J］．广东化工，2010，37（10）：1－2．

［7］日用化学品科学编辑部．中国化妆品行业分析［J］．日用化学品科学，2015，1（2）：8－23．

［8］张建生．广东日化行业的现状及发展趋势［J］．日用化学品科学，2011（8）：4－8．

［9］王镇．中国日化市场的博弈格局［J］．日用化学品科学，2014，37（8）：6－10．

［10］赵志平．2015年中国石油和化工行业经济运行回顾与2016年展望［J］．当代石油石化，2016，24（2）：1－7．

［11］汤苗．2014年中国日化行业运行简析［J］．日用化学品科学，2014（8）：1－7．

［12］李海东，杜怡萍，等．中高职衔接标准建设新视野：从需求到供给［M］．广州：广东高等教育出版社，2014．

［13］鲁武霞．高技能人才规格提升的困境及突破：高职专科与应用型本科衔接的视角［J］．中国高教研究，2013（12）：97－101．

［14］何静．高职院校与本科院校的专业衔接研究：应用型本科院校联合培养模式的视角［J］．职教论坛，2014（3）：61－64．

［15］李红卫．我国高职专升本政策回顾与展望：兼论我国发展高职本科的路径［J］．职教论坛，2010（7）：29－32．

［16］王飞．我国高职学生专升本需求调查与分析［J］．中国职业技术教育，2015（4）：69－73．

［17］王伯庆．参照《悉尼协议》开展高职专业建设［J］．江苏教育，2014（7）：16－20．

［18］任之光，张彦通．国际工程协议对工程类毕业生特质和职业能力的规定及启示［J］．大学·研究与评价，2008（5）：51－56．

［19］沈洁，周本卫．国际工程教育学历互认背景下的专业建设探索［J］．实验技术与管理，2015，32（9）：197－200．

［20］杨渊德，王臻，刘杰，等．中国涂料工业"十二五"执行情况分析［J］．中国涂料，2016，31（1）：1－10．

第六章
高职本科一体化药品生物技术专业建设调研报告

一、前言

（一）调研背景分析

1. 广东省生物技术行业前景及政策依据分析

2012 年底，国务院公布了我国《生物产业发展规划》，明确提出了生物产业的发展目标：到 2015 年，形成特色鲜明的产业发展能力；到 2020 年，形成 2 万亿~3 万亿元的产值；生物产业发展要成为国民经济的支柱产业。广东省委、省政府通过制定《珠江三角洲地区改革发展规划纲要（2008—2020 年）》《广东省战略性新兴产业发展"十二五"规划》等政策文件把生物技术产业作为广东省未来经济发展的高新技术支柱产业给予大力支持。广东省生物产业基础雄厚，规模不断壮大。2002 年生物产业产值 120 亿元，2004 年 340 亿元，2009 年 870 亿元，2010 年生物产业产值超过 890 亿元，2013 年生物产业产值达 2 614 亿元，平均每年以 20% 的速度增长。截至 2014 年，广东仅规模以上的医药企业就有 560 余家，产值超过 2 000 亿元，从业人数超过 10 万人，规模和增幅均位于全国前三的位置。据调查，广东省医药生物技术专业技术人员配备普遍不合理。近年来，广东各级政府逐步加大生物技术产业的支持力度，未来将建设 20~30 家重点龙头企业，创立一批品牌产品，鼓励建立重点生物技术产业重点工程技术研究中心和国家产业基地。预计生物技术的井喷式大爆发会发生在未来的 4~5 年时间，尤其是在医药行业等领域，生物技术将崭露头角，可见行业发展前景非常广阔。

2. 广东省药品生物技术专业教育情况

广东省开设生物技术及应用专业的高职院校只有广东科贸职业学院、广东食品药品职业学院等 6 所，加上开设相近专业（如生物制药技术、食品生物技术等）的高职院校，目前仅有 11 所，招生数量每年约 1 200 人。近 3 年的入学报到率达 80% 以上，毕业与就业率均达 90% 以上。广东省开设生物技术、生物科学或生物工程专业的应用型本科院校（如韶关学院、肇庆学院等）不足 10 所，2015 年招生人数约 1 200 人。生物技术人才总体数量不足，人才培养质量不高，缺乏高水平创新性领军人才。广东省目前在生物技术方面的研究人员无论在数量上还是在素质上，和国内先进省市相比都有很大的差距。广东省从事科研活动的人员有 14.08 万人，居全国第十一位，平均每万人拥有的研究开发人员只有 20 人，上海市的这一数据为 137 人，是广东省的近 7 倍。现有生物技术人才偏重于基础研究，科研成果很难产业化，原始性创新成果和创新创业人才相对缺乏。据统计，全世界每年授予的 1 万多项专利技术中，有近 1/3 出自生物技术。因此，高职和本科学生的培养质量，将直接影响广东省生物产业的发展速度与质量。

根据广东省教育厅下发的《关于开展 2014 年高职院校与本科高校协同育人试点申报工作的通知》（粤教高函〔2014〕62 号），生物技术及应用专业于 2014 年由广东科贸职业学院率先开展三二分段高职本科衔接招生试点工作，与韶关学院合作进行三二分段专升本应用型人才培养试点，并于 2014 年 9 月首次招生 48 名，2015 年 9 月招生 47 名。通过联合招生、依托甲乙双方与合作企业三方的各自优势，采取"3 + 2"培养模式，协同培养生物技术及应用专业"高技能且具有本科综合素质"的应用型人才，增强高校服务经济社会发展能力，满足经济发展方式转变、产业结构转型升级对应用型人才的需求。

目前广东省高职院校生物技术及应用专业定位于生物制药、食品生物技术、药品生产管理、基因操作技术等多个方向。根据教育部 2015 年颁布的《普通高等学校高等职业教育（专科）专业目录（2015 年）》，原有的生物技术及应用专业名称取消，专业内容合并到食品生物技术、化工生物技术、药品生物技术、农业生物技术等 4 个专业中。经初步调查，了解到广东省 6 所高职院校的生物技术及应用专业均倾向于转成药品生物技术专业，因此本次调研主要是针对药品行业企业进行，不涉及食品、化工和农业等行业。

（二）调研意义和目的

作为研制高本衔接的生物技术及应用专业教学标准和课程标准的首要环节，项目组在广东省教育厅和广东省教育研究院的指导下，开展了广东省相关行业协会、企业的调研工作，希望多方位、多视角、多层次了解生物技术专业相关产业和行业的发展现状及未来发展趋势，了解企业对高职和本科毕业生人才需求及职业能力要求，明确岗位知识、技能需求，分析就业岗位群和职业生涯路径；通过对广东省高职和应用型本科学校及其毕业生和在校生的调研，了解毕业生在校学习及就业情况，对比各高职院校培养目标、培养方案、课程结构等内容，分析高职本科课程衔接存在的问题，以期为科学编制专业教学标准研制奠定基础。

二、调研基本情况

（一）调研组织方法

本次调研主要采用了以下 4 种方式：

（1）问卷调查。针对企业、高职和本科在校生及毕业生，发放现场纸质问卷或网络手机版问卷（腾讯问卷），收集问卷进行统计。

（2）访谈。针对行业专家、企业管理者，进行现场访谈、网络访谈（发放访谈提纲）和电话访谈，记录访谈结论。

（3）座谈。针对行业专家、企业管理者、高职及本科院校管理者和教师，举行座谈会，记录座谈结论。

（4）文献研究。查阅国内外职教文献及个案，比较其他省份的中高职教育衔接模式。

调研时间于2015年9月1日至2016年3月30日，为期210天。调研团队分为高职组、本科组和企业组，其中高职组调研人员11人，本科组调研人员5人，企业组调研人员2人。调研采取的方法是统筹兼顾、分工负责，每组下设文献分析小组、院校调查小组、行业企业访谈小组、企业调研小组、学生（在校生和毕业生）调研小组、资料计统与分析小组等，收集调研资料，根据重要性顺序分配权重，得出科学的结论。

（二）调研样本分布

本次调研对象涉及面广，包括了文献资料、行业、企业、院校、在校生、毕业生等，调研了广东省5个相关行业协会、71家企业、8所应用型本科学校和11所高职院校。调研基本情况见表6-1至表6-3。

表6-1　行业协会调研的基本情况

序号	协会名称
1	广东省医药行业协会
2	广东省食品行业协会
3	广东省食用菌行业协会
4	广东省酒类行业协会
5	广东省生物产业协会

表6-2　行业企业调研的基本情况

单位：家

分布地区	生物科技	药品生产	药品销售	科研机构	食用菌生产	第三方检测机构	医院	仪器销售及技术服务	总计
广州	25	5	2	3	1	1		1	38
东莞	3	2							5
佛山	1	2							3
梅州	1								1
深圳	2						1		3
湛江	1								1
中山	1	3							4
珠海	2	1							3
揭阳		1							1

续上表

分布地区	生物科技	药品生产	药品销售	科研机构	食用菌生产	第三方检测机构	医院	仪器销售及技术服务	总计
肇庆	1								1
韶关	1								1
浙江	2	1							3
福建	1								1
江苏	1	1							2
上海	1	1							2
天津	1								1
北京		1							1
总计	44	18	2	3	1	1	1	1	71

表6-3　本科高职院校调研的基本情况

地区	院校	调研专业	类别
广州	广东科贸职业学院	生物技术及应用	高职
	广东轻工职业技术学院	生物技术及应用	高职
	广东食品药品职业学院	生物技术及应用生物制药技术	高职
	广东农工商职业技术学院	食品生物技术	高职
	广州城市职业学院	食品生物技术	高职
	广东岭南职业技术学院	生物制药技术	高职
深圳	深圳职业技术学院	生物技术及应用	高职
	广东新安职业技术学院	生物技术及应用	高职
揭阳	揭阳职业技术学院	药品营销与管理	高职
清远	清远职业技术学院	生物制药技术	高职
阳江	阳江职业技术学院	食品生物技术	高职
惠州	惠州学院	生物技术	本科
韶关	韶关学院	生物工程、生物技术、生物科学	本科
湛江	岭南师范学院	生物技术	本科
肇庆	肇庆学院	生物技术	本科
江西九江	九江学院	生物技术	本科
深圳	深圳大学	生物科学、生物技术	本科

续上表

地区	院校	调研专业	类别
广州	广东第二师范学院	生物科学	本科
茂名	广东石油化工学院	生物工程、生物技术	本科
佛山	佛山科学技术学院	生物技术、生物工程	本科
广州	仲恺农业工程学院	生物技术、生物科学	本科
合计/所	21（11 高 + 10 本）		

1. 文献资料样本

项目组查询并分析了《2016—2020 年中国生物技术产业投资分析及前景预测》、《广东生物技术产业的现状与趋势》等最新相关文献，共计 95 篇。

2. 高职本科院校访谈和人才培养方案分析样本

高职院校方面，项目组访谈调研了广东科贸职业学院、广东轻工职业技术学院等 11 所广东省高职院校的 10 名生物技术或相近专业的负责人或教研室主任，收集分析了 11 所高职院校的人才培养方案。

本科院校方面，项目组访谈调研了韶关学院、岭南师范学院等 10 所应用型本科院校相关的专业负责人或系（部）主任，收集分析了 10 所应用型本科院校的人才培养方案。

3. 行业、企业访谈样本

行业方面，项目组访谈了广东省医药行业协会、广东省食品行业协会等行业协会。

企业方面，项目组访谈了广州安必平医药科技股份有限公司、深圳市新产业生物医学工程股份有限公司等 20 家企业的总经理、人事行政经理、技术总监、销售总监等。

4. 企业调研样本

人才需求方面，项目组调研了广州一品红制药有限公司、珠海联邦制药股份有限公司等 71 家企业的人力资源经理、技术总监、销售总监等。

5. 学生调研样本（如表 6-4 所示）

表 6-4　学生问卷基本情况

序号	类别 1	类别 2	回收问卷/份	有效问卷/份	有效问卷率/%
1	高职	毕业生	401	354	88.3
2	高职	在校生	750	647	86.3
3	本科	毕业生	490	394	80.4
4	本科	在校生	861	797	92.6

注：（1）有效问卷为回收问卷排除非生物技术相关专业学生填写问卷及填写不完整问卷之后的问卷。

（2）高职在校生包括 11 所高职院校 2013 级、2014 级、2015 级共 3 个年级的学生。

（3）高职毕业生的就业单位包括通标标准技术服务有限公司广州分公司、广州市微生物研究所等广东省 30 家企业，毕业生分别来自省内 5 家职业院校，年级分布从 2005 级到 2012 级。

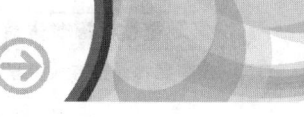

（4）本科在校生包括 10 所应用型本科院校 2012 级、2013 级、2014 级、2015 级共 4 个年级的学生。

（5）本科毕业生的就业单位包括广东丹霞生物制药有限公司、广州万孚生物技术有限公司、广东肇庆星湖生物科技股份有限公司等广东省 71 家企业，毕业生的年级分布从 2002 级到 2011 级。

三、调研资料分析

本部分着重围绕调查回收的样本数据及统计分析结果，采用定性与定量分析相结合的方法，对资料进行分析和数据整理，对生物技术及应用专业的人才需求与供给、行业的现状和发展前景、对应的岗位情况、行业的规范要求、企业岗位典型的任务和能力要求、高本学生的就业状况、学生在校学习状况、高本院校的课程标准和课程设计情况等进行分析和归纳。

（一）生物技术行业现状及发展趋势

1. 全国生物技术行业稳步增长

生物经济正成为中国经济的重要增长点之一，生物产业每年保持 20% 以上的增速。2009 年我国生物产业产值约 1.4 万亿元人民币，其中医药产业产值为 10 381 亿元，生物农药产业 1 200 亿元，生物制造产业约 1 800 亿元，生物能源产业约 280 亿元。2010 年我国生物产业产值超过 1.5 万亿元；2014 年达到 3.16 万亿元，占 GDP 的 4.63%，同年全国生物技术实现出口交货值 892.32 亿元，同比增长 15.42%。我国已经形成了以京津冀、长江三角洲、珠江三角洲为核心的生物产业聚集区。生物技术产业发展呈现以下总体态势：生物医药产销快速增长，效益大幅上升；国家生物产业基地快速发展，呈现集聚化发展态势；生物产业发展环境不断完善，国家和地方政府高度重视生物产业发展，并制定了促进生物产业发展的政策和措施，各方面加快发展生物产业的积极性不断提高。

2. 广东省生物技术行业进入快速增长期

《珠江三角洲地区改革发展规划纲要（2008—2020 年）》提出：围绕现代产业发展的需求，着力做好生物技术与新医药、现代农业等 7 大领域的引进消化吸收再创新和集成创新，生物技术产业是珠江三角洲区域经济向高科技、可持续、环境友好型产业升级的必然选择。目前广东省已成为我国主要的生物产业基地之一。生物技术的应用主要集中在制药、营养保健食品、酒类、乳制品、饮料、调味品、食品添加剂、化工等 10 多个行业。珠江三角洲地区已经发展成为一个新兴的生物技术产业区域，形成了生物医药、生物制造、生物农业等 3 个优势产业群以及海洋生物、生物技术服务等 2 个特色产业领域。广东生物技术知名企业有华大基因、丽珠医药、广药集团等。2010 年广州市生物产业产值达 1 000 亿元，其中国内医药龙头企业广州医药集团 2010 年实现技工贸总收入 266 亿元，工业总产值超 100 亿元，同比增长 20% 以上。

（二）生物技术及应用专业人才需求和供给情况

1. 人才需求情况

（1）岗位人员学历情况。

通过对广东省内有代表性的企业进行调研发现，岗位人员中高职毕业生比例最大，达到 29.4%；其次是本科毕业生，占 22.0%；中职毕业生比例位列第三，占 15.5%（见图 6-1）。这和广东省生物技术业的企业规模、发展模式、科技含量等因素有直接关系，表明广东省生物技术行业的企业，人力资源来源以高职和本科层次为主。由此可见，构建高职与应用本科衔接的生物技术人才培养体系具有重要的现实意义。

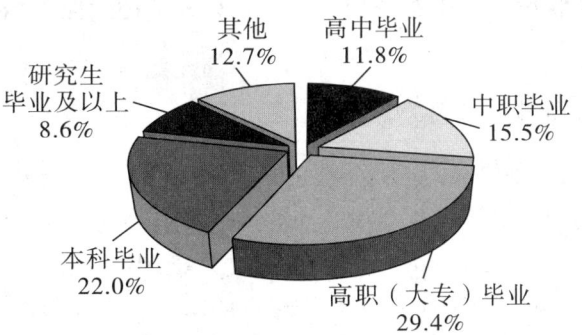

图 6-1　岗位人员学历情况（委托盈速公司调研数据）

（2）企业对岗位人员基本要求情况。

资格证书主要有从业资格证、初级工、中级工、高级工、技师、高级技师几种。其中要求具有从业资格证的岗位占 26.8%，中级工的占 6.2%，高级工的占 4.1%（见图 6-2）。年龄结构主要分布在 20～45 岁，20～30 岁所占比例过半。有 94.9% 的企业提供岗前培训，其中 53.0% 的企业提供培训时间为 1～3 个月（见图 6-3）。这一数据说明生物技术行业技术更新变化快，很多岗位没有与之对应的职业资格证，企业需要通过有针对性的岗前培训来满足岗位的技能需求。56.7% 的企业不要求学生必须具有资格证书，但对学生从业的责任心、专业技能、团队精神和吃苦耐劳的品行比较重视（见图 6-4）。

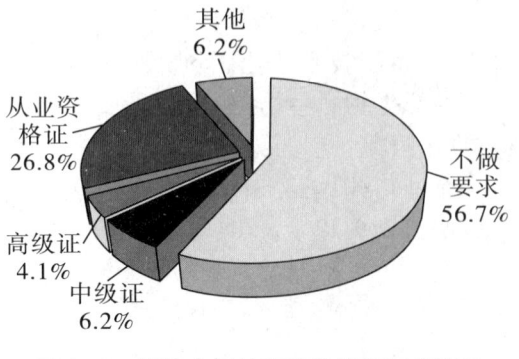

图 6-2　岗位人员持有技能等级证书情况

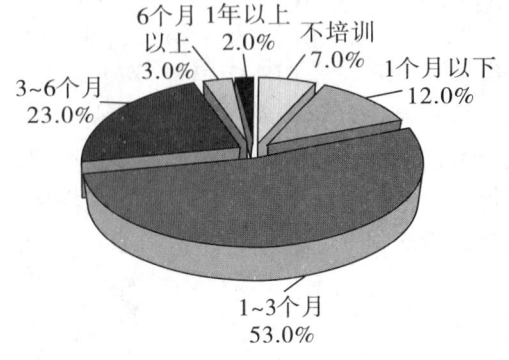

图 6-3　企业对员工的培训情况

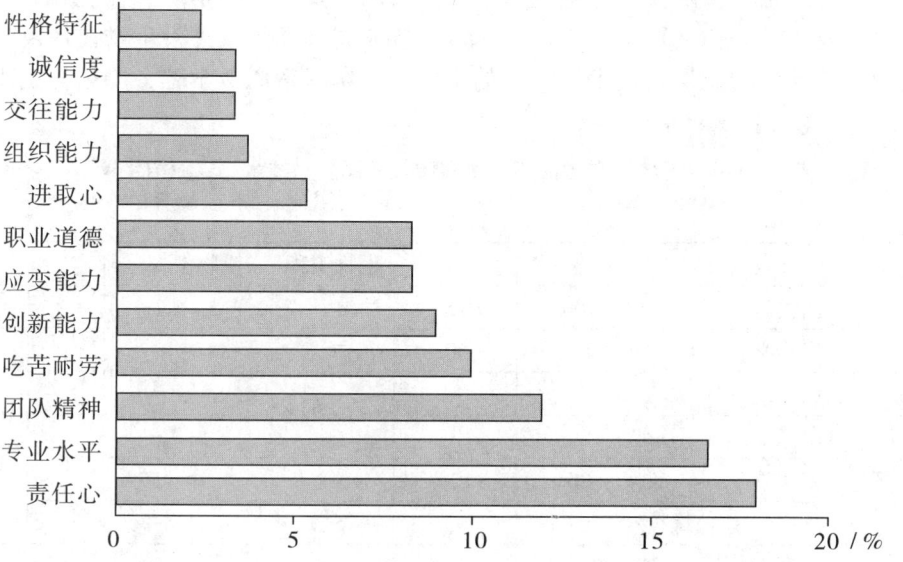

图6-4　企业对员工的基本素质要求

（3）企业人才需求规模。

本次调研的71家企业，生物技术专业人才需求每年约560人，平均每家企业每年需求约8人。行业调研统计显示，广东省生物技术相关企业有1 500多家。如果按照调研得出的每个企业每年需求8人的结果和25%左右的人员流动率计算，广东省1年需要生物技术高素质技能型专门人才1万名左右。其中，医药生物技术产品研发及生产专业人员需要4 000多人，生物技术产品销售人员需新增加3 000多人，生物技术咨询、检测和治疗服务业需新增3 000多人。而广东每年药品类生物技术相关专业毕业生不足5 000人，人才需求缺口大。

2. 生物技术及应用专业毕业生供给情况

（1）全国生物技术及应用专业高职本科招生情况。

我国目前开设生物技术专业的本科有375所，据不完全统计，到2015年底，本科在校生达7万余人，近几年每年毕业生达1万余人。生物技术及应用专业是一个涵盖领域非常宽泛的专业，包括了生物制药、食品发酵、环境保护、动植物细胞培养、生化工程、农产品深加工等。但也因范围过于宽泛导致学而不精，学生就业并不理想，就业情况整体不如医药销售、生物制药、生物化工等专业。由此看来，该专业在专业定位、人才培养模式等方面对就业情况有很大影响。这也正说明这些年生物技术及应用专业的人才培养已经无法跟上生物产业发展的步伐，迫切需要改革和构建高职与应用本科衔接的生物技术人才培养一体化体系。因此，根据教育部2015年颁布的新专业目录，广东省教育厅在《2016年开展高职院校与本科高校协同育人试点工作的通知》（粤教高函〔2016〕84号）中，明确将广东科贸职业学院已经开展三二分段高职本科衔接招生试点的生物技术及应用专业更名为药品生物技术，以改变这种原专业范围过于宽泛的局面。

（2）广东省高校生物技术类专业招生情况。

广东省应用型本科院校开设生物技术类专业的主要有韶关学院、仲恺农业工程学院等 10 所，培养规模约 1 500 人（见表 6 − 5）。广东省高职院校开设生物技术及应用专业和生物制药技术、食品生物技术等专业的主要有广东科贸职业学院、广东轻工职业技术学院等 12 所（见表 6 − 6）。

表 6 − 5　2015 年广东省应用型本科院校药品生物技术类专业招生计划

单位：人

序号	高校	生物技术	生物科学	生物工程	生物教育（师范）	合计
1	韶关学院	100	75	45	—	220
2	惠州学院	80	80	—	—	160
3	韩山师范学院	65	90	—	—	155
4	岭南师范学院	60	165	—	—	225
5	肇庆学院	80	120	—	50	250
6	嘉应学院	—	93	51	—	144
7	深圳大学	50	50	—	—	100
8	仲恺农业工程学院	60	70	—	—	130
9	广东石油化工学院	50	50	—	—	100
10	佛山科学技术学院	30	—	—	—	30
	合计	575	793	96	50	1 514

表 6 − 6　2015 年广东省高职院校药品生物技术类专业招生计划

单位：人

序号	高校	生物技术及应用	生物制药技术	食品生物技术	生物化工工艺	合计
1	广东科贸职业学院	130	—	—	—	130
2	广东轻工职业技术学院	60	50	100	70	280
3	深圳职业技术学院	50	—	50	—	100
4	广东新安职业技术学院	75	—	—	—	75
5	广东食品药品职业学院	80	225	—	—	305
6	广东生态工程职业学院	100	—	—	—	100
7	揭阳职业技术学院	100	—	—	—	100
8	清远职业技术学院	—	110	130	—	240
9	广州城市职业学院	—	—	150	—	150
10	阳江职业技术学院	—	—	70	—	70
11	广东农工商职业技术学院	—	—	100	—	100
12	广东岭南职业技术学院	—	120	—	—	120
	合计	595	505	600	70	1 770

目前广东省培养的生物技术类高职学生人数约 1 770 人，与应用型本科基本持平。如果加上中山大学等一类本科的生物类专业学生数量，则本科及以上学历的学生人数多于高职学生人数。

广东省中职学校开设生物技术类专业的主要有广东省食品药品职业技术学校等 11 所，其 2015 年招生计划和 2011～2013 级生物技术类专业开设情况见表 6-7 和表 6-8。

表 6-7 2015 年广东省中职学校药品生物技术类专业招生计划

单位：人

序号	中职	生物化工	生物技术制药	食品生物工艺	医学生物技术	合计
1	徐闻县职业高级中学	80	—	—	—	80
2	广州市信息工程职业学校	—	—	—	—	—
3	广东省食品药品职业技术学校	—	60	—	—	60
4	广州市医药职业学校	—	50	50	—	100
5	广州市轻工职业学校	—	—	85	—	85
6	广东省轻工职业技术学校	—	—	165	—	165
7	广东省贸易职业技术学校	—	—	100	—	100
8	广东省农工商职业技术学校	—	—	—	—	—
9	广东省海洋工程职业技术学校	—	—	25	—	25
10	佛山市三水区理工学校	—	—	—	—	—
11	珠海市卫生学校	—	—	—	55	55
	合计	80	110	425	55	670

表 6-8 广东省中职学校药品生物技术类专业开设情况统计表（2011～2013 级）

单位：人

序号	中职	生物化工	生物技术制药	食品生物工艺	医学生物技术	合计
1	徐闻县职业高级中学	112	—	—	—	112
2	广州市信息工程职业学校	6	—	—	—	6
3	广东省食品药品职业技术学校	—	179	—	—	179
4	广州市医药职业学校	—	103	50	—	153
5	广州市轻工职业学校	—	—	259	—	259
6	广东省轻工职业技术学校	—	—	165	—	165
7	广东省贸易职业技术学校	—	—	185	—	185
8	广东省农工商职业技术学校	—	—	59	—	59
9	广东省海洋工程职业技术学校	—	—	12	—	12

续上表

序号	中职	生物化工	生物技术制药	食品生物工艺	医学生物技术	合计
10	佛山市三水区理工学校	—	—	27	—	27
11	珠海市卫生学校	—	—	—	138	138
	合计	118	282	757	138	1 295

上述数据表明中职学校的生物技术类专业招生人数整体呈下降趋势，广州市信息工程职业学校的生物化工专业、广东省农工商职业技术学校和佛山市三水区理工学校的食品生物工艺到 2015 年已经停止招生。

由此可见，广东省生物技术行业人才队伍存在倒三角的特点，即高层次人才（本科以上）较多，具有一定理论水平的生产一线的高职人才数量次之，中职人才数量最少，这与大部分生物技术企业的人才结构较为吻合。

3．人才需求及供给分析

广东省现有食品、轻工、生物能源、制药企事业单位 1 500 多家。生物技术从业人员年需求量约 1 万人。广东省特别是珠江三角洲地区目前无论是生物技术的研究人员，还是生物技术产品开发的人才，都存在严重不足的问题。随着生物制品制造业和生物技术服务业等领域的发展和产业升级，这类高技术专业人才的缺口会越来越大。虽然广东省许多高校都开设了一些生物技术与生物工程类的专业，但是能够在生产第一线熟练运用现代生物技术的专业技术人才还有较大的缺口。

另外，随着生物科技的不断发展，生物制品、生物食品和生物药品产品种类越来越多，其生产过程的质量控制及其对公众安全性的危害监测和控制，越来越受到人们的重视，比如转基因产品、药物残留等。同时，随着中国加入世界贸易组织后加速与国际接轨，对生物性产品的生产、管理及安全检测具有严格的法规要求。这就需要大批既懂得法规和标准及生物性产品生产技术，又懂得检验技术的在一线从事产品质量检验、监督工作的高级专门人才。珠江三角洲地区作为生物性产品生产和消费的大城市群，在这方面的人才缺口尤为突出，加速此类复合人才的培养迫在眉睫。

近年来，由于实验动物属于医学、生物技术科研的基础条件，随着生物制药、医学研究的发展，对实验动物的需求量也逐步上升，实验动物的饲养和管理人才需求随之呈现上升趋势。随着生物检测技术的发展，现代精密仪器更新换代、层出不穷，生物检测技术和相关精密仪器的使用与维修在生物制品、制药、食品等企业的产品研发、生产、质量监测等过程中具有越来越重要的作用。因此，生物技术行业对熟练掌握大型精密仪器使用和维修、售后服务技能的工程师或工作者的需求也与日俱增，生物技术专业技能型人才的短缺已成为广东生物技术业发展的关键问题。

（三）生物技术及应用专业岗位群分布情况

生物技术行业是一个涉及面很广的行业，通过对 5 家生物技术相关行业协会走访和对74家企业（包括生物制品生产、药品生产、生物科技服务企业、研究机构和第三方检测等企业）的调研分析发现，生物技术专业学生毕业后主要从事的岗位领域有生产操作及管理岗、产品检验及品控管理岗、市场营销岗和研发岗等4个领域（见图6-5）。

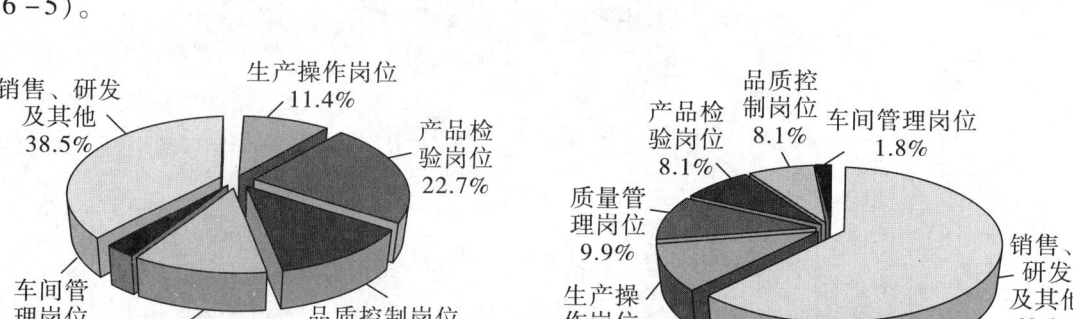

图6-5 药品生物技术专业人才岗位分布

企业认为适合生物技术专业高职毕业生的岗位类型中，市场营销和产品检验岗位占比较高，分别达到62.2%和22.7%的比例；相比之下车间管理、技术研发的比例较低。这表明生物技术行业对高职毕业生的定位普遍侧重于生产、检测和销售等技术应用层面，技术产品的开发、质量管理、设备维护等工作以本科以上学历为主。

1. 生物技术及应用岗位群和职业素质能力需求情况

（1）企业对高职和本科毕业生的基本期望。

企业对高职和本科毕业生的基本期望最主要的三个方面是：吃苦耐劳，勤奋好学；较好的职业道德，服从管理；较强的工作能力以及解决问题的能力（见图6-6）。在员工职位晋升时企业最看重的因素是工作效率，其次是技能水平和为人处世（见图6-7），对职称、专业知识等方面的期望较少。由此可见，人才培养过程中职业素质的培养至关重要。

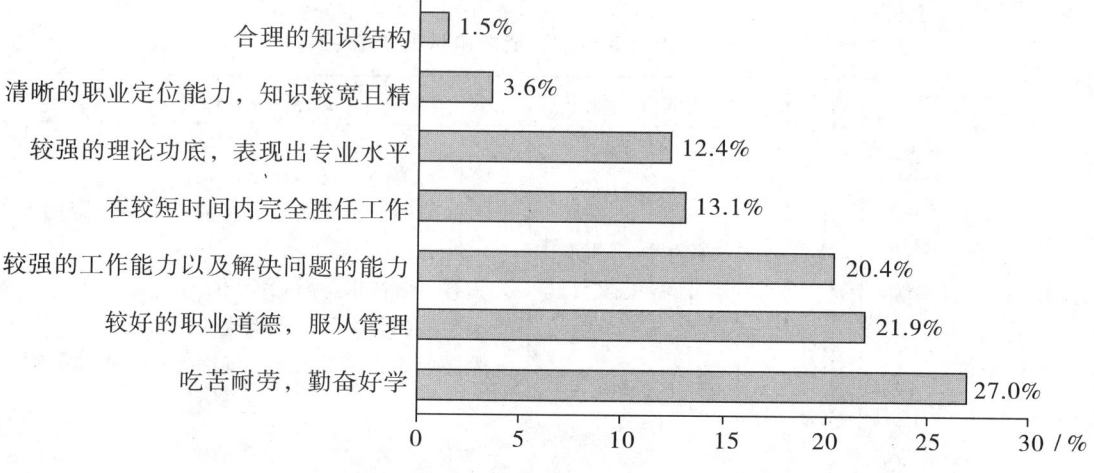

图6-6 企业对高职和本科毕业生的基本期望占比

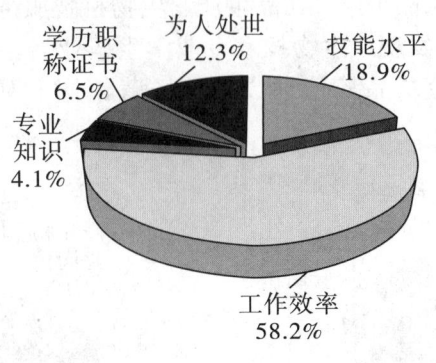

图6-7　企业对员工职位晋升最看重的素质

（2）生物技术专业毕业生应具备的职业素质要求。

根据企业对毕业生的基本期望，生物技术专业毕业生应具备的职业素质和基本能力要求包括如下几个方面：

①具有吃苦耐劳，勤奋好学的品格；

②具有运用正确的知识、理论与方法分析和解决问题的能力；

③具有良好的职业道德，沟通协调能力以及团队合作能力；

④具备较强的计算机应用及信息采集、分析和利用的能力；

⑤具有职业安全、环境保护等相关知识和技能。

（3）目前生物技术类专业岗位群分布情况。

①生产类岗位。

典型生物产品生产类岗位分布在以研发生产药品、疫苗和其他治疗用品为主的生物制药公司，以生产诊断试剂、临床检验试剂或医用设备为主的生物制品公司，以生产食品、保健品、饲料或饲料添加剂为主的生物产品公司，以生产或代理生物制品、器具或提供技术服务为主的生物技术公司等企业。毕业生进入企业后主要成为一线生产人员，如车间主任、生产主管、生产班长、带班员等，从事产品生产制造、生产设备管理和维护、生产管理、工程组织等工作。其中生产班长岗位所占比例最大。这类岗位的专业能力和职业素质要求见表6-9。

表6-9　生产类岗位职业能力和职业素养的要求

岗位分布	行业岗位	职业资格证书	专业能力和职业素质要求
生物制药企业 食用菌生产企业 氨基酸生产企业 酶制剂生产企业 生物制品企业 科研单位	微生物操作岗位	微生物培菌工 消毒灭菌工	①掌握无菌操作技术能力； ②掌握菌种保藏、活化、扩大培养、选育的技术能力； ③具有显微技术与形态检测技术能力； ④掌握染菌分析和常规检测的技术能力； ⑤爱岗敬业，忠于职守，按章操作，确保安全

续上表

岗位分布	行业岗位	职业资格证书	专业能力和职业素质要求
生物制药企业 食用菌生产企业 氨基酸生产企业 酶制剂生产企业 生物制品企业 科研单位	发酵工艺操作岗位	生物发酵工 发酵工程制药工 疫苗制品工	①掌握使用发酵工艺过程控制的技术能力； ②掌握发酵罐参数监测与生产调节的技术能力； ③掌握发酵设备使用、保养以及处理常见故障的技术能力； ④团结协作，节约成本，降耗增效，遵守规章，重视安全
	分离纯化操作岗位	发酵液提取工 发酵药品精制工 基因工程产品工	①掌握生物产品的培养分离技术能力； ②掌握应用细胞破碎技术和离心沉降技术进行原料预处理的技术能力，进行包装成品检测； ③掌握应用膜分离技术、层析技术、色谱技术，进行生物制品药品纯化的技术能力； ④团结协作，节约成本，降耗增效，保护环境，文明生产

②品管、研发类岗位。

典型生物品管类岗位主要分布在上述的各类生物产品生产和产品研发企业、第三方检测机构、科研单位、高校的相关实验室等。毕业生进入单位后主要成为生产质量监测管理人员，如 QA、QC、实验员、品控员、质检主任、研发助理、助理工程师等，其中检验员和品控员所占人数比例最大。这类岗位的专业能力和职业素质要求见表6-10。

表6-10　品管、研发类岗位职业能力和职业素养的要求

岗位分布	就业岗位	职业资格证书	专业能力和职业素质要求
生物产品生产企业 第三方检测机构 科研单位 高校相关实验室	实验员 品管员 QC QA 研发助理	药品检验工 化学检验工	①掌握对原材料、中间产物、成品的参数进行分析的技术能力； ②掌握生物产品各项理化指标的分析检测能力； ③掌握生物产品各项生物指标的分析检测能力； ④能对实验数据进行正确处理，对结果做出正确的分析，写出规范的检验报告； ⑤能够应用生物产品相关质量管理体系指导产品质量管理与安全控制； ⑥熟悉国家标准、法律法规和检验规范及报批程序； ⑦掌握细胞培养的基本方法、仪器使用及培养过程的监测处理； ⑧掌握现代基因操作的基础理论和操作流程，正确操作基因工程常用仪器设备； ⑨具有团队合作、吃苦耐劳、高度责任心、自我学习、创新精神

③销售类岗位。

典型生物产品销售类岗位分布主要为药品营销员、生物仪器营销员、销售区域负责人等，其中仪器设备、药品销售员的比例最大，尤其是具有专业售后技术服务能力的营销人员。这类岗位的专业能力和职业素质要求见表6-11。

表6-11 营销类岗位职业能力和职业素养的要求

岗位分布	就业岗位	专业能力和职业素质要求
生物产品生产企业 生物产品经销企业 生物仪器设备生产企业 生物仪器设备经销企业	销售部主管	①具有区域业务发展和组织建设的能力； ②具有管理能力、学习能力、全局观，包括人脉资源； ③具有不断学习、多看多思考多了解市场的能力
	区域销售负责人	①具有较强的组织管理能力； ②具有一定的专业能力、沟通能力； ③具有培养下属的能力、工作判断能力、学习能力、职业道德
	营销员	①熟悉生物产品、生物仪器及设备各项性能指标； ②熟悉营销基本技巧与方法，具有售后技术服务的基本能力； ③具备收集信息、分析问题的能力； ④具备较强的语言表达能力和公共关系能力； ⑤具有积极开拓新市场、建立与扩大销售网络的能力； ⑥具备抗挫折和继续学习的能力以及团队协作的精神

2. 药品生物技术专业毕业生职业岗位升迁分布情况

生物技术及应用专业毕业生职业岗位升迁分布情况见图6-8。

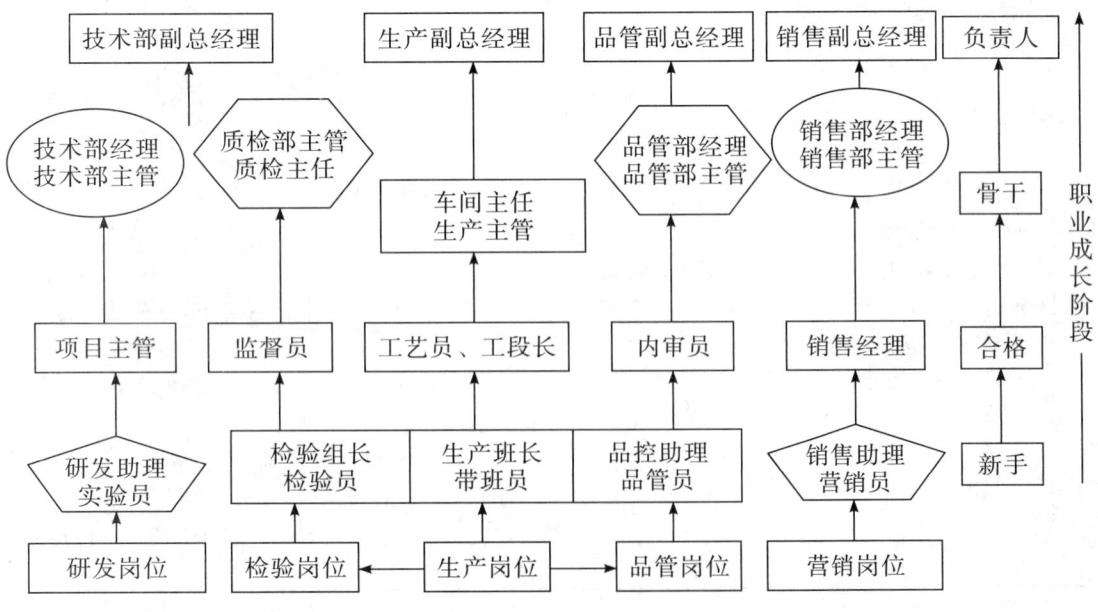

图6-8 药品生物技术专业毕业生职业岗位升迁分布

根据本次调研和 2014 年委托盈速公司对生物技术专业毕业生在行业中的发展方向调查的结果，占最大比例的是技术检测，占总比例的 35.1%；其次是生产基层管理，占总比例的 23.5%；实验室主任方向比例较小，仅占总比例的 5.4%（见图 6–9）。以上数据表明高职毕业生在技术检测层面具有较强的实践性和优势，但在技术水平和知识结构方面则相对不足。由此可见，构建高职本科衔接的生物技术人才培养体系具有重要现实意义。

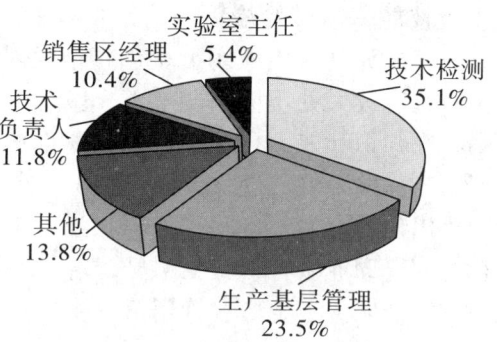

6–9　药品生物技术专业毕业生在行业中的主要发展方向占比

（四）职业资格和行业规范要求情况

目前，与本专业相关的职业资格、技能等证书有超过 18 种。广东省人力资源和社会保障厅为本辖区推行食品药品生产和检验等职业资格证书制度的行政管理部门，负责管理和指导本地区的食品药品等领域的职业技能鉴定工作；鉴定站是职业技能鉴定的执行机构，负责实施对劳动者的职业技能鉴定工作。对职业技能鉴定合格者，经广东省人力资源和社会保障厅批准的相关职业技能鉴定站按照相关程序，颁发人力资源和社会保障部统一印制的职业资格证书。

对于高职毕业生，可考取以下工种的中高级资格证书，重点考虑药物检验工、化学检验工、药物制剂工等行业认可度高的资格证书（见表 6–12）。取得高级职业资格证后，再连续从事本职业工作满 1~2 年，可申请技师资格。

表 6–12　药品生物技术专业职业资格证书一览表

序号	证书名称	颁证机构	行业认可度	适用对象	备注
1	药物制剂工	人力资源和社会保障部	中	中高职	高职可考中高级
2	生化药品制造工	人力资源和社会保障部	中	中高职	高职可考中高级
3	酶制剂制造工	人力资源和社会保障部	中	中高职	高职可考中高级
4	基因工程产品工	人力资源和社会保障部	低	中高职	高职可考中高级
5	发酵工程制药工	人力资源和社会保障部	低	中高职	高职可考中高级
6	化学检验工	人力资源和社会保障部	高	中高职	高职可考中高级
7	药物检验工	人力资源和社会保障部	中	中高职	高职可考中高级

（五）高职及本科院校课程设置情况

1. 高职本科院校人才培养目标与规格比较

分析归纳和对比广东科贸职业学院、广东轻工职业技术学院等 11 所高职院校生物制药和生物技术及应用专业以及韶关学院、惠州学院等 10 所应用型本科生物技术专业的人才培养方案后可知：高职院校的培养目标是高级技术技能人才，需要具备专业必备的理论知识和能力、中高级技能；本科院校培养的是具有一定研发能力的高级技能人才，需掌握专业知识和能力，成为高素质应用型、创新型、创业型人才。因此，高职、本科院校的人才培养目标定位有较大的不同（见表 6 - 13）。但高职、本科生物技术及应用专业的人才培养方案，在知识和能力目标方面的描述都比较宽泛，没有体现高职、本科差异，需要通过本课题工作的开展，进一步理清高职、本科人才培养在知识和能力方面的衔接。通过分析，可以认为高本衔接联合培养相当于本科层次的职业人才培养，介于高职和普通本科教育之间，职业教育的特征明显，培养的是具有较强的技术理论基础、实践技能和应用能力，并能服务于生产、管理第一线的应用型人才，适合从事对能力要求更高的产品研发、设计等工作。

表 6 - 13　高职本科院校人才培养目标与规格比较

高职院校专业人才培养目标	本科院校专业人才培养目标
主要培养面向广东省生物、医药等行业从事生物技术产品的生产、检验等工作的高级技术技能人才。通过三年的学习，使学生掌握生物制药必需的基础理论知识，具有现代生物技术操作、生化制药工艺技术及设备操作、理化分析检测、现代仪器操作等能力，取得药物制剂工、药物检验工、食品检验工或发酵工等职业资格证书。 　　（面向生产一线的技术技能型人才）	培养具备生命科学的基本理论、基础知识和生物技术的基础原理、基本技能，同时兼备基本的现代教育理论，能在工、农、林、牧、渔业及医药、食品、环保、园林、检验检疫等行业的企业、事业和行政管理部门从事与生物技术相关的应用研究、技术开发、生产管理和行政管理等工作的高级专门人才和应用型人才，或能在中高等学校从事生物教学工作的复合型人才，以及进一步深造攻读硕士学位的研究生。 　　（面向科研、技术开发、管理、中高等教育以及进一步深造的高级专门人才）
高职—本科一体化培养目标：本专业培养适应现代生物技术发展需要，德、智、体、美全面发展，具有良好的职业素质，掌握生物技术（生物制药）的基础理论知识和基本技能，具备从事产品检验分析、技术监督、生产管理、生物药品研发等工作的能力，取得化学检验工等高级职业资格证书，并具有一定创新意识和创新能力的复合型高级应用技术人才	

2. 高职本科院校专业课程设置比较

从项目组收集的人才培养方案来看，高职院校课程体系一般分为基础及素质类课程、专业基础及核心课程、专业拓展课程和综合能力类课程（如表 6 - 14 所示）。其中基础及素质类课程基本一致，广东轻工职业技术学院和广东食品药品职业学院分别根据专业性质开设了管理学原理、例如高等数学和数理统计课程。专业基础类课程主要可划分为化学类课程、微生物及应用技术相关课程、生产工艺类课程、检验类课程、管理类课程及其他课程。各院校开设的生物技术基础理论课程门数差异较大，有5份高职人才培养方案没有开设基因操作技术和酶制剂生产与应用，这两门课程也是本科院校生物技术专业的核心课程，因此高职和本科学段的课程衔接可以在生物技术基础理论课程内容上做好设计。由于生物医药及大健康产业的快速发展，高职生物技术及应用专业均将侧重于药品生物技术、生化制药工艺、药物制剂、原料药提取与纯化技术、药品生产设备、药品工厂设计等课程。新安职业技术学院的生物技术及应用专业较为特殊，分别开设基因芯片与诊断、医药管理与购销和环境保护与食品安全3个专业方向，这可能是为了适应深圳地区生物技术产业的现实状况。

表6-14　广东省高职药品生物技术专业课程体系比较

课程类别		广东科贸职业学院	广东轻工职业技术学院	广东食品药品职业学院
基础及素质类课程 （大体一致）		思想政治理论课、大学英语、体育、心理健康教育、就业指导、军事教育、计算机应用基础、应用文写作		
		高等数学（高本衔接班）	管理学原理、高等数学	数理统计
专业基础及核心课程	专业基础课	基础化学、生物化学		
		仪器分析 动物解剖与生理 药理学基础	药理学 药品分析基础 生物药品工厂设计 制药设备基础 生物制药设备	天然药物化学 生物药品知识 现代实用生物技术
		微生物应用技术 发酵生产技术*	微生物与免疫学 微生物技能实训	微生物与发酵技术 微生物酿造技术
		细胞与分子生物学	细胞生物学基础 分子生物学基础 基因工程操作技术	酶制剂生产与应用 基因操作技术 细胞工程与免疫技术
	专业核心课程	生化分离技术* 生化制药工艺* 药物制剂技术*	生化分离与纯化技术 生化工程原理 生化制药技术 药物制剂技术	生物工程基础单元操作 生物反应制剂单元操作 生物医学工程
		生物产品检验技术*	生物药物分析	生物检验技术
		GMP实务	药品生产质量管理	
	其他基础课程	文献检索与论文写作	机械制图药理学 电工基础	实验室与生物安全
	综合实训	发酵生产技术综合实训 生化分离技术综合实训 生化制药工艺—药物制剂技术—药物检验综合实训	生物制药综合实训	生物技术综合实训

续上表

课程类别	广东科贸职业学院	广东轻工职业技术学院	广东食品药品职业学院
专业拓展课程（任选其中一个模块）	模块一：酿造类 模块二：药品管理与营销类 模块三：食品类	模块一：诊断试剂及营销 模块二：医疗器械及营销 模块三：药物开发	科技文献检索与写作 中药应用基础 药品市场营销技术
综合能力类课程	顶岗实习 TRIZ 理论与技术创新方法	顶岗实习 毕业设计	毕业（顶岗）实习 毕业考核（毕业论文）

注：＊标记为核心课程。

本科院校在公共基础课、专业基础课、专业课和教学实践等方面基本上是一致的。公共基础课是教育部统一规定的所有学生都要修读的必修课程，是同类大学生的共性课程。例如思想政治理论课、英语、计算机、体育、人文通识课程、军事等课程。专业基础课是体现专业共性的课程，一定程度上是为学习专业课和专业方向课程打基础。这类课程的设置一般依据教育部的有关专业课程设置及专业规范等相关文件，在全国的同一专业中大体是一致的，为本专业必修。专业课与专业基础课相似，也有一个共同参照，是区别于生物技术专业相关的其他生物类专业的主干课程，为本专业必修课（见表 6－15）。

表 6－15   本科药品生物技术专业课程体系

类别	课程设置
公共基础课	思想政治理论课、英语、计算机、体育、军事、人文通识课程
专业基础课程	高等数学、大学物理、无机及分析化学、有机化学、普通生物学、生物化学、微生物学、细胞生物学、遗传学、分子生物学
专业课程	基因工程、酶工程、发酵工程、细胞工程
专业方向课程	生物制药技术模块（方向）：生物技术制药、医药市场营销学、生物制药工艺学、生物药物制剂学
	动物疫病生物技术模块（方向）：动物病原微生物学、动物病理学、动物传染病学、生物技术应用
	生物检测技术模块（方向）：生物化学检测技术、微生物检测技术、分子与细胞生物学检测技术、物理与化学检测技术
	选修课程：生物工程设备、生物分离工程、生物统计学、专业英语、食用菌技术及应用、植物组织培养技术等
教学实践	野外实习、专业见习、生产实习、毕业实习、社会调查、毕业论文等

各高校在生物技术专业办学方面都有自己的特色，一般通过设置不同的专业方向模块课程来体现。专业方向课程主要是依据社会就业需求、学生个性发展需要、各高校的师资条件等而开设的，建立在专业基础课和专业课之上的，集中体现本专业特色的课程。每个学生可以根据自己的兴趣爱好及特长在其中选择一个专业方向。

通过对比高职、本科课程体系，可得出如下结果：

（1）基础课程大致相同。高职和本科都重视思想政治理论、英语、计算机、人文等综合素质的培养，均开设了就业指导课程。

（2）专业课程部分重合，但课程体系和侧重点有较大不同。高职、本科的专业基础课程重复度比较高，如基础化学、生物化学、微生物学、细胞与分子生物学等，基本每个高职、本科院校都开设了这些课，而且内容也大部分重合。但是，专业课（专业基础课＋专业核心课）的课程体系和侧重点是不同的。高职课程体系更倾向于技术方面，如开设了较多的检测类、工厂实务方面的课程。而本科课程在专业课程上划分更细，将基因工程等分子生物学系列的课程分项细化。虽然深度增加，但难免会出现不同课程之间的内容重复、照搬和拼凑现象，似曾相识的内容使学生的学习兴趣下降。虽然本科和高职的人才培养定位不同，却进行了相同的知识内容学习。这就需要通过本课题开展的工作，在一定程度上理顺高本衔接课程的设置，可适当把必要的专业基础课、技术类的专业课，开设在高职阶段。而将需要系列理论和前沿技术的基因工程等分子生物学系列课程开在本科阶段，深度适当，重点让学生掌握这些相对前沿的技术及其应用。通过分析比较，还可以发现高职的专业课程以够用为主，而本科具有更多的必修或选修的方向课程、拓展课程等。这使得本科生较高职生具有更宽的专业视野、专业创造力，从而获得更优先的发展。

（六）学生学习状况

通过对广州、深圳、揭阳、清远等地 11 所高职院校和惠州、韶关、湛江、肇庆、江西九江等地 8 所应用型本科院校的生物技术相关专业进行调查，我们掌握了不同院校的生源状况和学生的学习动机、学习情况及继续学习要求等。

1. 高职院校生源情况

目前高职院校的生源主要来自高考，部分为对口升入高职的三校生（中专毕业生、技校毕业生和职业高中毕业生），近年来高职院校开始自主招生、单独考试招生。单独招生是一项被誉为"无须参加高考就可以上大学"的招考政策，是为探索高考招生制度改革，突出高职教育特色，完善高等教育多元化的选拔机制，是国家授权高职院校独立组织考试录取的一种方式。近年，高职院校单独招生出现了许多新的变化：单独招生规模大幅扩容，有的省市只要申报即可实施；单招方式更加灵活多样，可以面向高中生、中专生及社会人员招生；一些地区单独招生比例不少于本校在当地招生计划的 50%。

高职和本科院校生物技术专业的生源地依次为农村、乡镇、县城或市区，其中农村所占比例均在四成以上（见图 6－10），且半数家庭月收入 2 000 元以下（见图 6－11）。

高职与本科在家庭背景上具有较高相关性，彰显出高本衔接的可行性。

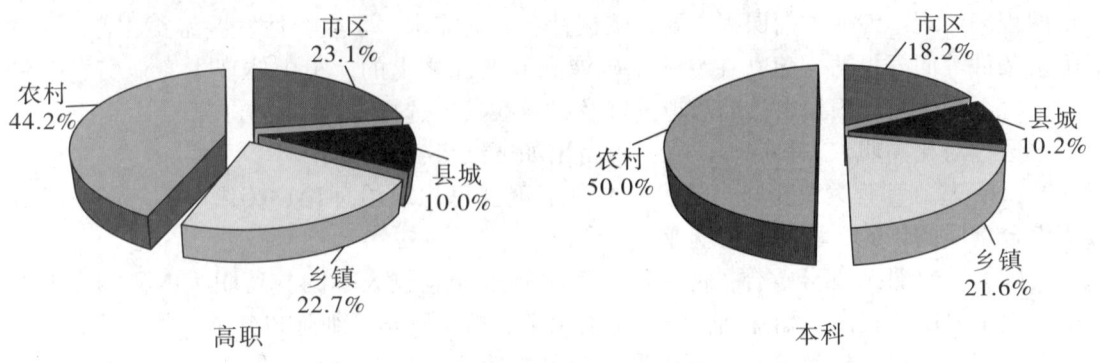

图6-10　家庭所在地情况

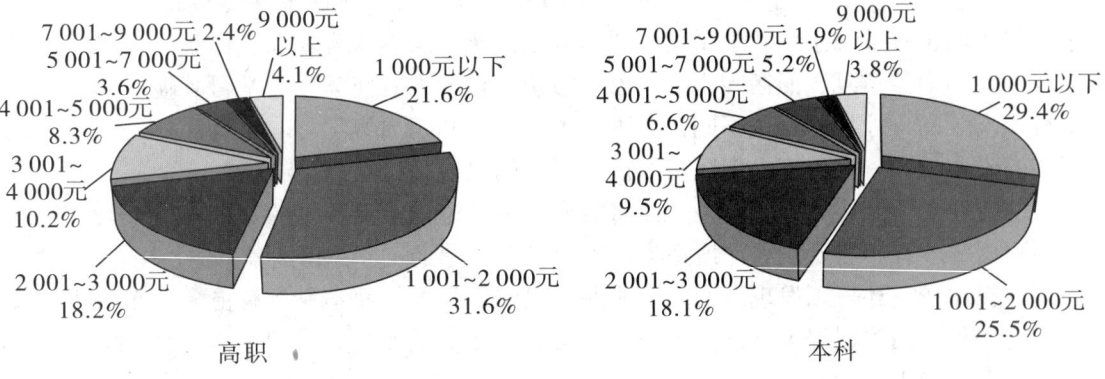

图6-11　家庭月收入情况

2. 就读高职/本科院校的主要原因

本科生选择就读本科院校的最主要因素是自己喜欢，高职学生除了自己喜欢更希望能够学到一技之长。有14.5%的高职学生选择就读职业院校是因为考不上本科的无奈之举，此外有些学生还受家庭经济情况、父母的决定等因素影响。高职生和本科生在专业选择上的共同点彰显了高职和本科衔接的必要性（如图6-12所示）。

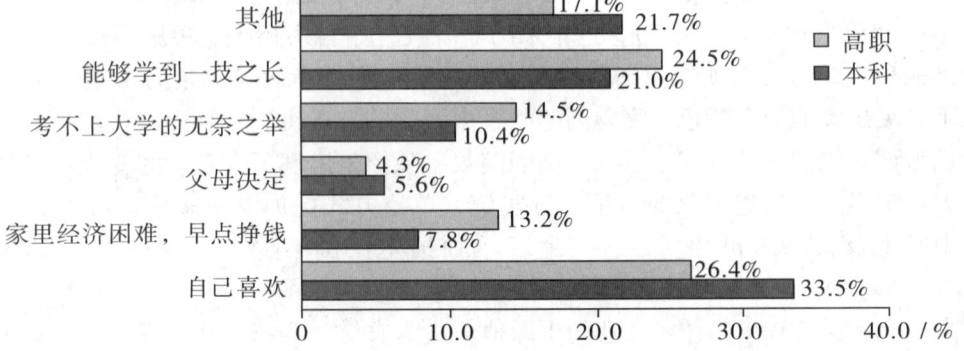

图6-12　就读高职本科院校的主要原因占比

3. 选择报读生物技术专业的主要原因

高职生和本科生均以自己喜欢为选择专业的主要考虑因素，较高的相关性也凸显了高本衔接的可行性。其次高职生选择专业主要受到学校的招生介绍、亲戚朋友推荐、期望成为专业人员等因素影响。本科生选择专业主要考虑因素的数据显示，21.7%的学生是服从教育部门的分配调剂后就读生物技术专业的。根据高职学生期望成为专业技术人员这一意愿，高本衔接能够更好地提高学生的专业水平和就业质量（如图6-13所示）。

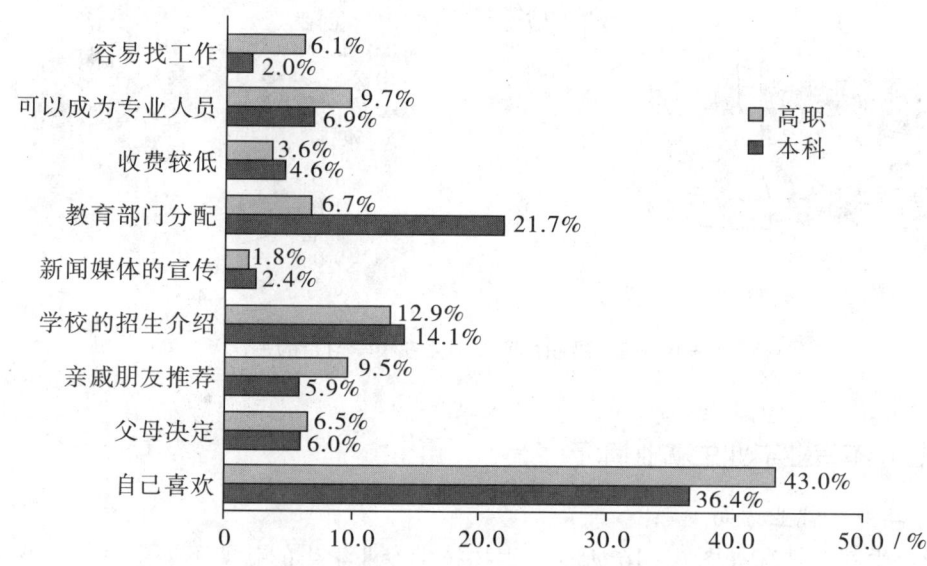

图6-13 高职生和本科生选择生物技术专业的决定因素占比

4. 所学专业兴趣度

高职和本科分别有52.9%和53.4%的学生对专业的兴趣一般，对专业感兴趣的比例分别为40.5%和32.6%，基本接近。因此除了专业知识的传授，对专业兴趣的培养也不容忽视（如图6-14所示）。

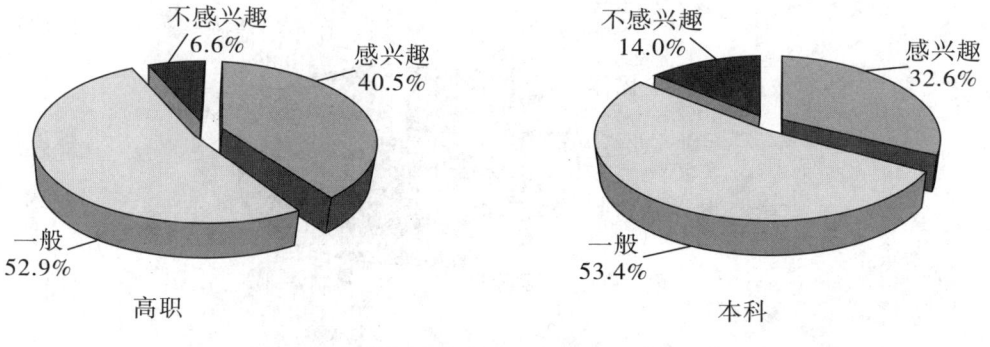

图6-14 高职和本科生对专业的兴趣度比较

5. 在高职/本科院校学习的目的

高职和本科学生的在校学习目的具有一定偏好性。高职学生学习的目的以成为高级技术人才为主，16%的学生希望能够自己创业，31.1%的学生希望能够进一步进修学习，其中有16.7%希望能够继续升学就读本科，这充分说明开展高本衔接的必要性。另外，高职和本科学生分别有16%和12.4%的学生希望能够毕业后创业，因此需重视人才培养过程中的创新创业教育（如图6-15所示）。

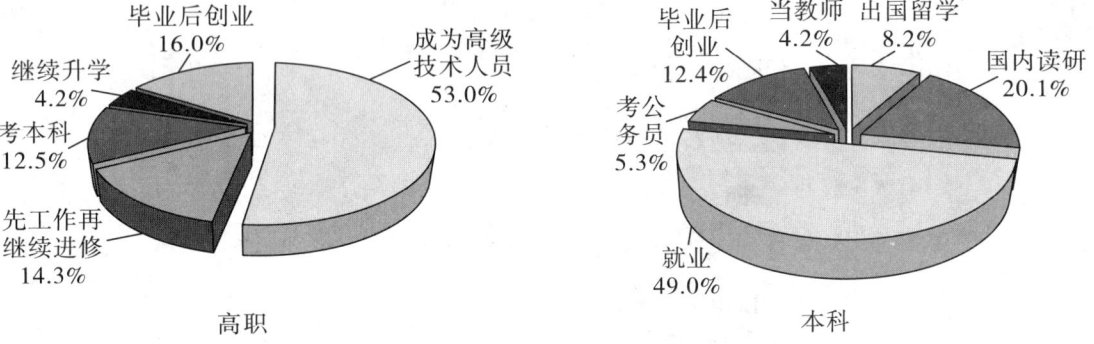

图6-15　高职生和本科生在校学习目的占比

（七）本专业毕业生就业情况

1. 毕业生就业方向

毕业生就业情况如图6-16所示，生物技术专业学生的就业不一定是与专业相关的医药卫生业，而是各行各业均有该专业毕业生的身影，毕业生非对口就业情况突出，这表明一些毕业生有独到的眼光，选择在自己喜欢的行业中发展。这也要求高职和本科教育不能仅局限于专业教育，应注重综合素质的培养。

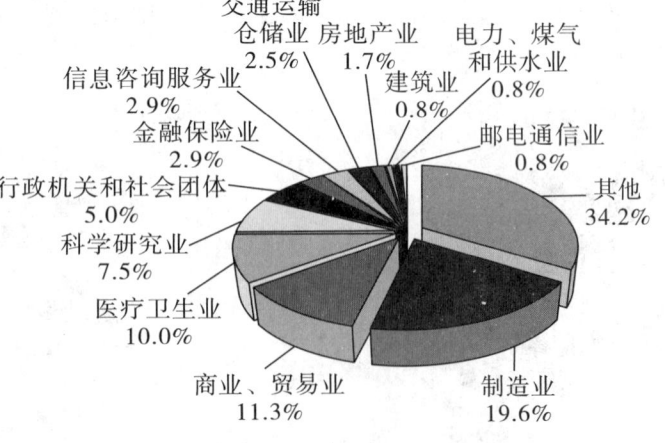

高职

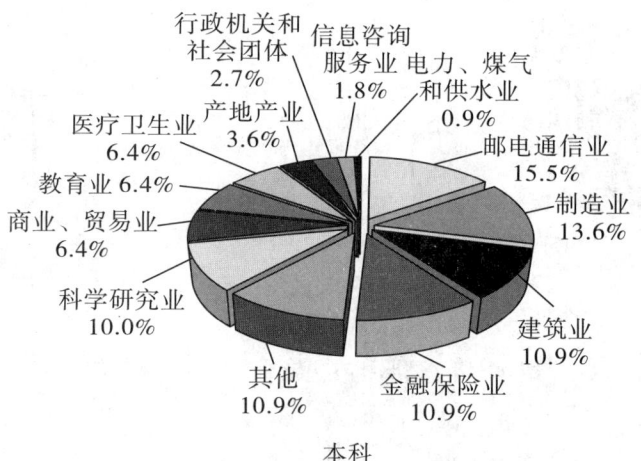

图 6-16 高职和本科毕业生从业行业分析

生物技术及应用专业高职和生物技术专业本科毕业生刚工作时的工作岗位多是普通工作人员，随着工作年限的增长，可逐渐成长为中层管理人员，其中一部分会逐渐成长为技术骨干和高层管理人员（见图 6-17）。

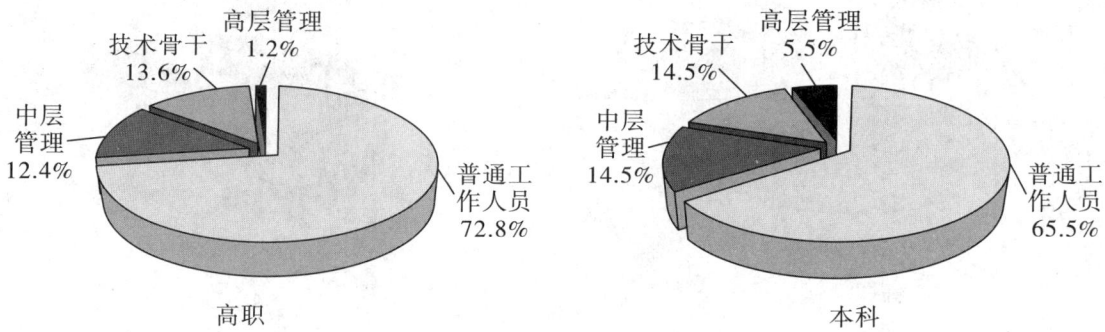

图 6-17 高职和本科毕业生工作岗位级别分析

2. 工资水平

56.6% 高职毕业生的岗位薪酬介于 2 000~4 000 元之间，28.4% 高职毕业生的薪酬高于 4 000 元。55.1% 本科毕业生的月薪介于 4 000~6 000 元之间，明显高于高职毕业生工资水平。由此可见，通过高本衔接，可提高高职生的就业质量和收入水平（如图 6-18 所示）。

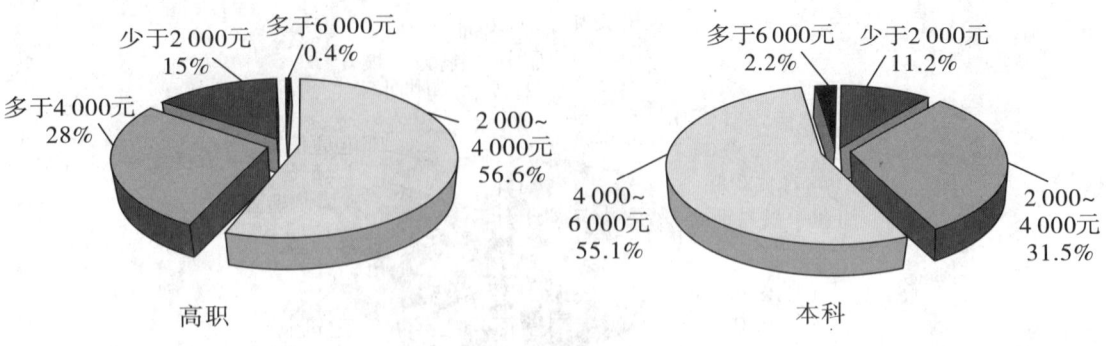

图6-18　高职和本科毕业生工资水平比较

3. 对于自己目前的工作有何打算

高职和本科毕业生对目前工作的考虑最主要是好好工作，"争取晋升"，分别占28%和37.4%；其次是"找机会学习"，其中高职毕业生有27%，本科生有23.1%；准备或正在深造"有机会就跳槽"的高职生有19%，本科生有13.2%，二者数据相近。由此可见高职生对继续学习有强烈的愿望，这说明高本衔接培养教育非常必要（如图6-19所示）。

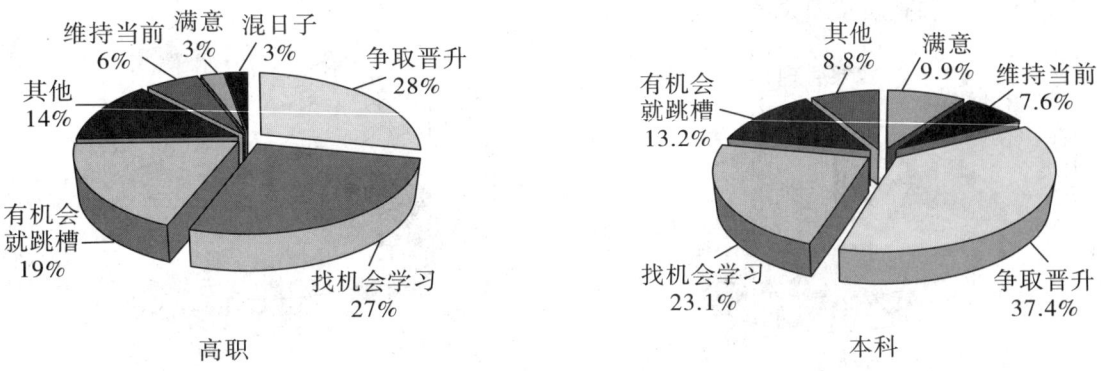

图6-19　对于当前工作规划的比较

4. 所从事工作的专业对口度

高职和本科毕业生就业的专业完全对口率均不高（见图6-20），57.3%和41.5%的高职和本科毕业生从事的是与专业有一定关联的工作。专业对口率偏低与很多因素有关系，一般来说，技术性强、方向明确的专业，毕业生就业与专业的对口程度较高。生物技术专业的毕业生可以进入食品、医药、农业等生物技术行业，从事食品药品的生产及生物产品检验、质量管理等工作。可选择的范围较广，是造成专业对口率偏低的主要原因。因此，2016年广东省已将生物技术及应用专业调整为药品生物技术专业，专业方向明确，这样可能改变毕业生就业与专业的对口程度较低的局面。此外，对营销管理人员的招聘，其专业限制并不十分严格，不同专业的人才均可参与竞争，因此对于生物类专业学生来说没有特别的优势。

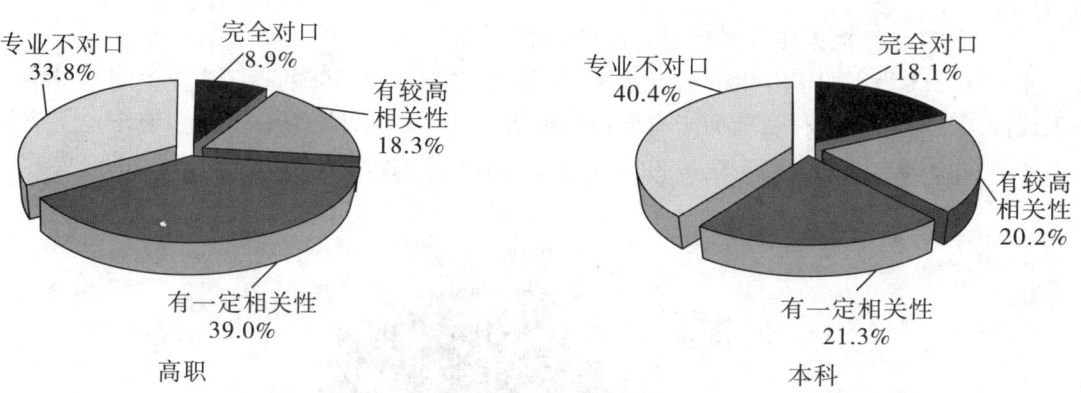

图6-20 对于毕业生当前工作专业对口程度的比较

5. 毕业生对专业课的评价与工作中感到的不足之间的关联

在毕业生评价学校专业课程设置的问题上，本科和高职毕业生的选项排在第一项的均是"理论太多，实践不够"，"学了很多，用得很少"分别排在第二（33.7%）和第三（21.6%）（见图6-21），这个结果正好解释了毕业生刚工作时感到能力不足的原因。高职毕业生刚工作时感到的不足比例最大的是"专业技术与技能"，排在第二的是"人际交往能力和独立工作能力"；本科毕业生的选项比例最大的是"适应环境能力"，排在第二的是"专业技术与技能、人际交往能力和独立工作能力"（见图6-22）。学校课程设置不合理导致学生没有学到技术，独立工作能力和适应环境能力较低，这的确值得课程设计者深思，构建合理的高职本科一体化的培养方案和课程体系刻不容缓。

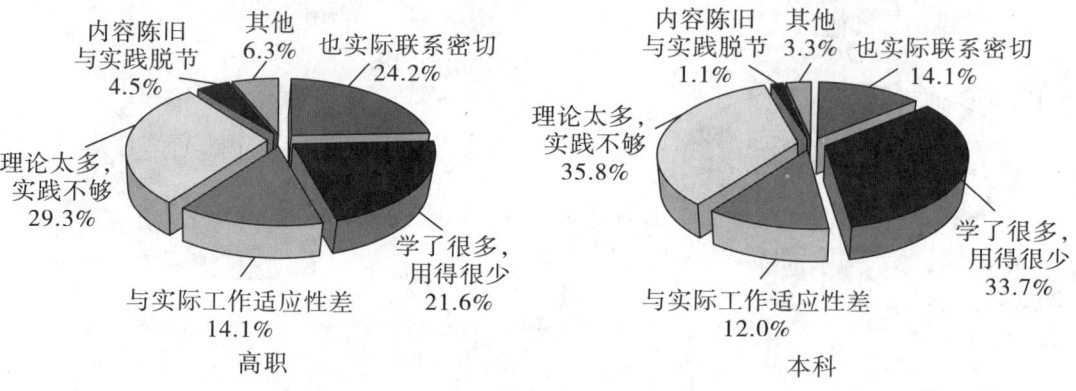

图6-21 高职和本科毕业生对专业课程的评价比较

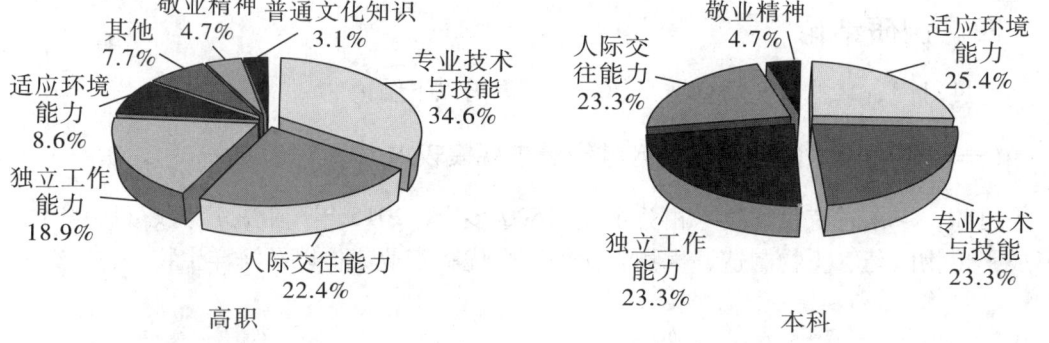

图6-22 高职和本科生刚工作时认为自身不足的比较

6. 取得各级别专业等级证书的情况

图 6-23 为高职毕业生取得专业等级证书的情况，76.3% 的高职毕业生能获得中级工或高级工证书。本科目前尚未有取得专业等级证书的要求，所以几乎没有毕业生取得专业等级证书。因此，高本衔接可提升本科生的专业技能，彰显出高本衔接的必要性。

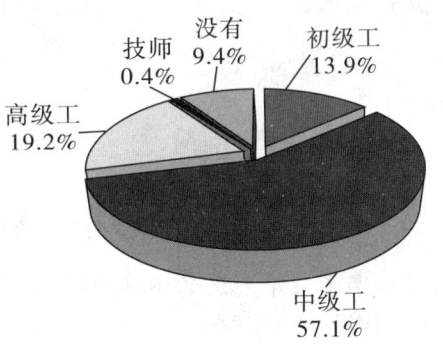

图 6-23 取得各级别专业等级证书的占比（高职）

7. 毕业生继续学习的愿望

图 6-24 为毕业生对"如果有机会再回学校读书，希望弥补哪些不足"的回答情况。结果显示：60.9% 的本科毕业生和 62.7% 的高职毕业生均选择了希望加强实践技能、社交能力和专业知识的学习和培养。因此，不论是高职教育还是本科教育，专业知识、实践技能、社交能力和团队合作等职业素质的培养都非常重要。

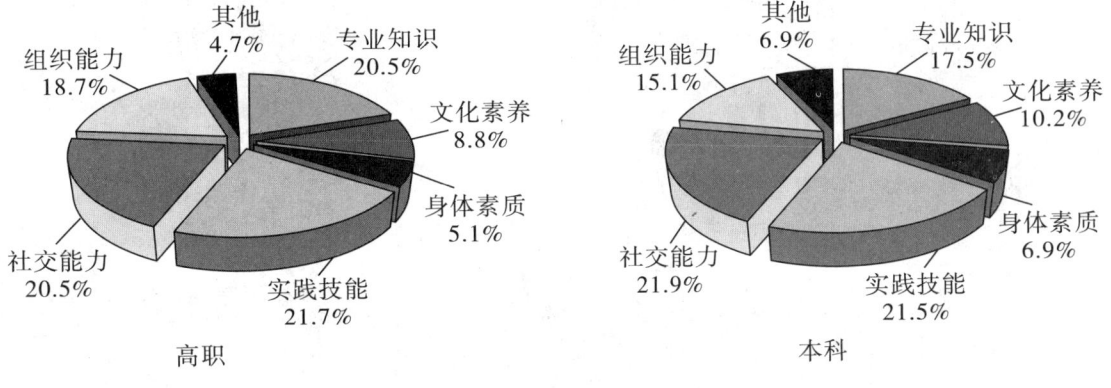

图 6-24 毕业生继续学习的愿望

四、调研结论

通过对调研基本情况的总结归纳分析，得出以下结论。

（一）生物技术企业发展对人才的需求规模较大

目前，广东省有生物技术相关企业 1 500 多家，2015 年产业总产值超过 500 亿元，形成了生物医药、生物制造、生物农业等 3 个优势产业集群以及海洋生物、生物技术服务等2个特色产业领域。生物制药依然是发展的重点领域，在产业结构中比重达55%，甚至更高。广州国家生物产业基地以广州科学城和生物岛为核心，重点发展基因工程药物、现代中药、化学合成创新新药和海洋医药等四大生物医药领域并推进生物技术服务业发展。

随着基因工程药物、现代诊断技术、生物治疗等领域的发展和高新技术产业的升级，生物技术产品开发及销售人才都存在严重不足的问题。据统计，广东省药品生物技术相关专业高素质技能型专门人才年需求量约1万名；其中，医药生物技术产品研发及生产专业人员需要4 000多人，生物技术产品销售人员需新增3 000多人，生物技术咨询、检测和治疗服务业需新增3 000多人。而广东省药品生物技术相关专业毕业生每年不足5 000人，人才需求缺口较大。

（二）生物技术涉及行业众多，必须明确定位（如定位生物医药行业）

生物技术涉及医药、食品、农业、化工、环保、能源等多个行业，职业领域非常宽泛，且技术要求高，相关行业职业规范也不完善，这对人才培养目标的定位和评价体系的制定造成困难。根据调研，目前我国生物技术专业从业人员相对集中在生物医药及食品行业，且生物医药行业的人才需求更大。因此，广东省将本专业的人才培养目标定位在生物医药行业，即药品生物技术。

（三）高职本科人才培养目标虽然定位不同，但培养方案差异不大

通过调研了解到，目前高职和本科院校生物技术专业人才培养目标定位有所不同。高职院校培养的是适应生产、建设、管理、服务第一线需要的，主要面向广东省生物、医药等行业从事生物技术产品的生产、检验等工作的发展型、复合型和创新型高级技术技能人才。本科培养的是具备较强的数理化基础，接受严格科学思维、专业理论和专业技能的训练，掌握生物科学和技术的基础理论、基本知识和基本技能，并能利用所掌握的理论知识和技能在教学、科研、生物技术产业及其相关领域从事与生物技术有关的科学研究、技术开发、人才培养及生产管理等方面工作的德、智、体全面发展的应用型专门高级技术人才。

高职和本科生物技术专业的人才培养方案，在就业领域、知识和能力目标方面的描述都比较宽泛，没有体现高职和本科的差异，需要通过本课题研究工作，进一步理清高职和本科人才培养在知识和能力方面的衔接。结合人才培养目标的分层定位，确定职业资格的分层及职业能力的分层培养。

（四）高职本科的课程设置重复度高，没有明显的层次差别

在课程体系调研中发现，高职和本科生物技术专业的基础课程各有侧重。高职侧重思想道德、形势政策、社会主义理论、计算机基础等综合素质的培养。本科通识教育课程更为丰富，除了思政类课程，还安排了近代史、程序设计和实践与创新课程。本科设置的分子生物学、细胞生物学、遗传学等基础类课程学时数高，高职课程则更加注重实用性和可操作性。但高职和本科专业课程重复度较高，例如微生物学、生物化学、生物

制药技术、生物制品技术等；另外，专业核心课在课程名称上有所差异，其实课程教学内容基本相似，也有一定的重复度。所以高职和本科的生物技术专业在专业课程设置及教学内容上重复度高，没有层次差别，需要通过本课题工作的开展，建立相互衔接的课程体系。

（五）高职本科衔接进行一体化培养的生源基础较好

从高职和本科学生生源情况分析发现高职和本科生较为相似：男女性别比相当（趋近于 1：1），普遍来自农村和城镇普通劳动者家庭；父母的受教育程度都不高，小学或初中毕业占 60% 以上，将近 70% 的学生学费均来自父母的工资收入。所以高职和应用型本科教育均是面向处在社会相对低层的家庭孩子进行的专业教育，需要提供务实的一体化人才培养服务。高职生和本科生就读高职本科院校的原因主要是自己喜欢以及希望能学到一技之长。选择生物技术相关专业的决定因素是自己喜欢，但是高职和本科学生对专业感兴趣的比例分别为 40.5% 和 32.6%。因此，必须做好企业行业调研，提升学生专业认同度和职业岗位认识水平。高职学生学习的目的以"成为高级技术人才"为主，16% 的学生希望能够自己创业，31.1% 的学生希望能够进一步进修学习，其中有 16.7% 希望能够继续升学就读本科。由此可见开展高职本科一体化培养能够给学生提供更多的学历提升机会。以上结果均显示出进行高职本科一体化培养的学生基础较好。

（六）高职本科一体化培养方式能够在一定程度上提高专业对口率

高职和本科毕业生的岗位调查结果显示：高职毕业生的工作岗位较为多样，与专业相关的主要集中在制造业、科学研究业（产品研发、辅助科研）、医疗卫生业（检验检测）和商业贸易业（产品营销、技术支持、咨询服务）等；专业对口率为 61.3%；有 27.1% 的毕业生希望能够找机会学习。本科毕业生的就业主要集中在其他行业、IT 行业和教育教研业，专业对口率较低，但毕业生岗位级别、工资水平本科生总体高于高职生，显现出本科教育的优势。因此，实施高职本科一体化培养方式能够在一定程度上提高专业对口率。

（七）生物技术及应用专业学生职业生涯发展路径

广东的生物技术行业广泛分布于医药、食品、农业、林业、化工、能源、环保等行业，其中民营企业占了半壁江山，相对来说，事业单位比例较少。通过对 394 名本科毕业生、354 名高职毕业生、广东省 5 家生物技术相关行业协会和 71 家企业（包括生物科技、药品生产、药品销售、研究机构、第三方检测机构等）的上门走访和电话访谈，尤其是对具有代表性规模化集团化企业如广州白云山制药、广东振群药业有限公司、通标标准服务有限公司广州分公司、广州诺诚生物技术股份有限公司、广州二天堂大药房连锁有限公司、东莞市普济药业有限公司等的调研，我们发现企业针对专业职业类型设定了职业等级，并设定了与之对应的职业岗位，设置了岗位工作任务、职业资格、学历层次以及各段经历的工作参考年限。经项目组调研分析，总结出未来药品生物技术专业毕业学生职业生涯的发展路径（见表 6 - 16）。

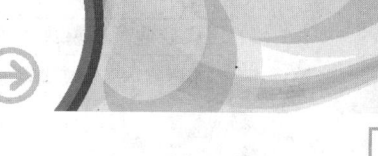

表6-16 药品生物技术专业学生职业生涯发展路径

发展层级	就业岗位				学历层次	一般发展年限/年		
	生产与管理岗位	检验与品管岗位	销售与管理岗位	研发与管理岗位		中职	高职	本科
VI	生产总监/副总经理	质量总监/副总经理	销售总监/副总经理	技术总监/副总经理	本科及以上			10~15
V	生产部经理	品保部经理	区域销售经理	技术部经理	本科/高职		10~15	8~10
IV	车间主任/车间主管	品保部主管/质检主任	销售部主管	技术部主管	本科/高职		8~10	5~8
III	工艺员/工段长	检验组长	销售经理	项目主管	本科/高职		5~8	3~5
	班组长	品控助理	销售助理	研发助理			3~5	1~3
II	带班员	品控员/检验员	营销员	实验员	高职/中职	3~5	1~3	
I	一线生产工人	见习检验员	跟单员	—	中职	1~3		

五、对策与建议

（一）加大生物技术类技能型人才培养力度，满足区域产业人才需求

生物技术产业是广东省重点发展的高技术产业之一，近年来一直保持较好的增长速度。广东省的生物技术类企业以中小微企业为主，大部分成立时间不长，经营方向主要为生产、销售流通、检测类等，总体研发投入和研究型人才需求相对较少，而能够胜任一线岗位操作的技能型人力资源（包括高职类、应用型本科类）需求旺盛。由于行业、专业发展历史相对较短，社会认知度不高，整体生物技术及应用专业的报读人数一直不多，但行业人才需求不断增加。为解决人才供求矛盾，建议教育部门加大对生物技术类专业的政策扶持和资金投入，以吸引更多学生报读生物技术及应用专业，解决广东省生物技术行业技能型人才短缺的问题，促进广东省生物技术行业快速和可持续发展，助力广东省经济转型升级。

（二）根据行业企业的需求协同研制高职本科一体化人才培养方案，重点放在课程衔接上

目前，高职、本科在人才培养方面各自为政、断层明显，导致两个阶段的培养目标

和课程体系重合度较大，降低了人才培养的效率。因此，加强高职本科衔接融合力度，设计本专业"3＋2"的总体人才培养目标以及明确高职、本科各阶段的人才培养目标：3年高职学段重点培养学生的专业实践技能，2年本科学段着眼于专业技术、管理技术的提升，要求比高职人才有更宽的理论基础和更强的解决问题能力。根据人才培养目标制定本专业高职、本科有机衔接的专业教学标准和课程体系，重点放在协同制定系列核心课程标准上，使两个阶段分层培养、有序深化，同时兼顾高职毕业生就业和升学两种需要。

（三）严把转段质量关，以防过分追求"升本"

"3＋2"分段培养从表面上看是时间的叠加，即高职3年、本科2年。因此培养应避免走入使高等职业教育成为升学教育或变相精英教育的误区，否则既不能保证人才培养的质量，还会造成教育资源的浪费。对参与高职本科院校分段培养的学生应设置必要的转段要求，保证一定的淘汰率，这样才能激发学生学习的动力，为后期的选拔提供依据。公共课的转段要求是通过统考的转段考试。在保证技能型训练要求的前提下，制定相应的转段要求，既有明确的技能训练成果，也要有基本的理论基础。

（四）拓宽校际资源共享，共同培养人才

目前，师资队伍的共享仅是建立起教师层面的交流沟通机制。今后，高职院校，可以聘请本科院校的教师开展专业理论课的教学活动，而本科院校也可以聘请高职院校的教师开展专业实践课程的教学活动。实现合作院校间师资队伍的共享，对提升高职院校教师队伍的整体水平具有积极作用。其次，本试点项目的学生在培养过程中会有大量的校内实习与实训环节，牵头学校与合作学校应研究开展教学场地的共享，这对于不间断、可持续地培养学生的实践能力具有重要意义。再者，可尝试开展校外实习实训基地的共享，比如学生在高职院校学习阶段到某一实习基地进行实习实训，当其转段升入本科以后，还可以到同一基地进行实习实训。这样不仅可以节省熟悉企业基本情况的时间，还可以利用已经积累起来的实习实训经验、关系网络，为更深层次、更高质量的实习奠定基础，而且这种形式也更容易受到企业的欢迎。

（五）校企联动，使高职、本科、企业1＋1＋1＞3

技能型人才的培养不能离开行业与企业的深度参与，在人才培养方案制定的过程中应尽可能多地吸收行业或企业方面的意见与建议。以"校企联动"协同创新的形式共同育人：一是培养方案制定的三方参与；二是打造专兼结合的教学团队；三是共建示范性教学基地。这样既可解决当前职业教育中师资力量不足的难题，也可将企业的最新技术与资讯带进课堂，解决学校缺乏真实生产性实训基地的局面；既加强了院校教师与企业的互动（实践锻炼、共同申报课题和指导解决生产问题），也纠正了企业对人才要求的误区。

六、附录

表6-17　参与生物技术及应用专业高本衔接标准研制之供需调研的团队名单

序号	姓名	单位	完成调研工作量和内容
1	何 敏	广东科贸职业学院	总体策划：调研总报告撰写；2个行业协会访谈；6所高职院校专业负责人或系（部）访谈和人才培养方案收集与分析；12家企业调研
2	李 欣	广东科贸职业学院	总体策划：调研资料分析；协助调研总报告撰写；1个行业协会访谈；5家企业调研；文献和案例调研
3	曾松荣	韶关学院	分析本科学生并撰写分报告；5所本科院校学生调研、负责人访谈及培养方案收集；5家企业调研
4	孙素群	广东科贸职业学院	分析职业资格、行业规范、课程设置并撰写分报告；1个行业协会访谈；5家企业调研；文献和案例调研
5	黄百祺	广东科贸职业学院	分析典型任务及对策与建议；1家企业调研；2个行业协会访谈；7家企业调研
6	刘智钧	广东科贸职业学院	调研数据的统计处理及数据分析；2家企业调研
7	易道生	韶关学院	2所本科院校学生调研、负责人访谈并撰写分析报告
8	邓毛程	广东轻工职业技术学院/广东省高职教育食品药品类专业教学指导委员会	指导总体策划：指导调研总报告撰写；审核调研报告的关键内容；指导并审核确定职业生涯发展路径
9	戴远威	广东科贸职业学院	1个行业协会访谈；5家企业调研；文献和案例调研
10	陈 蕤	广东科贸职业学院	分析学生学习状况、毕业生就业情况；7家企业调研
11	姚 莉	广东科贸职业学院	1个行业协会访谈；2家企业调研
12	程学勋	广东科贸职业学院	1个行业协会访谈；1家企业调研
13	冯龙成	广东科贸职业学院	在校生调研；1家企业调研
14	李慧萍	广东科贸职业学院	毕业生调研；5家企业调研
15	明飞平	广州市微生物研究所	企业负责人访谈；2家企业调研
16	黄 英	广州市微生物研究所	企业调研材料汇总；15家企业调研
17	彭红元	韶关学院	2所本科院校负责人访谈；2家企业调研

续上表

序号	姓名	单位	完成调研工作量和内容
18	陈如红	韶关学院	2 所本科院校负责人访谈；2 家企业调研
19	柯　野	韶关学院	2 所本科院校负责人访谈；2 家企业调研
20	张广文	广东科贸职业学院	文秘工作、财务管理、经费报销、后勤保障

参考文献

[1] 中投顾问产业研究中心. 2016—2020 年中国生物技术产业投资分析及前景预测报告. 2015. 12

[2] "十二五"生物技术发展规划［EB/OL］.［2012 – 07 – 10］. http://www. chinanews. com/jk/2012/ 07 – 10/4022264. shtml.

[3] 吴楠，陈健. 中国生物产业人才规模结构与战略研究［J］. 中小企业管理，2014，36（12）： 213 – 214.

[4] 广东省战略性新兴产业发展"十二五"规划.［EB/OL］.［2012 – 06 – 18］. http://wenku. baidu. com/ link?url = – SHDSGxcD IwL1pO9LMJAoAHllu2CRPPY6ZucjNKeJU – lJedZ2dTQWHaFgCZQdst5AQ6USofM_ D83gpvllKVJqt9Ke cL1NvoFkNn1 – ZAvb5W.

[5] 徐爱东，刘顺湖，尹春光，等. 地方本科院校生物技术专业应用型人才培养模式探索：以济宁学 院生物技术专业为例［J］. 济宁学院学报，2012，3（33）：61 – 64.

[6] 李海东，杜怡萍，等. 中高职衔接标准建设新视野：从需求到供给［M］. 广州：广东高等教育 出版社，2014.

[7] 杨东英. 生物技术专业培养满意度调查［J］. 考试周刊，2012（54）：157 – 157.

[8] 丁小球，刘军，柯达尔，等. 生物类人才需求现状及就业建议［J］. 中国大学生就业，2007 （14）：111 – 113.

[9] 曾松荣，朱必凤，白音，等. 基于应用型人才培养模式的生物技术专业课程体系的构建［J］. 韶关学院学报·自然科学，2012，33（6）：102 – 105.

[10] 杜赛花. 广东省生物医药产业发展研究［J］. 科技情报开发与经济，2013，23（8）：150 – 152.

[11] 莫荣，尹若春. 生物技术复合应用型人才培养模式的探索与实践［J］. 生物学杂志，2013，30 （1）：103 – 105.

[12] 余龙江，杨英，鲁明波，等. 生物技术特色专业复合型创新人才培养体系的改革与实践［J］. 高校生物学教学研究，2012，4（2）：4 – 8.

[13] 邓凤霞，史晓华. 对高职院校生物技术及应用专业现状的调查与讨论［J］. 职业教育研究， 2008（7）：118.

[14] 盛清，刘立丽，丁先锋，等. 由生物产业发展需求引发的对生物类专业人才培养的思考［J］. 高校生物学教学研究，2015，5（1）：27 – 31.

[15] 王陶，李文，陈宏伟. 应用型本科院校生物工程专业产学研人才培养模式探索［J］. 微生物学 通报，2015，42（3）：591 – 597.

[16] 张超，张健，侯茂. 生物工程专业高素质复合型应用人才培养方案初探［J］. 安徽农业科学， 2011，39（18）：11343 – 11345.

[17] 何静. 高职与本科"3 + 2"分段培养的课程衔接研究［J］. 中国职业技术教育，2015（3）： 93 – 96.

[18] 鲁武霞，李晓明. 高职专科与应用型本科衔接：内涵特性及内蕴价值［J］. 教育发展研究，

2011（19）：46－52.

［19］鲁武霞. 应用型本科与高职专科衔接的理论基础及实践路径［J］. 职业技术教育，2014，35（776）：5－10.

［20］李桂霞，钟建珍. 高职与应用型本科院校协同开展技术应用型本科教育课程衔接的探究［J］. 广东教育·职业教育，2014（3）.

［21］李慧英，徐丽萍. 生物医药专业高职应用本科教育衔接人才培养方案探索［J］. 生物技术世界，2016（2）：269.

［22］周鹏鹏. 构建高职与本科"3＋2"现代职教体系的研究——以常州工程职业技术学院为例［J］. 江苏教育研究，2015（27）：14－16.

［23］阳帆. 本科院校、高职院校、企业1＋1＋1＞3？［N］. 四川日报，2015－9－15（15）.

［24］广东省教育厅，广东省教育研究院. 广东中高职衔接专业教学标准研制：调查与分析［M］. 广州：广东高等教育出版社，2014.

［25］邹海燕，徐明华. 本科与高职衔接培养的实践教学体系构建［J］. 职业技术教育，2013，30（11）：147－150.

［26］顾卫杰，刘贤锋. 高职教育"三轴三层"实践教学体系构建研究［J］. 重庆电子工程职业学院学报，2011（4）：3－5.

［27］鲁武霞. 院校协同：高职专科与应用型本科衔接的主体支持［J］. 职业技术教育，2011（31）：12－17.

［28］孟胜国. 制定应用型本科专业人才培养方案的思考［J］. 山西高等学校社会科学学报，2003（8）：117－118.

［29］张金根，张煜，班媚. 高职高专与应用型本科衔接的学理基础及核心［J］. 职业技术教育，2011，32（31）：22－25.

［30］刘显波，刘家枢. 发展本科层次高职教育：问题与对策［J］，职教论坛，2013（13）：52－57.

第七章
高职本科一体化计算机应用技术
（嵌入式技术与应用）专业建设调研报告

2015 年 5 月 8 日，广东省教育厅下发了《关于公布 2015 年度省高等职业教育专业教学标准立项项目的通知》（粤教高函〔2015〕96 号）。在广东省教育研究院的指导下，由广东科学技术职业学院、肇庆学院、广州联欣信息科技有限公司组成教学标准研制项目组，在进行大量前期调研的基础上，形成了本调研报告。

一、前言

（一）调研背景分析

《国家中长期教育改革和发展规划纲要（2010—2020 年)》明确提出要大力发展职业教育，加快高端技术技能型人才培养，着力培养学生的职业道德、职业技能和就业创业能力。

十多年来，广东省的职业院校无论是学校数量还是在校生数量都占据广东省高等教育的半壁江山。但是与之不相匹配的是，人才培养的质量并没能跟上广东省战略性新型产业发展的要求，企业的用人满意度不是十分理想，暴露出人才培养质量明显滞后于招生数量的增长、滞后于企业对人才的需求和创新的要求等诸多问题。因此，如何正确把握高等职业教育和应用型本科的新特点，积极面对时代变迁、产业转型和职业教育自身发展带来的新挑战，培养全面发展的技术技能人才，已成为实现高职教育发展、满足社会对人才需求的内在要求。完善专本上升通道，培养学生全面成才是高等职业教育和应用型本科教育的重要课题。

推进职业教育的改革与发展是实施科教兴国战略、促进经济和社会可持续发展、提高国际竞争力的重要途径，是调整经济结构、提高劳动者素质、加快人力资源开发的必然要求，是拓宽就业渠道、促进劳动就业和再就业的重要举措。因此，推进职业教育的改革与发展需要大力推进以服务为宗旨、以技能为核心、以就业为导向、对接行业与产业发展的中职高职应用型本科衔接一体化人才培养体系建设。

在嵌入式、移动互联网、物联网等热门技术日益普及的今天，嵌入式系统产品正不断涌进各个行业，作为包含在这些硬件产品中的特殊软件形态，其产业增幅不断加大，而且在整个软件产业中所占的比重日趋提高。比如手机、电子字典、可视电话、数字摄影机（DC）、数字摄影机（DV）、U—Disk、机顶盒（Set Top Box）、高清电视（HDTV）、游戏机、智能玩具、交换机、路由器、数控设备或仪表、汽车电子、家电控制系统、医疗仪器、航天航空设备等都是典型的嵌入式系统。嵌入式产业不仅是一个技术密集型产业，而且还是一个技术快速革新的产业。这决定了这一行业的人才不仅需要有扎实的专业基础知识，而且需要根据技术的变革迅速进行知识更新和技能提升。当前，计算机应用技术日新月异，通信设备、终端、软件等产品不断更新换代，这就对从业人员提出了更高的要求。嵌入式产业不仅需要迅速增加掌握最新技术及其发展趋势的人才，而且对原有技术人才也提出了新的要求，需要适时进行新技术的培训。

如何建立一个对接紧密的高等职业教育育人平台，培养具有良好的工作态度和品德、技术技能过硬且产业升级转型过程中急需的"高技能且具有高素质"应用型人才，已成为广东省现代职业教育发展要解决的首要问题。

（二）调研目的意义

嵌入式系统被定义为"嵌入对象体系中的专用计算机系统"。随着嵌入式技术在整个信息产业的广泛应用和高速发展，IT 行业的发展也势不可挡地进入了嵌入式时代。

嵌入式行业经过近几年的快速发展，已经进入一个稳定的高速发展和成长期，企业人才需求现状依然保持整体供不应求的状态。虽然已经有越来越多的核心技术人员加入嵌入式专业领域，但依然无法满足企业高速发展对人才的旺盛需求。同嵌入式技术的快速发展相比，我国教育机构的技术实力和培养方式则相对滞后。一方面，有些学生毕业就面临失业；另一方面，一些嵌入式企业有项目需求却找不到合适的人才来实现。造成这一现象的主要原因是：部分学校的高等教育和产业发展相对脱节，目前国内的高校嵌入式教学软件、硬件融合度较差，硬件设计人员通常比较缺乏系统全面整体设计的能力，而软件开发人员则相对缺乏硬件观念；企业真正需要的有动手能力的嵌入式软件人才，需要经过较长时间的企业培训才能上岗。

嵌入式系统人才的缺乏还表现在软件产业呈现中低端人才过剩、高端人才缺乏的不合理布局。近年来，尽管随着国家政策的重视、市场的整体推动及多渠道的嵌入式人才培养体系的不断完善，嵌入式开发人才需求的瓶颈问题在逐步得到缓解，但是整个嵌入式专业人才市场的供求关系还是不匹配。据权威部门统计，我国目前嵌入式软件人才缺口每年仍为 50 万人左右，广东省目前嵌入式软件人才缺口也在 2 万人左右。

本次调研的目的是，通过调研相关企业、高职院校、应用型本科院校及不同年限的毕业生等，了解嵌入式行业企业的产业结构、现状及未来发展趋势；明确本专业典型的目标工作岗位及相应知识、技能要求，分析不同层次毕业生就业岗位群和职业生涯路径；比较各院校的人才培养方案，分析构建高本一体化人才培养方案在衔接中存在的问题，从而得出相应的解决方案，为嵌入式技术与应用的专业教学标准编制提供依据。在高职、本科课程衔接方面具体目标如下。

（1）通过调研查明已存在的专业方案和课程设置是否合理、过时，发现可以改进的地方，并针对发展趋势进行课程的合理增删调整。

（2）通过调研总结出嵌入式专业高职教育和应用型本科教育衔接的途径与方式，

找出课程设置重叠和不合理的地方；通过调研分析推论出课程设置的合理学期，解决好专本人才培养方案中课程贯通和进阶的问题。

二、调研基本情况

（一）调研组织方法

本次调研主要采取了文献研究法、访谈法、问卷调查法、统计调查分析法、典型调查法等调研方法。项目组先后查阅、分析相关论文160篇、著作8本，调研行业协会4家、广东省企业65家、广东省内13所高职院校和14所本科院校以及2所外省高职院校。

调研的组织过程如下：先根据广东省教育研究院的要求写出调研方案，明确调研目的、调研对象以及调研主要内容；然后制订具体调研工作计划，具体到调研的企业、学校和行业协会以及人员安排；最后对调研资料进行汇总分析（调研资料包括访谈录音记录，回收的纸质版、电子版问卷，通过QQ、微信等收集到的网络访谈记录等），得出高本衔接计算机应用技术（嵌入式技术与应用）专业相关行业现状、企业发展状况及专业职业教育发展情况，以及企业岗位群、岗位专业能力要求、从业人员职业生涯发展路径等结论。

（二）调研样本分布（如表7-1、表7-2所示）

表7-1　调研的行业企业情况

地区	大型/家	中型/家	小型/家	其他/家	合计/家
广州	3	9	16	0	28
深圳	1	6	15	1	23
珠海	2	6	3	0	11
东莞	0	0	2	0	2
广东省内其他地区和城市	0	1	0	0	1
合计	6	22	36	1	65

表7-2　调研的高职院校、本科院校基本情况

地区	在校生/人		毕业生/人		教师/人		合计/人
	高职	本科	高职	本科	高职	本科	
广州	301	403	300	302	39	36	1 381
深圳	40	30	20	30	15	13	148
珠海	300	50	50	20	14	10	444
东莞	12	25	6	7	5	5	60
广东省内其他学校	22	13	8	4	8	13	68
合计	675	521	384	363	81	77	2 101

三、调研资料分析

（一）行业现状和人才需求情况

为贯彻落实全国职业教育工作会议精神和《国务院关于加快发展现代职业教育的决定》（国发〔2014〕19号），进一步扩大省级政府教育统筹权和学校办学自主权，引导高等职业学校科学合理设置专业，促进高等职业教育人才培养与经济社会发展实际需要更加吻合，教育部组织对现行的《普通高等学校高职高专教育专业设置管理办法》和《普通高等学校高职高专教育指导性专业目录》进行了修订，形成了《普通高等学校高等职业教育（专科）专业目录（2015年）》。在新的专业目录中，"嵌入式技术与应用"专业正式并入计算机大类，见表7-3。

表7-3 普通高等学校高等职业教育（专科）专业目录（2015年）节录

专业类	专业代码	专业名称	专业方向举例	主要对应职业类别	衔接中职专业举例	接续本科专业举例
6102 计算机类	610208	嵌入式技术与应用		信息和通信工程技术人员	计算机应用	计算机科学与技术

由于教育部发布的指导性专业目录中只有高职阶段设置有"嵌入式技术与应用"专业，为计算机专业大类的一个分支学科，而相对应的本科专业为"计算机科学与技术"，是一个大的方向，因此高本一体化衔接更需要细化。本次调查活动是为了研制高本衔接计算机应用技术（嵌入式技术与应用）专业的教学标准，以培养适应广东省经济社会发展需要的应用型本科人才。本着坚持专业、严谨、客观、实用的原则，调研问卷都是经过了严格的设计和挑选以及反复修正的，分别从行业现状与发展、企业基本情况、企业对嵌入式人才的需求、嵌入式岗位能力要求、职业技术标准、毕业生就业岗位及薪酬情况等多方面进行分类设计。特别是考虑到近两年来嵌入式技术在物联网、云计算、移动互联网等领域更加深入的应用和发展，专门在本次调研中增加了相关的题目。本次调研就是在上述调查活动的基础上进行数据的汇总、统计和分析，并得出调研结论。

1. 行业现状

嵌入式技术正在迅速改变着我们的生活方式和工作方式，嵌入式产品也以极为迅猛的速度不断渗透到各个行业及领域，智能化嵌入式产品的广泛应用已经在其中扮演着不可替代的角色。据行业调研数据的不完全统计，2015年全球和中国嵌入式软件市场规模将分别达4 827亿美元和5 378亿元，而这一增长趋势将在未来几年继续高速发展。毋庸置疑，嵌入式行业已成为当前信息产业中最热门、最有发展前途的行业之一。而与此同时，掌握核心软件研发技术的嵌入式研发工程师更是日益成为IT职场的紧缺人才。近7年中国嵌入式软件市场发展规模如图7-1所示。

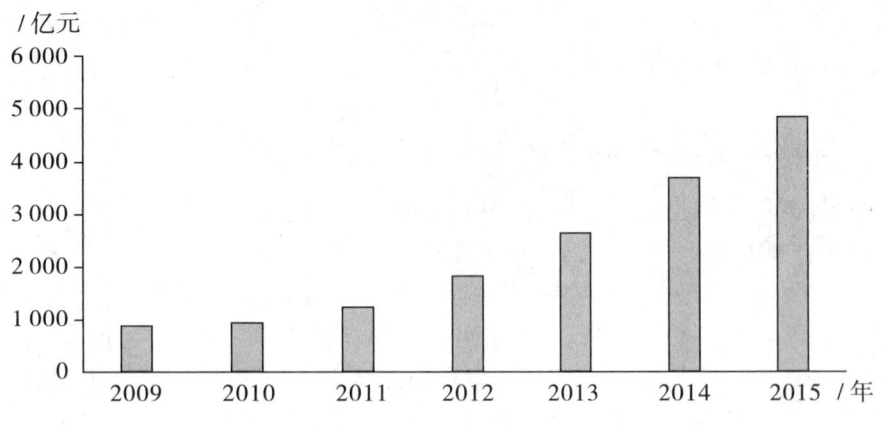

图 7 - 1　中国嵌入式软件产值（2009—2015 年）

（1）人才需求在各行业的分布。

嵌入式人才需求较大的行业主要有消费电子、通信设备、工业控制、安防监控、信息家电、汽车电子、软件外包、医疗设备等，人才需求在各行业的分布如图 7 - 2 所示。

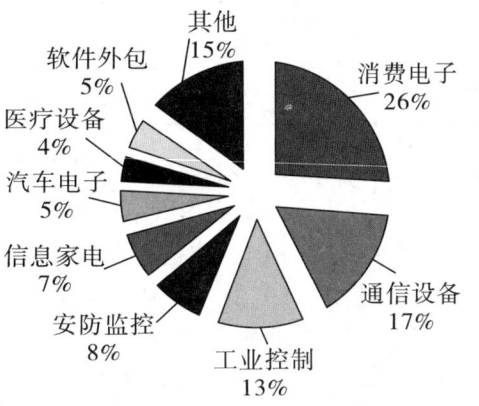

图 7 - 2　各行业对嵌入式人才需求比例（2015 年）

嵌入式行业作为技术密集型行业，其人才需求与社会需求和市场容量是密切相关的。经过对企业专家的访谈、文献研究、资料整理分析，得出未来 5 年嵌入式行业人才需求分布预测，如图 7 - 3 所示。

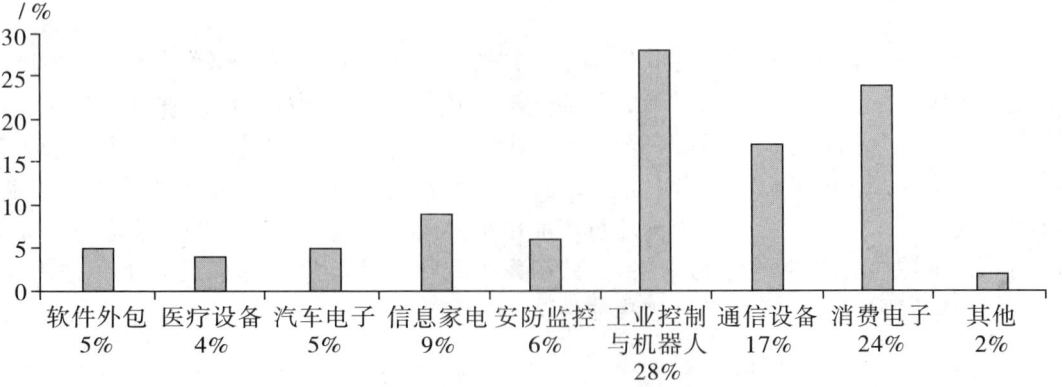

图 7 - 3　嵌入式行业未来 5 年人才需求预测

从图中可以看出，工业控制与机器人产业在未来 5 年的人才需求比例将有所上升。这是由于社会人力成本持续上升，传统的低工资、低成本、低利润的制造业模式将升级换代。在劳动力成本上升的背景下，用机器取代人工，这是我国经济结构调整的必然趋势，有助于提升我国制造业的效率和国际竞争力。因此工业控制与机器人在嵌入式行业中的占比将持续上升。

嵌入式系统作为计算机系统中的一项专用系统，对软件、硬件技术的要求都很高，因而在嵌入式系统形成产业化的过程中对核心技术、产业链上下游都有依赖。所以，嵌入式相关企业绝大多数集中在深圳、广州地区，两个地区合计占比 70% 左右，部分企业分布在佛山、珠海等地，欠发达地区几乎没有嵌入式相关产业（如图 7-4 所示）。

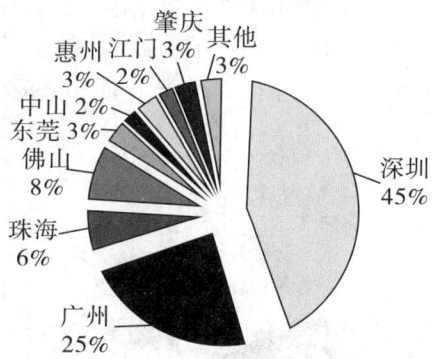

图 7-4 广东省内嵌入式行业企业地区分布

（2）企业规模。

调查显示，嵌入式系统应用领域中，中小规模公司占多数，这正体现了嵌入式系统和通用计算机系统的区别。一般而言，通用计算机行业的技术常常集中在大中型企业，技术密集，对人才和资金要求比较高，而嵌入式系统的应用领域则分散在各个行业中，不同应用领域的产品需要结合不同的硬件平台和技术，专业差异度较大，企业专注度更高，充满了竞争、机遇与创新。因此，中小规模的公司能够在某个领域完成特定的嵌入式产品创新，满足市场需求，基于这个原因，催生出一批中小规模的嵌入式领域企业。具体企业规模分布见图 7-5。

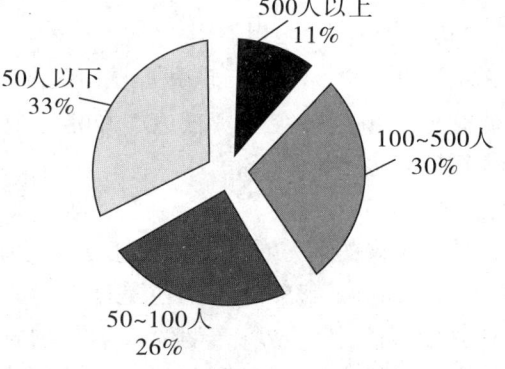

图 7-5 嵌入式行业企业规模分布

（3）人才需求规模（数量）分析。

在嵌入式领域，嵌入式操作系统和相关软件已经成为电子设计和信息产业提升价值和核心竞争力的关键技术。《2012—2013 年中国软件产业发展研究年度报告》明确指出："广东已经形成以嵌入式软件为核心的软件产业格局。"广东省嵌入式产业体系完善，行业上下游产业链配套完备，需要培养大量优秀高端人才和职业技能人才，形成产业人才梯队。预计未来 3 ~ 5 年，广东省嵌入式相关产业高技能人才需求至少 20 万人。目前嵌入式产品应用最多的三大领域是消费电子、通信设备和工业控制。这三大领域所占比例之和接近 60%。伴随移动互联网产业的发展，智能手机等作为嵌入式技术应用中最大的电子领域的典型产品，通过安装应用软件后，能随时随地满足不同消费者的差异化需求，其他各种智能化类设备都可以做个性化定制，这部分对嵌入式开发人才的需求将持续增加。

通过调研发现，未来 3 年深圳、广州、珠海及周边地区嵌入式技术人才缺口将达 12 万人，相关岗位人才缺口比例如图 7 - 6 所示。

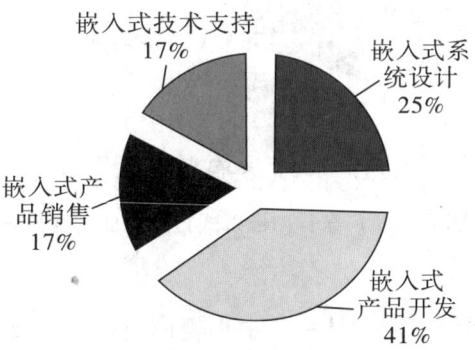

图 7 - 6　相关岗位人才缺口比例

从图中可以看出，嵌入式产品开发人才需求的缺口达 41%，这表明企业急需的是嵌入式产品开发和嵌入式系统设计人才。这一调研结论为高职、应用型本科一体化嵌入式专业教学标准的研制提供了依据，建议在人才培养方案制定时考虑更高标准，以嵌入式研发人才的培养为目标，而不是满足于培养能在嵌入式行业就业的技术支持人才和相关行业销售人才。

2. 企业人才需求（规格）分析

项目组对广东地区，主要是深圳、广州、珠海等城市的嵌入式企业进行了集中访谈式调研、问卷调研，调研企业对象包括企业责任人、技术总监、技术负责人、项目经理、人力资源经理、销售经理等，结论如下：

（1）企业重视能力排序。

企业挑选毕业生时，最为重视的前三项能力依次为所学专业、自主学习能力、协同能力，这 3 项分别占比 20%、18%、17%，第四位是创新能力，占比 15%（见图 7 - 7）。因此，在嵌入式专业教学过程中，要培养学生"学"的方法，借助典型工作任务进行项目化教学，发挥学生的主体作用，加强对学生专业知识的训练，同时培养他们的自主学习能力和工程能力。要鼓励学生多参与项目组或技能组等团队活动，有意识地培养学生的协同能力及创新能力。

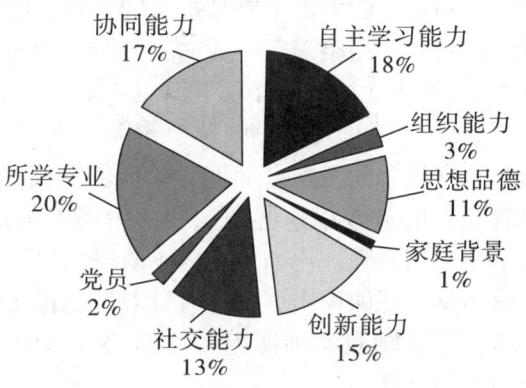

图7-7　企业在人才聘用时看重的能力

　　企业在人才聘用时很看重个人能力。从图中可以看出，排前三位的专业能力、自主学习能力和协同能力合计占比超过50%。其中协同能力主要是指协调、协作能力，这里不仅包含常规的管理能力，对嵌入式行业来说，更多的要求培养学生对计算机系统、技术有较为全面的了解，包括硬件、软件及接口技术，以便在企业从事嵌入式产品研发时，研发人员能够具备对项目的全局做到了解或清楚，才能在团队开发的过程中进行有效协调和沟通。尤其是在做嵌入式系统中型及以上项目的研发过程中，技术层面较多，分工和专业化程度高，如果从事软件开发的人员对硬件完全不了解，或者从事底层开发的人员对上层应用情况不明，在协同开发时会产生很多低效的现象。这方面能力的培养目前主要是在项目综合实训课程中完成，高职及本科阶段都应以此为目标开展有针对性的培养，构建层次化、差异化、一体化的实践课程体系。

　　（2）对学校重点培养方面的建议。

　　建议学校在人才培养方面应重点加强学生动手能力和专业技能的培养，其次是培养专业知识及拓宽知识面。其中，加强对学生动手能力培养的比例是28%，加强专业知识培养的比例是22%，基础知识的培养、拓宽知识面占比为17%（见图7-8）。

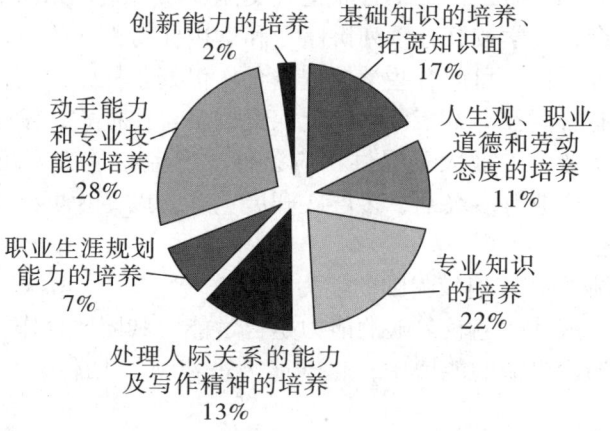

图7-8　建议学校重点培养方面

从图中可以看出，企业对学生专业知识、专业技能要求较高。专业知识的能力培养主要集中在以下几个方面：编程能力，对接口的掌握，调试能力，文档撰写与阅读能力等。企业建议学校培养学生的动手能力，主要是指实践能力，包括焊接、测试，对软硬件设备的使用能力以及实际的开发经验等。企业对人才处理人际关系的能力也有要求。企业调研表明处理人际关系的能力主要包含以下两点：第一，对嵌入式系统的全局理解，以便研发团队内不同技术背景的人员协同从事产品开发工作时能够互相协助；第二，沟通能力，主要是与人交往和默契配合的能力，能够提高工作效率和工作热情度。因此，在教学方案和课程设置时应该以这些知识和能力培养为目标，专业所需核心知识、技能的培养在课程中要得到加强。比如，在高本阶段主要课程设置中以某项编程语言的掌握和编程能力培养为纲，在课程实训中应有针对性地传授焊接调试技巧、识图画图能力和软件编程调试方法，在项目实训课程中培养综合运用知识的能力以及团队协作、沟通能力等综合能力。

（3）对学校应多开展实践活动的建议。

企业建议学校多组织开展诸如大学生与企业交流活动、专业设计大赛等的实践活动。其中开展大学生与企业交流活动占比38%，开展专业设计大赛占比32%（见图7-9）。

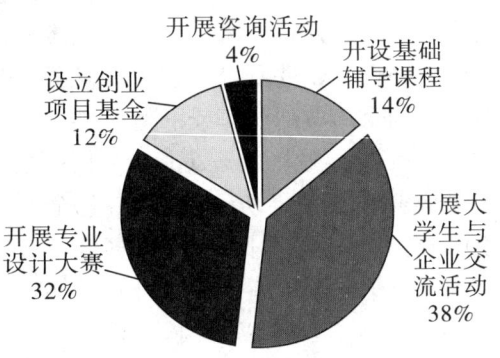

图7-9　企业建议学校多开展的各项活动

从图中可以看出，企业希望与学生进行各项交流活动，这要求学校重视校企之间的实质性双赢合作，为学生提供更多到企业实习训练的机会。

经过到企业的多场调研走访，结合非正式交流，项目组得到如下建议：

①多给企业机会，在学校开办系列讲座，和学生面对面交流。

②需要校企深度合作。目前有些学校校企合作仍处于探索阶段，缺乏内在动力，很难形成长效机制，有必要在高本衔接基础上探索校企合作模式，发展职业教育新模式。

③学校应尽其所能为专业大赛提供相应条件。专业技能大赛可在校内、校外、行业、教育主管部门、企业等多级别、多层次开展竞赛，以便为更多学生提供训练和培养综合创新能力的机会。

（4）嵌入式专业人才普遍较欠缺的能力。

目前嵌入式专业人才普遍较欠缺的能力是自学能力和团体合作、沟通能力。计算机嵌入式专业人才普遍较欠缺的能力中，自学能力占40%，团体合作、沟通能力占36%（见图7-10）。

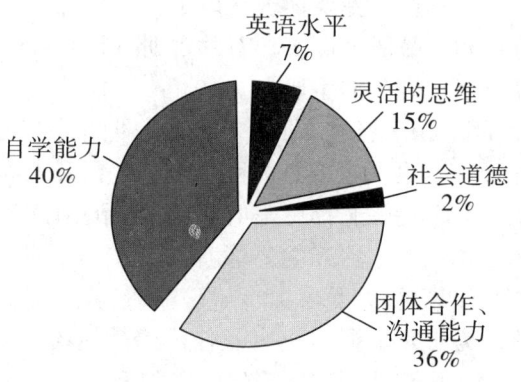

图 7 - 10　嵌入式专业人才普遍较欠缺的能力

这样的结果，究其原因还是嵌入式软件领域门槛较高。从事嵌入式软件研发的人员首先要懂底层软件（如操作系统级、驱动程序级软件），又因为嵌入式系统对软件设计的时间和空间效率都有较高要求，所以要求软件人员还必须懂得产品的硬件工作原理。因此，非专业人员很难切入这一领域。同时嵌入式领域软硬件技术发展太快，专业性非常强，自然对自学能力要求高。

根据调研的数据，为了弥补现有人才培养方案的不足，按照企业对人才能力的要求，我们已对原有课程设置进行了调整，调整后的专业人才培养方案在多门课程中着重按照企业对学生能力的要求有针对性地进行人才培养。在嵌入式接口技术中采用 ARM Cortex M3 芯片讲述接口技术课程，培养学生掌握接口知识；在嵌入式项目设计综合实训等多门实训课程中培养项目实践经验和协同能力；在数据结构等语言相关的多门课程中重点培养 C 语言编程技巧和能力；在电子电路课程中培养焊接和使用仪器技能和调试能力；同时，尽量在专业课程中有针对性地培养专业英语文档阅读能力和技术文档撰写能力。总之，将企业对人才能力需求分布到各门课程中去，使得培养的毕业生能适应用人单位的需要。

（5）英语水平要求。

企业对应聘者的英语水平有不同层次的要求，1/3 的用人单位要求应聘者通过大学英语四级，2/3 的用人单位要求录用人员能看懂英文技术文档，特别强调英文在研发工作中的实际应用能力（见图 7 - 11）。

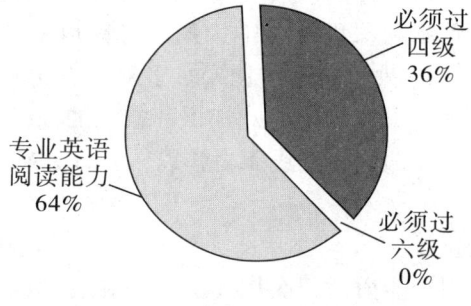

图 7 - 11　对英语水平的要求

嵌入式领域对英语水平的要求主要体现在以下三个方面：

①对嵌入式系统设计和产品研发而言，芯片手册（Datasheet）是最权威的文档，对技术问题的理解常常都要落实到英文手册上。

②提高英语专业阅读能力有助于借助网络查找疑难问题，找出答案。

③高职和应用型本科一体化人才培养过程中，学生在升入本科以后有继续深造的可能，英语能力的培养使得学生能够选择更好的职业发展通道。因此，在高职阶段应该打好英语基础，适应高本一体化人才培养的要求。

（6）是否需要掌握多种程序设计语言。

绝大多数用人单位认为必须掌握 C 语言及任一门其他语言（如图 7 - 12 所示）。事实上每种语言都有自己的优势和适用范围。C 语言和汇编语言，还有 C 语言与汇编语言的混合编程，是嵌入式的底层软件项目用的语言，Java 语言、C + +语言适合做嵌入式上层应用软件。开发人员应多在 C 语言编程训练方面多下功夫，对 C 语言要求熟练掌握。此外，Java 语言的使用比例继续呈上升趋势，主要因为是 Android 系统的开发需求推动了 Java 语言的广泛使用，使之成为在嵌入式领域最受欢迎的高级语言。原来嵌入式领域 GUI 编程主要使用 C + +语言，现在 Android 系统开始全面支持 C + +语言，C 语言、Java 语言、C + +语言在嵌入式开发领域依次占据前三的位置。

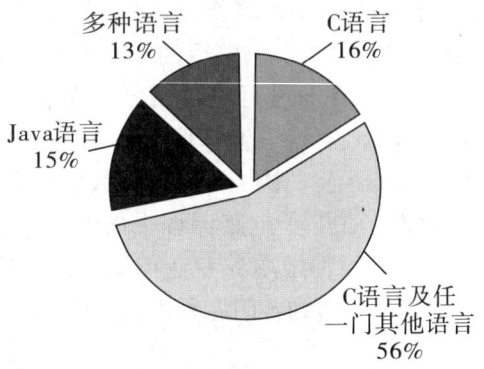

图 7 - 12　对编程语言的要求

虽然企业对编程语言有多种要求，但对于某特定人才的要求常常是专而不是多。因此，作为计算机科学与技术专业大类中的一个非常有针对性的分支，嵌入式技术专业教学标准在研制时应该将某一门语言的"专"作为人才培养的考虑因素。所以在高职嵌入式技术专业教学标准的研制和课程设置中，我们考虑以 C 语言能力培养为主线，课程设置中对和 C 语言相关联的课程安排占比要大。其次是兼顾其他语言，以便学生在每个学期都能够以 C 语言为工具进行嵌入式知识和技能的训练，使得学生具备扎实的 C 语言基础，培养较强的嵌入式编程和实践能力，以便更好地接轨企业和更高一级院校对编程语言掌握程度的要求。

（7）自主创业最需要的能力。

学生自主创业最需要创新能力，其次是技术能力和管理能力。创新能力占比 37%，技术能力占比 29%，管理能力占比 21%（见图 7 - 13）。

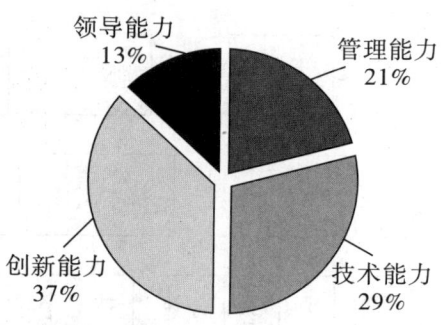

图 7 - 13　自主创业最需要的能力

（8）对高校计算机类专业还应增加课程的建议。

企业建议高校计算机类专业还应增加有关嵌入式产业前沿技术、最新信息介绍以及嵌入式有关团队协作方面的课程或开设相关讲座。调研结果显示，有关介绍嵌入式产业前沿技术及最新信息的课程占比 57%，有关团队协作方面的课程占比 20%，有关管理方面的课程占比 20%（见图 7 - 14）。

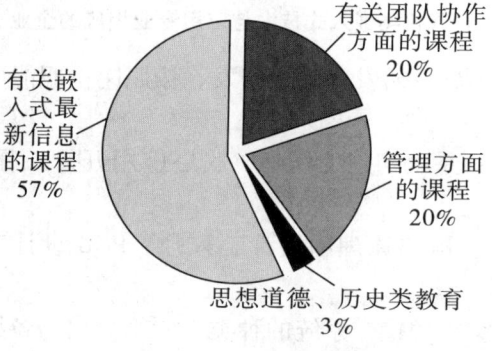

图 7 - 14　建议应增加课程

通过调研发现，企业对高校计算机类嵌入式技术专业的要求较高，这需要高校紧密结合行业需求和技术进步的方向，不断改进课程体系，增加最新、最能体现社会热点需求与人才要求的课程，以使学生毕业就能上岗，充分满足企业对创新型人才的需要。这也要求学校在嵌入式专业上增加师资投入，不断提高师资水平，以多种形式培养师资人才，并采用多种形式深化开展校企合作，以使得高职教育能够与社会需求同步，始终站在嵌入式专业最新技能人才培养的前沿。

（二）职业岗位（群）的情况

1. 专业岗位

通过研究广东省嵌入式产业结构、走访信息行业协会、深入调研嵌入式企业、回访毕业生、开展专业建设指导委员会研讨等途径，了解到从事嵌入式技术的企业最基本的部门划分为系统设计、产品研发、销售及服务（技术支持）、产品生产部门。各企业会根据各自的规模大小、产品类型不同、研发结构不同等因素进一步细化部门与职责，如图 7 - 15 所示。

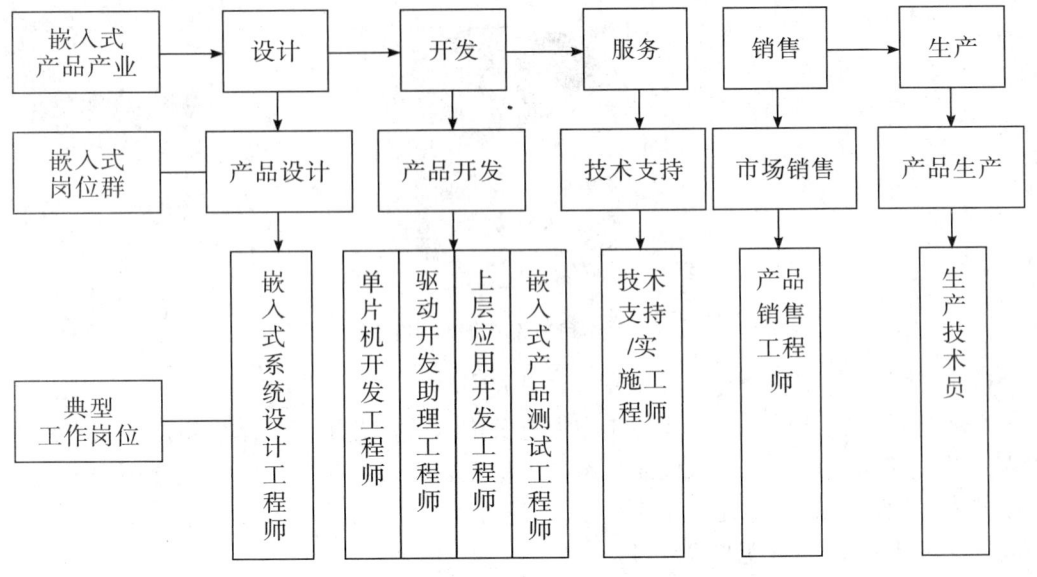

图 7 – 15 计算机类嵌入式技术与应用专业相应的企业岗位群分布

嵌入式研发主要分为软件研发和硬件研发，按照岗位职能可将研发岗位进行进一步细分。

（1）软件研发岗位：系统构建工程师、底层应用开发工程师、上层应用程序开发工程师。

（2）硬件研发岗位：电路原理图设计工程师、PCB 设计工程师、FPGA 开发工程师、单片机开发工程师。

软件研发岗位通常会按照操作系统的种类不同细分出与各操作系统相对应的职业岗位。目前在各领域应用的主流操作系统有 UCOS – Ⅱ、Linux、WinCE、VXWORKS 等操作系统。企业一般会按照不同的操作系统平台招聘相应工程师，例如在研发部里有做 Liunx 系统研发的，有做 WinCE 系统研发的。对应工作岗位就会有 Linux 驱动开发工程师、Liunx 应用程序开发工程师、Wince 驱动开发工程师、WinCE 应用程序开发工程师等。目前，嵌入式岗位群主要分类见表 7 – 4。

表 7 – 4　岗位群分类情况

岗位分类（四级）	岗位分类（三级）	岗位分类（二级）	岗位分类（一级）
销售总监	销售经理	产品销售工程师	产品销售员
技术支持总经理	技术支持部经理	技术支持工程师	技术支持助理工程师
厂长	生产部经理	生产主管	生产技术员
测试总监	系统测试工程师	硬件测试工程师	硬件测试助理工程师
		软件测试工程师	软件测试助理工程师
硬件维护总监	资深硬件维护师	硬件维护工程师	硬件维护助理工程师

续上表

岗位分类（四级）	岗位分类（三级）	岗位分类（二级）	岗位分类（一级）
研发岗位 （技术总监）	系统架构工程师或 软件研发经理	底层应用开发工程师	底层应用开发助理工程师
		上层应用程序开发工程师	上层应用程序开发助理工程师
	硬件研发经理	电路原理图设计工程师	电路原理图设计助理工程师
		PCB 设计工程师	PCB 设计助理工程师
		FPGA 开发工程师	FPGA 开发助理工程师
		单片机开发工程师	单片机开发助理工程师

计算机应用技术（嵌入式技术与应用）专业以嵌入式软件为主，兼顾硬件。目前本专业毕业生的就业岗位主要有如下 6 个：销售岗位、技术支持岗位、产品测试岗位、硬件维护岗位、底层应用开发岗位、上层应用程序开发岗位。

2. 岗位能力要求

硬件研发经理这个层次的岗位要求设计人员不仅要精通底层硬件结构，还要熟悉上层的操作系统，主要工作是开发设备驱动程序。这个岗位的工作需要有丰富的软硬件研发经验才可以胜任，岗位主要针对有着丰富经验的本科生和研究生。

企业在对软件研发的工程师进行招聘时，以对系统构建工程师要求最高，其主要工作是进行系统构建和系统分析。

底层应用开发工程师和上层应用程序开发工程师则非常适合掌握嵌入式专业技能的大专和本科学生。

表 7-5 列出了本专业毕业生主要就业岗位的岗位能力要求。

表 7-5　岗位能力要求

编号	岗位名称	岗位描述	工作内容和能力要求
1	上层应用程序开发岗位 （研发岗）	基于嵌入式操作系统上的应用软件开发	工作内容：按产品及项目需要，编写嵌入式系统下各种应用程序，撰写软件开发文档。 技能要求： 1. 熟悉 C/C++ 语言，能编写 Linux（或者某种操作系统平台）下的中小型应用程序； 2. 基于嵌入操作系统的上层应用软件开发； 3. 精通软件调试技术； 4. 能对产品功能需求进行分析，然后对系统进行设计、编码、测试、维护； 5. 能够熟练阅读计算机中文技术文档，能够阅读计算机专业英文技术资料； 6. 有较强的学习能力； 7. 了解基本硬件设计软件，能够画原理图，具备一定硬件知识

续上表

编号	岗位名称	岗位描述	工作内容和能力要求
2	底层应用开发岗位（研发岗）	裸机程序开发或者嵌入式操作系统驱动程序开发。可细分为单片机开发工程师、底层应用开发工程师、系统移植工程师等	工作内容：按产品及项目需要，编写裸机（通常指8051 或者 Cortex-M3，Cortex-M0 内核芯片）裸机程序，编写嵌入式系统下的驱动程序，撰写驱动程序开发文档。 技能要求： 1. 熟悉 C 语言，能编写裸机驱动程序； 2. 熟悉 Linux 编程，对 Linux（或者某种操作系统平台下的）驱动程序的移植和开发有所掌握； 3. 掌握程序调试技术； 4. 能够熟练阅读计算机中文技术文档，能够阅读嵌入式专业英文技术资料； 5. 熟悉 ARM Cortex-M3，Cortex-M0 或 Cortex-A11 等处理器体系结构，熟悉 UART/SPI/I2C 等硬件接口； 6. 熟悉嵌入式操作系统原理，了解 RTOS 内核定制与裁减，了解设备驱动、内存管理和文件系统等操作系统实现原理； 7. 有较强的学习能力
3	嵌入式产品测试岗位（生产部通用岗）	可细分为硬件测试工程师、软件测试工程师、系统功能测试工程师	工作内容：制订测试策略和测试方案，负责软件测试；负责硬件指标设计验证、功能参数验证、接口规范验证、整机性能验证。 技能要求： 1. 掌握软件测试工具，熟悉和掌握 C 语言或者 C++ 语言； 2. 掌握软件测试方法； 3. 能够编写软件测试文档，能够编写硬件测试文档； 4. 掌握硬件测试工具和方法，熟练使用万用表、示波器和逻辑分析仪进行检测，熟练使用软件仿真工具进行硬件测试； 5. 能看懂电路原理图，能分析电子电路原理； 6. 熟悉各类电子元器件的参数、特性、测试方法，熟练使用相关仪器设备进行元器件的测试； 7. 能够熟练阅读计算机中文技术文档； 8. 熟练使用焊接工具，有较强的动手能力

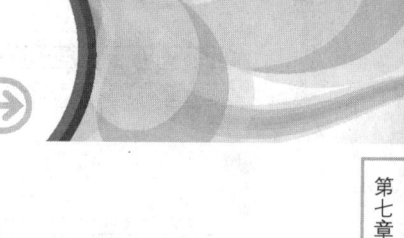

续上表

编号	岗位名称	岗位描述	工作内容和能力要求
4	硬件维护岗位（生产岗）	可细分为焊接工程师、硬件维护工程师	工作内容：主机故障检测和维修，线路检修，硬件接口检修。 技能要求： 1. 熟悉或者掌握模拟电子线路、数字电路； 2. 熟悉单片机构成，熟悉 ARM Cortex-M3，Cortex-M0 或 Cortex-A1,1 CPU，掌握 CPU 外围电路设计知识； 3. 熟练使用焊接工具； 4. 熟练使用万用表、示波器等硬件检测工具； 5. 熟悉接口电路设计，能够分析电子电路原理； 6. 熟悉一到两种基本的 EDA 工具如 Protel、OrCAD、Modelsim、SPICE； 7. 能够熟练阅读计算机中文技术文档，能够阅读嵌入式专业英文技术资料； 8. 有较强的动手能力
5	嵌入式产品销售岗位（销售与服务岗）	完成嵌入式软硬件产品或者电子行业芯片、元器件销售，包括进行电话营销、客户拜访等	工作内容：完成嵌入式产品的销售计划管理，市场开发，客户管理，产品定价、订单签订、项目跟踪、货款回收、信息搜集等销售工作。 技能要求： 1. 文档撰写能力：制订所负责区域的年度、季度销售计划； 2. 策划能力：针对所负责区域的市场情况，通过各种渠道宣传公司及产品，制订市场开拓计划，开拓新市场和新客户，分解销售目标； 3. 沟通能力：根据客户级别，定期和客户沟通市场和销售情况； 4. 谈判能力：负责与客户的业务谈判及成交； 5. 具备良好的应变能力与沟通表达能力，能用流利清楚的语言与客户沟通； 6. 了解嵌入式产品行业的业务流程，了解国际国内嵌入式产品或器件市场相关政策、法规、公约及条例； 7. 具有较强的学习能力、文字处理能力

续上表

编号	岗位名称	岗位描述	工作内容和能力要求
6	嵌入式技术支持岗位（销售与服务岗）	从事公司的嵌入式产品售前、售后技术支持服务工作（含CPU方案公司）	工作内容：协同销售工程师做售前技术支持，产品验收，产品培训，解答使用者提出的各种技术问题，撰写方案和产品使用说明。 技能要求： 1. 能用流利清楚的语言与客户沟通； 2. 能运用产品的工作原理知识解决产品软硬件问题； 3. 熟练使用各种操作系统进行配置和产品部署； 4. 能熟练运用文档撰写报告，处理日常工作； 5. 撰写方案和产品使用说明； 6. 对CPU方案公司的FAE岗位，要求能用Linux，WinCE，UC/OS－Ⅱ等嵌入式操作系统平台下的应用开发、移植、驱动开发等知识进行技术培训和技术支持

3. 高职、本科学生在各专业岗位的分布比例

通过调研数据分析，高职、本科院校嵌入式技术相关专业学生的就业岗位分布呈现明显差异。高职学生较多分布在销售岗位和技术支持岗位，本科学生较多分布在研发岗位，见图7－16。

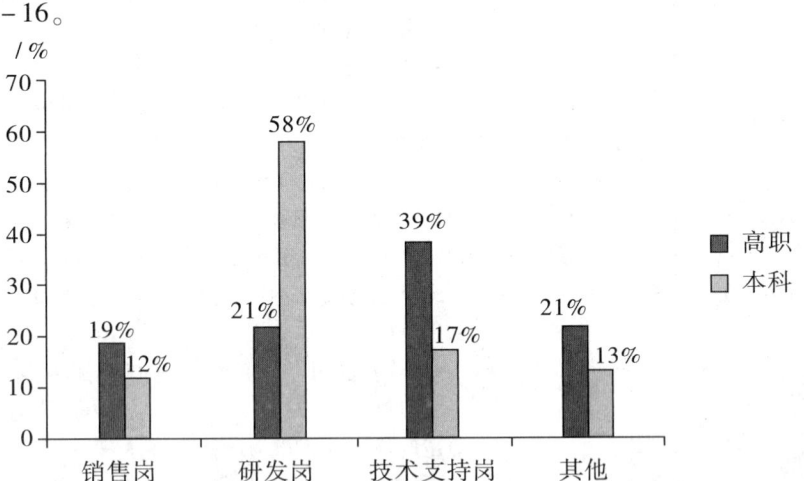

图7－16　高职、本科学生就业岗位分布

4. 嵌入式职业生涯发展路径

关于计算机嵌入式技术与应用、专业学生的职业生涯发展路径，项目组通过调研分析得出以下结论：嵌入式技术与应用专业毕业生（含高职、本科，但比例不同）初次就业的岗位主要是技术支持服务岗位和研发助理岗位，也有部分从事销售工作，但多是技术相关度较高的销售岗位。从初级岗位晋升到中级岗位，企业主要考量员工的技术技

能和综合素质，中级岗位要求员工技术技能精良、素质优良。从中级晋升到高级岗位一般有三条晋升路径：一是技术路线，即专注某一领域，达到该领域高级水平，对应岗位为资深嵌入式研发工程师；二是管理路线，在技术上有一定积累之后，再经过管理岗位的历练，成长为项目高级经理、项目总监；三是生产路线，最后成长为产品生产管理者，即主管或厂长。经过综合分析可知，职业发展路径分为 5 个层级。三类学生就业岗位群的职业发展路径如图 7-17 至图 7-19 所示。

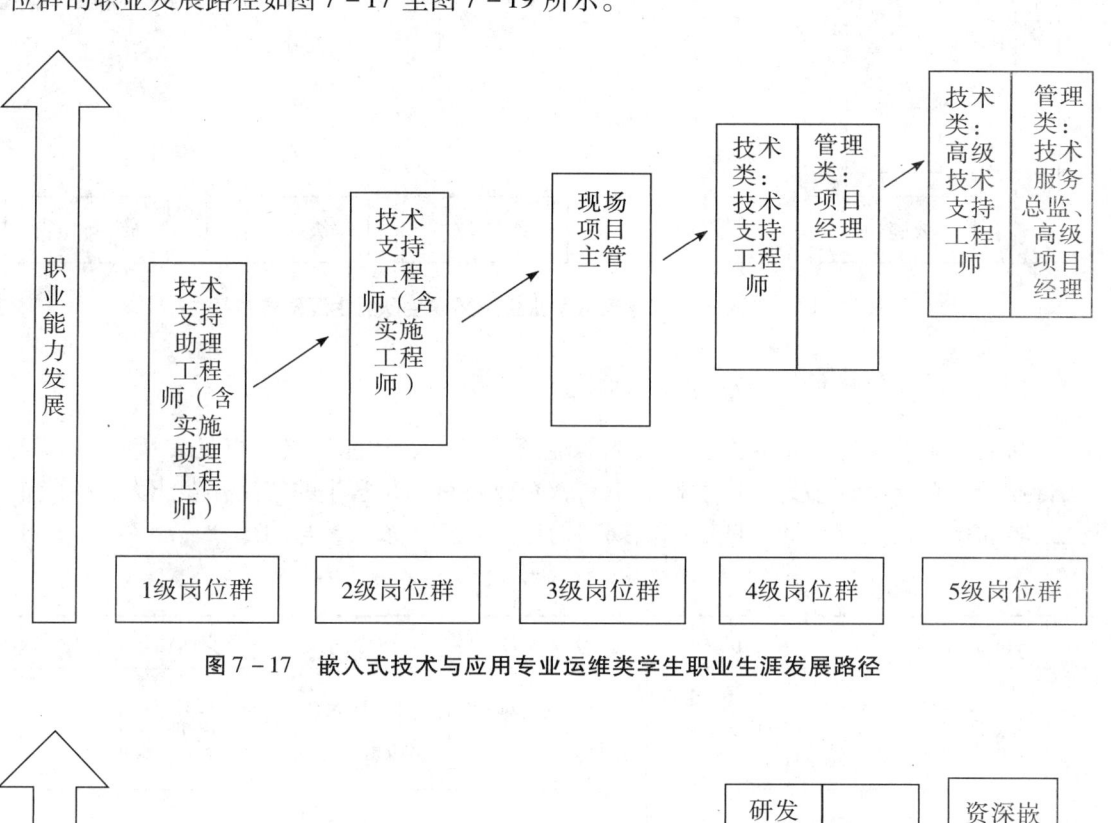

图 7-17　嵌入式技术与应用专业运维类学生职业生涯发展路径

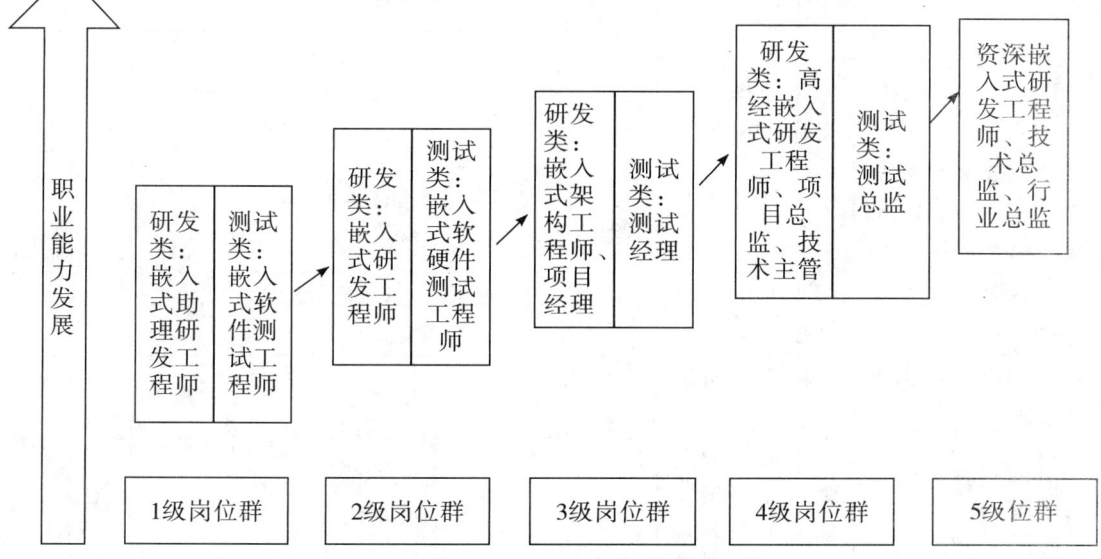

图 7-18　嵌入式技术与应用专业研发类学生职业生涯发展路径

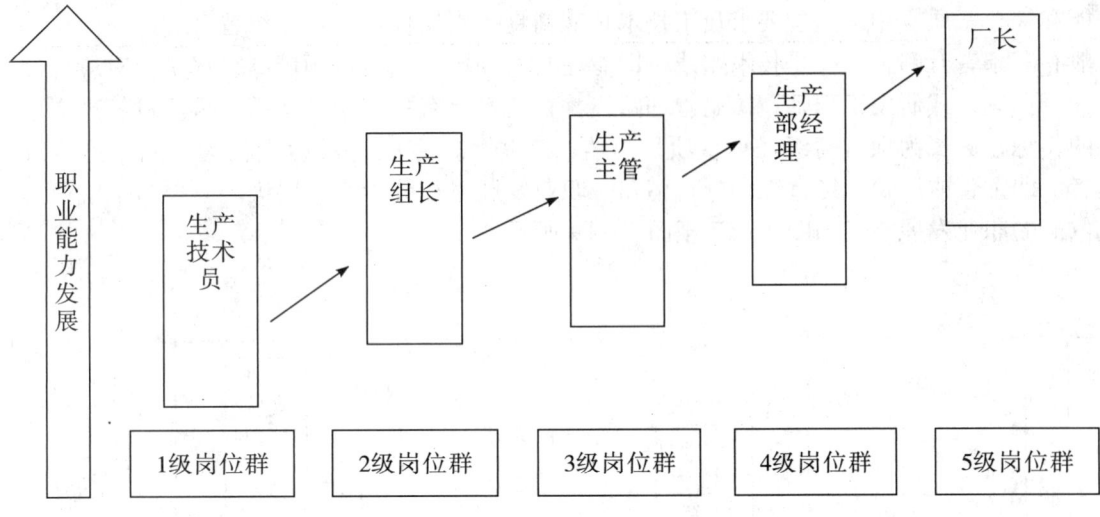

图 7 - 19　嵌入式技术与应用专业生产类学生职业生涯发展路径

（三）职业资格和行业规范要求情况

　　与嵌入式技术专业培养方向有关的职业资格证书、技能等级证书见表 7 - 6。嵌入式行业企业对这些证书的认可度普遍不高，企业看重的是学生的产品开发能力，一般企业招聘面试时会要求求职者展示在校期间的作品及描述个人参与的部分。

表 7 - 6　职业资格证书情况

证书类别	发证机关	考核内容	适用岗位	企业认可度	阶段要求
Linux 系统管理员	广东省 Linux 公共服务技术支持中心	Linux 网络管理	技术支持工程师	一般	高职
Linux 系统工程师	广东省 Linux 公共服务技术支持中心	Linux 系统管理	技术支持工程师、实施工程师	一般	高职
全国计算机等级考试二级证书（C 语言程序设计）	教育部考试中心	C 语言程序设计	运行维护类、研发类	一般	高职、本科
全国计算机等级考试三级证书	教育部考试中心	嵌入式技术	运行维护类、研发类	一般	高职、本科
全国计算机等级考试四级证书	教育部考试中心	嵌入式系统开发	研发类	较高	高职、本科
计算机技术与软件专业技术资格水平考试	国家人力资源和社会保障部与工业和信息化部	嵌入式系统设计	研发类	高	高职、本科

续上表

证书类别	发证机关	考核内容	适用岗位	企业认可度	阶段要求
ARM （ATC）ARM 应用工程师认证（ARM 公司）	ARM 公司	ARM 应用、ARM 架构技术	研发类	一般	高职、本科
Altium AD6 应用工程师认证（Protel 升级版）		ProtelEDA 技术	研发类	一般	高职、本科

（四）职业院校课程设置情况

1. 高职本科人才培养目标比较

高职本科人才培养目标的定位，均以服务珠江三角洲地区和适应区域经济转型发展需求为宗旨。高职学生的培养主要是面向电子与通信、计算机行业、嵌入式系统电子产品生产行业，能适应嵌入式系统产品市场需求，从事嵌入式系统相关领域的开发设计、测试维护与技术服务以及技术管理岗位的高级技术技能型人才；本科学生的培养主要是面向高端新型电子信息产业，能从事嵌入式系统相关领域的研发、生产、运行维护及管理工作的高素质技术技能型人才（见表7-7）。

表7-7 高职、本科人才培养目标对比

高职嵌入式技术与应用专业人才培养目标（以广东科学技术职业学院为例）	本科嵌入式技术与应用专业人才培养目标（以肇庆学院为例）
以服务珠江三角洲地区和适应区域经济转型发展需求为宗旨，培养掌握必需的嵌入式系统理论、嵌入式系统软硬件开发过程，……面向电子与通信、计算机行业、嵌入式系统电子产品生产行业，能适应嵌入式系统产品市场需求，从事嵌入式系统相关领域的开发设计、测试维护与技术服务以及技术管理岗位的高级技术技能型人才	以服务珠江三角洲地区和适应区域经济转型发展需求为宗旨，培养掌握嵌入式系统理论、基本知识和基本技能，……面向高端新型电子信息产业，能从事嵌入式系统相关领域的研发、生产、运行维护及管理工作的高素质技术技能型人才

注："……"为个性化描述。

2. 课程体系结构的比较

项目组收集了13所高职院校的人才培养方案，并对省内外的13所高职院校嵌入式相关专业的负责人及教师进行了访谈交流。职业教育的突出优势是注重学生实践能力培养，多数学校都以职业技术技能为主线构建课程体系，并能与其专业对应的职业岗位形成关联，但还未形成行之有效的实践教学理论和方法体系。以广东科学技术职业学院计算机应用技术（嵌入式技术与应用）专业为例，该课程体系分别由基本素质课、专业基础能力、专业核心能力、专业综合性实践、专业拓展能力五大模块构成（见表7-8）其中，专业核心能力与就业岗位指向如表7-9所示。

表7-8　高职计算机应用技术（嵌入式技术与应用）专业课程参考体系

类别	课程设置
基本素质课	毛泽东思想和中国特色社会主义理论体系概论、思想道德修养与法律基础、形式与政策教育、创新创业教育实践、心理健康教育、大学英语、体育、军训和入学教育（含军事理论）、就业指导
专业基础能力	应用数学、计算机应用技术、C 语言程序设计、电子技术基础、计算机网络应用技术、嵌入式 EDA 技术与应用、数据结构、Linux 基础、Java 程序设计、操作系统原理与应用
专业核心能力	单片机原理与应用、嵌入式程序设计、ARM 系统结构与编程、嵌入式操作系统、嵌入式接口技术、嵌入式系统应用设计
专业综合性实践	单片机应用综合实训、ARM 系统结构与编程实训、嵌入式操作系统综合实训、嵌入式系统应用设计综合实训、QT 嵌入式程序开发综合实训
专业拓展能力	Linux 认证工程师训练、电子作品设计与制作、数据库应用技术、Shell 程序开发、Java 程序设计、嵌入式程序设计与应用、网页设计、移动应用开发技术

表7-9　高职专业核心能力与就业岗位指向

专业核心能力	就业岗位指向
嵌入式技术应用硬件测试、软件测试、系统功能测试、测试工具开发能力； 单片机应用、维护、开发能力； 结合实际项目应用嵌入式系统接口电路的能力； 根据实际应用构建开发环境能力； 基于嵌入式操作系统上的驱动程序开发、应用程序开发能力和嵌入式产品设计、编码、测试与维护能力	初次就业岗：嵌入式技术应用技术支持助理工程师、测试助理工程师、嵌入式软件开发助理工程师、单片机开发助理工程师、嵌入式及相关产品销售业务员。 目标就业岗：嵌入式技术应用技术支持工程师、硬件测试工程师、软件测试工程师、系统功能测试工程师、上层应用程序开发工程师、单片机开发工程师、嵌入式及相关产品销售经理。 拓展岗：系统构建工程师、驱动开发工程师，或其他行业的岗位

项目组收集了 14 所本科院校的人才培养方案，并对省内外的 9 所本科院校嵌入式相关的专业负责人及教师进行了访谈交流。本科教育培养的突出优势是公共基础课程扎实、课程丰富，在注重学术教育的同时也注重学生的实践能力培养，多数学校都只是开办嵌入式系统方向，嵌入式技术与应用课程比重较小。表 7-10 是肇庆学院计算机科学与技术专业（嵌入式系统方向）的课程体系。

表 7 - 10　本科计算机科学与技术专业（嵌入式系统方向）课程参考体系

类别	课程设置
公共基础课程	马克思主义原理、中国近代史纲要、形式与政策、大学英语、职业生涯与发展规划等
通识课程	西方文化史、宗教与文化、现代西方文学赏析、中外音乐名作赏析、科学发展与科技革命、生态与人类、中国当代经济发展的热点问题等
专业基础课程	高等数学、概率论与数理统计、离散数学、数据结构、计算机组成原理、高级语言程序设计、面向对象程序设计、操作系统、数据库原理及应用、计算机网络、电子技术基础、数字逻辑、嵌入式系统原理、软件工程、Java 应用开发、数据库应用技术、电子线路设计等
专业课程	Linux 操作系统、单片机原理与开发、C#程序设计、电子线路设计、嵌入式操作系统 μC/OS、嵌入式数据库应用、物联网工程概论等
专业技能训练	面向对象程序设计实训、物联网应用项目设计与分析、数据库应用系统开发、无线传感器网络技术应用项目开发与实践、物联网应用系统设计等

通过比对高职、本科院校嵌入式专业的课程体系，得出如下结论：

（1）本科明显偏重基础课程，高职一般只开设公共基础课程，而本科注重综合素质培养，开设大量人文类通识课程供全校学生选修。

（2）专业基础课程重复度较高，但也有部分课程如概率论与数理统计、离散数学等高职完全不开设。

（3）高职的综合性实践课程的内容和本科的专业技能训练重复度较低，因此在做一体化人才培养方案时注意内容的衔接、递进。

（五）学生学习状况

以下是对高职院校、应用型本科院校生源状况、学习动机、学习状况以及继续学习要求的调研分析数据。

1. 选择就读学校的原因

从统计结果看，就读高职的原因多样且存在差异，主要有 4 个方面。其中考不上本科的无奈之举占比最大，其次是能够学到一技之长，再次是自己喜欢，父母的决定所占比例最小，见图 7 - 20。

而本科学生在学校的选择原因上，占最大比例的也是成绩不理想的无奈之举，其次是自己报考，再次是计划调剂，最后才是父母决定，这和高职的情况类似，见图7 - 21。

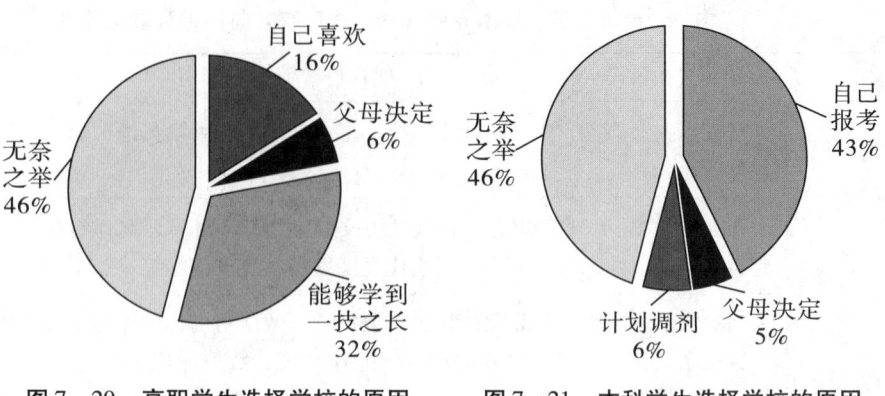

图 7 - 20　高职学生选择学校的原因　　图 7 - 21　本科学生选择学校的原因

2．选择该专业的决定因素

高职学生选择专业的原因多样且分布不均。调查显示最主要的因素是学生自己喜欢这个专业，其次是想成为嵌入式相关领域的从业人员，再次是认为这个专业容易找工作。综合这 3 个因素来看，高职学生对毕业后前途的考虑还是比较明确的，对选取本专业起了决定性作用，可见高职学生的专业学习是以就业为导向的。其他原因所占比例较小（见图 7 - 22）。

对本科院校调研的结果和高职类似。影响学生选择专业的最主要因素是自己喜欢，其次是容易找工作，再次是可以成为专业人员，最后是亲戚朋友推荐。其他的原因相对比较分散，却也占有一定的比例（见图 7 - 23）。

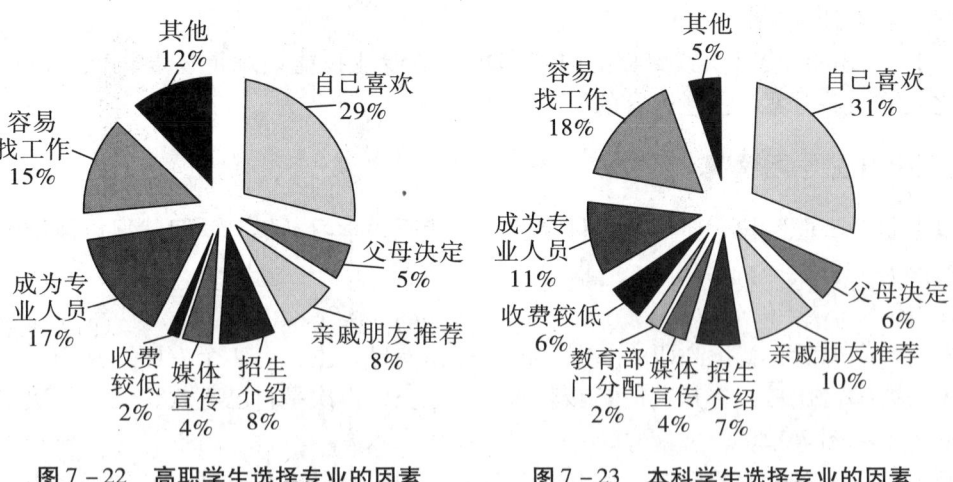

图 7 - 22　高职学生选择专业的因素　　图 7 - 23　本科学生选择专业的因素

3．专业学习的兴趣度

调查显示，嵌入式专业高职阶段的学生总体来看对本专业的学习保持着比较高的兴趣，只有 5% 的学生对所学专业不感兴趣。其中 58% 的学生对专业学习感兴趣，37% 的学生选择了一般（见图 7 - 24）。这个结果给嵌入式教学增添了信心。

本科院校的调研结果为：兴趣一般的学生占 40%，感兴趣的学生占 51%，不感兴趣的学生有9%（见图7-25）。

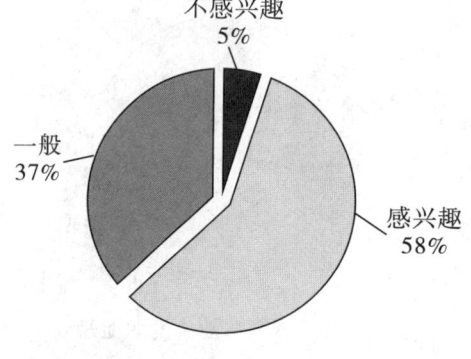

图7-24 高职学生的专业兴趣度

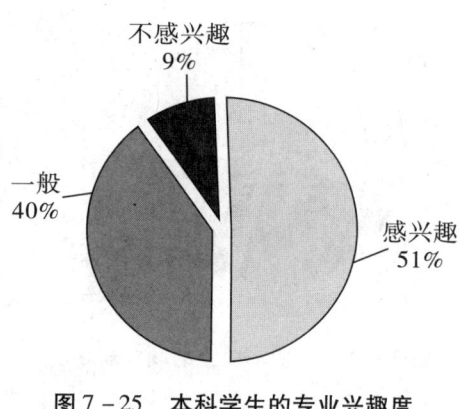

图7-25 本科学生的专业兴趣度

4. 学生对各专业课的兴趣度

高职学生进行嵌入式课程学习时，最喜欢应用软件类课程，其次是嵌入式软件课程，再次是移动开发类，最后是嵌入式硬件类。具体分布情况见图7-26。

调查显示，本科学生进行嵌入式课程学习时，最喜欢应用软件类课程，其次是移动开发类，再次是嵌入式软件课程，最后是嵌入式硬件类。具体分布情况见图7-27。

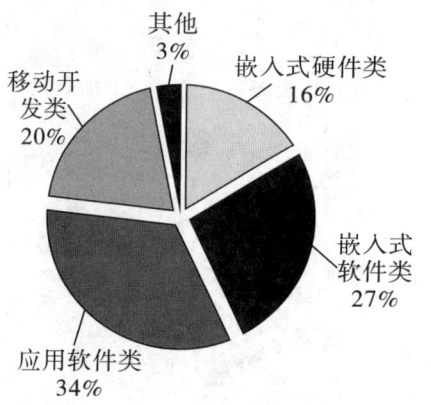

图7-26 高职学生对各专业课的兴趣度

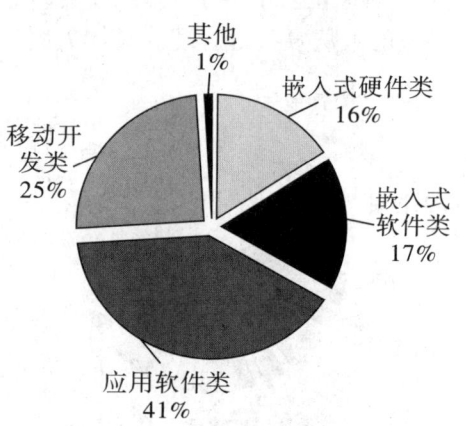

图7-27 本科学生对各专业课的兴趣度

5. 毕业后的规划

学生对毕业后的规划，能够反映学生就业去向的主观意愿。调查显示，高职学生毕业后意愿最强烈的是自己创业以及从事技术工作和考本科院校，也有相当多的一部分学生想在工作一段时间后再进修。可见学生对于学历的提升意愿比较强烈，具体情况见图7-28。

调查本科学生就业去向，得出以下结果：就业后想争取成为高级工程师的比重最大，其次是先工作再继续深造，再次是直接考研究生，最后是毕业后自己创业。具体情况见图7-29。

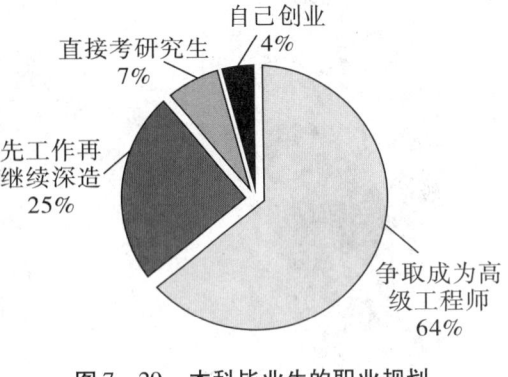

图7-28　高职毕业生的职业规划　　　图7-29　本科毕业生的职业规划

（六）毕业生就业调研情况分析

1. 毕业生在单位的工作岗位（毕业后3~5年）

调查显示，高职学生工作3~5年后，约37%的工作岗位是软件工程师，12%的工作岗位是销售，少数的嵌入式相关专业毕业生选择单片机工程师、网络工程师、软件测试师、硬件测试师、系统集成工程师、产品实施工程师和平面设计师等，也有部分选择了其他工作岗位。本科学生工作3~5年后，研发岗位的占比明显高于高职毕业生，另有约3%的人从事项目管理。具体见图7-30。

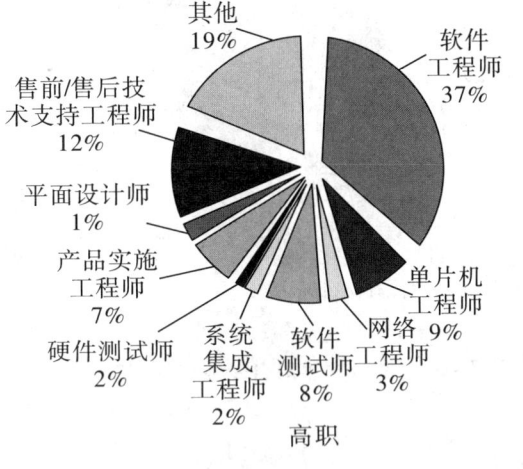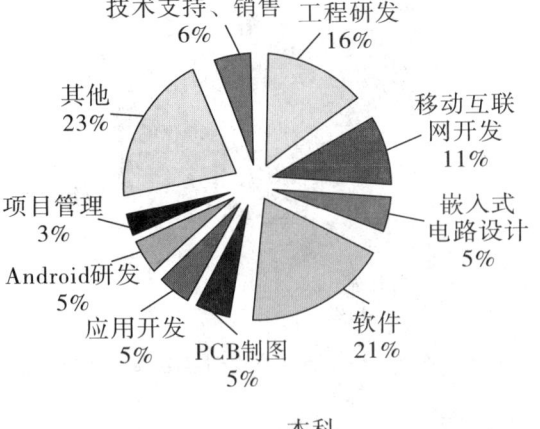

图7-30　目前毕业生所在单位的工作岗位

2. 工作3~5年后毕业生在单位的工作岗位层次

调查显示，一半以上的高职嵌入式专业毕业生工作3~5后还是普通员工，少部分是高层管理员和中层管理员，而接近30%的嵌入式专业毕业生成为技术骨干员工。而本科生毕业工作3~5年后成为高层管理员、中层管理员的比例比高职毕业生大。具体见图7-31。

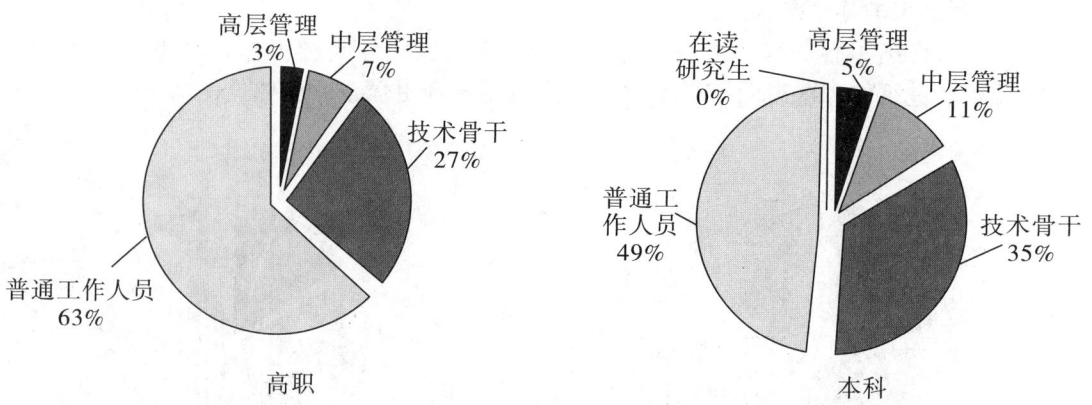

图 7 - 31　毕业生在单位的工作岗位层次

3. 目前的薪资水平

从数据可看出，从事嵌入式行业的毕业生，无论是高职生还是本科生，收入都比较可观，毕业生工资水平主要和毕业年限有关。高职、本科毕业生月工资水平见图7 - 32。

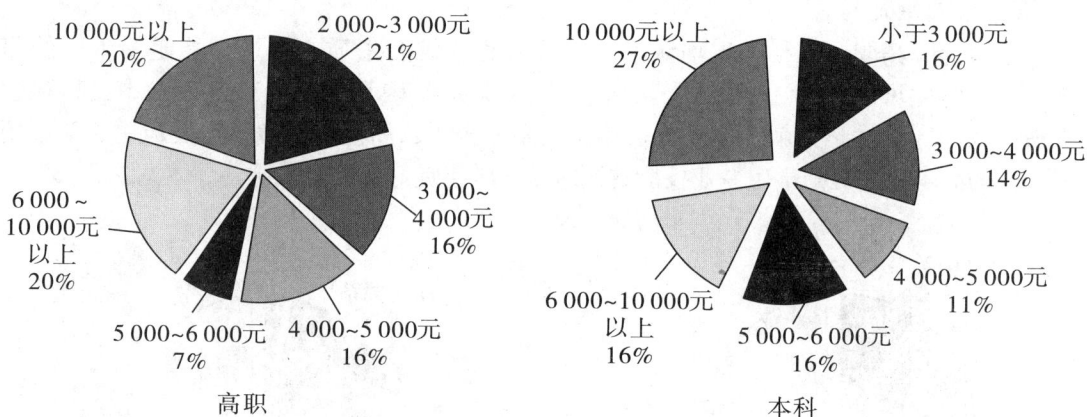

图 7 - 32　高职生和本科生的月工资水平

4. 专业对口度

调查显示，大部分高职、本科学生都选择了与本专业相关的技术岗位，高职学生对本专业的认可度相对更高。具体见图 7 - 33。

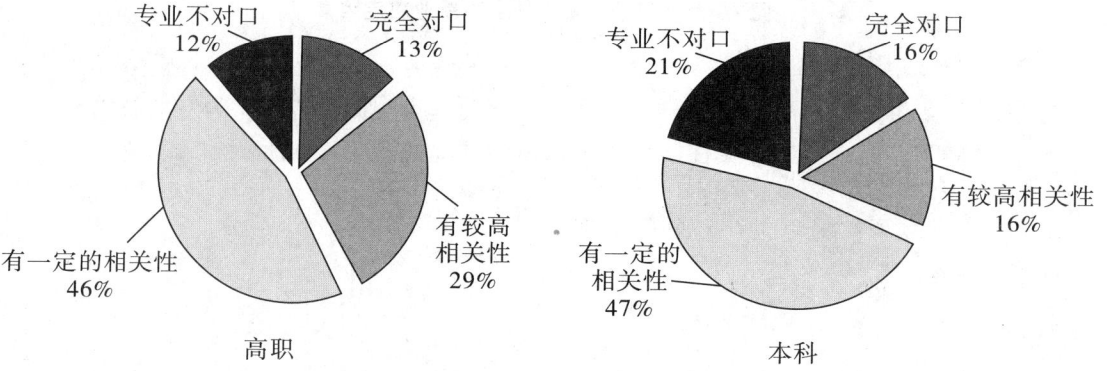

图 7 - 33　所学专业与所从事工作的对口程度

5. 毕业生工作稳定度

从统计得出，有 39% 的嵌入式专业高职毕业生没有换过工作，而本科毕业生有 53% 没有换过工作，这说明本科生对就业岗位的选择更慎重。具体见图 7 – 34。

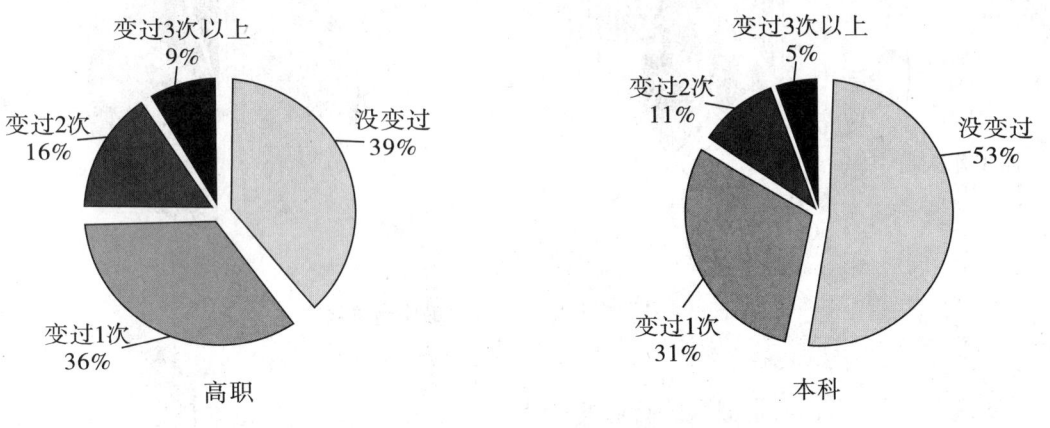

图 7 – 34　高职、本科毕业生换工作次数占比

6. 就业决定因素

经统计，高职、本科学生均认为在就业过程中综合素质与专业技能是最重要的因素。本科学生可能家庭环境更好，因而"社会关系"因素在就业决定因素中比高职学生占比较高。在大学生就业率更低、难度更高的今天，高校专业学科建设应更加贴近用人企业的需求，在提高学生专业技能的同时培养学生良好的综合素质。具体见图 7 – 35。

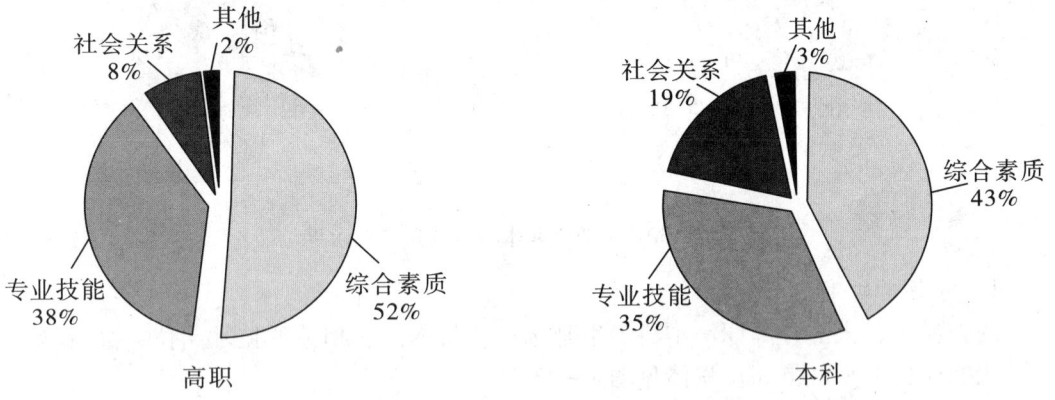

图 7 – 35　高职、本科毕业生就业决定因素

7. 刚参加工作时个人存在的不足

从数据分析可知，高职、本科学生面对的问题基本类似，普遍认为专业技术与技能欠缺，独立工作能力和人际交往能力不够。具体情况如图 7 – 36 所示。

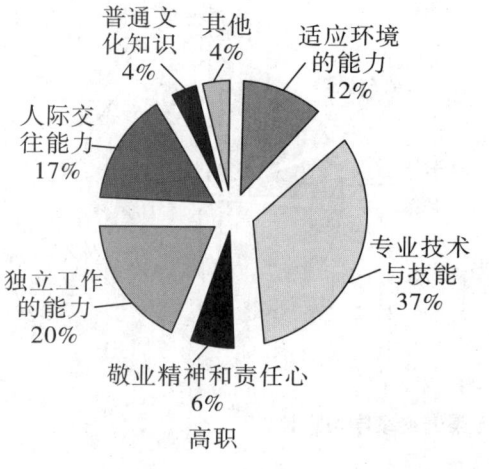

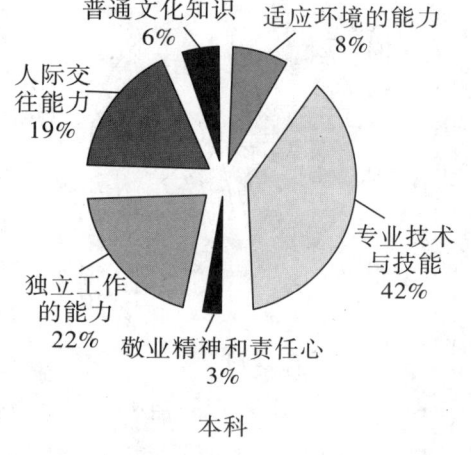

高职 本科

图7-36 刚参加工作时个人存在的不足占比

8. 在提高人才培养质量方面，认为学校应该在哪些方面加强

这项调研数据分析结果表明，高职、本科学校应加强改进的方面占比几乎无差异。学生认为学校应加强课程内容更新所占的比例高达36%，加强实训条件的比例占23%，如图7-37所示。

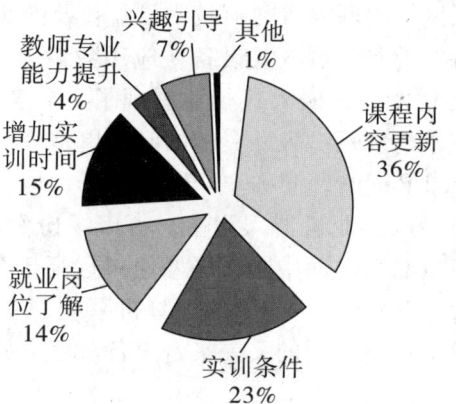

图7-37 高职、本科院校应该加强的各方面占比

9. 参加工作后，你通过哪些渠道继续学习

由数据可知，大部分高职或本科毕业生是通过企业内部技能培训继续学习，少部分通过社会培训、脱产学习和在职学历教育继续深造。具体数据见图7-38。

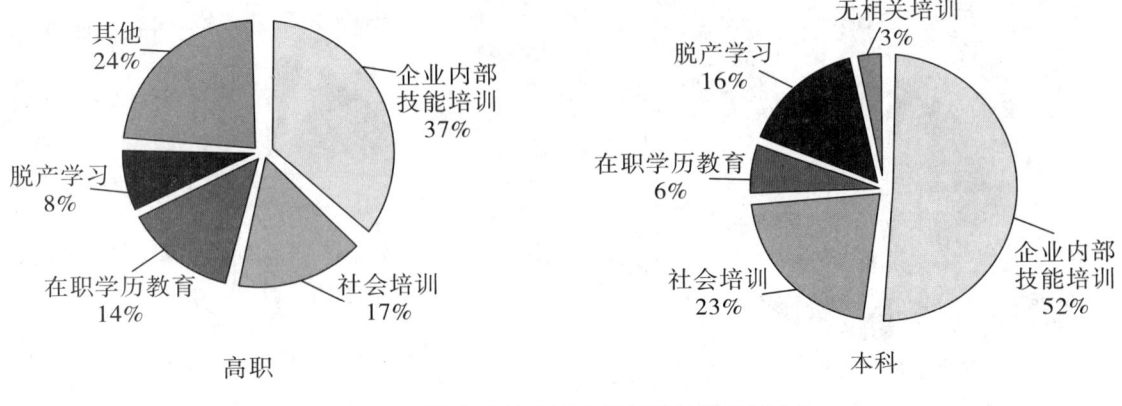

图 7－38　毕业生就业后在各渠道继续学习占比

四、调研结论

本次调研紧紧围绕嵌入式行业人才的需求情况及学校培养学生成长情况开展，项目组通过对大量第一手数据的科学分析得出以下结论。

（一）嵌入式行业前景好、应用领域广、人才紧缺

在嵌入式、移动互联网、物联网等热门技术日益普及的今天，嵌入式系统产品正不断涌进各个行业，各种各样的新型嵌入式设备在应用数量上已经远远超过通用计算机。随着智能化电子行业的迅猛发展，嵌入式行业展现了十分美好的前景，应用领域非常广，与此同时，嵌入式技术与应用型人才紧缺的问题更是日益突出。例如，当前的服务机器人和虚拟现实（Virtual Reality，简称"VR"）市场，也必定是嵌入式行业的一个巨大增长点。目前机器人市场以工业机器人为主，占市场份额的80%。未来服务机器人的行业规模或将超过工业机器人，而中国市场增速将远高于全球增速。VR实际上是一种可创建和体验虚拟世界（Virtual Word）的计算机系统，专家预测虚拟现实将成为继智能手机和平板电脑等移动设备之后的又一平台设备。巨大的市场空间提供了更为广阔的职业发展平台。

（二）嵌入式行业发展对人才的规格需求高

随着嵌入式设备功能的不断升级，一方面采用更强大的32位、64位RISC芯片或信号处理器DSP增强处理能力；另一方面采用实时多任务编程技术和交叉开发工具技术来控制功能复杂性，简化应用程序设计、保障软件质量和缩短开发周期。这对嵌入式从业人员提出了更高的要求，不仅要求其对计算机技术有较为全面的了解，包括硬件、软件及接口技术等专业能力，同时对自学能力、协同能力和创新能力等综合素质都有较高要求。

（三）高职、本科人才培养目标有部分重叠，课程体系有区别，互补性较强，高本衔接条件较好

高职嵌入式专业、本科计算机科学与技术专业都对应信息和通信工程类职业类别，人才培养目标自然有部分重叠，课程体系有重复亦有区别，但互补性强。大部分高职院校嵌入式专业在硬件基础及基本技能训练方面都做得比较扎实，和本科重复度较少；至于软件基础，多数学院基本以 C 语言为主线，兼顾其他语言，但也有部分职业院校的嵌入式专业，因为顾及嵌入式系统是典型的交叉学科，涵盖知识面广，因而开设课程多而杂。本科院校明显偏重基础课程，部分基础课程如离散数学等课程高职均不开设；本科院校计算机语言类课程无论数量还是难度都在高职的基础上提升了一个台阶，非常有利于高本衔接；省内多数应用型本科院校的综合技术技能课程都依托合作企业真实项目，校企合作比较成熟。高职学生在本科学段期间继续边打基础边做项目，对专业能力、自学能力、协同能力和创新能力的提高应该很有成效。高职、本科一体化人才培养目标与嵌入式行业人才需求非常吻合，这一模式培养出来的学生势必成为未来解决人才供不应求问题的一个突破口。

（四）高职院校需提高教师专业能力，本科学校需改革教学内容

通过对省内外高职院校的走访调研，项目组了解到从事该行业的教师有着不同的专业背景，比如电子工程、软件工程、通信工程、自动控制等。他们理论基础强，但不同学科背景缺乏有机整合，嵌入式专业知识体系的系统性和针对性较差，知识较为陈旧。从事软件教学的教师硬件基础相对弱，反之亦然。来自高职毕业生的调查统计数据也显示，提升高职院校教师专业能力将大大有助于提高人才培养质量；另外，现有的本科课程体系制定过程源于原有学制，通过联合一体化办学实践，可以完善和创新应用型本科人才培养模式，改革教学内容。

（五）嵌入式相关行业技能证书含金量不高

嵌入式相关行业技能证书中只有"嵌入式系统设计师"属于国家计算机技术与软件专业技术资格（水平）考试中级资格，企业认可度较高，但在校生通过率低。其他嵌入式行业企业的证书混乱，水分较大，缺乏企业认可的含金量。嵌入式企业用人非常看重实践经验，对技能要求高，一般都会优先录用专业技能大赛获奖者或在校期间参与过嵌入式项目开发的学生。由此可见，职业技能大赛对于提高学生的实践能力、职业技能，进而提高学生的就业竞争力能起到较大的促进作用。

（六）职业发展（晋升）路径分析

通过以上调研分析可知，嵌入式技术专业主要对应企业的运维类、研发类、服务类三大专业岗位群。项目组在此基础上细分各岗位发展层级，形成较完整的职业发展路径，如表 7 - 11 所示。

表 7 – 11　计算机应用技术（嵌入式技术与应用）专业的职业生涯发展路径

岗位层级	技术支持	销售	产品研发	测试	生产	学历层次	一般发展年限/年	
							高职	本科
VI	技术支持总监、市场总监		总监、总工、研发/测试总经理		厂长	本科	9以上	8以上
V	部门主管		高级工程师（嵌入式系统、应用、硬件）	高级测试工程师	生产部经理	本科	6~9	5~8
IV	项目主管（经理）	营销主管			生产主管、品质主管	本科高职	3~6	2~3
III	实施工程师	销售工程师	中级工程师（嵌入式系统、应用、硬件）	中级测试工程师	生产组长	本科高职	2~3	1~2
II	技术支持工程师				生产技术员	高职	1~2	0.5~1
I	技术助理		助理工程师	助理测试工程师	生产普工	高职	0.5~1	

注：中职学历层次无对应嵌入式研发类职业岗位。

五、对策与建议

（一）加强学校与企业或培训机构的合作力度，解决人才紧缺情况

从调研得出结论，嵌入式系统是信息产业走向 21 世纪知识经济时代最重要的经济增长点之一。近年来，如火如荼发展的嵌入式培训机构也可以从侧面证明专业人才缺口很大，但高校部分毕业生却苦于找不到合适的工作，企业又抱怨找不到急需的人才。原因是高校嵌入式系统的教学较为滞后，专业培训机构针对性强、掌握了最新、最实用的技术，能起到立竿见影的效果。如果高校能和企业、培训机构进行以项目带动为主要形式的学徒制培养，一方面可以缓解企业人才缺口，另一方面还可以提升高校的技能培养综合水平。

（二）高职、本科衔接的保障机制

嵌入式技术与应用的高职、本科一体化培养目前还是处于试点阶段，有很多问题亟待解决，有些问题不是学校层面能够解决的。比如，如何提高本科院校的参与积极性，使得高本衔接成为可持续发展的现代职教体系中的一部分。高职、本科衔接属于新的人才培养体系，高职、本科院校都需要投入较多的人力、时间和经费，需要有相应的政策配套保障。

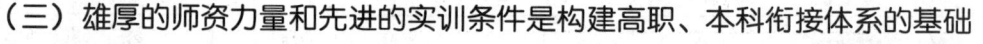

（三）雄厚的师资力量和先进的实训条件是构建高职、本科衔接体系的基础

为了能更好地构建高职、本科衔接体系，进行课程体系的创新和调整，高职和本科院校主要应在师资和实训上下功夫。目前广东省高校的软件教育普遍以应用软件为主，学生接触比较多的是 . NET、Java、Andriod 之类应用层面的东西，作为嵌入式开发需要的几个技术支柱：计算机体系结构、计算机操作系统、计算机网络等专业的教学内容、实训条件都比较老化，与最新技术脱节；同时多数教师的理论基础扎实但产品研发能力远达不到企业需求，导致高职、本科一体化衔接的课程体系以及课程建设跟不上技术的进步。项目组建议通过各种方式，例如鼓励教师下企业做项目，或对教师进行重点专题技术（比如网络驱动技术）培训等来提高教师专业能力，以便跟上最新技术的发展步伐。雄厚的师资力量和先进的实训条件是构建高职、本科衔接体系的基础。

（四）建议高职阶段可设定主要方向，以便更好地和本科衔接

由于嵌入式技术具有起点高、知识复杂、跨学科等特点，对高职起点学科建设而言，建议可设定主要方向，使得学生在有限的求学生涯中能够在主要方向上得到扎实的训练，打下坚实的基础，对主要方向的技术更加精通，技能更加熟练，更容易满足研发企业用人需求或升入本科继续学习。根据前期的调研分析结论，建议高职院校可结合自身的师资和实训条件，选择较为主流的 STM32 + UCOS 平台或者 ARM + Linux 平台中的一种作为学科建设的主要方向，让学生进入本科后，再进行延续或者拓展学习。这样培养出的学生既具有完整的嵌入式系统知识结构，又具有较强的产品开发能力，职业发展潜力较大。

六、附录

表 7 - 12　参与计算机应用技术（嵌入式技术应用）专业高本衔接标准研制之供需调研的团队名单

序号	姓名	单位	完成调研工作量和内容
1	李　力	广东科学技术职业学院	整体统筹安排；调研 2 家行业协会、25 家企业、13 所高职院校；调研报告总撰写；查阅文献资料；职业能力分析
2	郭广明	广东科学技术职业学院	调研 2 家行业协会、20 家企业、10 所高职院校；查阅文献资料；职业能力分析
3	邵　平	肇庆学院	整体统筹安排；调研 2 家行业协会、20 家企业、8 所本科院校；查阅文献资料；职业能力分析
4	王俊波	肇庆学院	调研 2 家行业协会、15 家企业、5 所本科院校；撰写调研报告；查阅文献资料；职业能力分析
5	宋　维	广东科学技术职业学院	调研 8 家企业、8 所高职院校；职业岗位群分析；职业能力分析

续上表

序号	姓名	单位	完成调研工作量和内容
6	朱 婵	广东科学技术职业学院	调研 6 家企业、5 所高职院校
7	陈莉莹	广东科学技术职业学院	调研 5 家企业、5 所高职院校
8	杜 平	广东科学技术职业学院	调研 6 家企业、5 所高职院校；调研结果分析
9	丘 嵘	广东科学技术职业学院	调研 6 家企业、5 所高职院校；查阅文献资料
10	吴新生	广东科学技术职业学院	调研 4 家企业、4 所高职院校
11	谭雄乐	广东科学技术职业学院	调研 4 家企业、4 所高职院校
12	陈元滨	肇庆学院	调研 2 家行业协会、12 家企业、6 所本科院校；查阅文献资料
13	朱俊岭	肇庆学院	调研 2 家行业协会、9 家企业、5 所本科院校；查阅文献资料
14	潘文豪	广东科学技术职业学院	毕业生调研及资料整理分析
15	刘俊杰	肇庆学院	调研 6 家企业、5 所本科院校
16	连晋平	肇庆学院	调研 6 家企业、5 所本科院校
17	付鹏海	广州联欣信息科技有限公司	联系落实 5 家企业的调研；调研结果分析
18	李 杰	广州联欣信息科技有限公司	联系落实 3 家企业的调研
19	黄玲坚	广州联欣信息科技有限公司	联系落实 2 家企业的调研

参考文献

［1］杜怡萍. "四维四步五解" 职业能力分析法的实践探索 ［J］. 职教论坛，2015（9）：8.

［2］吴冰. 嵌入式软件人才培养新模式 ［J］. 软件世界，2008（2）：46－47.

［3］罗保山. 高职计算机应用专业嵌入式系统方向课程的设置 ［J］. 职业技术教育，2008（8）：20.

［4］梁冀东，蒋志年. 以培养实践能力为切入点的嵌入式课程教学改革探讨 ［J］. 中国电力教育，2014（3）：119.

［5］广东省教育厅，广东省教育研究院. 广东中高职衔接专业教学标准研制：调查与分析 ［M］. 广州：广东高等教育出版社，2014（5）：24，88.

第八章
高职本科一体化电子信息工程技术专业建设调研报告

在广东省教育研究院的领导和支持下，由韩山师范学院、中山职业技术学院、广东省电子学会、广东高职信息教育指导委员会及其他电子类行业企业组成的广东省电子信息工程技术专业四年制应用型本科人才培养专业教学标准和课程标准研制项目组，于2015年6月至11月对广东省与电子信息工程技术专业相关的行业、企业、高职与本科院校进行了深入、广泛、细致的调研，将获得的调研资料进行分析汇总，形成了本调研报告。

一、前言

（一）调研背景分析

1. 产业背景

广东省珠江三角洲区域是我国最大的电子信息产业集聚区，是世界最大的电子信息产业基地之一，电子信息产业对广东省的经济社会发展起着至关重要的作用。但与发达国家及地区相比，广东省生产和出口的电子信息产品大多还处在价值链低端，存在对外依存度较高等多方面问题。

加快推进电子信息产业结构调整和转型升级是新时期广东省所面临的严峻挑战和重要机遇。为此，《广东省国民经济和社会发展第十二个五年规划纲要》特别指出，要"在新兴电子信息技术等领域突破掌握一批关键核心技术"；《广东省战略性新兴产业发展"十二五"规划》更是将高端新型电子信息产业项目如新型显示、集成电路、新一代移动通信、数字家庭、高端消费电子产品等作为战略性新兴产业列为重大项目。《广东省工业转型升级攻坚战三年行动计划（2015—2017年）》进一步将电子信息产业转型升级落到实处，将以新一轮技术改造为主推手，全面提升电子信息产业发展质量；同时不断加强产业的自主配套能力，进一步提升终端产品价值链，打造具有全球竞争力的超大规模高端新型电子信息产业群。

2. 职教背景

电子信息产业的飞速发展，急需大量包含技能人才在内的不同层次的专业人才。产业的转型升级，使得企业对高素质高技能人才的需求更为迫切。改革开放以来，职业教育为广东省的电子信息产业培养了大批技术技能型人才。广东省在贯彻落实《国家中长期教育改革和发展规划纲要（2010—2020 年）》和《国务院关于大力推进职业教育改革与发展的决定》（国发〔2002〕16 号）等文件的基础上，下发了《关于以协同创新为引领　全面提高我省高等教育质量若干意见》，大力推进应用型本科和高职教育发展。

面对当前经济社会发展新态势及产业结构调整新要求，《国务院关于加快发展现代职业教育的决定》（国发〔2014〕19 号）以及《现代职业教育体系建设规划（2014—2020 年）》等指导性文件相继出台，加快了职业教育结构调整与体系建设的步伐。广东省为构建具有广东特色的现代职业教育体系，打造现代职业教育"立交桥"，于 2010 年启动"中高职三二分段"试点工作，并逐年扩大试点范围；于 2013 年启动了"2＋2"四年制应用型本科人才培养试点工作，于 2014 年又启动了"三二分段"专升本应用型人才培养试点工作，开展高职、本科协同培养应用型人才，实现中职、高职、本科不同层次职业教育的贯通。这些举措，必将为当前的产业结构调整与转型升级提供极大的人才支撑与驱动。

3. 项目背景

根据《广东省教育厅关于开展 2014 年高职院校与本科高校协同育人试点申报工作的通知》（粤教高函〔2014〕35 号）精神，经广东省教育厅批准，韩山师范学院、中山职业技术学院联合开展电子信息工程专业"2＋2"四年制应用型本科人才培养试点工作，2014 年实际招生 100 名。

由于高职、本科的贯通培养，需要高职、本科院校的协同与无缝对接，需要掌握大量的具有代表性的第一手资料。基于此，我们组织了由本科、高职、企业联合的调研团队，对四年制应用型本科人才培养相关工作开展调研。

（二）调研目的意义

根据教育理论，高职与应用型本科在教育内涵及属性特征上有许多共性与关联，包括层次定位的承接性、类型定位的同质性、规格定位的实用性、服务定位的区域性、培养模式的二元性等内在特征，以及两者在整个高等教育体系中的共生协调关系。但是，从我国的现状来看，两者办学定位不同、人才培养模式不同、课程设置方式不同、对教师的要求不同，导致它们之间不在同一个体系、同一个系统，两者衔接会遇到障碍。

为实现两者之间的有效衔接，需要依照高职和本科协同育人的原则，会同行业企业共同制定人才培养方案，合理设置依次递进、内容衔接的课程体系，优化课程结构；共同组成教学团队组织实施教学，系统培养高素质技术技能型人才。

本次调研是为了给电子信息工程专业四年制应用型本科人才培养专业教学标准和课程标准的制定，提供较为全面、客观的数据支持和依据，提升专业服务产业能力，更好地满足当前广东省电子信息产业升级换代对高素质、高技术技能型人才的需求。具体来说，需要达到如下目的。

1. 通过调研确定电子信息行业人才需求状况及能力素养要求

调研电子信息行业企业，了解在当前产业转型升级的大背景下，电子信息行业企业对高技术技能型人才需求的变化趋势，明确职业岗位及岗位群对知识、能力、素质的要求。

2. 通过调研确定"2+2"四年制应用型本科人才培养的生源状况及学习要求

调查内容包括：高职、本科电子信息工程专业的生源情况，毕业生对学校学习的反馈，在校学生对现有学习的评价，以及高职、本科学生的升学和就业意向等。

3. 通过调研确定目前应用型本科人才培养定位及教学中存在的问题

调查高职、本科院校电子信息工程专业的人才培养方案、课程设置与专业教学情况，发现目前高职、本科专业建设中存在的问题并加以解决。

二、调研基本情况

（一）调研组织方法

1. 调研方法

主要采用了文献调研法、访谈法（座谈法、头脑风暴法）、问卷调查法、统计分析法、逻辑分析法等。

2. 调研对象

电子信息行业协会，电子信息企业，开设电子信息工程专业的高职和应用型本科院校及其在校生、毕业生等。

3. 调研组织过程

组建项目调研团队，根据高职和应用型本科教育教学特点和各自优势，分成高职组和本科组两大调研组，每组按任务分工，分成若干小组，分头开展调研活动，定期召开项目调研研讨会，研究制订调研方案，随时掌握调研进度以及解决出现的问题。

4. 调研创新设计

组建开发团队，设计开发了网络问卷调查 APP（如图 8-1 所示），网上登录地址：http：//120. 24. 67. 30：8989/FontHome/Home；也可以用微信"摇一摇"直接进入。APP 调查分为行业调查、企业负责人调研、在校学生调查、毕业生调查、人力资源调查、技术问卷调查等模块。APP 调查使用信息化手段替代了原来的纸质调查表。

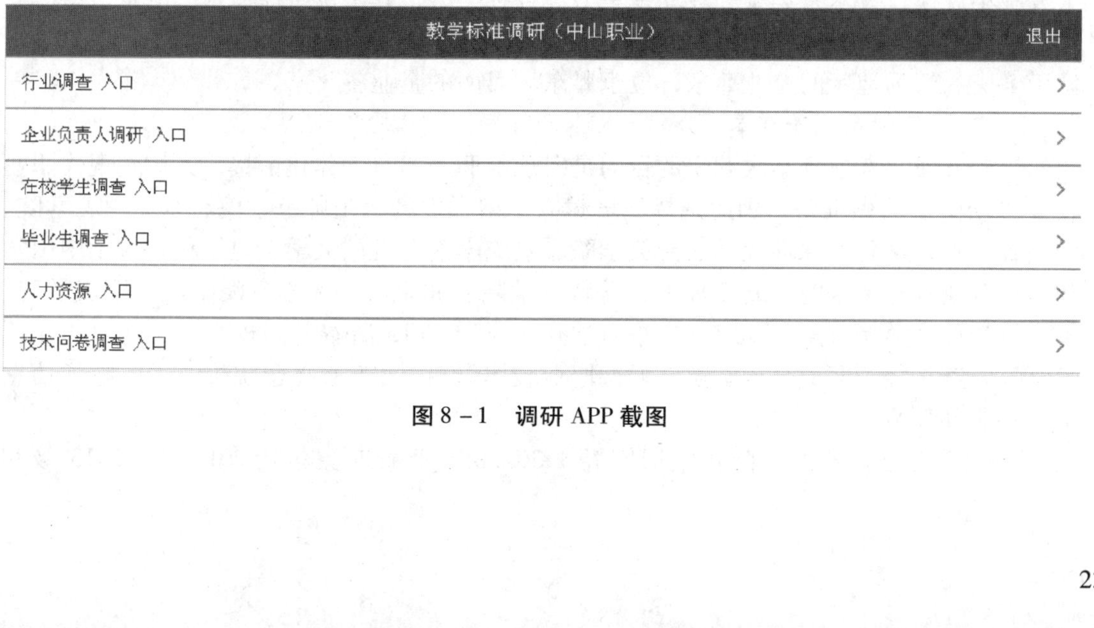

教学标准调研（中山职业）	退出
行业调查 入口	＞
企业负责人调研 入口	＞
在校学生调查 入口	＞
毕业生调查 入口	＞
人力资源 入口	＞
技术问卷调查 入口	＞

图 8-1　调研 APP 截图

（二）调研样本分布

本次调研样本覆盖面非常广泛，涉及文献资料、行业协会、大中小型企业、本科院校、高职院校、本科在校生、高职在校生、本科毕业生、高职毕业生等。样本具体情况如下。

1. 文献资料样本

在资料样本方面，查询并分析了美国、德国、英国、澳大利亚、新加坡等国家以及中国香港、台湾地区的电子类专业（课程）建设及职业发展模式相关资料58篇；在文献资料方面，查阅了江苏、浙江、天津等主要省市高职本科院校电子类专业（课程）建设及职业发展、中高本衔接相关资料及文献423篇，其中关于专业教学标准方面的文献和报道20篇，高本课程衔接方面约48篇。

2. 行业企业调研样本

（1）行业企业访谈样本。

行业方面，访谈了广东省电子行业协会、中山市信息产业协会、广州市电子产业协会、深圳市电子信息产业联合会、东莞市电子信息产业协会等5个行业协会的会长及秘书长。

根据广东省电子信息产业规划，访谈企业采取以珠江三角洲地区电子信息产业带为重点，同时兼顾区域内发达和欠发达、大中小规模、技术密集型和劳动密集型的企业，如深圳市华为技术有限公司、佛山普迪仕国际电子有限公司、广州市迪士普音响科技有限公司、中山力泰电子工业有限公司、中山华艺灯饰照明股份有限公司、中山生力电子有限公司、珠海市晶芯有限公司、广州飞瑞敖电子科技有限公司、广东省东莞市长安科得电子有限公司等17家企业的经理、技术总监、人事部经理、生产部经理、销售经理等。

（2）企业问卷调查样本。

为了解企业对电子信息工程专业毕业生的要求情况，对77家企业的人力资源部、生产部门、技术研发部门、销售及服务部门进行了问卷调查。同样，问卷调研企业兼顾了大中小规模、技术密集型和劳动密集型等各种类型，其中位于珠江东岸电子信息产业带的企业共34家，位于广佛经济区的企业19家，位于珠江西岸经济带的企业10家，位于肇庆、清远地区的企业5家，位于粤东、粤西的企业各3家。

3. 院校及学生调研样本

学校方面，考虑到本次调研的目的是实现高职、本科一体化衔接，为构建现代职业教育"立交桥"做准备，因此选择了培养应用型人才的韩山师范学院、东莞理工学院、仲恺农业工程学院、深圳大学、韶关学院、嘉应学院、五邑大学、电子科技大学中山学院、广东技术师范学院、北京理工大学珠海学院、北京师范大学珠海学院、肇庆学院、佛山科学技术学院、惠州学院、广东石油化工学院等15所本科高校，以及河源职业技术学院、广东轻工职业技术学院、顺德职业技术学院等15所高职院校，了解电子信息工程专业办学情况。

在校学生方面，本科院校收回问卷1 302份，调查对象包括2012级、2013级和

2014 级 3 个年级的学生。高职院校回收问卷 1 158 份，调查对象包括 2013 级、2014 级和 2015 级 3 个年级的学生。

毕业生方面，本科院校以毕业 3~5 年的校友为主，回收有效调查问卷 649 份。高职院校以毕业 3~5 年的校友为主，回收有效调查问卷 576 份。

三、调研资料分析

（一）行业现状和人才需求情况

1. 行业现状及发展趋势

我国已成为全球重要的消费电子生产基地，多个消费电子产品产销量在世界市场上排名第一。我国电子信息产业的销售收入增长率连续多年保持在十位数以上，2014 年我国规模以上电子信息制造业销售收入达到 103 902 亿元，同比增长 10.3%。

广东的电子信息产业总产值连续 25 年全国第一，占全国总产值的 1/3，拥有一批行业龙头骨干企业，电子百强企业占全国的 1/4，掌握了一批关键核心技术，广州—深圳—东莞—惠州被称为"世界电子信息工业走廊"，在全球产业布局中占有重要地位。

但由于较欧美国家起步晚、起点低，目前我国的电子信息产业发展还存在产业链尚不完整、自主创新能力不强、产品附加值较低、结构不合理、高技术人才缺乏等诸多问题，传统发展方式难以为继，急需加快推进产业结构调整和转型升级来实现突破。

面对产业发展问题，国务院做出加快培育和发展战略性新兴产业的重要决定。广东省认真贯彻落实国务院决策部署，确定了高端新型电子信息等领域作为广东省重点培育和发展的战略性新兴产业，把加快培育和发展战略性新兴产业作为推进产业结构调整和转型升级的重要举措和突破口。

目前，广东省的高端新型电子信息产业基本实现了率先突破，2014 年产业增加值占生产总值比重达到 12% 左右，对经济增长的贡献率显著增强；掌握了一批具有自主知识产权的关键技术和标准，自主创新能力和产业技术水平显著提升；形成了一批具有国际影响力的大企业和创新力强的中小企业，企业实力显著增强；打造形成了产业链较完整、配套体系较完善、产值超千亿元的新型显示与集成电路产业集群。根据《广东省工业转型升级攻坚战三年行动计划（2015—2017 年）》，到 2017 年年末，战略性新兴产业增加值将年均增长 12% 左右，仅珠江东岸电子信息产业带就将实现增加值 1 600 亿元。

广东省电子信息产业未来几年的发展将呈现传统优势与高端新型并存并且高端新型超常规快速发展的态势，最终将在做大、做强优势传统产业的基础上，重大突破新型显示、新一代移动通信、软件与集成电路设计、数字家庭、高端消费电子产品等高端新型电子信息领域，形成具有全球竞争力的高端新型电子信息产业群，抢占全球电子信息产业发展制高点，实现广东省电子信息产业由大到强的转变。

2．人才需求状况

（1）人才需求规模（数量）分析。

广东珠江三角洲区域，作为世界著名的"制造工厂"，改革开放 30 年来一直是国内各类人才的聚集地。近年来随着加快产业结构调整、打造高端新型电子信息产业群的实施，其对高端技能型人才的需求更是突出。

来自世界经理人网的数据显示，2013 年 12 月，全国电子技术/半导体/集成电路行业的网上发布职位数近 10 万个，其中珠江三角洲地区的网上发布职位数为 3 万余个，占据全国将近四成的份额，同比人才需求明显加大，增幅达到了 42.7%。深圳市的网上发布职位数为 2 万余个，约占珠江三角洲地区人才需求的 65%。值得注意的是，仅深圳一市的电子技术/半导体/集成电路行业的人才需求已占全国总量的 1/4。

从近期对人才市场的职业需求分析来看，广东省人才总需求中，信息技术人才占55%，其中仅电子信息技术类专业人才缺口就达到 10 万名以上，电子信息工程专业的技术技能型人才供不应求。

（2）人才需求行业、区域分析。

本次调研统计了近 5 年电子信息工程专业高职、本科毕业生就业所在行业及地区分布情况（分别如表 8 - 1、表 8 - 2 所示）。数据显示，毕业生主要集中在珠江三角洲地区工作，就业行业主要集中在计算机及外设、家电、网络通信设备的设计与生产组装，同时新型显示、LED 产品、集成电路等新型产业所占比重日益加大。

表 8 - 1　电子信息工程专业学生就业所涉及的主要行业类型

序号	行业类型	所占比例/%
1	计算机及外设	21
2	家电	18
3	手机、路由器等网络通信	17
4	新型显示	12
5	LED 产品	10
6	集成电路	8
7	数字安防	6
8	光伏技术	3
9	玩具制造	2
10	其他	3

表 8 - 2　电子信息工程专业学生就业分布区域

序号	地区	所占比例/%
1	广州	26
2	深圳	24

续上表

序号	地区	所占比例/%
3	东莞	14
4	惠州	9
5	佛山	10
6	中山	6
7	珠海	5
8	其他	6

（3）人才需求规格质量分析。

项目组对位于珠江三角洲地区、粤东、粤西、粤北 77 家不同规模的企业进行了问卷调查，回收有效问卷 77 份，其中 17 份来自企业的人力资源总监，15 份来自车间主任，15 份来自技术总监，15 份来自销售总监，15 份来自质量总监。主要调查结果统计如下：

①企业招聘员工最看重的能力素质。

如图 8-2 所示，企业招聘员工时，最看重的排在前五位的能力素质依次是：专业水平（23%）、责任心（12%）、职业道德（11%）、进取心（10%）、团队精神（9%）。

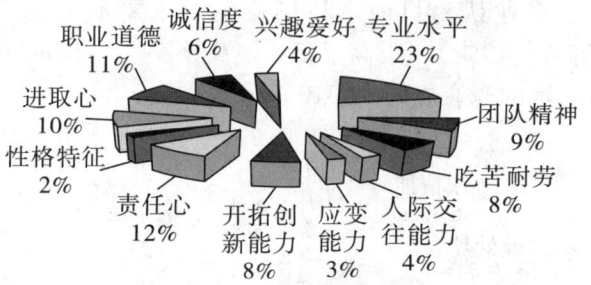

图 8-2　企业招聘员工时所看重的能力素质

②企业晋升员工最看重的能力素质。

如图 8-3 所示，企业员工晋升，处于前三位的最关键能力素质排序为：工作效率与质量（33%）、技能水平（28%）、为人处世（19%）。

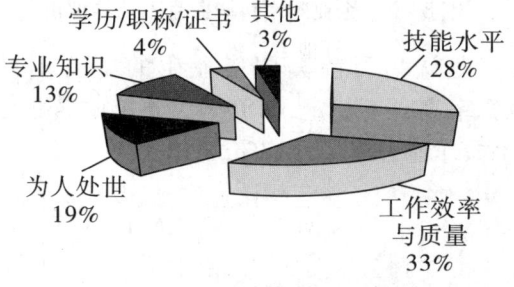

图 8-3　企业员工晋升所需要的能力素质

③企业对应用型本科毕业生的基本期望。

如图8-4所示，企业对应用型本科毕业生的基本期望依次是：具有较强的实际工作能力（24%）、具有较合理的知识结构（18%）、具有较好的职业道德（17%）、具有吃苦耐劳的精神（16%）。

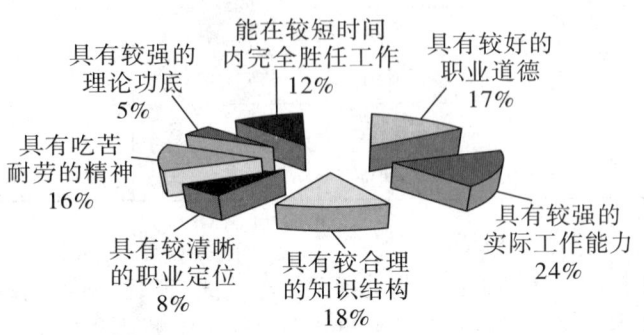

图8-4　企业所期望的应用型本科毕业生素质

④目前本科、高职毕业生的不足之处。

调查显示，企业认为目前本科毕业生、高职毕业生普遍存在动手操作能力不足、吃苦耐劳精神欠缺、专业知识不扎实、没有长远的职业规划、眼高手低且流失率高等不足，但高职生的不足与本科生的不足又有一定差别。

如图8-5所示，企业认为目前本科毕业生的主要不足是：动手操作能力不足（21%），不能吃苦耐劳（19%），眼高手低、流失率高、不稳定（15%），专业知识不扎实（14%），没有长远的职业规划（13%）。

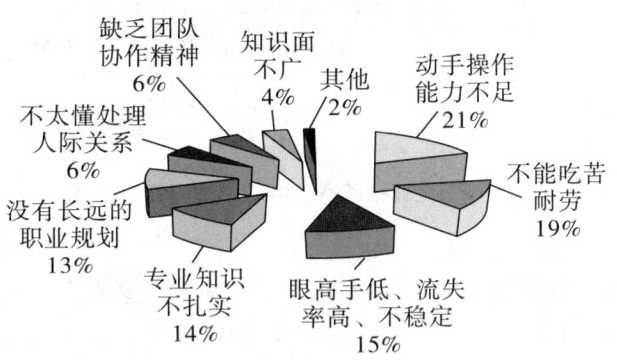

图8-5　企业对本科毕业生不足的评价

如图8-6所示，企业认为目前高职毕业生的主要不足是：专业知识不扎实（19%），眼高手低、流失率高、不稳定（18%），不能吃苦耐劳（16%），没有长远的职业规划（15%），动手操作能力不足（12%）。

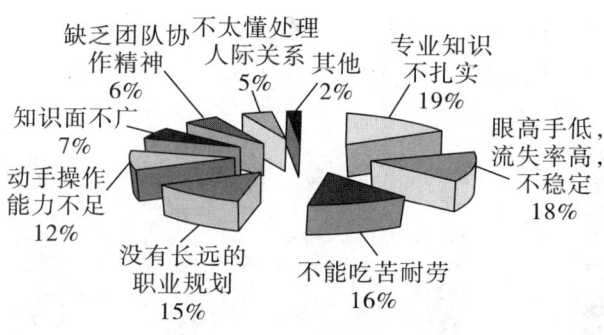

图 8-6 企业对高职毕业生不足的评价

（二）电子信息工程专业职业岗位（群）的情况

我们通过分析行业企业及毕业生的调研资料，发现电子信息工程专业高职、本科学生的就业岗位主要包括操作类岗位（设备操作维护、产品检测维修等）、技术类岗位（电路板绘制、软硬件测试、硬件开发、软件开发、工艺编制等）、管理类岗位（技术支持、质量控制、生产管理、项目管理、质量管理等）。其中毕业 3~5 年的初始就业人数处于前六位的职业岗位是：软硬件设计与测试、技术支持、产品检测维修、工艺及质量控制、项目及生产管理、设备操作维护。

1. 本专业应用型本科毕业生就业岗位的分布情况

目前应用型本科电子信息工程专业学生毕业 3~5 年的主要就业岗位分别是软硬件设计与测试、技术支持、产品检测维修、工艺及质量控制、项目及生产管理、设备操作维护，各岗位就业人数的具体分布比例如图 8-7 所示。

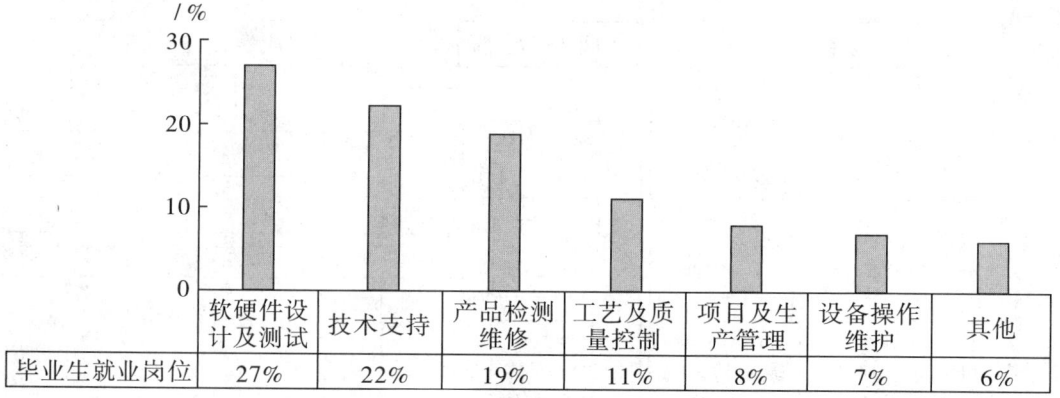

	软硬件设计及测试	技术支持	产品检测维修	工艺及质量控制	项目及生产管理	设备操作维护	其他
毕业生就业岗位	27%	22%	19%	11%	8%	7%	6%

图 8-7 应用型本科毕业生的主要就业岗位分布

2. 高职、本科毕业生在岗位中的分布情况

仔细分析电子信息工程专业高职、本科毕业学生在 6 个主要就业岗位的分布情况，可统计出各岗位的学历分布比例（统计时排除高职、本科以外学历），其中技术与沟通等关键能力要求较高的岗位，如软硬件设计与测试、技术支持、工艺及质量控制等，应用型本科毕业生占较大比例。具体分布情况如图 8-8 所示。

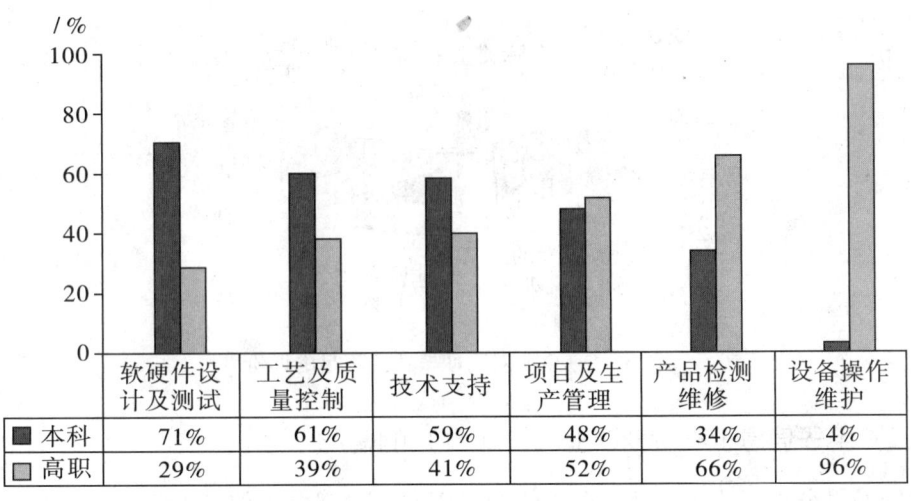

	软硬件设计及测试	工艺及质量控制	技术支持	项目及生产管理	产品检测维修	设备操作维护
■ 本科	71%	61%	59%	48%	34%	4%
高职	29%	39%	41%	52%	66%	96%

图 8-8　电子信息工程专业毕业生就业岗位学历分布

3. 本专业毕业生的职业生涯发展路径

　　调研表明，电子信息工程专业学生的职位晋升可从刚毕业的初始岗位一直延伸到公司总经理，学生的就业岗位发展路径具体如图 8-9 所示。根据调研结果，可归纳得到电子信息工程专业高职、本科毕业生的职业生涯发展路径，如表 8-3 所示。高职毕业生的就业岗位与本科毕业生既存在一定的重叠，又有一定的差异性，本科毕业生的职业岗位迁移快、发展后劲强。

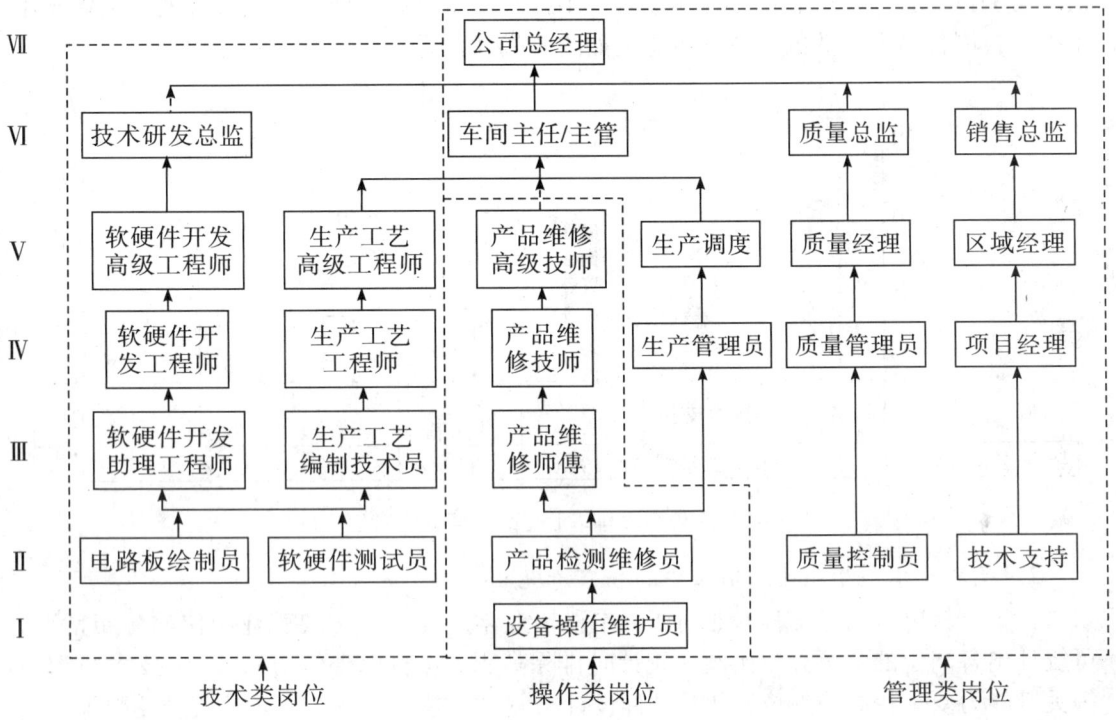

图 8-9　电子信息工程专业学生就业岗位发展路径

表 8 - 3　　电子信息工程专业职业生涯发展路径

发展层级	就业岗位			学历层次	一般发展年限/年		
	操作岗位	技术岗位	管理岗位		中职	高职	本科
VII			公司总经理	本科		10以上	8以上
VI		技术研发总监	车间主任/主管、质量总监、销售总监	本科		8~10	6~8
V	产品维修高级技师	软硬件开发高级工程师、生产工艺高级工程师	生产调度、质量经理、区域经理	高职、本科	8以上	6~8	4~5
IV	产品维修技师	软硬件开发工程师、生产工艺工程师	生产管理员、质量管理员、项目经理	高职、本科	8~10	3~5	2~3
III	产品维修师傅	软硬件开发助理工程师、生产工艺编制技术员		高职	6~8	2~3	1~2
II	产品检测维修员	电路板绘制员、软硬件测试员	质量控制员、技术支持	中职、高职	3~5	1~2	
I	设备操作维护员			中职	1~2	1	

4. 企业岗位群典型工作任务及能力要求

根据调研，可得出本专业毕业生在企业主要就业岗位的典型工作任务及主要技能要求，如表 8 - 4 所示。

表 8 - 4　就业岗位的典型工作任务及主要要求技能

职业岗位名称	岗位典型工作任务	主要岗位技能要求
设备操作维护岗位	1. 贴片机设备的操作维护； 2. 波峰焊、回流焊设备的操作维护； 3. 其他组装设备的操作维护； 4. 其他电子生产设备的操作维护	1. 焊接技能； 2. 生产设备编程控制技能； 3. 生产设备操作与调试技能

续上表

职业岗位名称	岗位典型工作任务	主要岗位技能要求
产品检测维修岗位	1. 检测电子产品的故障点； 2. 根据产品故障进行维修	1. 硬件识图能力； 2. 维修、焊接技能； 3. 仪表仪器使用技能
电路板绘制岗位	1. 根据原理图绘制电路板图； 2. 根据产品实物绘制电路板图	1. 硬件识图能力； 2. 原理图与电路板绘制软件使用技能； 3. 电路板设计技能
产品测试岗位	1. 测试产品软件； 2. 测试产品硬件	1. 软件编程技能； 2. 硬件识图与调试技能； 3. 测试仪表仪器使用技能
质量控制岗位	1. 检测电子产品的质量； 2. 制定电子产品生产规范，保障产品合格率	1. 沟通、协调能力； 2. 质量标准的掌握运用能力； 3. 质量控制方法的运用技能
技术服务岗位	1. 制定售前技术方案； 2. 开展售后技术培训	1. 沟通、协调能力； 2. 电子产品知识理解能力； 3. 语言及文字表达能力

依据企业访谈和问卷调查得到的数据，可总结归纳出本专业应用型本科毕业生总体应具备的知识、能力和素养要求，具体如下。

（1）专业知识。

具有电子技术方面的基础理论知识；具有计算机设备硬件知识及相关的应用软件知识；具有单片机及嵌入式系统等智能电子产品的开发与应用知识；具有电子产品生产质量控制方面的知识；具有电子产品生产设施的操作规范、安全规范及安装维护方面的知识。

（2）实践能力。

能够熟练运用计算机及网络技术，具备现代化办公能力；具备技术应用型人才必备的外语、数学及经营管理的能力；掌握文献检索、信息收集与处理的基本方法，具有一定的科学研究和较强的实际工作能力；具有专业技术上的理解能力与表达能力；具备终身学习能力。

（3）职业素养。

热爱国家与民族，在德、智、体、美等方面全面发展；具有诚信品质、责任意识和遵纪守法意识；具有敬业、创业精神，以及良好的职业道德；具有团队意识及妥善处理人际关系的能力；具备较快适应生产、建设、管理、服务第一线岗位工作需要的职业素养。

（三）职业资格和行业规范要求情况

对于电子信息工程专业学生，行业企业认可度较高的职业资格证书、技能等级证书主要有：计算机辅助设计绘图员（AutoCAD）中/高级证书、计算机辅助设计绘图员（电子 CAD）中/高级证书、家用电子产品维修工中/高级证书、维修电工中/高级证书、嵌入式系统设计师。具体如表 8－5 所示。

表 8－5　职业资格证书及职业知识与技能的要求

职业资格	级别	发证机构	知识与能力要求	对应岗位
计算机辅助设计绘图员（Auto-CAD）	中级、高级	人力资源和社会保障部门	掌握绘图的相关知识及 AutoCAD 软件的操作技能	技术服务岗位、质量控制岗位
计算机辅助设计绘图员（电子 CAD）	中级、高级	人力资源和社会保障部门	掌握电子电路原理图及电路板图绘制的知识及技能	电路板绘制岗位、产品检测维修岗位、产品测试岗位
家用电子产品维修工	中级、高级、技师、高级技师	人力资源和社会保障部门	掌握家用电子（器）产品维修的基本知识及技能	产品检测维修岗位、设备操作维护岗位
维修电工	中级、高级、技师、高级技师	人力资源和社会保障部门	掌握 PLC、触摸屏等编程与维修的基本知识及技能	设备操作维护岗位、产品检测维修岗位
嵌入式系统设计师	初级、中级、高级	人力资源和社会保障部门、工业和信息化部门	掌握嵌入式系统软硬件设计与调测的知识与技能	电路板绘制岗位、产品检测维修岗位、产品测试岗位

（四）高职本科院校课程设置情况

1．高职本科院校专业人才培养目标对比

目前高职院校与本科高校大多都开设了电子信息工程专业。本次调研的 15 所应用型本科高校基本都将专业人才培养目标定位为电子信息工程方向；15 所高职院校中有 12 所学校的专业人才培养目标定位为电子信息软硬件应用开发方向，另外 3 所专业定位还兼顾了通用电子检测与生产工艺管理方向。

通过对相关高职本科院校专业人才培养方案的收集和对比，项目组归纳了高职与本科电子信息工程专业人才培养目标定位上的要求，见表 8－6。

表8－6　高职、本科专业人才培养目标比较

高职院校专业人才培养目标 （以中山职业技术学院为例）	本科院校专业人才培养目标 （以韩山师范学院为例）
面向珠江三角洲地区及广东其他地区的电子信息产业，以电子信息产品的设计、生产和营销等应用为核心，培养具有软硬件基本知识和电子产品（嵌入式系统）工程师岗位素质，能够从事电子产品（嵌入式系统）设计开发、生产制造、检测维修、营销服务的高端技能型人才	培养为地方经济建设服务，德、智、体全面发展，实践能力强，善于知识更新和具有开创意识的，具备电子技术和信息系统的基础理论和基础知识，具有在电子科学与技术、信息与通信工程、计算机科学与技术等相关领域从事各类电子设备和信息系统的设计、开发、应用、集成和生产管理等工作能力的应用型高级工程技术人才

　　虽然专业名称相同，但教育类型与层次的差别，决定了高职院校与本科高校的专业人才培养目标定位必定有所不同，两者之间既有联系又有区别。然而从表8－6可见，两者的差异性很小、"边界"模糊。

　　2. 高职本科院校专业课程体系结构对比

　　高职院校近几年在国家、广东省级示范校等项目的支持下，着力打造一批特色鲜明、定位准确、紧密对接产业的专业建设成果。大部分学校开展了职业岗位能力分析，基于工作过程重构了课程体系，学制上基本采用"2＋1"或"2.5＋0.5"模式，即2年或2.5年在校学习，1年或0.5年到企业顶岗实习。在毕业要求上规定学生要达到高级职业资格标准。

　　应用型本科高校近几年加大了课程改革的步伐，加强学生实践动手能力的培养，强调职业资格证书的考取。

　　在调研中，我们发现绝大部分学校的课程体系可分为公共基础课、专业基础课、专业技能课、综合实践课、专业拓展课等若干模块，强调课程之间的关联性、知识的系统性、技能的实用性。归纳得到的高职、本科专业课程体系结构比较如表8－7所示。

表8－7　高职、本科专业课程体系结构比较

类别	高职课程设置	本科课程设置
公共基础课程	入学教育与军训（含军事理论）、思想道德修养与法律基础、毛泽东思想和中国特色社会主义理论体系概论、形势与政策、思想政治理论课实践、大学英语、体育、计算机应用基础、大学生健康与心理卫生、职业生涯规划教育	军事理论、思想道德修养与法律基础、中国近现代史纲要、形势与政策、毛泽东思想和中国特色社会主义理论体系概论、马克思主义基本原理、大学英语、计算机导论、体育俱乐部

续上表

类别	高职课程设置	本科课程设置
专业基础课程	高等数学、电路基础、模拟电路、数字电路、高频电子电路、C 语言程序设计、传感器技术、电子线路 CAD、嵌入式操作系统	高等数学、电路分析原理、模拟电子技术、数字电子技术、高频电路、C 语言程序设计、信息理论与编码、信号与系统智能测量、传感器与检测技术、嵌入式操作系统
专业技能课程	单片机与接口技术的应用、嵌入式程序设计、嵌入式软件调试技术	单片机原理及应用、DSP 技术原理与应用、FPGA 设计与应用、基于 Linux 应用嵌入式程序设计、嵌入式软件调试技术
综合实践课程	智能电子产品设计与调试实训周、家用电子（器）产品中级工（考证）、毕业综合项目或毕业设计（论文）、顶岗实习（高级工考证）	电子系统设计实训、毕业设计、毕业实习
专业拓展课	计算机绘图（AutoCAD）、Java 程序技术	自动控制原理、通信原理、数字信号处理

　　因高职院校与本科高校的专业人才培养目标定位既有联系又有区别，且两者的差异性很小，所以两者的课程及课程内容重复率很大，实现两者衔接的"接口"需要修整与规范。

（五）学生学习状况

1. 生源情况

　　高职生源来自两部分：一是普通高中通过高考入学，占 58%；二是中职、中技通过高考或自主招生入学，占 42%。本科生源主要来自普通高中，极少数来自中职。具体如图 8-10 所示。

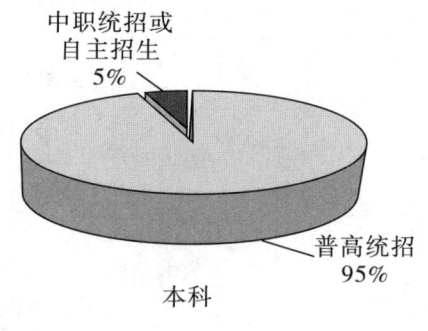

中职统招或
自主招生
42%

普高统招
58%

高职

中职统招或
自主招生
5%

普高统招
95%

本科

图 8-10　生源比较

2. 选择就读学校的主要原因

无论是高职学生还是本科学生，选择就读学校的主要原因都是成绩所限、能学到一技之长、自己喜欢。具体如图 8-11 所示。

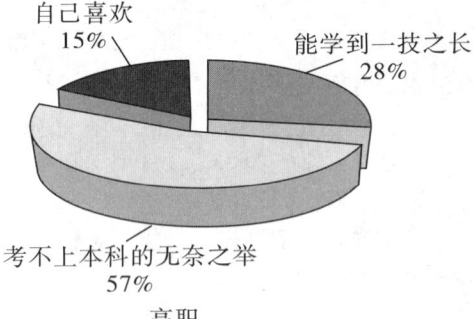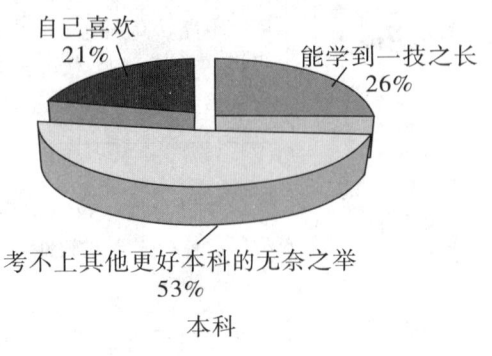

图 8-11 选择就读学校的原因

3. 选择所学专业的原因

如图 8-12 所示，高职、本科学生选择所学专业的原因，主要都是自己喜欢，其次是容易找工作。

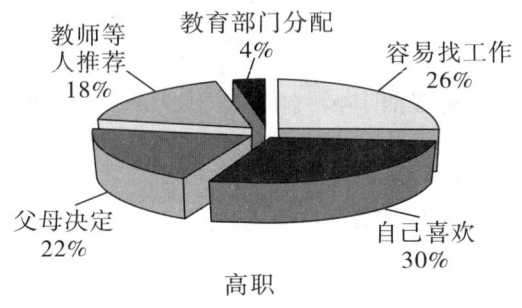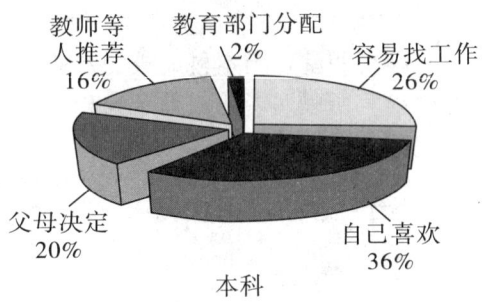

图 8-12 选择所学专业的原因

4. 高职升入本科的动力

高职生中，希望升入本科的有 63%，不希望的只有 3%，见图 8-13。

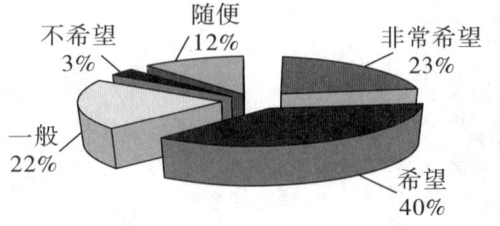

图 8-13 升入本科的动力

5. 升入本科继续学习的愿望

高职生中，希望升入本科继续学习的占49%，不希望的只占8%，见图8－14。

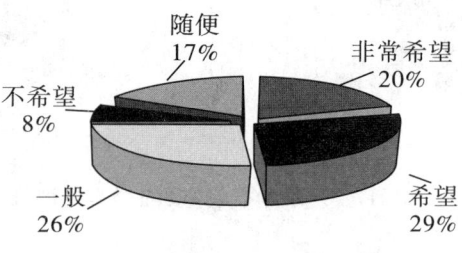

图8－14　升入本科继续学习的愿望

6. 对高职、本科学校理论教学和实践教学的效果评价

认为学校教学效果较好以上的，高职生占49%，本科生占51%说明学校的课程在教学上还有较大的提升空间，见图8－15。

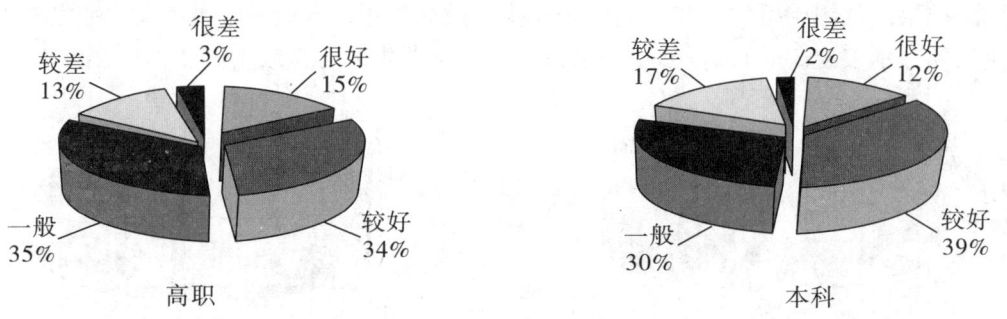

图8－15　对高职、本科学校教学效果的评价

7. 对学校在提高学生综合素质教育方面的评价

认为学校综合素质教育较好以上的，高职生占52%，本科生占50%，说明学校的综合素质教育存在改进空间，见图8－16。

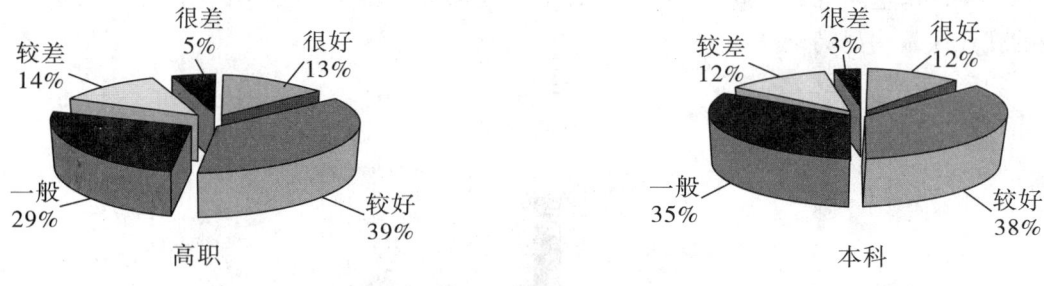

图8－16　对学校综合素质教育的评价

8. 学生对自己从学校获得职业技能的评价

对于学校的职业技能培养，认为较好以上的高职生占49%，本科生占44%，说明职业技能培养同样存在较大的改进空间，见图8－17。

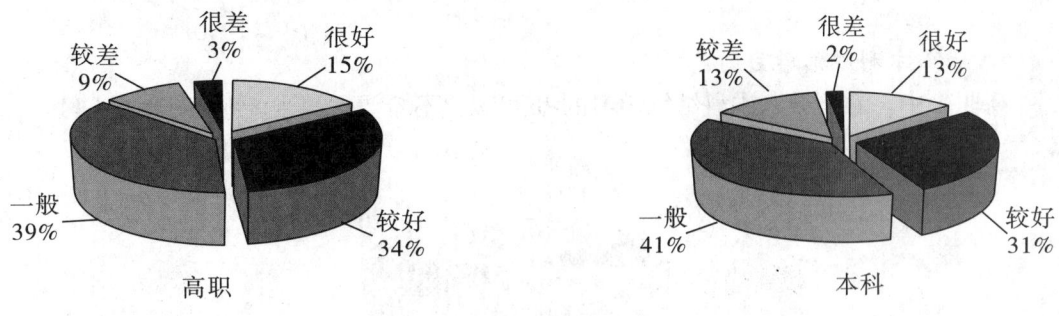

图 8-17　对从学校获得职业技能的评价

（六）本专业毕业生就业情况

1. 毕业生就业岗位级别

为便于分析，将毕业 3~5 年的高职、本科毕业生的就业岗位归纳为高层管理、中层管理、技术骨干、普通工作人员 4 个级别，通过对调研数据的统计，得出如图 8-18 所示的结果。从图中可知，相对高职毕业生，就职于中高层管理、技术骨干级别的本科毕业生要分别多出 3~8 个百分点，这说明本科毕业生的可持续发展能力更强。

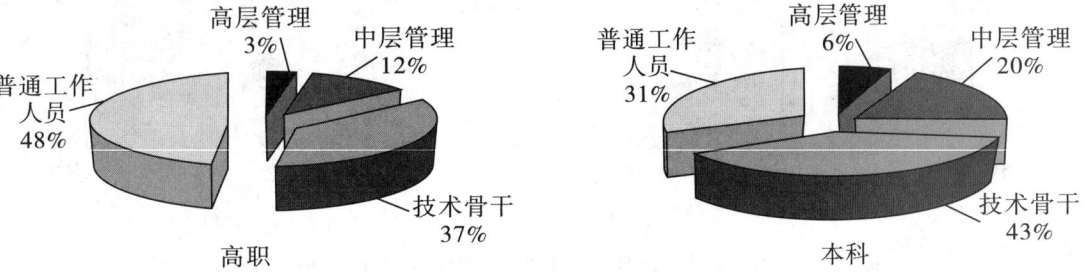

图 8-18　就业岗位级别比较

2. 薪资水平

高职、本科毕业生的薪资水平如图 8-19 所示，高职毕业生的岗位月薪大部分为 3 000~4 000 元，而本科生明显高于高职生，大部分月薪为 4 000~5 000 元。可见本科生的就业质量明显高于高职生。

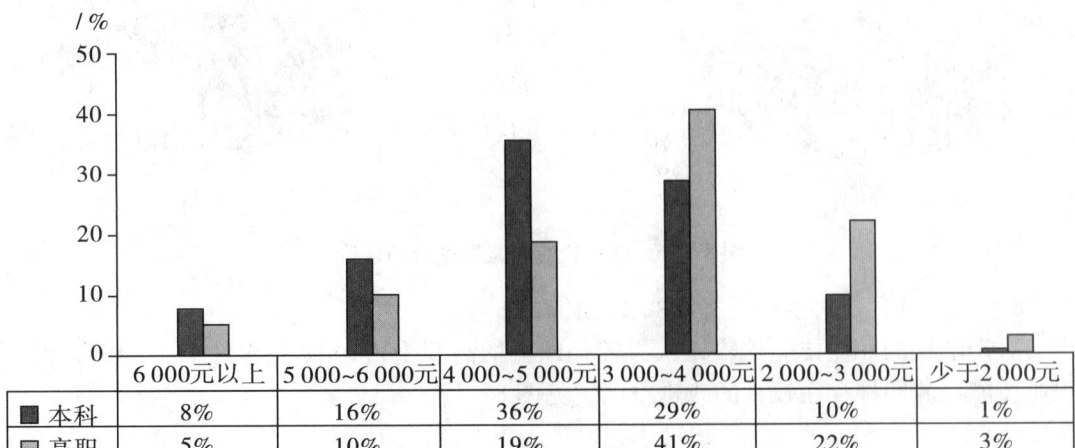

	6 000元以上	5 000~6 000元	4 000~5 000元	3 000~4 000元	2 000~3 000元	少于2 000元
■本科	8%	16%	36%	29%	10%	1%
□高职	5%	10%	19%	41%	22%	3%

图 8-19　薪资水平比较

3．毕业生就业稳定度

毕业 3~5 年的离职率如图 8-20 所示，可见高职、本科毕业生的职业稳定度分别只有 51% 和 55%，高职生差于本科生，间接反映了高职生的就业质量低于本科生。

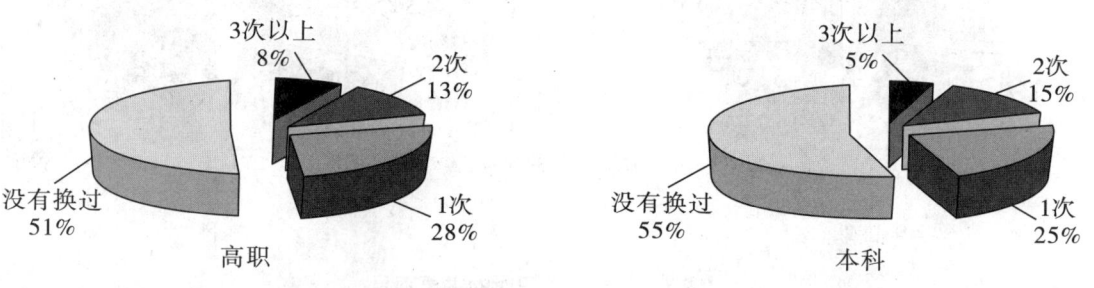

图 8-20　毕业生就业稳定度比较

4．选择单位时重点考虑的因素

毕业生选择单位时重点考虑的因素如图 8-21 所示，可见高职生优先考虑薪酬福利待遇，其次是专业对口；而本科生优先考虑的是个人发展空间，其次才是薪酬福利待遇，专业对口排在了第四位。这反映了本科生在职业生涯规划方面有更多的思考。

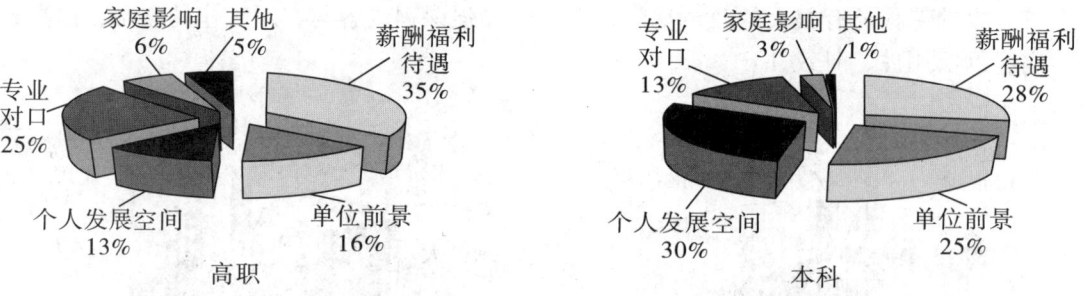

图 8-21　选择单位时重点考虑的因素比较

5．刚入职时的主要不足之处

高职、本科学生刚参加工作时，普遍感觉自己在适应环境能力、人际交往能力、专业技术与技能、独立工作能力等方面有较大不足。但调研结果显示，高职毕业生感觉欠缺"适应环境能力、人际交往能力"的更多一些，而本科毕业生感觉欠缺"专业技术与技能、独立工作能力"的更多一些，具体如图 8-22 所示。高职与本科毕业生的自我感觉差异，为以后的高职与本科教学改革，提供了十分有益的参考。

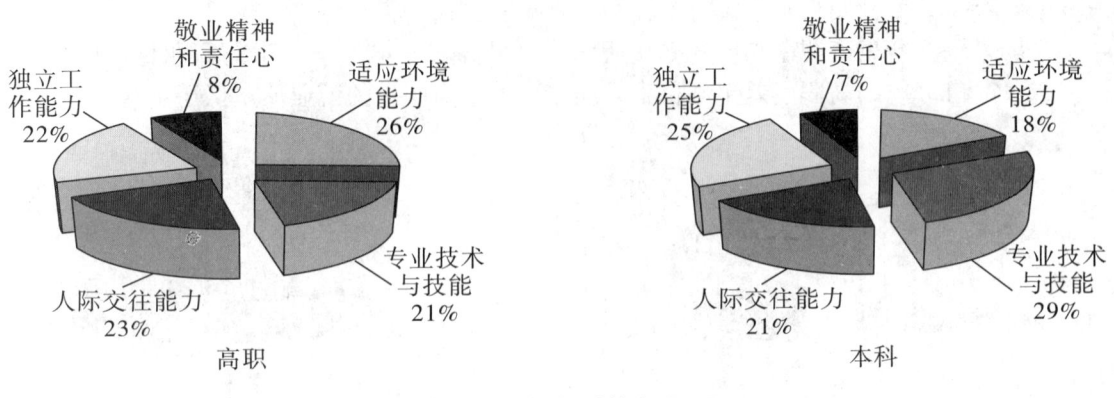

图 8-22　刚入职时的主要不足

6. 对学校所学专业课程的评价

如图 8-23 所示，对于学校开设的课程，60% 的高职毕业生表示不满意，62% 的本科毕业生表示不满意。其中 24% 的高职毕业生表示"学了很多，用得很少"，19% 的高职毕业生表示"内容陈旧，与实践脱节，学了没用"；22% 的本科毕业生表示"理论太多，实践动手不够"，21% 的本科毕业生表示"学了很多，用得很少"。调研结果表明学校开设的课程还有很大的改革空间，今后应加强课程内容与实际工作的联系，提高教学内容的实用性、时效性。

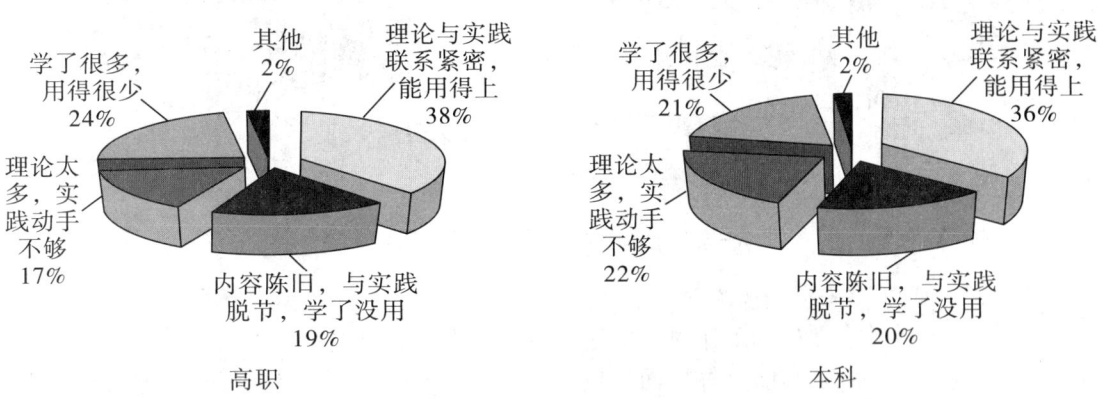

图 8-23　对学校所学专业课程的评价

7. 给学校的建议

参与调研的学生给学校的建议如表 8-8 所示。这些调研数据为学校的教学改革提供了很好的依据。同时，我们发现高职生排在第一位的是"加强实践能力培养"，本科生排在第一位的是"加强专业前沿技术的教学"，这间接反映了本科生的就业单位与岗位更高一些，视野更开阔一些。

表 8 - 8　给学校的建议

建议	高职生的选择顺序	本科生的选择顺序
加强实践能力培养	1	2
加强专业前沿技术的教学	3	1
加强文化素养的教学	2	3
其他	4	4

四、调研结论

（一）快速发展的电子信息产业急需大量技术技能型人才

电子信息产业的快速发展以及转型升级需要大量高素质技术技能型人才，既有一定的理论深度又有较强动手能力的人才供不应求。调研发现，通过开展技术改造、加大研发投入，广东省电子信息的传统优势产业规模进一步扩大，实力进一步增强，在全国继续保持老大地位，产业对技能技术型人才的需求强劲，优秀人才供不应求。

电子信息产业的发展方式发生变化，人才规格质量要求增高。随着国家、省市级中长期产业规划的实施，广东省将高端新型电子信息产业作为战略性新兴产业进行重点培育和发展。产业的发展方式发生了深刻变化，目前新一代移动通信、新型显示、集成电路等具有全球竞争力的超大规模高端新型电子信息产业集群发展迅猛。相关企业对人才培养的需求除了体现在数量和规模上外，对人才的结构和质量也提出了新要求。调研数据表明，电子信息工程专业所面向的操作类、技术类及管理类岗位的典型工作任务及技能素质要求已经发生变化，对毕业学生的知识结构与能力范围等提出了新的要求；企业比较欢迎具有较强实际工作能力、较合理知识结构、较好职业道德的高职本科毕业学生。

快速发展的电子信息行业为高职、本科一体化衔接人才培养提供了良好发展机遇。

（二）"2 + 2"四年制应用型本科人才培养能满足当前经济社会发展需求

电子信息行业高素质技术技能型人才的培养不是孤立的，而是一个复杂的工程，它既是专业知识的培训过程又是思想道德素质的提高过程。它要求学校要适应产业发展需要，培养的学生既要有专业技能又要脚踏实地；既要有"教方"教改的灵活变化，更要有"学方"学习内容的切合实际。这些决定教育质量和产业发展的环节相辅相成，缺一不可。

由于产业转型升级，用人企业最希望员工具有较高的专业水平，最期望应用型本科毕业生具有较强的实际工作能力、较合理的知识结构。本科院校在教育理念、师资结构和教学质量方面具有传统优势，本科阶段的学习使学生具有宽厚的专业理论知识、广博的文化修养；高职阶段的学习培养学生高尚的职业道德，让学生学历与实践并重，既有高级职业资格证书又有较强实践动手能力，能满足当前经济社会发展对电子行业高技术技能型应用人才的需求，具有时代的必要性。

（三）"2+2"四年制应用型本科人才培养具有良好的前提与基础条件

调研数据显示，虽然电子信息工程专业的高职阶段与本科阶段所培养人才的层次不同，但目标都是培养从事电子产品（嵌入式系统）设计开发、生产制造、营销服务的高素质技术技能型人才，两者的人才培养目标定位具有一致性，为一体化专业衔接提供了良好前提。

同时，两者的课程模块设置基本相同，许多课程比如模拟电路、数字电路、C语言程序设计、单片机与接口技术的应用等内容基本相同，还有部分课程比如嵌入式操作系统、嵌入式程序设计、嵌入式软件调试技术等只是内容深度有区别。这一情况为分段设置课程、实现一体化专业衔接提供了必要的基础条件。

（四）目前高职本科教育存在一些问题

通过调研，发现高职与本科电子信息工程专业在目前的教学中存在一些问题，具体如下。

（1）能够适应并满足实践实训需要的，教师总体上占比不高。大量年轻教师从高校（主要是教学型和研究型大学）毕业后进入学校从事教学工作，缺乏实践教学环节的专门训练，自身尚不能成为行家里手，较难完成与电子企业岗位无缝对接课程的开发与教学，难以胜任相关的实践指导工作。

（2）本科生课程体系基本都还是学科体系，实践环节不够，大部分本科生觉得理论学习太多，学的理论与工作岗位实际关联不大。调查发现，大部分本科生希望增加基于工作过程的系统化课程以及生产性实训。高职生课程体系基本上都是基于工作过程的系统化课程体系，课程都是以项目教学为导向，实践环节已经足够，学生的动手能力在学校阶段得到了较大提升。但由于高职生的数学和英语基础较差，逻辑思维能力较差，大部分高职学校在课程难度、深度安排上会做取舍，因此大部分高职生的知识迁移能力不够，难以达到企业对应用型人才高技术技能的要求。

（3）高职、本科毕业生普遍反映学校教学内容陈旧，与实际联系不够，到企业应用不上。

（4）学生专业技能、独立工作能力不强。

（5）学生的人际交往能力、适应环境能力等综合素质能力比较欠缺。

（五）"2+2"四年制应用型本科人才培养面临挑战

"2+2"四年制应用型本科人才培养工作面临的新挑战主要有以下几个方面：

（1）学生都是以本科分数录取，在本科院校完成大一、大二阶段的学习，大三、大四要到高职院校学习，首先从思想情感上就很难接受，普遍会觉得学校层次下降了，到高职院校学习遇到的任何小问题都会被放大。

（2）协同培养人才培养方案和课程的衔接是关键挑战，专业标准、人才培养方案、课程体系、课程项目设置、教学方法等都要重新设置。

（3）学生的竞赛、奖助学、生均拨款、就业、数据平台、学生考研辅导、英语四级和六级考证、住宿安排、党团关系转移等问题也面临新的挑战。

五、对策与建议

（一）对策

1. 发挥行业企业在本科应用型人才协同培养的作用，及时掌握行业企业的发展动态

电子信息行业技术发展日新月异，必须及时了解行业企业的发展状况及趋势，因此必须发挥行业企业在"2+2"四年制应用型本科人才培养中的作用。通过"理事会"等形式，让行业企业参与到"2+2"四年制应用型本科人才培养过程中。根据行业企业的需求，分析职业岗位的典型工作任务及能力要求，并将其转化为专业教学课程及课程体系。在教学中与行业企业开展深度合作，把企业内训教材搬进课堂，共同实施人才培养，做到专业建设与行业企业协调发展，提高人才培养质量。

2. 制定专业标准，发挥本科、高职各自办学优势

电子信息工程技术专业应用型本科人才培养目标定位为"应用性、实践性"高素质技术技能型人才。根据企业岗位需求确定"2+2"四年制应用型本科人才培养素质目标、能力目标、知识目标，然后本科高职院校会同行业企业构建无缝对接的课程体系和课程标准，实施成绩互认方案。

充分发挥本科、高职学校各自的办学优势，前两年在本科重点进行基础课和专业大类课程的学习，让学生通过本科学校优良的师资条件，浓厚的科学研究氛围提高他们的理论学习水平，为后面的实践打下良好的理论基础。后两年在高职院校学习，重点是进行职业岗位的实际工作技能培养和高级职业资格证书的考取。

3. 构建适应"2+2"四年制应用型本科人才培养的校—校—行—企互动质量保障系统

构建适应"2+2"四年制应用型本科人才培养的校—校—行—企互动质量保障系统。该系统主要包括四个子系统：监控系统（动态、日常）、评价系统（静态、定期）、反馈系统（动态、日常）、决策系统（静态、定期）。

（1）监控系统包括：由本科学校和高职学校两家学校教务处、督导室、教研室组成的人才培养监督系统，建立和健全各项规章制度，建立人才培养的监督、反馈、控制、建议等运行机制。

（2）评价系统包括：由本科学校和高职学校两家学校教务处、督导室、行业专家、用人单位、学生及家长等组成的多元评价系统，建立人才培养质量评价标准和评价、反馈、建议等。

（3）反馈系统包括：通过定期的监控报告、评价报告、教师座谈会报告、学生座谈会报告、人才培养质量报告等，形成收集、分析、反馈、建议的运行机制。

（4）决策系统包括：以教育教学质量评价委员会为主体，建立教学制度、监控与评价标准，形成讨论、审议和制定标准运行机制。

（二）建议

1．创建一种适应应用型本科人才培养的师资能力培养体系

为了适应"2+2"四年制应用型本科人才培养，本科院校、高职院校需要从政策、职称推荐、职称聘任、奖励制度等方面向校企合作能力的提升上倾斜，让教师们能积极地参与到企业的产品研发与改进、产品检测与鉴定、工艺规范与改进和经营管理中去，并鼓励教师们把企业典型产品根据教育规律改良后搬进课堂，从而提升实践教学质量。同时加大力度引进企业兼职教师，将企业验证过的产品、工艺、管理方法经过转化、消化后搬到学校。

2．根据行业企业需求重构课程体系，更新教学内容

对于高职、本科毕业生普遍反映的"课程教学内容陈旧，与实际联系不够，到企业应用不上"问题，以及企业反馈的"学生专业技能、独立工作能力不强"现象，应根据前期对广东省重点发展的新型显示、新一代移动通信、数字家庭、高端消费电子产品等高端新型电子信息产业的调研，分析企业的职业岗位、典型工作内容及能力要求的变化，优化调整高职、本科的课程设置及课程内容。比如，增加"新型可编程器件应用"课程，同时加大"综合项目实践"环节，将行业最新的电子产品进行分解、训练；在已有的单片机与嵌入式课程中应介绍企业真实项目的开发方法，不能只停留在原理介绍与模拟演示阶段。

3．大力推行"职业资格证书"和"以证代课"人才培养模式

针对企业对人才岗位职业能力的专门化要求，从岗位职业能力分析入手，与行业企业合作，引入职业岗位高级证书和行业技术标准，校企合作共同制定人才培养方案，围绕职业高级证书和技术标准组织教学。大力推行"职业资格证书"和"以证代课"制度。积极组织各种职业资格技能鉴定，为学生多学习，多获证书创造条件。激励学生积极参加各种技能培训，多拿证书，掌握多种技能。依托学校已有的"职业技术鉴定所""电子行业特有工种职业技能鉴定站""全国计算机等级考试考点"，建立起培训考证学习平台。学生可以根据自己的专业和兴趣，自主选择各种职业技能鉴定培训和考证。由此，可实现人才培养规格与职业资格标准的一致。课程内容与企业最新技术发展的一致，学历证书与职业资格证书融通，课程标准与职业资格标准融通，学历教育与职业资格培训融通。

六、附录

表8-9　参与电子信息工程技术专业高本衔接标准研制之供需调研的团队名单

序号	姓名	单位	完成调研工作量和内容
1	黄春平	中山职业技术学院	总体策划：调研总报告撰写；访谈5所高职院校系主任
2	闫胜利	中山职业技术学院	总体策划：调研总报告撰写；访谈4所高职院校系主任

续上表

序号	姓名	单位	完成调研工作量和内容
3	陈洪财	韩山师范学院	总体策划：调研总报告撰写；访谈 5 所本科高校系主任
4	彭志聪	广东电子学会	总体策划：调研总结材料的审阅；调研行业协会
5	冯胜奇	韩山师范学院	本科在校生、毕业生调研；访谈 4 所本科高校系主任
6	万其明	中山职业技术学院	调研电子信息类企业；调研 6 所高职院校
7	孙 菁	中山职业技术学院	高职在校生、毕业生调研；调研电子信息企业
8	陈 越	中山职业技术学院	高职在校生、毕业生调研；调研电子信息企业
9	黄家权	中山职业技术学院	高职在校生、毕业生调研；调研电子信息企业
10	普清民	中山职业技术学院	高职在校生、毕业生调研；调研电子信息企业
11	郑耀添	韩山师范学院	查阅国内外相关文献资料；访谈 4 所本科高校系主任
12	吴俊浩	韩山师范学院	访谈 4 所本科高校系主任

参考文献

［1］李海东，杜怡萍，等. 中高职衔接标准建设新视野：从需求到供给［M］. 广州：广东高等教育出版社，2014.

［2］广东省教育厅，广东省教育研究院. 广东中高职衔接专业教学标准研制：调查与分析［M］. 广州：广东高等教育出版社，2014：1-26，75-101.

［3］广东省人民政府. 广东省国民经济和社会发展第十二个五年规划纲要［EB/OL］.［2011-01-26］. http://zwgk. gd. gov. cn/006939748/201105/t20110513_86534. html.

［4］广东省人民政府. 广东省战略性新兴产业发展"十二五"规划［EB/OL］.［2012-03-06］. http://zwgk. gd. gov. cn/006939748/201203/t20120312_306827. html/.

［5］广东省人民政府. 广东省工业转型升级攻坚战三年行动计划（2015—2017 年）［EB/OL］.［2015-03-21］. http://zwgk. gd. gov. cn/006939748/201503/t20150326_573873. html/.

［6］教育部，国家发展改革委，财政部，人力资源和社会保障部，农业部，国务院扶贫办. 现代职业教育体系建设规划（2014—2020 年）［EB/OL］.［2014-06-16］. http://www. moe. edu. cn/publicfiles/business/htmlfiles/moe/moe_630/201406/170737. html/.

第九章
高职本科一体化国际商务类专业建设调研报告

2015 年 6 月，在广东省教育厅的支持下，深圳职业技术学院承接了国际商务专业教学标准的研制工作。项目组从 2015 年 7 月至 2016 年 3 月进行了为期三个月的调研，先后走访了广东科技职业技术学院、江门职业技术学院等院校以及深圳华展物流、柏斯域、嘉里大通、世倡等企业进行调研，在取得大量原始数据和文献资料的基础上，通过对数据的整理汇总与分析，形成本调研报告。

一、前言

（一）调研的政策背景

1. 国际商务和国际贸易本身就应是国际化的

国际贸易也叫世界贸易（International Trade），也称通商，是指跨越国境的货品和服务交易，一般由进口贸易和出口贸易组成，因此也可称为进出口贸易。它是各国（或地区）在国际分工的基础上相互联系的主要形式，反映了世界各国（或地区）在经济上的相互依赖关系，是由各国对外贸易的总和构成的。长期的国际贸易实践，逐渐发展并形成了国际贸易惯例——在世界范围内广泛适用的、具有确定内容的贸易规则和行为习惯。因此，国际贸易惯例本身就是国际化的，中国作为发展中国家，首先需要适应国际贸易惯例。如果出现国际贸易争端，争端解决机构和争端解决规则也是国际化的。

2. 政策倡导国际商务和国际贸易国际化

对外开放是我国一项长期的基本国策。1999 年 11 月 15 日，中美两国就中国加入世界贸易组织（以下简称 WTO）达成双边协议。2001 年 9 月 13 日，中国和墨西哥就中国加入世界贸易组织达成双边协议。至此，中国完成了与世贸组织成员的所有双边市场准入谈判。2001 年 11 月 10 日，WTO 第四届部长级会议在卡塔尔首都多哈举行，会议审议通过了中国加入 WTO 的决定。2001 年 11 月 11 日，中国代表团团长石广生向 WTO 递交了江泽民主席签署的《中国加入 WTO 批准书》。2001 年 12 月 11 日，中国正式加入 WTO，成为第 143 个 WTO 成员。我国终于成为 WTO 的新成员，这标志着中国的对外开放进入了一个新的阶段。另外，粤、港、澳三地经济融合加快，中国—东盟自由贸易区进程加快，"一带一路"上升为国家战略，国际商务和国际贸易国际化已经成为国家坚定不移的政策导向。

3. 区域产业升级需要国际商务和国际贸易国际化

广东省是我国对外开放的前沿，外贸总量连续 26 年领跑全国，是外向型经济发展的佼佼者。广东发达地区已经从被动接受国际产业分工的低端外向型经济，向主动参与国际产业分工的相对高端的开放型经济转变，形成了对外贸易新的竞争思路，即在产品巩固的基础上，努力培育具有自主知识产权、国际竞争力的品牌企业，从中国制造到中国创造，从追求规模向提升质量效益转变。广东省的产业升级也只能在国际化的主轴上进行。

（二）调研国际化的定位与借鉴

本调研报告中，国际化的定位主要着眼于课程体系的国际化设置，其中主要的借鉴对象为北悉尼技术与继续教育学院（Northern Sydney Institute of TAFE，以下简称"北悉尼学院"）的国际商务专业。通过分析其专业核心能力和课程体系特点，为我国高等院校的国际商务品牌专业建设提供借鉴。

1. 通过发展和执行 TAFE 培训包（Training Package）来实现教学活动，具有标准性和规范性

1992 年，澳大利亚联邦政府成立了澳大利亚职业教育的最高管理机构——国家培训署（ANTA，Australia National Training Authority）。此机构先后建立了澳大利亚资格框架（AQF，Australia Qualification Framework）、国家培训框架体系（NTF，National Training Framework）、澳大利亚认证框架（ARF，Australia Recognition Framework），并开发了全国统一标准的培训包（TP，Training Package）。在此基础上，TAFE 建立了较完善的模式，并逐渐在职业教育、培训体系甚至高等教育体系中处于主体地位。国际商务专业在 TAFE 教育发展历程中，迎合社会的需求，也成为其中的一个明星专业。

TAFE 培训包一般包括三个部分的内容：一是能力标准（Competence Standards），包括专业知识及技能的规范，以及工作场所的应用能力；二是评估指南（Assessment Guidelines）；三是资格（Qualifications）。培训包并不等于课程，其意义在于对国家职业教育与培训界定一个统一的资格标准与规范。

培训包的国家认证部分中的能力标准是其核心部分，是对学生职业教育与培训质量评价的重要尺度。能力标准说明了被培训者为完成某一行业特定工作所需要的基本技能和知识。能力标准由能力单元组成，每一个能力单元都具有统一的能力标准格式，主要由能力单元名称、能力标准代码、能力描述、能力要素、能力领域、能力评价水平、能力评价条件说明、鉴定指南和关键能力等组成。其中能力要素（Element）是对能力单元的具体解释，是能力单元的主要组成部分。每一项能力要素描述一项工作任务，这些任务可以多次在其他能力单元中出现，并不具有唯一性。而行为绩效标准（Performance Criteria）反映了能力的本质，是对工作细节的描述，并用以评价工作表现。

北悉尼学院国际商务专业按照澳大利亚教育行政部门的要求开展。第一，在课程目标设定中详细陈述学生培养目标，包括学生毕业后的工作方向和毕业后继续深造的机会和途径；第二，明确国家能力标准和依据，注明每一组国家能力标准对应的科目名称；第三，明确培养学生基本能力和专业能力的要求；第四，明确说明澳大利亚职业部门或

行业对课程的认可情况；第五，明确课程所授予资格与行业技能执照的关系。这样就确保了整个课程体系是标准化的，并且与职业资格高度匹配。

2. 北悉尼学院国际商务课程培养的学生能力包括基本技能和专业技能，旨在培养培训包所界定的国际商务岗位职业能力

北悉尼学院国际商务专业与 TAFE 教育一致，课程目标具有很强的职业特性，职业导向是其课程建设的重要特点。培养学生的职业基本能力是 TAFE 教育的重要目标之一。职业基本技能是学生毕业以后完成其岗位职责的基础，是完成具体工作任务所要具备的个人综合能力，在每门课程的设计中都要体现出这些能力，见表 9-1。

表 9-1　TAFE 国际商务专业基本技能名称与定义

基本技能名称	基本技能定义
学习能力	通过带领他人从而强化自身知识与技能
阅读能力	能解释和分析文本材料，识别关键信息
写作能力	能撰写商务策略报告，词汇、结构、文风适合目标受众
口头沟通能力	能通过积极倾听与提问收集信息，能运用适当的语言与非语言沟通技术
计数能力	能运用数学技术解释数据、分析趋势
守法工作能力	能遵守公司运作程序或流程，遵守工作相关伦理与法规
与他人互动能力	能选择合适的沟通模式以适应特定的沟通目的与受众
完成工作能力	能制订计划来完成较复杂的工作任务，通过系统分析有关信息来进行决策，寻求完成工作的新方法、新路径

3. TAFE 国际商务课程的设置体现了分层教学的原则，为学生进一步深造提供通道

为了满足学习者的需要，澳大利亚 TAFE 提供的职业教育与培训所涉及的资格非常广泛，包括 I 级证书、II 级证书、III 级证书、IV 级证书、文凭（Diploma）和高级文凭（Advanced Diploma）6 个级别。近年来在上述基础上又增加了职业教育学士（Vocational Bachelor Degree）、职业教育研究生证书（Vocational Graduate Certificate）和职业教育研究生文凭（Vocational Graduate Diploma）3 个级别。后两个级别并非研究生的学位级别，而是研究生课程的级别。澳大利亚的教育政策规定，学生攻读硕士研究生必须修完12 门课程。在这一体系中所设立的职业教育研究生证书学习可修完其中的 4 门课程，而职业教育研究生文凭学习还可再修完 4 门课程，这 8 门研究生课程将被作为硕士课程的一部分而得到认可。这就意味着，技术与继续教育机构，不仅可提供相当于我国本科的学士学习，还可为毕业生打开攻读硕士学位之门。

深圳职业技术学院与澳大利亚 TAFE 合作的国际商务课程所涉及的职业资格证书包括：IV 级证书、文凭（Diploma）和高级文凭（Advanced Diploma）3 个级别，为学生今后进行学士或者硕士学位学习提供了通道。TAFE 国际商务专业开设课程与对应证书见表 9-2。

表 9 - 2　TAFE 国际商务专业开设课程与对应证书

学年与证书		开设课程
第一学年（完成课程获得"营销与沟通"四级证书）	必修课程	演讲训练、沟通能力训练、国际市场调研、营销沟通、客户服务、财务活动报告
	选修课程	消费者行为、直复营销项目设计、直复营销数据分析、市场介绍、产品和服务推销
第二学年（完成课程获得"国际商务"文凭）	必修课程	国际市场预测、风险管理、整合营销管理、国际客户关系管理、国际市场促销、国际商务相关财务报告、国际市场数据分析
	选修课程	国际商务网络建造、国际客户关系管理、国际市场介绍、国际消费者行为
第三学年（完成课程获得"营销与沟通"高级文凭）	必修课程	营销计划、广告策划、战略计划
	选修课程	评估国际市场机会、营销流程管理、市场调研管理、国际市场营销项目管理、营销项目目标、企业领导力、企业变革

4. 师资队伍"双师化"

澳大利亚 TAFE 教育对教师的要求非常高，澳大利亚技能质量规范局（ASQA，Australian Skills Quality Authority）规定，TAFE 学院的专任教师应至少具备 3 个条件：第一，行业从业一般必须有 3～5 年的经验；第二，同等或更高的学历资格，一般应具备证书三级以上；第三，教师资格培训及评估Ⅳ级证书（TAA-Training and Assessment Ⅳ）。同时，TAFE 学院要求专任教师定期或不定期地去行业企业实践锻炼，从而确保学院教师的教学内容与企业实际运作相符，不至于相差甚远。

北悉尼学院从企业技术经验丰富的专家中聘任兼职教师，2015 年北悉尼学院商学院有 118 名教师，只有 28 名长期全职教师，其他都是从企业请来的兼职教师。通过高标准的教师准入制度和"双师型"策略，北悉尼学院国际商务专业建立了既具有行业技术专家又具有教师专家的高素质"双师型"队伍。国际商务课程大纲也就是培训包，具有明确的指导原则，是教学工作全面性的指导文件，教师的整个教学过程必须紧扣培养专业能力这条主线，但同时也给教师灵活组织教学留有充分的空间。

（三）调研目的意义

我国高职专业标准国际化起步较晚，实践和理论都处于发展探索阶段，针对国际商务专业标准的国际化，目前可供借鉴的相近项目非常少，澳大利亚的物流培训包可能是比较接近的一个。对此，本研究在充足样本容量的基础上，从在校生、毕业生、用工企业调研入手，了解广东省拥有国际商务业务的企业的用人需求、比较典型的国际商务专业人才培养情况和往届毕业生成长路径状况，为科学编制广东省国际商务专业国际化教学标准研制提供依据。具体来说，本次调研的目的主要有以下几点：

（1）通过对毕业生的调研，理清广东省高职国际商务专业学生面向的企业类型及职业岗位群，以及广东省相关专业毕业生的职业发展路径。

（2）通过对企业的调研，了解相关企业（特别是拥有国际商务业务的企业）的岗位需求及其对人才培养国际化的需求，以及国际商务专业学生的国际化应体现在哪些知识、能力、素质方面。

（3）通过对在校生、学校人才培养方案及课程体系的调研，理清企业需求与现行人才培养的定位，特别是在国际化能力、素质培养方面的定位。

二、调研基本情况

（一）调查工作程序

深圳职业技术学院经济学院对本次毕业生追踪调查工作高度重视且措施得力。学院领导在有关会议上多次强调了本次毕业生追踪调查工作的重要意义，特别成立了调查工作领导小组，由专业主任刘红燕、经济学院副院长胡延华博士全程指导工作，以上工作部署为本次毕业生追踪调查打下了良好基础。本专业全体教师都积极参与调查走访工作。

本次调查工作从 2015 年 7 月开始至 2016 年 4 月结束，经历了 4 个阶段（见表 9-3）。

表 9-3　调研时间安排

阶段	时间	主要任务	负责人
组织动员阶段	2015 年 7 月	分配工作落实到人	刘红燕、胡延华
调查实施阶段	2015 年 8 月至 2015 年 12 月	收集企业和毕业生资料、设计调查问卷、组织学生、调查人员工作分配、企业访谈、毕业生访谈	专业全体教师
统计分析阶段	2016 年 1 月	对回收的问卷进行统计分析	专业全体教师
报告撰写阶段	2016 年 2 月至 3 月	撰写报告	专业全体教师
报告修改阶段	2016 年 4 月	修改报告	刘红燕、楼洁

（二）调研概况

此次调查课题组采用的是抽样调查方式。调查分为 3 个部分，即学校走访、企业调研、在校生与毕业生调研。其中，院校调研包括对广东省内开设国际商务专业的十余所高职院校的国际商务以及相关专业进行调研。企业调研有 162 家，均为国际商务相关对口企业，行业涉及外贸、内贸、制造、电商、金融、货代、船代等。学生调研分为在校生调研与毕业生调研。

（三）调研组织方法

1. 院校调研

项目组对广东省内开设国际商务专业的十余所高职院校的国际商务以及相关专业进行了调研。调研内容主要包括办学现状、课程机构体系、相关课程介绍、国际化建设情况等。具体样本分布见表9-4。

表9-4 院校样本分布

序号	院校名称
1	深圳职业技术学院
2	广东农工商职业技术学院
3	广州番禺职业技术学校
4	南华工商学院
5	江门职业技术学院
6	广东科学技术职业学校
7	深圳信息职业技术学院
8	广东工业大学华立学院
9	广东行政职业学院
10	广州康大职业技术学院
调研院校合计	10 所

2. 企业调研

本次调研通过问卷、走访等形式，共调研了162家企业，均为国际商务相关对口企业，行业涉及外贸企业、内贸企业、制造企业、电商企业、金融企业、货代企业、船代企业等。企业类型涵盖国有企业、外资企业、民营企业。具体企业调研样本分布见表9-5。

表9-5 企业调研样本分布

序号	样本地区	企业数量/家				
		外贸企业	货代企业	电商企业	金融企业	其他
1	深圳	21	10	7	6	24
2	广州	15	5	2	4	13
3	佛山	9	2	3	3	4
4	东莞	3	7	4	2	4
5	其他	4	5	1	2	2
6	小计	52	29	17	17	47
调研企业合计		162				

3. 学生调研

本次调研对深圳职业技术学院、广东农工商职业技术学院、广州番禺职业技术学校、南华工商学院等十余所高职院校进行在校生与毕业生问卷调研。共计收回在校生问卷 437 份，毕业生问卷 352 份。学生样本见表 9-6。

表 9-6　学生调研样本分布

毕业生		在校生	
性别	人数/人	性别	人数/人
男	72	男	99
女	280	女	338
合计	352	合计	437

（四）行业现状和人才需求情况

1. 货物贸易总体呈现持续增长的态势

在过去的 10 年间，虽历经欧债危机、美国次贷危机等国际政治经济事件的震荡和影响，中国的对外贸易除个别年份外，依然保持了整体增长的态势，取得了举世瞩目的成就。其中，货物贸易总额从 2006 年的 140 974 亿元增加至 2016 年的 245 741 亿元，增长了 74.32%；出口总额从 2006 年的 77 597.20 亿元增加至 2015 年的 141 255 亿元，增长了 82.04%；进口总额则从 2005 年的 63 376.86 亿元增加至 2015 年的 104 485 亿元，增长了 64.86%。与此同时，中国的对外贸易规模也从 2006 年的世界第三，上升至 2015 年的世界第一。

2. 外贸经营主体的多元化趋势日益明显

2006 年国有企业、外商投资企业和其他企业贸易总额在我国对外贸易总额中所占的比重分别为 23.66%、58.86% 和 17.48%，而到了 2012 年（2013 年、2014 年、2015 年国家未公布相关数据），国有企业、外商投资企业和其他企业贸易总额在我国对外贸易总额中所占的比重分别为 19.44%、48.98% 和 31.58%。显然，国有企业、外商投资企业以外的其他企业在对外贸易中的占比有了较为明显的提升，这也说明了我国外贸行业经营主体的多元化趋势日益显著。

3. 跨境电商行业发展迅猛

萌芽于 20 世纪末的中国电子商务行业，在经历了一番探索与困顿后，伴随着阿里巴巴收购雅虎中国、京东完全转型为线上零售商，而于 2006 年开始步入高速发展通道。截至 2014 年跨境电商的交易规模已达 4.2 万亿元，增长率为 35.48%，占进出口贸易总额的 15.89%。目前，我国跨境电商发展的突出特点，不仅体现在其交易规模的持续扩大，而且突出体现在出口跨境电商的快速发展，其业务模式目前虽以 B2B 为主，但 B2C 模式也正在逐步兴起。

综上可见，随着我国对外贸易规模的不断扩大，对外贸行业的人才需求总量也势必不断增加。而外贸经营主体的日益多元化和跨境电商的飞速发展，又意味着更多新的就业岗位的诞生，与此相应的，外贸行业的人才需求层次也必将更加丰富。而这些，也进一步促使高校，尤其是高职院校在应用型人才的培养上要尽快地、更有针对性地做出调整以更好地适应外贸实践发展的需要。

（五）职业岗位（群）的情况

通过对相关院校现有人才培养定位的研究、毕业生 3～5 年就业状况的调查以及对企业的访谈，课题组总结出目前国际商务类相关岗位设置主要包括：外贸类岗位、营销类岗位、物流货代类以及电子商务类岗位岗位。

1. 外贸类岗位

外贸类岗位及能力要求见表 9－7。

表 9－7　外贸类岗位典型工作任务以及职业能力

序号	岗位名称	能力要求
1	外贸跟单员	1. 分析能力：分析客户的特点及产品的价格构成，以利于报价； 2. 预测能力：能预测出客户的需求、企业的生产能力及物料的供应情况，便于接单、生产及交货的安排； 3. 表达能力：善于用文字和语言与客户沟通； 4. 专业知识：对所跟单的产品要熟悉，了解产品的原材料特点、来源及成分，知道产品的特点、款式、质量，便于和客户及生产人员的沟通； 5. 与人共事的能力：处理好与各部门人员的关系，使其自觉完成客户订单
2	外贸业务员	1. 熟悉相关的产品知识； 2. 客户开发能力； 3. 商务谈判能力； 4. 外贸函电的写作能力； 5. 信息的搜集及处理能力； 6. 沟通、协调能力； 7. 熟悉合同条约及相关的国际贸易惯例及公约； 8. 全程跟单能力
3	外贸单证员	1. 有相当的文化水平和一定的外文基础，基本能看懂信用证和往来函电，能用英文拟写单证内容和回复函电； 2. 了解国际贸易术语，懂得一些外贸知识和国际地理知识，学习一些相关的产品知识； 3. 会用电脑操作，打字技术熟练，工作耐心细致，有高度的责任感； 4. 要善于学习更新知识，不断钻研业务，掌握一些贸易国别或地区的政策、风俗习惯； 5. 做事细心认真，以免在制作单据的时候出错而造成公司收不到货款； 6. 要善于与运输、商检、海关、银行等有关部门紧密协作

2. 营销类岗位

营销类岗位及能力要求见表 9-8。

表 9-8　营销类岗位典型工作任务以及职业能力

序号	岗位名称	需要的职业能力
1	品牌活动策划	1. 较好的写作功底，能够思路清晰、通顺流畅地撰写文稿； 2. 良好的沟通、协调能力，熟练使用办公自动化软件，具备基本的网络知识，责任心强，有团队精神
2	市场运营专员	1. 表达流畅，能够熟练地与学员进行沟通； 2. 热爱销售，有较强的学习能力，踏实，专注，愿意为自我的提升付诸努力； 3. 有较强的市场敏感度及分析能力； 4. 较好的道德品质和个人素养，工作认真负责并具有较强的执行力
3	市场推广专员	1. 信息的搜集、整理及分析能力； 2. 沟通和协调能力； 3. 市场推广文案的撰写； 4. 市场推广效果评估报告的撰写； 5. 成本核算能力
4	海外推广专员	1. 具有一定的英语水平，熟悉外贸知识； 2. 具有职业素养，遵守公司规章； 3. 有良好的沟通能力和耐心； 4. 有认真负责的工作态度

3. 物流货代类岗位

物流货代类岗位及能力要求见表 9-9。

表 9-9　物流货代类岗位典型工作任务以及职业能力

序号	岗位名称	需要的职业能力
1	物流操作员	1. 有良好的沟通技巧，能较好地处理与上下游客户的问题； 2. 具备采购的基本知识、仓储管理的基本知识、配送管理知识、生产物流管理知识及国际货运管理知识； 3. 要有服务意识，坚持给客户和业务员提供及时的信息反馈，要求态度好、服务全
2	船运文件操作员	1. 熟悉船运公司及世界各地港口情况和订单业务流程； 2. 要有较高的工作效率和录入准确率，要熟悉 MSC（Mediterranean Shipping Company）系统； 3. 熟悉电脑的一般操作系统，能进行归类分析； 4. 要有认真的工作态度

续上表

序号	岗位名称	需要的职业能力
3	订舱员	1. 熟悉订舱业务及船货代单证操作流程； 2. 熟练掌握海运项目系统及相关办公自动化软件； 3. 具备熟练的打字技能； 4. 理解和制定订舱流程的能力； 5. 具有团队合作精神和客户服务意识
4	货代业务员	1. 熟悉完整货代流程； 2. 通过网络、名录等查询客户资料的能力； 3. 电话及口头沟通能力； 4. 筛选和分析客户的能力； 5. 行文及向老同事学习的能力
5	货代文件操作员	1. 有一定的英语水平，熟悉外贸专业知识，物流知识和协调能力； 2. 熟悉 Office 办公软件系统和英文打字技巧； 3. 具备良好的职业道德和准确有效的工作能力； 4. 良好的沟通能力

4. 电子商务类

电子商务类岗位及能力要求见表9-10。

表9-10 电子商务类岗位典型工作任务以及职业能力

序号	岗位名称	需要的职业能力
1	电子商务业务员	1. 具有电子商务销售知识； 2. 熟悉电子商务操作流程，办公流程； 3. 自动化软件操作熟练； 4. 较强的客户服务意识和沟通协调能力
2	线下活动策划专员	1. 能根据部门要求完成活动策划案的编写； 2. 能完成招商、宣传、执行等文案的编写； 3. 沟通、协调能力； 4. 能对项目执行情况进行评估并提出改进意见
3	网络营销员（电商）	1. 资料的搜集、整理和分析能力； 2. 书面和口头表达能力； 3. 沟通、协调能力； 4. 网页制作能力； 5. 搜索引擎优化能力

续上表

序号	岗位名称	需要的职业能力
4	采购助理	1. 沟通、协调能力； 2. 统计报表的编制； 3. 市场调研能力； 4. 供应商的筛选； 5. 谈判与议价能力； 6. 客户关系的维护
5	国内外采购专员	1. 具有丰富的商品知识； 2. 对价格有一定的敏感度； 3. 具备质量标准的相关知识及商品质量检测技能； 4. 具有一定的采购谈判技巧； 5. 具有熟练操作办公软件操作技能及良好的外语沟通能力

（六）职业生涯发展路径

1. 国际商务专业职业类别及其对应的基础性岗位

各种专业人才的培养都必须能很好地契合相应的职业生涯发展路径，为各专业人才的职业生涯发展打好基础。因此在企业调研访谈中，我们比较关注国际商务专业毕业生的职业生涯发展情况。调研发现：第一，高职院校国际商务专业的毕业生大多数在中小企业工作，只有少数能进入大型企业；第二，国际商务专业毕业生在企业中的岗位主要有外贸类、营销类、物流货代类、电子商务类等四大职业类别，少数学生还从事金融、行政人事、客户服务等类别的工作。每类职业对应的基础性工作岗位见表9-11。

表9-11　国际商务专业职业类别及其对应的基础性岗位

职业类别	对应的基础性岗位
外贸类	外贸单证员、外贸跟单员、外贸业务助理、报关员、报检员
营销类	营销策划助理、品牌活动策划、销售助理、电话销售员、市场运营专员、海外市场推广专员、客服人员
物流货代类	物流操作员、船运文件操作员、订舱员、货代业务员、货代文件操作员、海运操作文员、海运跟单员
电子商务类	电子商务业务员、线下活动策划专员、网络营销员（电商）、采购助理、国内外采购专员、电子商务（产品）专员、电子商务客服
其他类（金融、行政人事、客户服务类）	银行大堂助理、前台文员、行政文员、理财助理、财会文员、客服人员、行政助理、人事助理

2. 国际商务专业毕业生职业生涯发展路径

根据前文的讨论，国际商务专业毕业生职业发展路径大致可分为四类，即营销类、电子商务类、外贸类、货代类。典型岗位的职业路径总结可见表9-12。

表9-12 国际商务专业毕业生职业生涯发展路径

发展层级（L）	就业岗位领域												学历层次	一般发展年限/年	
	货代类		外贸类				电子商务类				营销类			高职	本科
VI	董事		董事				董事				董事		本科及以上	/	11以上
V	总经理		总监				总监				营销总监		高职	9~12	8~11
IV	操作经理	销售经理	业务部门经理				营销经理		操作经理		—		高职	6~9	5~8
III	操作主管	销售主管	业务主管				运营主管		客服主管		市场部经理	销售业务主管	高职	3~6	1.5~5
II	货代操作专员	营销专员	单证员	跟单员	业务员	报关报检员	运营推广专员	采购专员	客服专员	文案专员	营销策划专员	销售业务员	高职	0~3	0~1.5
I	操作助理	营销助理	单证助理	跟单助理	业务助理	报关报检助理	运营推广助理	采购助理	客服助理	文案助理	营销助理	业务员助理	中职		

（七）国际商务专业院校课程设置情况

本专业课题组成员走访了包括广东科学技术职业学院、南华工商学院、广州番禺职业技术学院、广东科贸职业学院等在内的十几个院校的国际商务与国际贸易相关专业，对专业人才培养目标、课程体系结构以及教学课程比例进行了分析。

1. 高职院校国际商务相关人才培养目标定位

国际商务相关专业群人才培养目标基本一致，都是培养面向广东省珠江三角洲地区，适应对外经济贸易行业生产、服务和管理第一线的外贸业务岗位、报关报检岗位、外贸单证岗位、涉外跟单岗位、国际货运代理岗位、跨境电子商务岗位等需要的高级技术技能型人才。

国际商务相关专业群培养的知识目标一般包括：熟练掌握国际贸易业务操作、进出口商品报关、国际商务单证制作、涉外跟单和国际货运代理等有关知识。

相关专业群培养的核心能力一般包括：国际市场开拓能力，外贸业务接单、审单、制单、跟单能力，国际会展策划能力，国际电子商务平台操作能力，报关业务操作能力，沟通谈判能力，客户服务能力。

相关专业群培养的主要素质包括：良好的职业道德，团队合作精神，开拓创新、吃苦耐劳的品质，爱岗敬业，保守商业机密等综合素质。

2. 课程体系结构比较

广东省高职院校近年来在国家示范（骨干）学校、中央财政支持重点专业等项目支持下，打造出一批特色鲜明、定位准确、产业对接全面的典型案例，国际商务相关专业群的课程设置与产业界的联系更加紧密。国际商务相关专业的课程结构归纳见表9-13。

表9-13　国际商务相关专业群课程统计表

类别	课程设置
基本素质课程	毛泽东思想和中国特色社会主义理论体系概论、思想道德修养与法律基础、形势与政策、职业规划与就业指导、大学生心理健康教育、军训（含军事理论）、应用文写作、计算机应用基础
专业基本能力课程	国际贸易实务、国际贸易地理、国际商务英语信函写作、商务英语沟通、国际市场营销、国际结算业务操作、国际贸易法律应用、国际电子商务平台操作
专业核心能力课程	报关业务实务、国际结算实务、国际商务单证实务、国际货运代理实务、国际会展策划与实施、外贸参展实务
专业综合技能课程	市场调查、营销技能训练、国际贸易职业和岗位认知、跨境电商实务、进出口报关实操、进出口业务综合操作、国际会展技能训练、在线国际贸易实操、ERP实训、网络营销实务、电子商务实务
专业拓展能力课程	创业启动与运营、社会创业、企业物流管理实务、外贸沟通与礼仪实务、交易合同磋商

3. 课程结构体系分析

根据此次调研分析，广东省国际商务相关专业群的人才培养方案所呈现的课程体系一般为基本素质课、专业基础能力课、专业核心能力课、专业综合能力课和专业拓展能力课的课程体系，强调课程之间的关联性、知识的系统性，其中专业综合能力课主要是实践课环节，在此部分院校相关专业加强了与企业的深度合作。典型的专业课程比例设置见表9-14。

表9-14　典型的专业课程比例设置

课程（教学环节）类别	学时比例（广东科贸）/%	学时比例（广州番禺职院）/%
基本素质课程	25	25
专业基本（通用）能力课程	19	22
专业核心（专门）能力课程	12	15

续上表

课程（教学环节）类别	学时比例（广东科贸）/%	学时比例（广州番禺职院）/%
专业综合能力课程	33	31
专业拓展课程	11	7
总学时	100	100
理论学时	38	47
实训学时	62	53

由表 9－14 可见，典型院校的专业综合能力课程学时比例占 30% 以上，基于校企合作的专业技能综合训练课程受到普遍重视。

4. 广东省高职院校国际商务专业课程设置特点分析

（1）课程设置体现了"互联网＋"模式。

在当前产业与互联网深度融合的背景下，许多学院都在跨境电商方面加大投入，与大型网络平台如敦煌网、阿里巴巴等加强合作，开展实际贸易业务，开设了国际电子商务平台操作、在线国际贸易实战、网络营销实务、电子商务实务等有关课程。以广东科贸职业学院的国际商务专业为例，该专业的学生在顶岗实习阶段都是做电商岗位的实习，在实习阶段与实习单位互相满意的，就直接在实习单位就业，因此该专业的学生在跨境电子商务师、网络营销师等岗位上供不应求。

（2）加强了与区域内企业的合作。

各院校依托行业、校企合作的专业优势，将校企合作落实到教学、技能实训、顶岗就业等一系列专业人才培养活动之中。各学院加强了与区域内大型企业的合作，充分利用校企合作资源，为学生提供专业技能实操训练课程。校企合作的形式呈现多样化，有的成立教学企业，与企业共建在线国际贸易实战中心、网络营销中心；有的与企业共同建立国际贸易模拟实训室、电子商务实训室等校内实训基地；还有的与当地有实力的企业共建校外实训基地，利用校外实训基地进行跟单业务实训、进出口业务综合实训以及外贸顶岗实习。

例如，广州番禺职业技术学院的国际商务专业在国际物流和跨境电商两方面实现了校企深度合作。其校企合作开发的商务项目课程，由企业人员和学校教师共同开设，真实项目真实做，让学生进行真实的商务项目，如找顾客、回答询价、完成交易等，该课程是对毕业生进行回访时评价最高、最有用的课程。经过真实企业的岗位实战训练，学生可以直接进入企业承担具体工作。

校企合作为课程体系和内容的更新创造了条件。大多数专业课程设置会每两年进行一次改善，具体操作方法为：校行企教学委员会主持邀请企业专家每年来学校开会，请专家对改善人才培养方案献言献策，最后根据专家的建议对课程设置与内容进行调整，以增强课程内容的适应性。

（3）会展相关课程被列入专业核心技能课程。

随着广东省会展业的发展以及会展在展示企业竞争优势、推广企业品牌、开发新客户等方面的重要作用，有些院校开设了外贸参展实务、国际会展技能训练、国际会展策划与实施等课程，组织学生参加以广交会、深圳高交会为代表的各项展览会，让学生利用展会机会与企业交流、学习等。学生在这个过程中会观摩企业从业人员的专业技能，也会加强对企业的认知，效果良好。

（4）开设专业拓展课程，培养学生的创业能力。

许多院校开设了专业能力拓展课程，如创业启动与运营、社会创业、外贸沟通与礼仪实务、交易合同谈判实务等，旨在提升学生的创业创新能力，并且令学生更加适应当前产业融合的趋势，增强学生的职业迁移能力。

三、调研资料分析

（一）企业调研结果分析

1. 企业岗位需求分析

国际商务类企业主要提供的岗位类型有：外贸类、营销类、物流货代类、财务类、电子商务类。其中，外贸类（包括外贸跟单员、外贸业务员、外贸单证员等）岗位需求所占比例最大，营销类（包括销售员、运营专员、推广专员、海外推广等）、物流货代类（包括货代员、订舱员、物流操作员、海运跟单员等）次之。其中，外贸类与物流货代类均涉及对外贸易，需要学生有较强的国际化水准。具体岗位分布情况见图9-1。

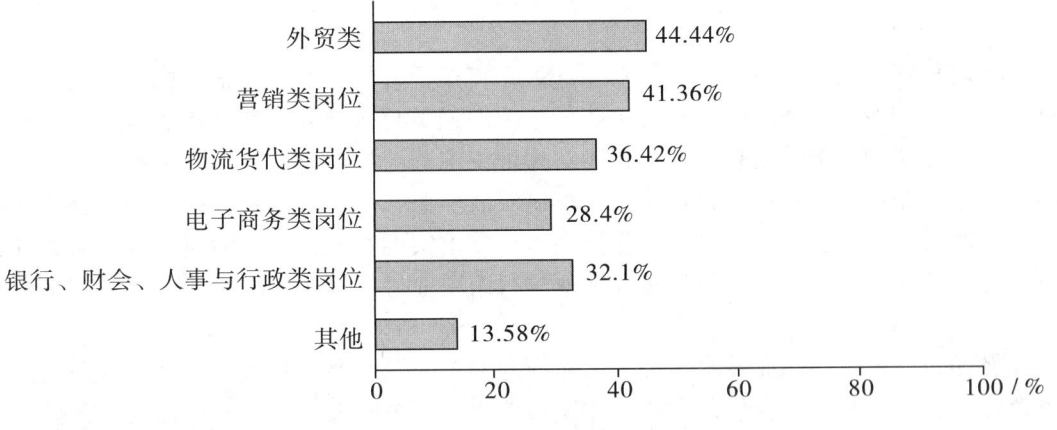

图 9 - 1　企业岗位需求分布图

在岗位缺口方面，由于课题组走访的企业数目众多，涵盖了大、中、小型企业，不同企业在每年岗位缺口方面差异较大。其中，35.19%的企业每年提供10个以内的就业岗位，29.01%以上的企业每年提供50个以上的就业岗位。大致来看，国际商务相关企业每年的人才需求还是比较旺盛的。具体每个公司每年提供岗位数量分布情况见图9-2。

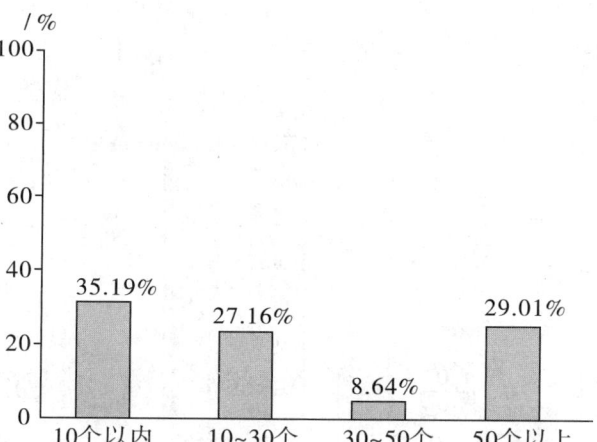

图9-2 企业每年提供国际商务相关岗位数量分布

2. 企业用人能力需求分析

国际商务类企业在录用毕业生时，着重关注几项能力，其中良好的表达沟通能力占第一位（87.65%），这与相关行业的性质是主要通过与人沟通促成交易相关。其次，团队合作能力（75.93%）与英语听说读写能力（62.35%）也是用人单位特别关注的能力需求。具体能力需求比例见图9-3。

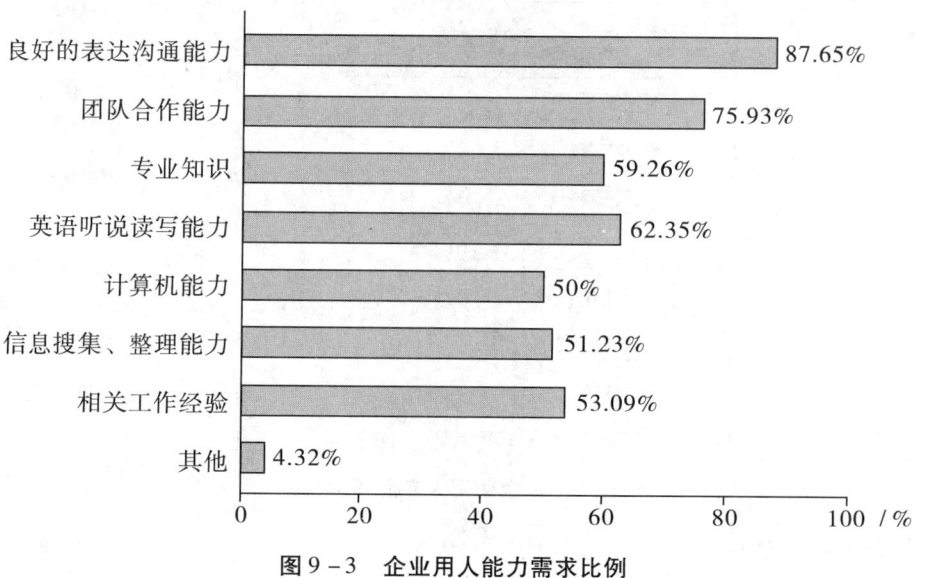

图9-3 企业用人能力需求比例

3. 企业用人学历、专业要求分析

国际商务相关企业在用人方面，倾向于选择高职（79.63%）、本科（79.63%）的人才，其他学历的人才如中职、硕士、博士则较少选择。说明高职的学生在应聘相关岗位的时候，具有一定优势，见图9-4。

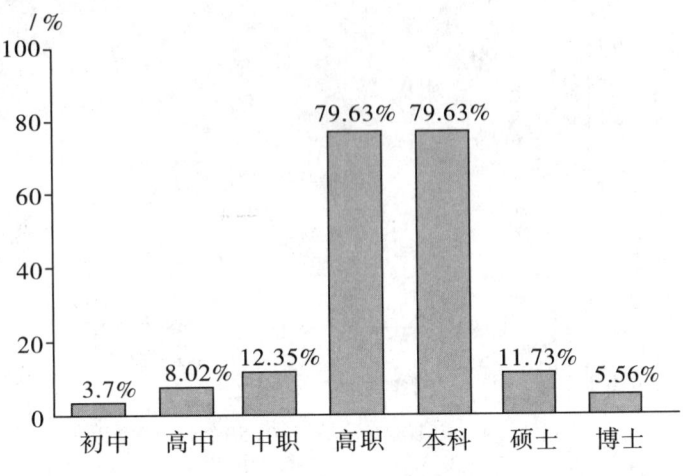

图9-4　企业用人学历要求占比

国际商务类企业在选择求职者时，更愿意招聘专业对口的学生，即国际商务专业（64.2%）或外贸专业（63.58%），其他专业中优先考虑的是外语（51.85%）、物流（35.19%）与管理（32.1%），见图9-5。

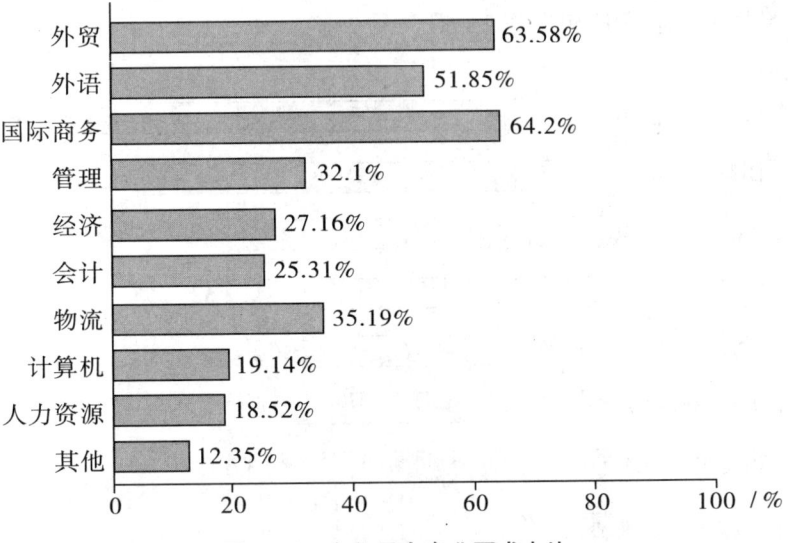

图9-5　企业用人专业要求占比

4. 企业建议分析

当企业被问及高职毕业生能否满足岗位需时求，大部分的企业都回答一般（87.04%），只有少部分的企业认为完全可以（7.41%），见图9-6。

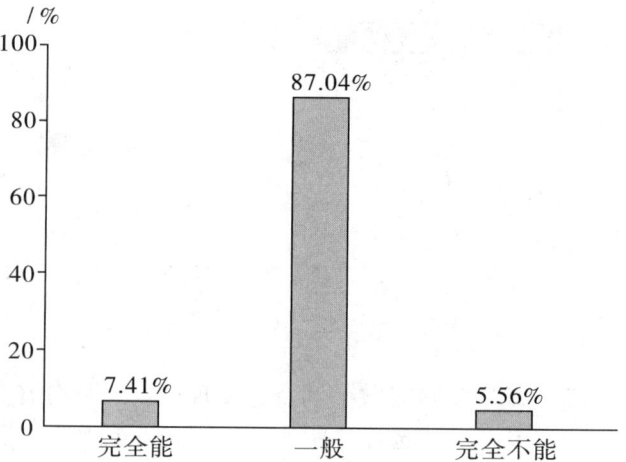

图9-6　企业对高职毕业生总体评价

对此，课题组进一步追问，如果高职毕业生尚不能完全满足岗位需求，那么，最需要加强的是什么能力。对此，大部分企业认为实操教育、沟通能力、团队教育以及外语能力是相对欠缺的，需要加强，见图9-7。

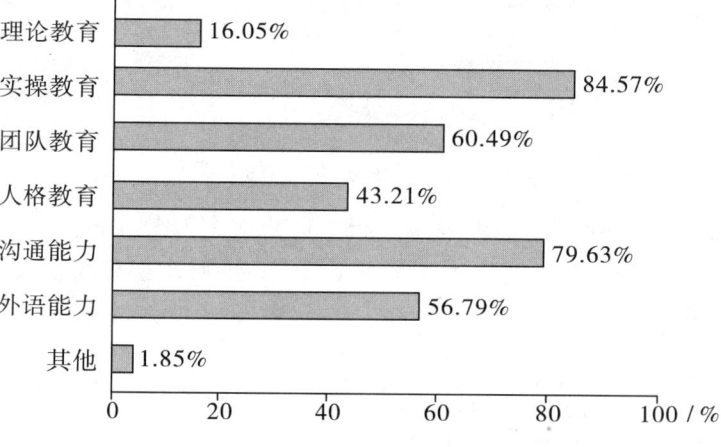

图9-7　企业对高职毕业生能力提高期望

（二）在校生调研结果分析

1. 招生渠道与专业选择分析

课题组对于当前国际商务在校生的招生渠道进行了调研。调查发现，大部分学生（78.87%）来自普通高考统一招生，其余来自五专生、中职招生、自主招生等。具体占比情况见图9-8。

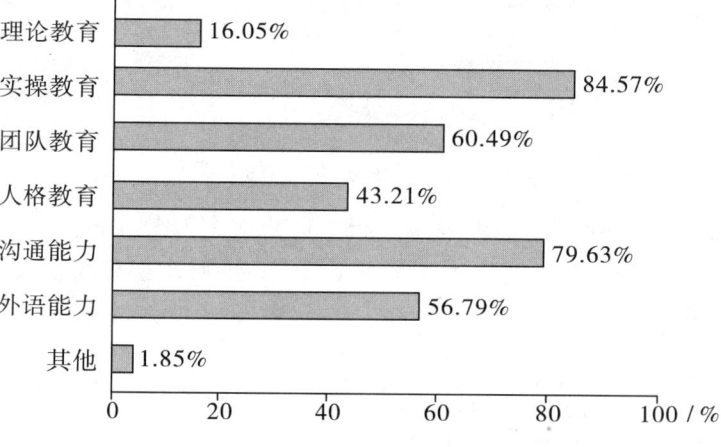

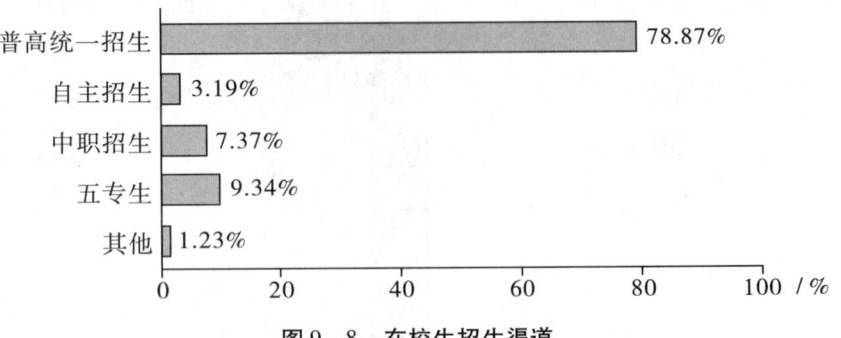

图9-8　在校生招生渠道

调研组进而对学生选择学校原因做了调查，发现很大一部分在校生（50.86%）表示，是因为考不上本科，没办法才选择这所学校；也有将近1/3的学生表示喜欢这个学校或这个专业，见图9-9。

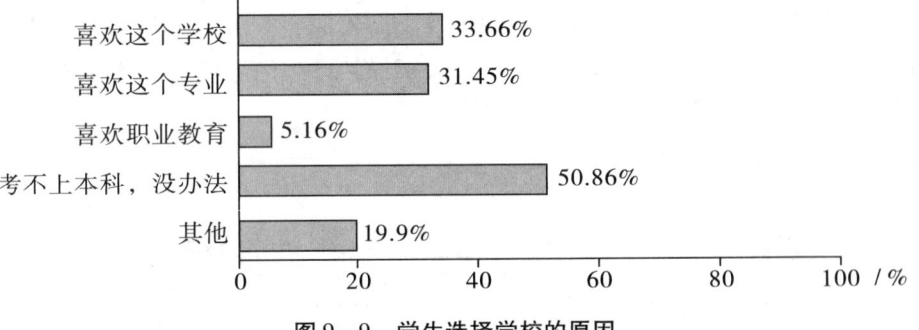

图9-9　学生选择学校的原因

调研组对于学生选择专业的原因也进行了调查，大部分在校生（57.49%）表示，这是他们自己的爱好与选择。也有不少学生是因为亲朋好友推荐或者认为这个专业容易就业而选择的。具体情况见图9-10。

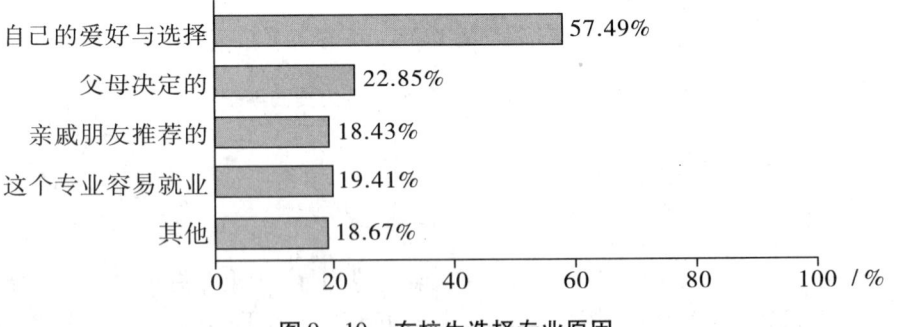

图9-10　在校生选择专业原因

2. 学生未来规划分析

通过学生对自己未来规划的分析可见，学生毕业后进入国际化公司的意愿非常强烈（45.45%），这充分说明国际商务课程国际化的必要性，能为学生的就业打好基础。也

有不少学生选择进入本土公司（18.67%）与自主创业（14.74%），见图9-11。

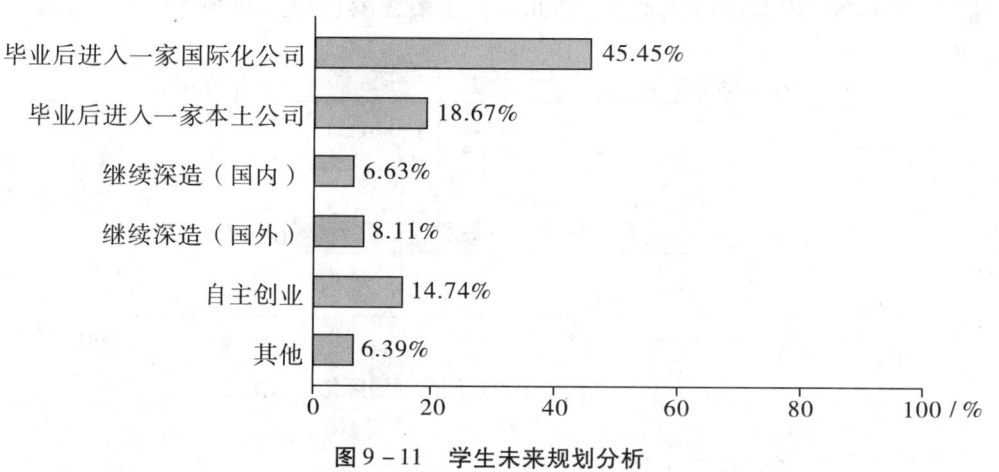

图9-11　学生未来规划分析

3. 在校生对于专业国际化的评价

调研组首先对在校生就专业是否国际化询问了总体感知。调查结果显示，虽然国际商务专业冠以"国际"为名，但是大部分学生（75.18%）认为专业的国际化建设程度较为一般，仅有16.46%的学生认为自己的专业非常国际化，证明国际商务专业的国际化道路任重而道远，见图9-12。

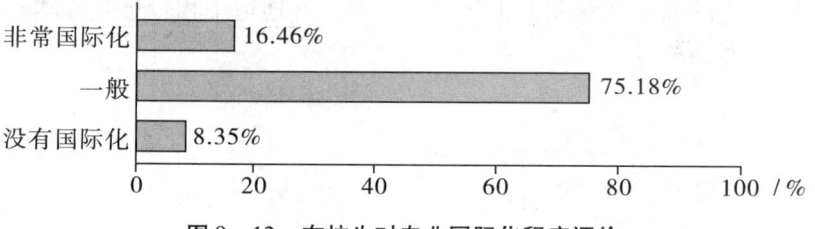

图9-12　在校生对专业国际化程度评价

那么在校生对于专业是否国际化是怎么看待的呢？认为国际化对自己很重要的在校生占46.93%，认为是否国际化与自己没关系的在校生占3.69%，说明大部分在校生都认同在国际化的大背景下，专业的国际化程度与自己有一定关系，也彰显课题组建设国际化专业标准的必要性，见图9-13。

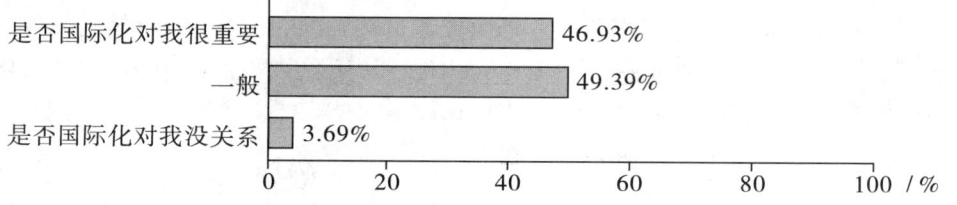

图9-13　在校生对于专业是否国际化对自己影响的看法

既然国际化与学生息息相关，那么什么因素在学生看来最能影响专业国际化程度呢？学生认为最重要的因素依次是：中外合作办学、双语教学、教师的国外留学经历以及国外教材。这些对于国际化专业标准的制定起着重要作用，见图 9 - 14。

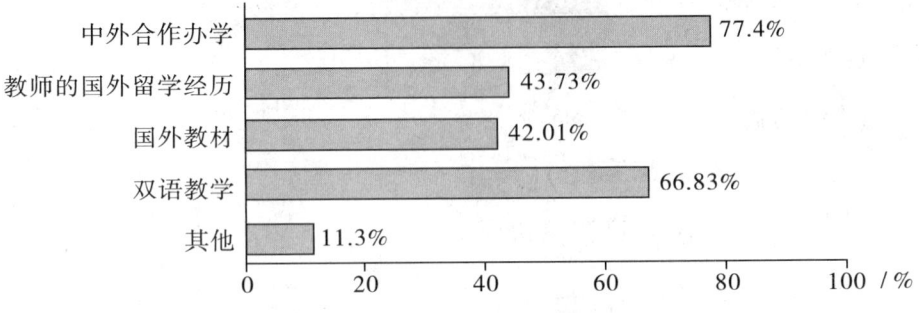

图 9 - 14　在校生评价最能体现国际化的因素

（三）毕业生调研结果分析

1. 毕业生工作岗位分析

在参加调查的 347 名毕业生中，大部分毕业生现在的工作岗位都是普通工作人员（83.57%），公司骨干和中层管理者所占的比例次之，公司高层管理者所占比例最低，为 3.17%，见图 9 - 15。

这与学生的毕业年限较短有一定关联，也有可能是因为高职学生由于知识结构偏重实际，缺乏对事物的抽象理解能力，在职业生涯上升通道中相较于其他本科院校学生甚至研究生更容易遇到瓶颈。

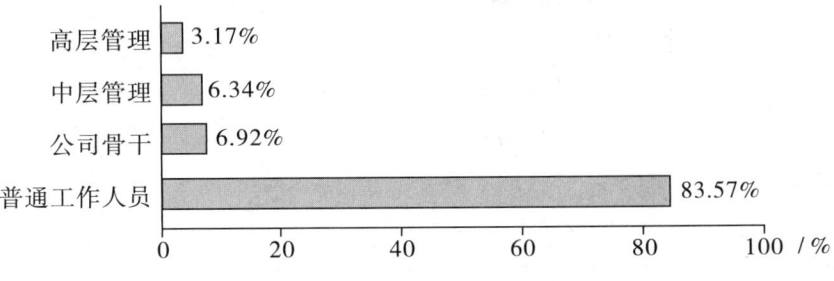

图 9 - 15　毕业生当前工作岗位

国际商务专业毕业生的岗位类别呈现多样化的格局。大部分毕业生从事跟专业相关行业，例如外贸类岗位（外贸跟单员、外贸业务员等），占 26.8%；营销类岗位（销售员、推广专员、海外推广等）次之，占 17.87%；也有不少学生从事物流货代、电子商务、银行等方面的岗位，具体分布见图 9 - 16。

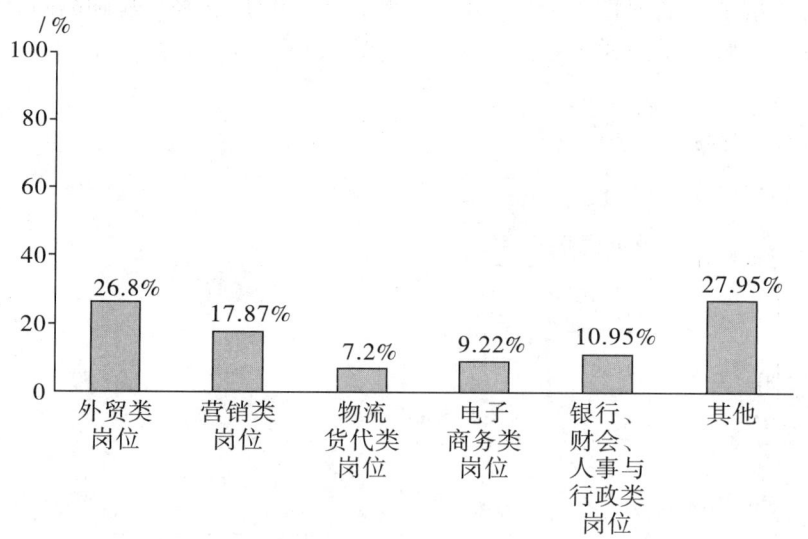

图 9 - 16　毕业生岗位类别分布

2．工作能力要求分析

毕业生对于当前岗位的能力要求总结如下：最突出的三种能力分别为良好的沟通表达能力（84.15%），团队合作能力（71.47%），信息搜集、整理能力（57.06%）（见图 9 - 17）。其中，沟通表达能力与团队合作能力与上文中提到的企业要求是一致的。这说明高职院校在培养学生的时候必须着重这几项能力的培养。

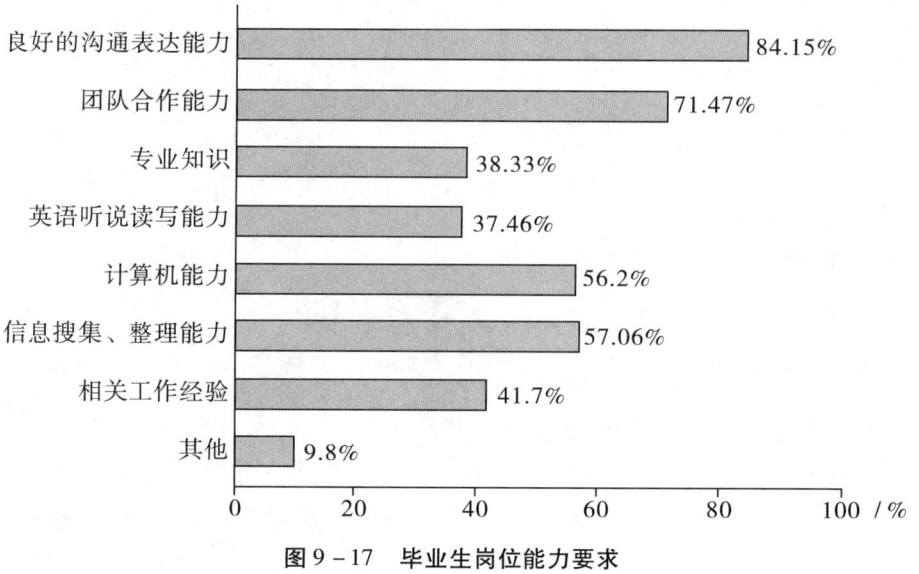

图 9 - 17　毕业生岗位能力要求

3．薪资水平分析

参与调查的毕业生现有工资水平统计如图 9 - 18 所示。大部分毕业生的薪资水平在2 000~3 000 元之间（39.19%），也有部分毕业生的薪资达到了 8 000 元以上

（3.75%），同时不可忽略的是部分学生的薪资水平处于 1 000～2 000 元的较低水平，可见毕业生之间薪资差距较大。

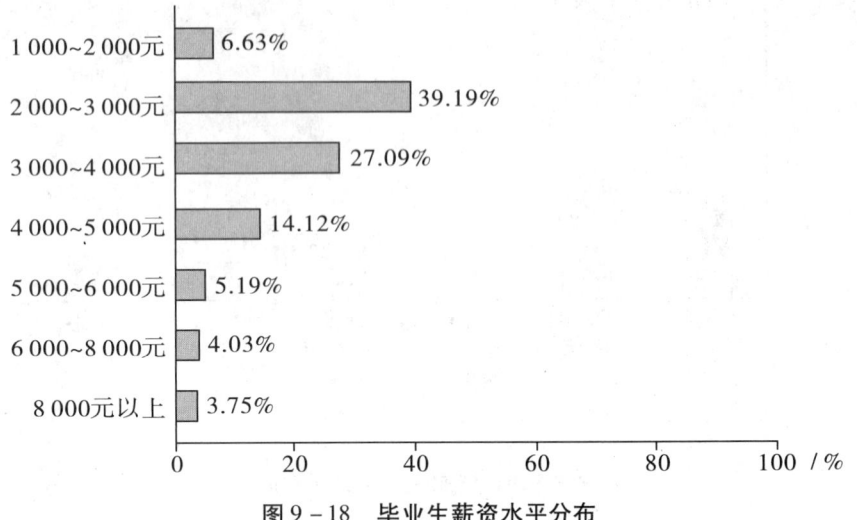

图 9 - 18　毕业生薪资水平分布

4. 工作评价分析

毕业生对于当前工作状态的评价不一。从图 9 - 19 中看到，对于工作相当满意，愿意在这个岗位上长期工作的毕业生比例非常低（1.73%）。大部分的毕业生都在争取晋升更好的工作岗位（32.85%）或学习机会（29.11%）。这说明我们的毕业生总体上非常上进，对于现在尚不完美的现状有改变的决心。

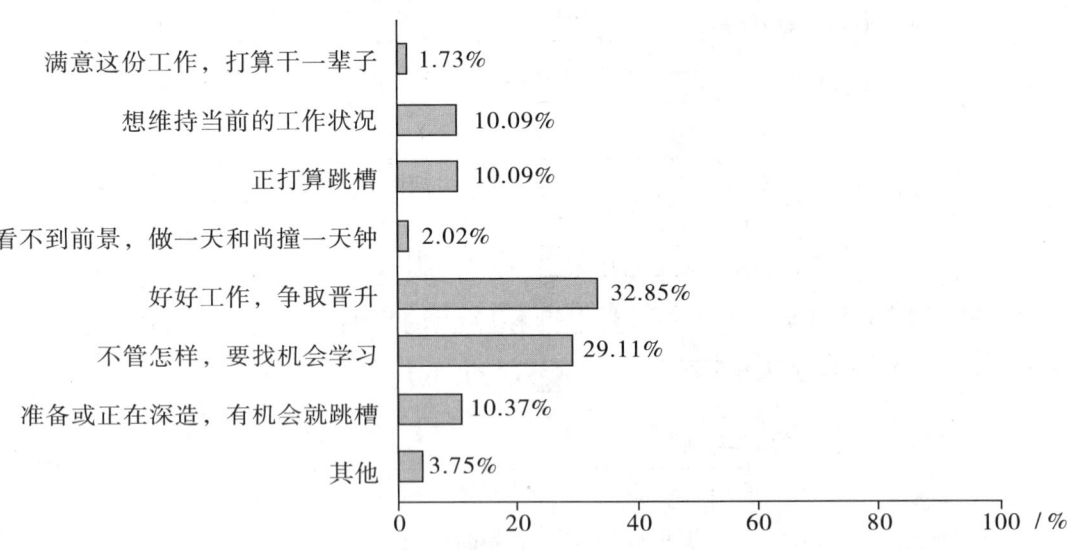

图 9 - 19　毕业生对于当前工作状态的评价

另外，本次调查还涵盖了专业对口度分析。从图 9 - 20 可以看到，毕业生现有工作岗位与专业完全对口的比例较低，仅占 12.1%。但是有较大比例的毕业生从事的工作与所学专业是有较高相关性的（13.26%）或者有一定的相关性（34.58%）。所以在培养学生时，不应该只注重该专业的职业知识，可适当增加一些通识课或拓展专业，让学生对于其他行业特别是相关行业有所了解。

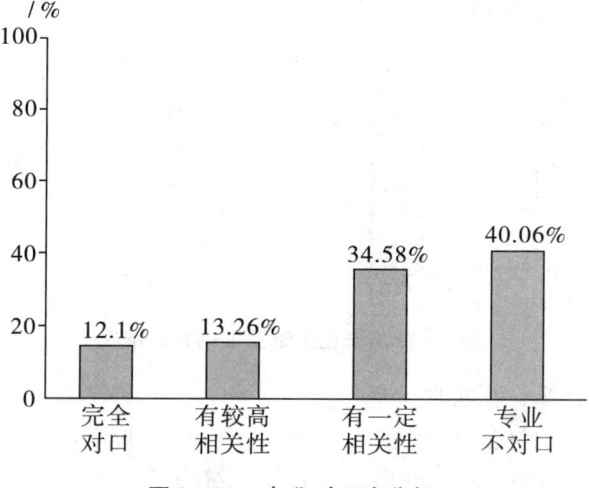

图9-20　专业对口度分析

同时，调查组也调查了学生毕业后变更工作的次数。其中较多学生没有变换工作（43.52%）或者只变化了1次工作（26.8%），见图9-21。

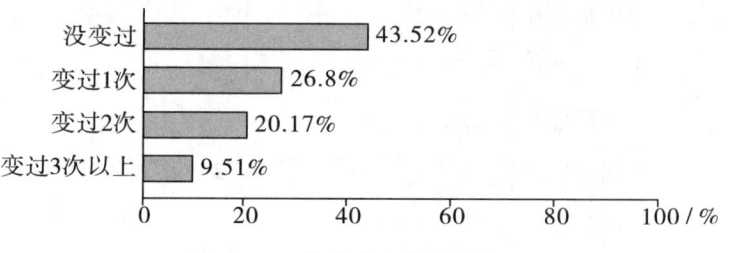

图9-21　毕业生工作变换情况

5. 毕业生专业等级证书获得情况

参与调查的毕业生中，44.09%表示他们有获得各项专业登记证书，具体情况如图9-22所示。其中较有代表性的专业证书包括：跟单员证、单证员证、报检员证、外贸业务员证、高级国际外贸业务员证等。

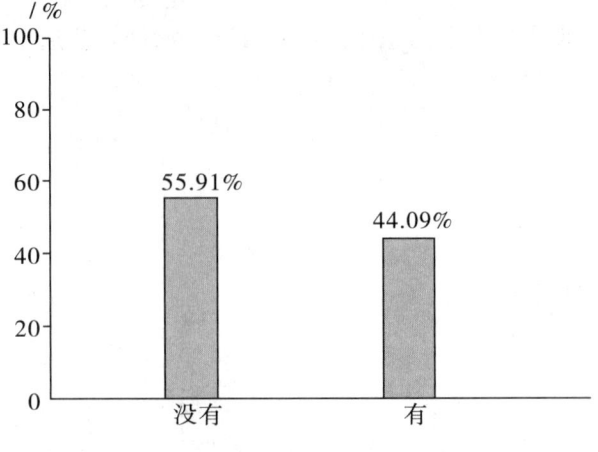

图 9 - 22　毕业生专业证书获取情况

6. 毕业生初次就业岗位获取方式分析

在当今信息爆炸的时代，学生获取就业信息的方式非常丰富，尤其是网络信息的获取更是快捷便利（47.26%），大大超越了其他传统方式，例如校内招聘会（12.39%）、亲朋推荐（12.68%）等的便利程度。具体分析结果如图 9 - 23 所示。

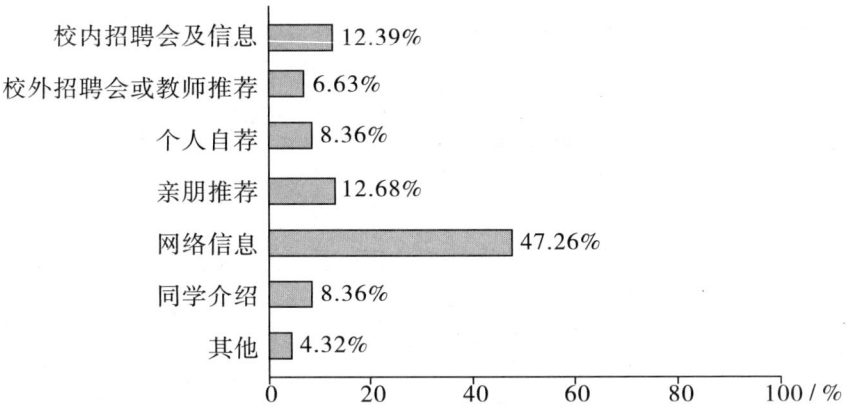

图 9 - 23　毕业生初次就业岗位获取方式

除了工作来源，我们还对影响毕业生选择工作单位的因素做了调查，结果如图 9 - 24 所示。毕业生在选择工作岗位的时候是比较务实的，他们最关心的因素包括福利薪酬待遇与个人发展空间，而单位知名度与家庭影响则是他们较不关心的因素。

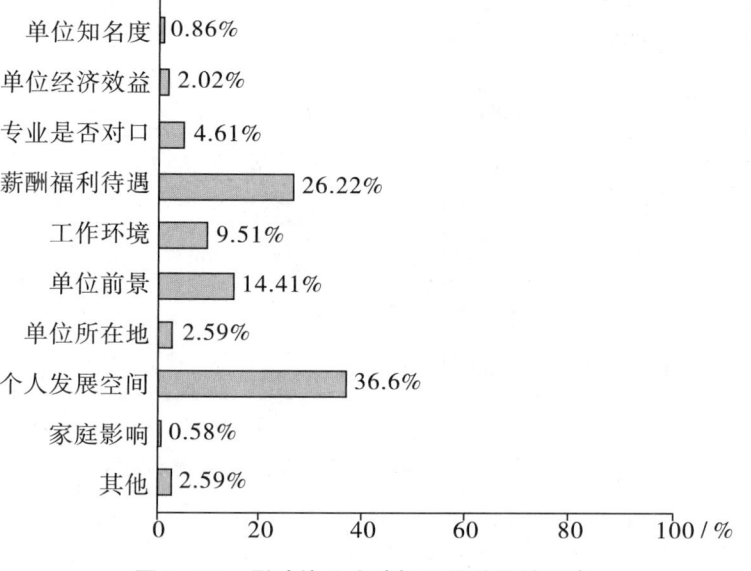

图 9 - 24　影响毕业生选择工作单位的因素

7. 就业能力分析

在问卷中，调研组调查了毕业生认为对就业最关键的因素，结果如图 9 - 25 所示。其中他们认为综合素质最重要，专业技能次之。这一发现说明对高职学生而言，专业技能固然重要，综合素质仍然起着决定性作用。所以学校不光要培养学生的专业技能，更要通过各种方式提升学生的综合素质。

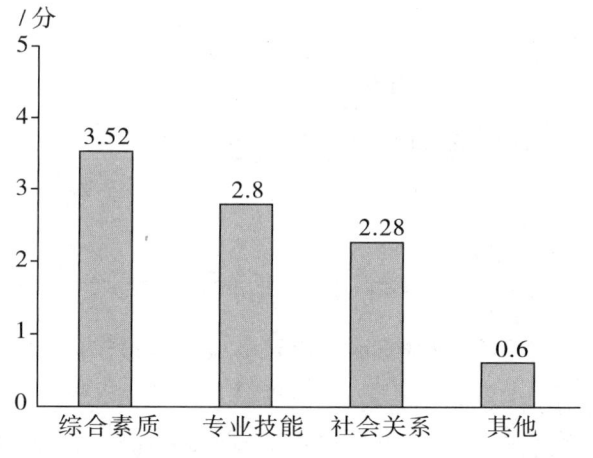

注：5 分为满分。

图 9 - 25　毕业生认为对就业最关键的因素

同时，调研组还调查了毕业生认为对他们的就业影响最大的活动，结果如图 9 - 26 所示。其中学生认为最重要的是社会实践以及实训实习，专业理论知识排名较后。相关院校应该对此有所反思。是否专业设置、课程设置不合理，抑或上课内容陈旧、老套、跟不上时代，还是学生在上课中的表现欠佳，导致教学成果欠佳，总之，我们的理论专业知识教育需要有所改善。

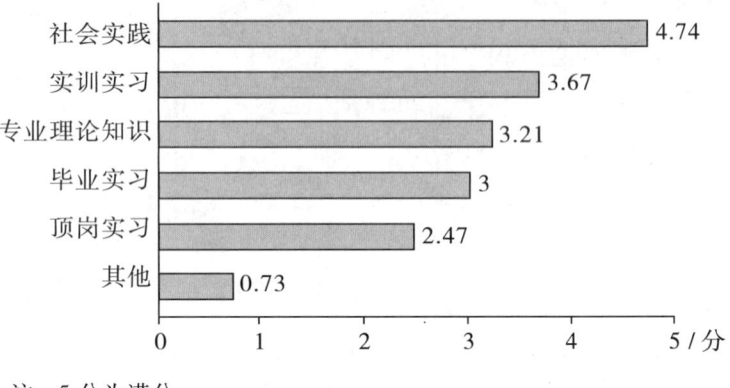

注：5 分为满分。

图 9 - 26　毕业生认为对他们的就业影响最大的活动

调研组还调查了学生认为自己初次参加工作时有哪些方面存在的不足，调查结果如图 9 - 27 所示。专业技术与技能被认为是最为欠缺的，这也说明学校的专业技术培训可能与实际工作有所差距。另外，学生认为独立工作的能力、人际交往的能力以及适应环境的能力也是他们较为欠缺的，学校应该注重培养学生这些方面的能力。

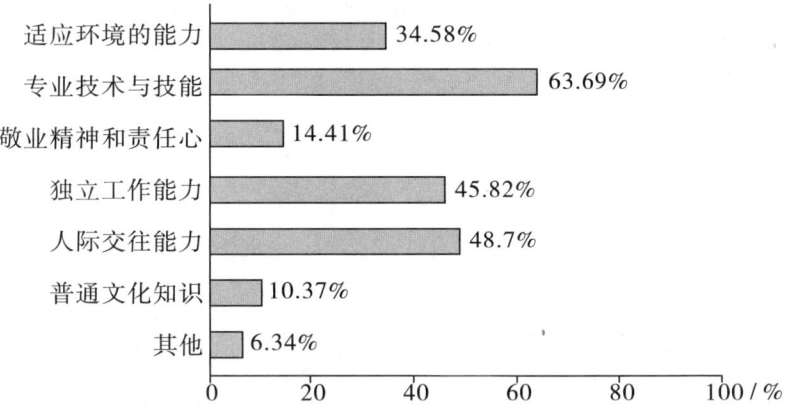

图 9 - 27　毕业生认为自己初次参加工作时的不足

8. 毕业生对母校教学评价分析

此次调查还包含了毕业生对于学校教学内容以及水平的评价问题。对于学校开设的专业课程，学生评价如图 9 - 28 所示。其中最为明显的问题是"理论太多，实践不够，动手能力没得到提高"，这说明高职学生对于理论知识的接受能力较差，更侧重动手能力的培养。也有学生认为自己"学了很多，用得很少"，这说明教师的出发点与学生的领悟力之间有一定的差距。作为教师，希望给学生教授完整的知识体系，自然会包含一些理论的知识，而学生则认为这些是多余的。也许教师在传授知识的过程中也应该给学生灌输自己的教育理念。

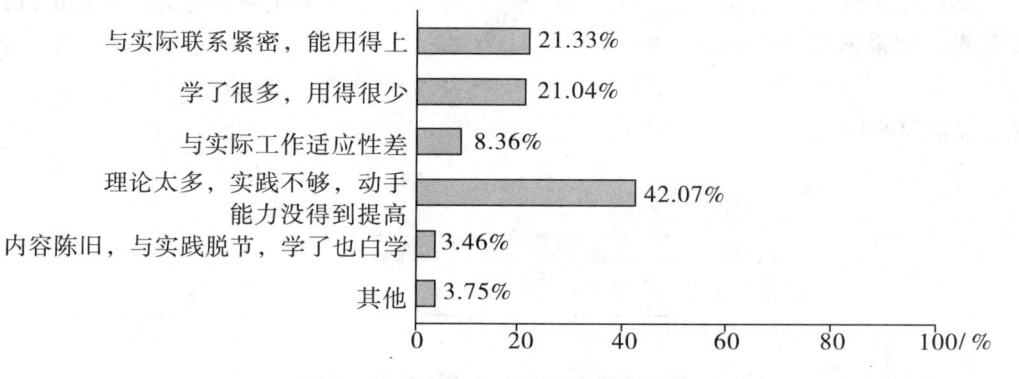

图9-28　毕业生对母校教学的评价

虽然毕业生对于教学内容有些意见，但他们对于整体教育的评价还是比较正面的。56.48%的学生认为职业教育很有必要，有41.79%的毕业生认为有必要，认为完全没必要的仅占1.73%，见图9-29。

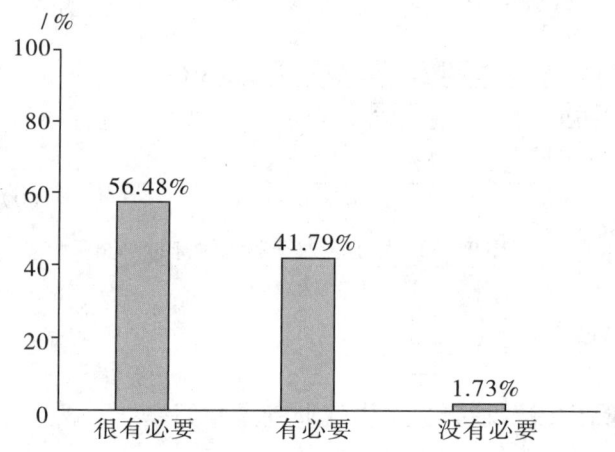

图9-29　高职毕业生对母校整体教育的评价

9．毕业生对母校国际化水平的评价

调研组紧扣国际化主题，对于毕业生关于母校国际化水平的看法进行了调研。调查发现，尽管毕业生都毕业于国际商务专业，但是对于母校的国际化水平认可度并不是很高。仅有4.9%的毕业生认为自己的母校非常国际化，大部分（68.3%）的毕业生认为自己的母校有点国际化，见图9-30。

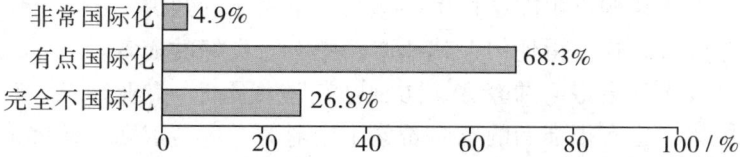

图9-30　毕业生对于母校是否国际化的看法

英语作为国际化最基本的工具，调研组也对毕业生在高职中学习英语的总体成效做了调查。结果显示，只有12.39%的学生认为通过3年的学习，自己的英语水平有很大进步；大部分（58.21%）的毕业生认为自己在高职3年的英语学习有进步，但不明显，见图9-31。

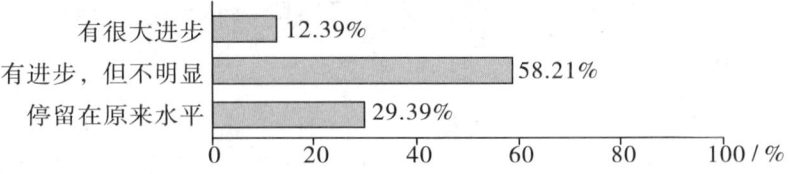

图9-31　毕业生对于在高职期间英语学习的评价

与不尽如人意的英语学习效果形成对比的是，大部分（54.18%）的学生认为英语学习对自己很有用，只有11.24%的学生认为英语对自己的职业发展没有用，见图9-32。这说明很多高职院校国际商务专业的英语教育还不是很成功，不能满足学生职业发展的需求，也对学校的国际化水平造成了负面影响。

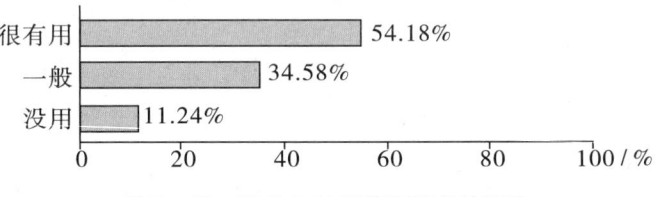

图9-32　毕业生对于英语教育的评价

四、调研结论

（一）专业国际化成为趋势，学生就业前景看好

在当今全球一体化的大背景下，国际商务专业相关对口企业对于人才的需求种类繁多，主要集中在外贸类人才、营销类人才、物流货代类人才与电子商务类人才这4个方面。随着我国出口贸易额稳步提高，加之国家对于跨境电商的扶持力度加大，大量就业岗位虚位以待。跨境电商业务的开展很大程度依赖于中外合作往来，因此对于毕业生的国际化程度与跨文化交流能力提出了很高的要求。为了顺应时代潮流，高职院校必须加强国际化程度，培养出适合企业需求的人才。

调研组发现，国际商务相关企业最倾向于聘用高职、本科的学生，尤其愿意招聘专业对口的学生。由于高职学生在学校里接触过大量实用的知识，步入工作岗位以后可以较快地适应工作岗位，这使得他们在就业市场中有着良好的前景。另外，国际商务专业毕业生由于接受较多外语方面的教育，同时也掌握大量商务专业知识，对于进入国际化企业有先天的优势，也有很强烈的意愿。鉴于企业对学生需求强烈，相关高职院校更应该加大力度加强专业的国际化建设，以顺应市场需求。然而，调研组也发现，当前企业对于国际商务高职毕业生的评价并不理想，大部分企业认为毕业生的实操能力、沟通能力以及团队合作能力仍需大力提升。

（二）广东省内各城市国际商务发展水平参差不齐，业态繁多，人才培养难度较大

广东省内分布着大大小小众多国际商务相关的企业，其中大部分集中在深圳、广州、东莞等地，粤东、粤北等地区则较少。这些企业从事的业务也各不相同，其中最常见的有外贸类、营销类、物流货代类、财务类、电子商务类等。从事不同业务的企业所设置的岗位也千差万别，对于毕业生的需求也大相径庭，导致学生技能培养难度大大提升。如何总结、归纳不同岗位群的工作内容与能力要求，从而加强毕业生的竞争力，是国际商务专业人才培养计划制订中亟须解决的课题。

（三）当前高职院校国际商务专业的国际化程度总体不高

虽然地域特色、行业的变化与发展对高职毕业生与相关院校的国际化水平提出了很高的要求，但是通过在校生与毕业生的调查，本课题组发现，当前高职院校中开办国际商务专业的部门国际化程度并不理想。离学生满意、企业满意的目标还有较大的距离。虽然国际商务专业冠以"国际"为名，但是如何体现国际性并不明确。专业国际化是否关系着学生的切身利益，是提升学生软实力的重要因素。然而，大部分院校当前还停留在开设外语课、国际贸易、国际营销等理论课程上，没有真正实现学生国际化交流、国际化贸易实务能力培养。如何提升专业的国际化水平还需要相关院校进一步探索。

（四）部分院校积极探索国际化建设道路并取得突破

虽然相关院校的总体国际化水平还差强人意，但是有部分院校已经在探索国际化建设的道路中迈出了不小的步伐。例如，在当前产业与互联网深度融合的背景下，一些院校在跨境电商方面加大投入，与大型网络平台如敦煌网、阿里巴巴等加强合作，开展实际贸易业务，开设国际电子商务平台操作、在线国际贸易实战、网络营销实务、电子商务实务等有关课程。有些院校依托行业、校企合作的专业优势，将校企合作落实到专业的国际化建设，如与企业共建在线国际贸易实战中心、网络营销中心等。还有一些院校与国外大学、教育机构合作，探索中外合作办学，引入原版教材等。这些举措都为国际化教学标准与课程标准建设奠定了良好的基础。

（五）国际商务企业对于外语能力、沟通能力有较高的要求

通过调研发现，由于岗位需要，国际商务企业不仅对毕业生的英语听说读写能力有较高的要求，对学生的沟通能力也要求较高。然而相关企业普遍反映，当前很多毕业生的外语能力、沟通能力尚不能满足企业需求。毕业生也反映，现在高职院校的外语教育仍然不能显著提高他们的外语水平。而且他们也提出，外语水平的提高对于他们的长期发展极为有利。另外，在沟通能力方面，纵观各大院校的课程设置，针对学生的沟通、交流能力设置的课程与实训基本空白。因此，高职院校极有必要对当前课程进行改革，强调外语课程的应用性以及沟通交流能力的培养。

（六）学生认为高职院校的教学过于理论化

高职院校的教育目标是培养生产一线的工作人员，因而课程设计需要以实践为导向。然而通过对国际商务专业学生的调研发现，大部分学生仍然认为学校的教学过于理论化，同时，企业也反映学生的动手能力、实操能力较为缺乏。由此可见，高职院校对于课程的改革、校企合作进一步深入势在必行。

（七）国际商务专业学生对高职院校的认可度欠佳，但对专业兴趣强烈

通过对在校生的调研，本调研组发现，大部分学生选择高职院校是出于考不上本科的无奈之举，这对于他们学习的积极性是较大的打击。然而值得欣喜的是，学生对于专业的选择，大部分是出于自己的爱好与选择，说明学生对于专业有较高的认可度。这与国际商务专业较高的就业率、薪酬水平不无关系。

另外，高职毕业生在就业岗位中大部分充当普通工作人员的角色，较少毕业生成为公司中层与高层管理者，说明高职学生由于知识结构偏重实际，缺乏对事物的抽象理解能力，在长期职业生涯上升通道中相较于本科院校毕业生、研究生会更容易遇到瓶颈。与此相关的，课题组也注意到，很大一部分的毕业生都表示，出于对当前现状的不满，将努力争取进一步深造或者跳槽以获得更好的机会。

五、对策与建议

（一）关注行业趋势，及时调整课程体系

对于一个专业来说，专业标准是培养人才的重要基础，而课程体系则是核心。通过调研，我们发现国际商务类专业的学生普遍在外贸行业、货代行业、国际营销行业与电子商务行业就业。而随着信息化的发展，跨境电商逐渐补充或者取代传统的外贸方式，国际结算的方式和物流的形式也发生变化，国际营销中新媒体营销、整合营销、直复营销也日益广泛。这些产业变化应该及时反映在专业课程体系的调整中，以保证我们培养的人才能顺应产业的发展。

此外，信息化也同样给教育行业带来变化和影响，慕课、微课的发展渐渐成为一种趋势，学分互认、弹性学分制将成为必然，如何顺应这种趋势，在课程体系中进行体现也应该是制定专业标准时应该考虑的问题。

（二）联合企业，制定分层的专业标准

通过调研，我们发现广东省内国际商务类的专业发展参差不齐，建议在未来联合一些优秀国际化企业参与专业标准的制定。针对国际商务相关行业业态繁多、岗位繁多且差异大的情况，根据每个学校的具体情况，进行分层专业标准的设计。比如说，对于典型行业能力需求中的共性，如学生沟通能力、外语能力、实操能力等能力，可以设计通识课统一培养；在专业拓展课上，可以根据学校的差异，根据用人单位岗位的差异，进行分层设计，以满足不同类型学校的需求。

（三）引进行业标准和国际标准，提升国际商务类专业人才培养质量

在对众多企业进行走访调研的过程中，企业多次提到学生的动手能力仍然欠佳，并且存在理论知识与实践脱节的情况；也提到在用人时不仅仅看学历，更关注学生的职业精神、团队合作、沟通能力等综合素质。在调研中学生也反映了学校学习的课程实用性不强，等等。要解决这些问题，在未来，把行业标准引进专业标准，同时借鉴国际标准将是有价值的探索与实践。

建议深入了解行业、企业的要求，引进行业标准；同时多方比较国际商务类专业在职业教育发达地区的做法与实践，尤其是职业教育发达程度较高的国家，如德国、澳洲等国的相关行业标准和专业标准，取长补短，进行必要的借鉴与创新。

同时，结合广东省对国际商务类人才的需求现状，加强课程设置及内容的适用性、实用性、应用性，探索新的校企合作模式，利用信息化的契机，进行"厂中校""校中厂"的探索。例如，利用国家对于跨境电商大力扶持的契机，加大在跨境电商方面的投入，具体可以与大型跨境电商如敦煌网、速卖通等进行合作，将网络营销实务、国际电子商务等课程的设置与跨境电商的实操高度融合，真正使课程的设置与内容和要求相契合，在校企共育中提升人才的培养质量。

（四）鼓励部分中外合作办学专业进行"本土化"与"国际化"融合的探索与实践

此次调研中发现中外合作办学是一些国际商务类专业国际化的途径。学校采用全部或者部分的国外专业标准培养学生，学生全部或者部分学习国外课程。该部分课程全部是英文教材，可以使学生较好地提升英语能力、跨文化交际能力，并且成绩合格可以获得双文凭，为学生就业及出国升学带来更多机会。应该说，这种模式对于提升学生的能力与素质水平和专业的国际化水平都有重要意义，这类学校的国际商务类专业的国际化本身也走在广东省前列。但是这些专业依然面临一些问题：按照外方体系进行人才培养，"国际化"的同时忽略了"本土化"的课程改造；有些外方课程并不适合国内学生学习，而毕业后在国内就业的学生仍然是多数。对于这类走在前面的专业，建议未来在专业标准的调整中能根据学生就业的岗位能力，对外方课程进行适度整合，进行本土化改造，增加本土化的教学资源；同时在专业标准中适度增加本土化的课程，让学生提升本土化的就业能力，通过"国际化"和"本土化"课程的融合，为国际商务类专业的国际化人才培养提供经验。

（五）加强英语课的教学，提高对国际商务类专业英语水平的要求

从调研数据可以看出，学生普遍对国际化的专业有浓厚兴趣，这和全球经济一体化的发展是密不可分的，也和广东地区国际化的程度及较好的就业市场分不开。但是学生普遍感觉在校期间课程的国际化程度和应用性都不够，说明我们的课程体系在国际化和应用性方面亟待提高。

对于国际化，英语是个重要工具。首先，如有必要可以在录取时增加对英语成绩的

要求；其次，建议国际商务类专业要加大英语课程的学时，提高对专业英语水平的要求，促进该专业的学生更好掌握国际化工具；最后，在专业课的教学上，有条件的学校建议采用双语教学，适度选用英文教材，让英语进一步和专业课有机结合，通过这种融合，进一步提升学生的英语水平。

（六）培养一支"双师型"、专兼结合的国际化教学队伍

对国际商务类专业的国际化而言，离不开国际化的教师队伍，一批合格优秀的"双师型"、国际化的教师队伍是保证教学质量的关键因素。因此，专业标准设置中，应设置有效机制，促进高职教师与企业、行业的有效互动。例如，对于教师下企业制定一定的激励机制，让教师了解熟悉企业的要求，这样可以在教学中贴近企业实际；同时通过校企合作，提升专业在行业中的影响力，为行业提供力所能及的服务。

另外，要与合作企业建立有效机制，通过"订单培养""企业进校"等方式促进企业专家走进课堂，实现校企共育的人才培养模式。

再者，专业国际化的建设有赖于教师队伍国际化水平的提高，因而相关院校需要提高专业教师的国际化程度。可以通过聘用有留学经历的教师或者外教、派遣教师去国外院校交流访学等方式提升教师团队的国际化水平，保证专业国际化教学的实施。

六、附录

表 9-15 参与国际商务类专业教学标准研制之供需调研的团队名单

序号	姓名	单位	完成调研工作量和内容
1	刘红燕	深圳职业技术学院	总体策划；调研总报告撰写；在校生调研
2	胡延华	深圳职业技术学院	联络部分企业学校，协助部分调研报告撰写；毕业生调研
3	楼 洁	深圳职业技术学院	问卷设计，数据分析；调研总报告撰写；1 家企业实地走访；1 所高职院校调研
4	周 琼	深圳职业技术学院	协助调研报告撰写；4 家企业实地走访；3 所高职院校调研
5	王春艳	深圳职业技术学院	3 家企业实地走访；2 所高职院校调研
6	杨肖峰	深圳职业技术学院	3 家企业实地走访；3 所高职院校调研
7	钟秋绮	深圳职业技术学院	4 家企业实地走访；1 所高职院校调研
8	姜 维	深圳职业技术学院	3 家企业实地走访；1 所高职院校调研
9	周月容	深圳职业技术学院	毕业生调研；1 家企业实地走访
10	任 静	深圳职业技术学院	在校生调研；1 家企业实地走访
11	盖祥震	深圳职业技术学院	企业调研资料汇总

续上表

序号	姓名	单位	完成调研工作量和内容
12	苏　文	深圳职业技术学院	学生调研资料汇总
13	江运芳	深圳职业技术学院	文秘工作、财务管理、经费报销、后勤保障

参考文献

［1］梁凯音. 关于拓宽国际视野与构建国民意识问题的思考［J］. 当代世界与社会主义，2013（4）.

［2］吴箫，肖芬，胡文涛. 国际商务中的跨文化能力概念模型构建［J］. 英语广场（学术研究），2013（1）.

［3］肖芬，张建民. 国际商务中的跨文化能力指标构建［J］. 统计与决策，2012（19）.

［4］黄虹. 跨文化教学与"跨文化能力培养"——一项中外教师合作教学的微观实践研究［J］. 湖北函授大学学报，2016（14）.

［5］肖芬，唐聘莉. 新常态下国际商务人才跨文化能力的培养路径［J］. 学习与实践，2015（6）.

［6］王立非，张斐瑞. 论"商务英语专业国家标准"的学科理论基础［J］. 中国外语，2015（1）.

［7］朱萍，孔宝根. 基于对外贸易需求的高职国际商务专业群建设实践［J］. 职业技术教育，2014（17）.

［8］王咏梅. 国际商务人才培养制约因素与对策［J］. 现代大学教育，2012（5）.

［9］孔宝根. 试论高职院校社会服务的人才培养功能［J］. 高等教育研究，2013（9）.

［10］沈建根，石伟平. 高职教育专业群建设：概念、内涵与机制［J］. 中国高教研究，2011（11）.

［11］周道，彭铁光. 国际商务专业群建设研究与实践［J］. 武汉商学院学报，2016（3）.

［12］秦殿军，郭晓晶. 国际商务特色专业群建设的研究与实践［J］. 南京工业职业技术学院学报，2007（3）.

［14］胡俊文. 国际经济与贸易专业人才综合素质研究：国际经济与贸易专业人才综合素质问卷调查结果分析［J］. 江汉大学学报，2005（4）.

［14］林关征. 财经类高校国际商务专业教学改革的研究与探讨［J］. 武汉职业技术学院学报，2012（2）.

［15］赵婕. 基于工作过程探索国际商务专业课程架构：以上海高职国际商务专业为例［J］. 对外经贸，2012（4）.

［16］王雨. 高职国际商务专业课程体系改革研究［J］. 现代营销（学苑版），2012（10）.

［17］李淑艳，曾艳英，曾立雄. 高职国际商务专业人才需求调查分析：基于广东省外贸企业实证调查［J］. 职业时空，2012（9）.

［18］蒋恒蔚. 高职院校国际商务专业实践教学的现状［J］. 企业导报，2012（19）.

［20］姚大伟. 高职国际商务专业课程体系改革与建设思考［J］. 管理观察，2008（13）.

附录

1.《广东省教育厅关于公布 2015 年度省高等职业教育专业教学标准立项项目的通知》

广东省教育厅

粤教高函〔2015〕96 号

广东省教育厅关于公布 2015 年度省高等职业教育专业教学标准立项项目的通知

各有关高校：

根据《广东省教育厅、广东省财政厅关于开展 2015 年省高等职业教育专项资金申报工作的通知》（粤教高函〔2015〕14 号）要求，经学校申报、形式审查、专家评审等程序，确定广东轻工职业技术学院牵头申报的《精细化学品生产技术/化学工程与工艺高本衔接专业教学标准研制》等 32 个项目作为 2015 年度省高等职业教育专业教学标准研制项目，现予以公布，并就有关事项通知如下：

一、项目管理要求

（一）牵头单位负责专业教学标准的研制、实践和在全省的推广应用工作。项目日常管理工作由牵头单位负责。项目建设期为 2~3 年，自 2015 年 1 月起计算。牵头单位负责组织项目开题，并于开题后两周内提交修改后的项目申报书和开题报告书。开题论证会专家组成员不得少于 5 人，本校专家限 1 人。项目实施期间，牵头单位应每年提交项目年度报告书。项目完成后，由项目主持人提出结题申请，牵头单位组织专家组进行校级结题论证，并提交项目管理报告、结题验收登记表和项目相关成果材料。牵头单位要切实加强对省财政补助资金（见粤财教〔2015〕115号文件）的管理，确保专款专用，加快支出进度，提高使用效益。

（二）省教育厅负责组织结题验收，并委托省教育研究院负责项目过程管理。对项目管理不到位，或未按时提交相关材料，或未在规定期限内完成且又未作说明的，将撤销项目立项，三年内项目负责人不得再申报新的教改项目，并减少项目牵头单位的教改项目申报名额，同时会同省财政厅追回省财政补助资金。

二、研制工作要求

（一）坚持科学先进理念。要借鉴国内外先进的职业教育理念，在技术技能人才培养目标、职业能力和职业素养标准、专业课程体系、教学方式方法改革、职业资格证书等方面体现广东特色、国际水准。积极探索职业教育等级证书。

（二）注重发挥团队作用。要依托"中高职衔接三二分段""四年制应用型本科人才培养""三二分段专升本应用型人才培养""现代学徒制"等试点项目，本科高校、高职院校、中职学校、行业企业、高职教指委等单位共同参与，联合研制，边研制、边实践、边完善。

（三）科学设计研制路径。要采取比较研究、实证研究、个案研究等方法，明确研制思路，制定科学合理的技术路线，确保

— 2 —

项目高质量顺利完成。

三、其他事项

牵头单位负责按要求将开题报告材料和项目年度报告书寄送广东省教育研究院职业教育研究室（地址：广州市越秀区广卫路14号，邮编：510035，联系人：杜怡萍；联系电话：020-83323013，邮箱：jyydyp@foxmail.com）。其中：开题报告材料（纸质一式3份，电子文档1份）应于2015年7月10日前报送，项目年度报告书（纸质一式3份，电子文档1份）应于项目实施期间每年12月31日前报送。

附件：2015年度广东省高等职业教育专业教学标准研制立项项目一览表

广东省教育厅

2015年5月8日

（联系人：张坚雄，联系电话：020-37627715）

公开方式：主动公开

附件：

2015 年度广东省高等职业教育专业教学标准研制立项项目一览表

序号	项目名称	专业名称及专业代码	单位	主持人	备注
1	精细化学品生产技术／化学工程与工艺高本衔接专业教学标准研制	高职段：精细化学品生产技术（530205） 本科段：化学工程与工艺（081301）	广东轻工职业技术学院	冯光烒	牵头单位
			仲恺农业工程学院	胡智华	
			广东省高职教育化工类专业教学指导委员会	陈庆生	
			广州环亚化妆品科技有限公司		
2	环境工程专业高本一体化教学标准的研究与实践	高职段：环境监测与治理（600101） 本科段：环境工程（083002）	广东省化工高等学校化工专业委员会	刘自力	牵头单位
			广东轻工职业技术学院	秦文淑	
			广州市净水有限公司	冯新	
3	基于国际标准的航海类专业"中高职衔接"教学标准研究与实践	高职段：航海技术（520401）轮机工程技术（520405）轮机 中职段：船舶驾驶（081100）轮机管理（081200）	广东交通职业技术学院	关腾飞	牵头单位
			广东省交通运输高级技工学校	钱文	
			广州大洋船务有限公司	叶育林	
			航海类专业教学指导委员会	林敏	
4	德国机电一体化专业IHK证书教学标准本土研制与实践	高职段：机电一体化（580201）	广东机电职业技术学院	郑伟光	牵头单位
			AHK（德国工商大会）	陈丽珊	
5	基于现代学徒制的投资与理财专业教学标准研制与实践	高职段：投资与理财（620111）	广东理工职业学院	杨翠友	牵头单位
			中国人寿保险股份有限公司中山公司	陈建国	

续上表

序号	项目名称	专业名称及专业代码	单位	主持人	备注
6	汽车检测与维修专业现代学徒制专业教学标准项目	高职段：汽车检测与维修技术（580402）	广东机电职业技术学院 广州元丰田汽车销售服务有限公司	李百华 阮少宁	牵头单位
7	应用电子技术专业（嵌入式技术应用）教学标准研制与实践	本科应用方向：计算机科学与技术（嵌入式系统方向）（080901） 高职段：计算机应用技术（嵌入式技术应用）（590101）	广东科学技术职业学院 肇庆学院	李 力 邵 平	牵头单位
8	应用电子技术专业现代学徒制教学标准研制	高职段：应用电子技术（590202）	广东科学技术职业学院 珠海市鑫润达电子有限公司	王红梅 连小兰	牵头单位
9	基于现代学徒制的高职汽车专业整形技术养模式的高职汽车专业教学标准的研制	高职段：汽车整形技术（580406）	广东科学技术职业学院 珠海市欧亚汽车技术有限公司	孙宝文 刘劲松	牵头单位
10	高职冶金技术专业现代学徒制教学标准研制	高职段：冶金技术（550102）	广东松山职业技术学院 宝钢集团韶关钢铁有限公司	罗国民 温志红	牵头单位
11	机电设备维修与管理专业现代学徒制教学标准研制	高职段：机电设备维修与管理（580301）	广东松山职业技术学院 宝钢集团韶关钢铁有限公司	杨 宇 朗古民	牵头单位
12	高职本科一体化生物技术及应用专业教学标准研制	高职段：生物技术及应用（530101） 本科段：生物技术（071002）	广东科贸职业学院 广东轻工职业技术学院 韶关学院 广州市微生物研究所	何 敏 邓毛程 曾松荣 明飞平	牵头单位

续上表

序号	项目名称	专业名称及专业代码	单位	主持人	备注
13	基于现代学徒制畜牧兽医医专业人才培养模式的高职教育专业标准研制	高职段：畜牧兽医（510301）	广东科贸职业学院	张君	牵头单位
14	运动训练高职本科一体化人才培养专业教学标准研究	高职段：运动训练（550302）	广东万禾农牧有限公司	林雪	
			广东体育职业技术学院	王小康	牵头单位
		本科段：运动训练（040202k）	广州体育学院	颜勇权	
15	高职一本科一体化动漫设计与制作专业教学标准项目	高职段：动漫设计与制作专业（590110）	广东女子职业技术学院	谢胜嘉	牵头单位
		本科段：动画专业（130310）	肇庆学院	梁蕾	
16	现代学徒制皮具设计专业教学标准研制与实践项目	高职段：皮具设计（670124）	广州虹猫蓝兔动漫科技有限公司	王忠良	
			广州番禺职业技术学院	刘绥清	牵头单位
			广州番禺职业技术学院	张来源	牵头单位
			广州佳都皮具发展股份有限公司	熊金红	
17	现代学徒制高职市场营销专业教学标准的研制项目	高职段：市场营销（620401）	深圳市百果园实业发展有限公司	熊自先	牵头单位
			广州番禺职业技术学院	阙雅玲	牵头单位
18	现代学徒制高职市政工程技术专业教学标准的研制项目	高职段：市政工程技术（560601）	广东质安建设工程技术有限公司	叶莫	牵头单位
			广州铁路职业技术学院	黄俊棨	
19	基于现代学徒制专业教学标准的设计机应用技术专业教学标准研制	高职段：计算机应用技术（590101）	国家数字家庭应用示范产业基地	陈玉琪	牵头单位
			广州合立正通信息科技有限公司	李振伟	

续上表

序号	项目名称	专业名称及专业代码	单位	主持人	备注
20	借鉴国外先进经验，构建国际商务类专业教学标准	高职段：国际商务（620305）	澳大利亚TAFE集团北悉尼学院	Claire Finch	牵头单位
			全国外经贸职业教育教学指导委员会	王乃丽	
			深圳市恩普电子技术公司	丘德利	
			深圳职业技术学院	刘红燕	牵头单位
21	通信技术专业教学标准	高职段：通信技术（590301）	广东邮电职业技术学院	黄英	
			中山职业技术学院	肖伟才	牵头单位
22	电梯维护与管理专业教学标准研制项目	高职段：电梯维护与管理（580316）	中山市电梯行业协会	龙晓斌	
			中山市一泰电梯有限公司	李宗钻	
			中山市广日电梯工程有限公司	冯斌	
			广东菱电电梯有限公司	马晓明	牵头单位
23	电子信息工程技术专业教学标准研制项目	高职段：电子信息工程技术专业（590201） 本科段：电子信息工程专业（80701）	中山职业技术学院	闫胜利	牵头单位
			韩山师范学院	陈洪财	
			广东电子学会	彭志聪	
			广东高职信息教指委	王世安	
			佛山职业技术学院	陈瑞萍	牵头单位
24	基于现代学徒制酒店管理人才培养模式酒店管理专业教学标准研制	高职段：酒店管理（640106） 中职段：高星级饭店运营与管理（130100）	顺德职业技术学院	朱石群	牵头单位
			高明碧桂园凤凰酒店	陈健	
			南开大学		
25	酒店管理专业国际化专业教学标准项目	高职段：酒店管理（640106） 本科段：旅游管理（110206）	顺德职业技术学院	白长虹	
			顺德区中等专业学校	梁吉昌	

续上表

序号	项目名称	专业名称及专业代码	单位	主持人	备注
26	制冷与空调技术专业教学标准项目	中职段：制冷和空调设备运用与维修	顺德职业技术学院	金华明	牵头单位
		高职段：制冷与空调技术专业（051400）	顺德职业技术学院	陈 姝	
27	应用化工技术专业（涂料科技）专业教学标准项目	高职段：能源与动力工程（080501）	广东省海洋工程职业技术学校	卢清华	
		本科段：应用化工技术（530205）	仲恺农业工程职业技术学院	周 强	牵头单位
28	护理专业现代学徒教学标准研制	本科段：应用化学（070302）	仲恺农业工程职业技术学院	刘展眉	
		高职段：护理（630201）	清远市人民医院	沈祖华	牵头单位
			清远市城区卫计局	蔡艳芳	
29	医疗美容技术专业现代学徒制教学标准研制	高职段：医疗美容技术（630408）	清远职业技术学院	何金洪	
			广东伊力莎白美容健身有限责任公司	吴 源	牵头单位
			英德海螺水泥有限责任公司	傅润红	
30	机电一体化专业现代学徒制教学标准研制	高职段：机电一体化技术（580201）	清远职业技术学院	郭汉斯	
			清远市杨森宝亚宝铝业有限公司	刘海涛	
			新玛基（清远）实业有限公司	林凌涛	
31	电气工程及其自动化专业高职本科一体化人才培养专业教学标准研制	高职段：电力系统自动化技术（580202）	广东机电职业技术学院	浓雁生	牵头单位
		本科段：电气工程及其自动化（080601）	东莞雄丰设备有限公司	周 卫	
			广东工程职业技术学院	张新政	
32	本科—高职高分子材料加工技术专业教学标准衔接与研制	高职段：高分子材料加工技术（580204）	广东技术师范学院	李业志	
		本科段：高分子材料加工技术（610102）	东莞石油化工学院	余少华	
			广东轻工职业技术学院	史 博	牵头单位
				杨崇岭	

2. 在职业教育专业教学标准研制工作会议上的讲话

同志们：

我们在这里召开职业教育专业教学标准研制工作会议，其主要目的任务，一是总结首批中高职衔接专业教学标准和课程标准研制工作的成果及经验，二是启动 2015 年度高等职业教育专业教学标准研制工作。这次会议具有承前启后的重要意义。明天下午，省教育厅还将在东莞召开推进创建现代职业教育综合改革试点省工作部署会议。建立科学而完善的职业教育标准体系，是创建现代职业教育综合改革试点省的必然要求和重要举措，是建设广东特色、国家需要、世界先进水平现代职业教育体系的重要内容，对于我省加快发展现代职业教育具有重要作用。2013 年 6 月，我省启动首批 9 个中高职衔接专业教学标准和课程标准的研制工作；今年 1 月，启动第二批共 33 个专业教学标准研制工作。这样，我省已有 42 个专业开展了标准研制。今天，我们再启动 32 个专业教学标准研制项目，其中，既有针对中高职衔接的标准研制项目，又有从中职到高职再到应用型本科衔接的专业标准研制项目，还有现代学徒制专业教学标准研制项目，以及 IHK 证书本土化等专业教学标准项目。这表明我省职业教育标准建设工作正在加快速度、加大力度推进。

职业教育专业教学标准研制工作，时间紧、任务重，难度大、要求高，必须统一认识、统一路径、统一要求。为此，我讲 3 点意见。

第一，深入总结、积极推广已有的专业教学标准研制成果。经过一年多的努力，首批 9 个中高职衔接专业教学标准与课程标准研制项目已经完成，顺利通过专家组验收，这标志着相关专业的标准研制工作取得了阶段性成果。在此基础上，我们需要深入总结、积极推广已有的标准研制成果。一方面，要认真总结前一阶段专业教学标准研制经验，对已有成果加强凝练完善，务必精益求精。另一方面，要积极推广已有的标准研制成果。首批 9 个专业标准研制项目组要在已有的成果基础上，围绕专业教学标准与课程标准的设定，积极进行课程内容开发、教材编写及课程教学实施，巩固、提升、扩展标准研制成果。

第二，高度重视、稳步推进现有的专业教学标准研制工作。《国务院关于加快发展现代职业教育的决定》明确要求"推进中等和高等职业教育紧密衔接""到 2020 年，形成适应发展需求、产教深度融合、中职高职衔接、职业教育与普通教育相互沟通，体现终身教育理念，具有中国特色、世界水平的现代职业教育体系"。很显然，国务院的决策判断是：职业教育的内部衔接已成为现代职业教育体系建设的关键领域和重要环节。事实上，中高职在培养目标、专业设置、课程与教材、教学与评价等方面脱节、断层或重复等问题，确实是制约现代职业教育体系加快构建和现代职业教育内涵提升的突出障碍，必须加快破除。我们必须站在加快发展广东特色现代职业教育、创建现代职业教育综合改革试点省的高度来认识标准研制的重要意义。《教育部关于开展现代学徒制试点工作的意见》要求"职业院校与合作企业根据技术技能人才成长规律和工作岗位的实际需要，共同研制人才培养方案、开发课程和教材、设计实施教学、组织考核评价、开展教学研究等"。按照经济发展方式转变和产业结构升级对技术技能人才的需要，我省正在开展现代学徒制的相关研究和试点工作。去年，省财政安排520万元专项资金投入高职教育现代学徒制试点，有3所高职院校12个专业开展现代学徒制试点工作，招生650人；今年又有18所高职院校40多个专业参与现代学徒制试点，计划招生2 290人。广东特色现代学徒制初步成形。但我省现代学徒制的研究与实践还很薄弱，特别是在如何实现专业设置与产业需求对接、课程内容与职业标准对接、教育教学与实操岗位对接等方面需要下大力气研究和探索。从这个角度看，现代学徒制专业教学标准的研制是关键而紧迫的。

职业教育专业教学标准研制，必须以"能力核心、系统培养"的思想为指导，扎扎实实地做好供需调研、职业能力分析、课程体系构建、标准编制4个阶段的工作；必须尊重科学、遵循规律，学习借鉴国内外先进的职业教育理念，在技术技能人才培养目标、职业能力和职业素养标准、专业课程体系、教学方式方法、职业资格证书等方面体现广东特色、国家需要、国际水准；必须坚持正确的路径和方法，采取文献研究、调查研究、比较研究、实证研究、个案研究等方法，确立研制的正确思路，制定科学合理的技术路线，确保项目高质量高水平顺利完成。首批中高职衔接专业教学标准和课程标准研制项目在这些方面做了有益探索，取得宝贵经验，本次会议安排首批两个专业教学标准和课程标准的研制负责人发言，他们会就标准研制成果及经验与在座的各位交流和分享。同时，在国内颇具影响力的现代学徒制专家、清远职业技术学院院长赵鹏飞教授也会就"'广东模式'的现代学徒制标准研制实践"这个主题与各位交流。相信大家能从中受到启发。

第三，加强专业教学标准研制工作的组织保障。标准研制不是纸上谈兵，而是一项需要协同创新、理论与实践紧密结合的专业性工作，必须加强组织保障，主要从3个方面着力。一是要依托"中高职衔接三二分段""四年制应用型本科人才培养""三二分段专升本应用型人才培养""现代学徒制"等试点项目，加强项目组内部的中职、高职、本科院校、行业企业、教指委等单位或组织的共同参与、协同创新、联合研制，边研制、边实践、边完善。二是要加强项目组与省教育研究院职业教育研究室的协同创新。职教室的全体同志要与项目组加强交流和沟通，加强对各项目工作的指导，跟踪各项目的进展情况，及时协助解决各项目在研制过程中碰到的问题。希望各项目组本着高度负责任的态度履行好承诺，积极主动地与职教室联系，共同研究解决在研制项目过程中遇到的突出问题。三是要加强各项目组内部的合作共事和项目组之间的沟通交流。同时，也要注意与前两批42个项目组的互动、沟通、学习，以达到相互启发、分享经验、形成合力、协调推进的目的。

同志们，现代职业教育标准体系建设任重而道远，只要我们提高认识、高度重视、完善方案、积极实施，精诚团结、互相促进，善于学习借鉴国内外职业教育的先进理念、科学成果、正确方法，从我省现代产业体系建设需要和职业教育改革发展及技术技能人才培养要求出发，充分发挥各方优势、凝聚各方力量，扎实推进、稳步前行，就一定能研制出具有广东特色、符合国家需求、达到国际水准的职业教育专业教学标准。让我们为此而共同努力！

　　谢谢大家！

广东省教育研究院院长　汤贞敏

2015 年 6 月 10 日

3. 本书作者编写分工情况介绍

序号	姓名	具体章节
1	徐承建 赖勇泉 许荣广	高职本科一体化运动训练专业建设调研报告
2	史 博 孔 萍 陈金伟	高职本科一体化高分子材料加工技术专业建设调研报告
3	周 强 刘展眉	高职本科一体化应用化工技术（涂料技术）专业建设调研报告
4	余华明 陈 姝 卢清华	高职本科一体化制冷与空调技术专业建设调研报告
5	揭雪飞 冯光炷 胡智华 陈庆生 刘自力	高职本科一体化精细化学品生产技术（化学工程与工艺）专业建设调研报告
6	何 敏 李 欣 曾松荣	高职本科一体化药品生物技术专业建设调研报告
7	李 力 王俊波 宋 维	高职本科一体化计算机应用技术（嵌入式技术与应用）专业建设调研报告
8	黄春平 闫胜利 陈洪财	高职本科一体化电子信息工程技术专业建设调研报告
9	刘红燕 楼 洁 胡延华 周 琼	高职本科一体化国际商务类专业建设调研报告
10	李海东 杜怡萍 黄文伟	负责调研的指导及本书的修改

4. 高职本科衔接专业建设调研情况统计表

项目组	项目参与单位	参考文献/篇	行业协会/个	企业/个	企业岗位/个	企业工作人员/人	本科院校/所	本科院校教师/人	本科院校在校生/人	本科院校毕业生/人	高职院校/所	高职院校教师/人	高职院校在校生/人	高职院校毕业生/人	中职学校/所	中职学校教师/人	中职学校在校生/人	中职学校毕业生/人	调研成果/篇
运动训练专业	广东体育职业技术学院	23	16	30	4	0	0	0	0	0	2	20	320	350	0	0	0	0	4
	广州体育学院	27	16	30	4	0	3	20	320	350	0	0	0	0	0	0	0	0	6
高分子材料加工技术专业	广东石油化工学院	162	3	72	30	732	12	40	510	405	13	33	510	323	0	0	0	0	0
	广东轻工职业技术学院	237	5	72	18	604	0	0	0	0	16	45	400	595	0	0	0	0	3
	顺德职业技术学院	0	0	0	0	0	0	0	0	0	0	0	0	0	0	0	0	0	0
应用化工技术（涂料技术）专业	仲恺农业工程学院	0	0	0	0	0	11	17	430	568	0	0	44	21	0	0	0	0	0
	广东轻工职业技术学院	0	0	0	0	0	0	0	0	0	0	0	43	7	0	0	0	0	0
	深圳职业技术学院	0	0	0	0	0	0	0	0	0	0	0	0	0	0	0	0	0	0
	中山火炬职业技术学院	0	0	0	18	23	0	0	0	0	0	18	0	2	0	0	18	0	0
	广东华润涂料有限公司	0	0	3	0	0	0	0	0	0	0	0	0	0	0	0	0	0	0
制冷与空调技术技术专业	顺德职业工程学院	100	2	65	21	88	9	10	476	351	8	12	862	363	16	11	912	678	5
	仲恺农业工程学院	0	0	0	0	0	0	0	0	0	0	0	0	0	0	0	0	0	0
	广东省海洋工程职业技术学院	0	0	0	0	0	0	0	0	0	0	0	0	0	0	0	0	0	0

续上表

项目组	项目参与单位	参考文献/篇	行业协会/个	企业/个	企业岗位/个	企业工作人员/人	本科院校/所	本科院校教师/人	本科院校在校生/人	本科院校毕业/人	高职院校/所	高职院校教师/人	高职院校在校生/人	高职院校毕业/人	中职学校/所	中职学校教师/人	中职学校在校生/人	中职学校毕业生/人	调研成果/篇
精细化学品生产技术（化学工程与工艺）专业	广东轻工职业技术学院	153	3	114	32	152	14	40	1 031	537	12	37	1 007	567	0	0	0	0	1
	仲恺农业工程学院																		
	广东省高职化工类专业教学指导委员会																		
	广州环亚化妆品科技有限公司																		
药品生物技术专业	广东省化工化学高等学校化工专业委员会	95	5	71	19	308	10	12	797	394	11	25	647	354	0	0	0	0	3
	广东轻工职业技术学院																		
	韶关学院																		
	广州市微生物研究所																		
计算机应用技术（嵌入式技术与应用）专业	广东科学技术职业学院	102	2	28	18	477	4	25	125	85	13	65	524	308	0	0	0	0	3
	肇庆学院	58	1	25	15	459	10	52	396	227	2	8	151	52	0	0	0	0	3
	广州联欣信息科技有限公司	5	1	8	0	30	0	0	0	51	0	0	0	24	0	0	0	0	3
	广东省高职教育信息技术类专业教指委	8	0	4	0	6	0	0	0	0	0	8	0	0	0	0	0	0	3

续上表

项目组	项目参与单位	参考文献/篇	行业协会/个	企业/个	企业岗位/个	企业工作人员/人	本科院校/所	本科院校教师/人	本科院校在校生/人	本科院校毕业/人	高职院校/所	高职院校教师/人	高职院校在校生/人	高职院校毕业/人	中职学校/所	中职学校教师/人	中职学校在校生/人	中职学校毕业/人	调研成果/篇
电子信息工程技术专业	韩山师范学院	58	5	77	54	158	15	28	1 302	649	15	25	1 158	576	10	18	1 008	483	3
	广东电子学会																		
	广东高职信息教指委																		
中山职业技术学院																			
国际商务类专业	深圳职业技术学院	69	0	162	17	15	0	0	0	0	11	22	437	352	0	0	0	0	18
合计		1 097	5	761	250	3 052	15	244	5 387	3 617	26	300	6 121	3 894	10	29	1 920	1 161	49

注：（1）本表按项目参与单位的调研工作量单独统计，若是共同完成的调研，应合并统计，不能重复统计。

（2）"项目参与单位"指每个项目牵头的中职、高职、本科院校和企业。

（3）"企业工作人员"含中职、高职、本科毕业生。

（4）"调研成果"包括总调研报告、专项调研报告、访（座）谈综述、文献综述、论文等。